&

Henriqueta Lisboa

Coleção Correspondência Mário de Andrade 3

 UNIVERSIDADE DE SÃO PAULO

Reitor   João Grandino Rodas
Vice-reitor   Hélio Nogueira da Cruz

 EDITORA DA UNIVERSIDADE DE SÃO PAULO

Diretor-presidente   Plinio Martins Filho

COMISSÃO EDITORIAL
Presidente   José Mindlin *(in memorian)*
Vice-presidente   Carlos Alberto Barbosa Dantas
Adolpho José Melfi
Benjamin Abdala Júnior
Maria Arminda do Nascimento Arruda
Nélio Marco Vincenzo Bizzo
Ricardo Toledo Silva

Diretora Editorial   Silvana Biral
Editoras-assistentes   Marilena Vizentin
Carla Fernanda Fontana

 EDITORA FUNDAÇÃO PEIRÓPOLIS

Diretora Editorial   Renata Farhat Borges

 IEB – INSTITUTO DE ESTUDOS BRASILEIROS

Diretora   Ana Lúcia Duarte Lanna
Vice-diretora   Marta Rosa Amoroso

Correspondência

Mário de Andrade & Henriqueta Lisboa

Organização e introdução
Eneida Maria de Souza

Notas
Eneida Maria de Souza
Pe. Lauro Palú

Estabelecimento do texto das cartas
Maria Sílvia Ianni Barsalini

Copyright © 2010   Eneida Maria de Souza e herdeiros dos espólios

Projeto Editorial: Edusp/IEB
Coordenação Editorial da Coleção: José Aderaldo Castello, Marcos Antonio de Moraes e Telê Ancona Lopez
Organização do Volume 3: Eneida Maria de Souza

Dados Internacionais de Catalogação na Publicação (CIP)
(Câmara Brasileira do Livro, SP, Brasil)

Correspondência Mário de Andrade & Henriqueta Lisboa / organização, introdução e notas Eneida Maria de Souza ; transcrição dos manuscritos Maria Sílvia Ianni Barsalini . – São Paulo : Editora Peirópolis : Edusp, 2010. – (Coleção Correspondência de Mário de Andrade ; 3)

Bibliografia.
ISBN 978-85-314-1230-1 (Edusp)
ISBN 978-85-7596-174-2 (Peirópolis)

1. Andrade, Mário de, 1893-1945 – Correspondência 2. Cartas brasileiras 3. Lisboa, Henriqueta, 1901-1985 – Correspondência I. Souza, Eneida Maria de. II. Barsalini, Maria Sílvia Ianni. III. Série.

10-01043   CDD-869.965

Índices para Índices para catálogo sistemático:

1. Cartas : Século 20 : Literatura brasileira   869.965
2. Correspondência : Século 20 : Literatura brasileira   869.965
3. Século 20 : Cartas : Literatura brasileira   869.965
4. Século 20 : Correspondência : Literatura brasileira   869.965

Direitos reservados à

Edusp – Editora da Universidade de São Paulo
Av. Prof. Luciano Gualberto, Travessa J, 374
6º andar – Ed. da Antiga Reitoria – Cidade Universitária
05508-010 – São Paulo – SP – Brasil
Divisão Comercial: Tel. (11) 3091-4008 / 3091-4150
SAC (11) 3091-2911 – Fax (11) 3091-4151
www.edusp.com.br – e-mail: edusp@usp.br

IEB – Instituto de Estudos Brasileiros
Av. Prof. Melo Moraes, Travessa 8, 140 – Cidade Universitária
05508-900 – São Paulo – SP – Brasil   Fax (11) 3091-3143
Tel. (11) 3091-3227
www.ieb.usp.br

Editora Fundação Peirópolis
Rua Girassol, 128 – Vila Madalena
05433-000 – São Paulo – SP – Brasil
Tel. (11) 3816-0699 e fax (11) 3816-6718
www.editorapeiropolis.com.br
e-mail: vendas@editorapeiropolis.com.br

Printed in Brazil   2010
Foi feito o depósito legal

À Abigail,

que tornou possível o reencontro de Henriqueta e Mário

Sumário

13	A Coleção Correspondência Mário de Andrade
19	A Dona Ausente
39	Os Bastidores desta Edição
43	Agradecimentos
45	Bibliografia Geral
55	Caderno de Fotos
73	Cartas
75	1939
79	1940
133	1941
179	1942
239	1943
275	1944
317	1945
331	Dossiê
333	I. Cartas de José Carlos Lisboa e Mário de Andrade
341	II. Textos e Poema relativos à Morte de Mário de Andrade
349	III. Poemas Enviados por Henriqueta Lisboa a Mário de Andrade
389	Índice Onomástico
395	A Coleção Correspondência Mário de Andrade (Estrutura, Normas e Coordenação Editorial)

A Coleção Correspondência Mário de Andrade

Tinha razão Antonio Candido quando, no ano seguinte à morte de Mário de Andrade, ocorrida em 25 de fevereiro de 1945, anunciava o valor da contribuição da epistolografia do criador de Macunaíma: "A sua correspondência encherá volumes e será porventura o maior monumento do gênero, em língua portuguesa: terá devotos fervorosos e apenas ela permitirá uma vista completa da sua obra e do seu espírito"[1].

Mário de Andrade foi um correspondente fecundo; um correspondente contumaz, como ele próprio se considerou. Dialogava com escritores, artistas plásticos, músicos e personalidades de seu tempo. Escreveu muito e a muita gente; conservou cartas de inúmeros remetentes. Sua correspondência ativa, que se pode igualar, em termos de valor, à de grandes autores da epistolografia universal, vem sendo gradativamente conhecida. As edições de cartas de Mário têm suscitado grande interesse, não apenas de estudiosos da monumental obra do polígrafo, como de um público mais amplo.

Correspondente que não se furtava a confidências sobre si próprio, Mário de Andrade procurou, todavia, resguardar a intimidade alheia. Assim, determinou que, após sua morte, as cartas recebidas e por ele guardadas em pastas permanecessem fechadas à consulta e à publicação durante cinquenta anos. Falecendo, a família, ao lado dos amigos mais chegados, cumpriu o desejo e lacrou a correspondência, colocando-a em uma estante na casa da rua Lopes Chaves. Ocupou-se, com desvelo, da conservação, não apenas das cartas, mas de todo o espólio, composto de biblioteca, arquivo e coleção de artes visuais.

Em 1968, graças ao empenho dos Profs. Antonio Candido e José Aderaldo Castello, este, diretor do Instituto de Estudos Brasileiros (IEB) na época, a biblioteca e a coleção de artes plásticas foram adquiridas pela Universidade de São Paulo para figurar no patrimônio do Instituto, onde também entraram, como doação da família, o arquivo, a imaginária religiosa, as peças de folclore e arte popular, assim como o escritório com a máquina de escrever. No IEB, as três parcelas constitutivas – biblioteca, arquivo e coleção de artes visuais – começaram a ser organizadas de acordo com as normas internacionais e metodologia de

---

1. Antonio Candido, "Mário de Andrade", *Revista do Arquivo Municipal*, n° 106, ed. fac-similar n° 198, São Paulo, Departamento do Patrimônio Histórico, 1990, p. 69.

pesquisa especialmente ali desenvolvida. Em 1995, o acervo Mário de Andrade foi tombado pelo Instituto do Patrimônio Histórico e Artístico Nacional.

No arquivo, onde poucos documentos mostravam uma organização original, estavam incluídas a Correspondência lacrada, um lote de cartas fora do lacre, assim como outro de cartões-postais. A primeira apresentava-se em pacotes de papel manilha e de papel de embrulho rosa, atada com barbante que misturava as cores verde e vermelha, o lacre pingado no laço. Reunia, ao que se supunha, apenas a Correspondência passiva do escritor. Os documentos fora do lacre acomodavam-se em pastas de cartolina, juntando correspondência ativa, passiva e de terceiros. A parcela de cartões-postais apertava-se em uma caixa de papel rijo. Durante a catalogação da biblioteca de Mário, mais cartões foram encontrados no interior de livros, onde haviam servido de marcadores de leitura. Respeitando, como os herdeiros, a determinação de Mário, o IEB guardou a Correspondência lacrada em um cofre de aço Bernardini, especialmente comprado em 1968. O baú, frequentemente citado pela imprensa desavisada, foi, ao que se pode testemunhar, mera fantasia para segurar a curiosidade da espera, uma vez que nunca existiu.

O trabalho de organização do Arquivo Mário de Andrade realiza-se no IEB através de projetos de pesquisa que têm se encarregado de preparar para consulta as várias séries. Entre as séries, é possível se deter na correspondência passiva não lacrada, deixando-a, como as demais, aberta aos estudiosos, mas provisoriamente processada, esperando o cumprimento do prazo imposto aos documentos lacrados. A Correspondência ativa, com poucas unidades fora do lacre, em geral cópias-carbono, aos poucos, cresceu com a doação, por parte de correspondentes de Mário, de originais ou de fotocópias de cartas recebidas, constituindo assim as parcelas de Correspondência resgatada e Correspondência anexada.

Organização da Correspondência

A Correspondência lacrada permaneceu intocada no IEB. Aproximando-se a data estabelecida pelo escritor, o Instituto compôs uma comissão curadora para deliberar sobre seu uso e destino. Essa Comissão decidiu abri-la para ser organizada pela Equipe Mário de Andrade, sob a coordenação da Profa. Telê Ancona Lopez, vedando, porém, a consulta e a divulgação até a conclusão do trabalho. Naquele momento, a Comissão reuniu o Eng. Carlos Augusto de Andrade Camargo, representante da família; os Profs. Drs.

Antonio Candido de Mello e Souza, Gilda de Mello e Souza, Marta Rossetti Batista, então Diretora do IEB, Flávia Camargo Toni, pesquisadora da área de Música e Telê Ancona Lopez, bem como o representante dos estagiários, Marcos Antonio de Moraes.

Três projetos permitiram o processamento arquivístico da grande série Correspondência de Mário de Andrade, contando com o trabalho de estagiários e o apoio financeiro do BID, da Fapesp e da Vitae, da Capes através do Curso de Pós-graduação de Literatura Brasileira da Faculdade de Filosofia, Letras e Ciências Humanas da Universidade de São Paulo e do IEB[2]. Os três tiveram a colaboração da Profa. Dra. Marlene Gomes Mendes, da Universidade Federal Fluminense, das Profas. Dras. Flávia Toni e Yêdda Dias Lima, estas, consultoras para questões de música e de paleografia, respectivamente. Em julho de 1997, pronto o catálogo, a série ficou aberta à consulta, obedecendo a legislação brasileira dos direitos autorais.

A Correspondência de Mário de Andrade é de capital importância não apenas para a literatura, mas para o conhecimento da própria cultura brasileira. Na condição de conjunto documental no IEB, tem como datas-limite 3 de fevereiro de 1914 e 17 de maio de 1945 (carta que chegou após o falecimento do escritor). A correspondência passiva recolhe diálogos de grande fôlego, como os que se ligam a Manuel Bandeira, Carlos Drummond de Andrade ou Sérgio Milliet; espelha a recepção das ideias e a análise voltada para os jovens escritores, para os artistas plásticos e os músicos. Na ativa, composta em sua maioria por cópias de cartas, nota-se bem o desejo de Mário de documentar determinadas situações, de "fazer a história", para usar expressão sua. Na de terceiros, tanto está o colecionador que amealha uma carta de Donizetti e outra de Carlos Gomes, como o estudioso a quem é oferecida a correspondência de Souza Lima a Mignone ou o ofício do Bloco das Caprichosas, dispondo as alas para o desfile no Carnaval paulistano.

Esse intelectual que cultua a discrição, ao vedar a consulta às suas cartas ou no gesto de retirar, cortando, uma palavra ou um fragmento em uma folha recebida, caminha harmoniosamente ao lado do defensor do patrimônio cultural, quando apõe notas esclarecendo situações, identificando correspondentes e completando datas, de modo a indicar que ele preservou esses documentos porque, sabendo-os de grande importância, desejava, uma vez mais, servir, partilhar conhecimento.

---

2. Os três projetos foram: *Organização da Correspondência de Mário de Andrade, Elaboração do Catálogo da Correspondência de Mário de Andrade* e *Preparação Editorial do Catálogo da Correspondência de Mário de Andrade.*

A Coleção Correspondência

A importância da Correspondência de Mário de Andrade para a literatura e a cultura brasileiras impõe a necessidade de se recompor diálogos mais completos para relatar, através da montagem da correspondência recíproca, ou de instâncias da passiva, as múltiplas facetas da amizade. Daí esta Coleção Correspondência Mário de Andrade, projeto que envolve o Instituto de Estudos Brasileiros, a Editora da Universidade de São Paulo e, eventualmente, outras editoras, visando a estabelecer um *corpus* epistolográfico fidedigno, fixado segundo metodologia científica interessada na uniformidade textual e na atualização ortográfica. Procura garantir, assim, o texto confiável. As edições criam um procedimento de anotação para os documentos, almejando ampliar, tanto quanto possível, o sentido elíptico, crivado de alusões, inerente ao universo do discurso epistolar. As notas da pesquisa enriquecem a leitura ao iluminar o fragmentário, possibilitando o entendimento de situações individuais e histórico-artísticas que as cartas apenas nuançam. Multiplicam o diálogo em questão, paralelamente, vozes de outros interlocutores – cartas, artigos, entrevistas, muitos documentos, enfim –, acrescentando dados e fazendo fluir as relações da vida com o mundo da arte. Esse procedimento, às vezes extenso, mas sempre medido pela pertinência, aponta até mesmo fraturas entre a intenção contida nas malhas do testemunho e aquilo que a historiografia fixou.

Este projeto traz uma novidade significativa para as edições de correspondência no Brasil: a análise material dos manuscritos no final do texto apurado de cartas, bilhetes, cartões-postais e telegramas. Apresenta, portanto, todos os traços que proporcionam a "visualização" do suporte, de modo a aproximar fisicamente o leitor aos documentos, repartindo com ele o privilégio do pesquisador. A descrição do suporte, ao focalizar papeis simples e sofisticados, alguns com monograma, aquele que se torna folha na premência da escrita, como o que embrulhava o pão de Manuel Bandeira, o timbre que recupera vínculos, as imagens nos postais; o lápis, a caneta, a máquina de escrever; o selo, o carimbo, a fragilidade, os danos infligidos pelo tempo, desvela a funda humanidade das correspondências. A transcrição de notas dos interlocutores, deixadas na margem de cartas recebidas, duplica o diálogo, na antecipação da resposta ou nos trechos de maior interesse grifados. Paralelamente, o registro das notas do destinatário Mário de Andrade historiam ao ultrapassar as fronteiras da amizade, pois se dirigem a um outro leitor, desconhecido, futuro. A análise material é seguida pela menção a publicações anteriores das cartas, quando for o caso.

A descrição do suporte vale também para salvaguardar a organicidade do arquivo de um escritor, possibilitando, por meio de papéis e da escrita, ligações materiais com a produção literária.

Os volumes desta Coleção englobam ainda a transcrição e a reprodução fac-similar de documentos iconográficos e textos de difícil acesso ou inéditos, inerentes às correspondências: fotografias, quadros, partituras, manuscritos, capas de livros, notas à margem de leituras, dedicatórias etc. Completam-se com a bibliografia do preparador, o índice onomástico e a apresentação da metodologia que rege este projeto.

Finalmente, cabe dizer que a Coleção Correspondência de Mário de Andrade representa, com muita força, um tempo recuperado. Aliás, o próprio Mário havia grifado a importância do modernismo na consolidação do gênero epistolar no Brasil, tornando-o "uma forma espiritual de vida em nossa literatura"[3]. Forma o conjunto mais representativo da epistolografia brasileira do século XX, no que tange à discussão de projetos estéticos e aos arquivos da criação que desnudam o artefazer de poetas, ficcionistas, artistas plásticos e músicos.

A Coordenação Editorial

---

[3]. Mário de Andrade, "Amadeu Amaral", em O *Empalhador de Passarinho*, 3ª ed., São Paulo/Brasília, Martins/INL-MEC, 1972, p. 183.

A Dona Ausente

A Dona Ausente

> Na verdade você não pertence às linhas gerais da crítica de poesia nossa, nem dos seus problemas e intenções, você é um atalho, uma clareira, coisa assim, no caminho. Pra uns fica como pedra no sapato, mas a maioria passa sem pôr reparo. Você, clareira minha, terá decerto que se contentar toda a vida, com os que sabem aproveitar a graça divina das clareiras pra descansar e sabem que é nos atalhos que os passarinhos cantam mais.
>
> Mário de Andrade – Carta de 28 jan. 1944 a Henriqueta Lisboa.

A amizade literária pode ser entendida em sua dupla feição, ora ligada ao relacionamento afetivo entre escritores, ora imaginada por autores que buscam afinidades entre sua produção literária e a de seus contemporâneos, mesmo que não tenham trocado experiências. A mediação responsável pela aproximação intelectual é a vivência literária, aliada à necessidade de se cumprirem os rituais exigidos para a legitimação deste ou daquele escritor. A correspondência tornou-se veículo eficaz entre os rituais de consagração do autor na modernidade, sobretudo se este participava do grupo formado por Mário de Andrade e seus colegas de geração. A conversa descontraída se mesclava às lições de poesia, à criação de pactos de amizade, sob a influência de quem não se limitava a ser apenas escritor, mas se convertia em guardião do programa estético que era necessário preservar.

Em estreita analogia com a noção de moderno, o papel exercido por esse diálogo epistolar se vinculava ainda ao projeto de nacionalização da cultura, de consolidação de uma estética e de um pensamento político. A participação de Mário e de outros intelectuais no programa cultural do Ministério da Educação e Saúde, chefiado por Gustavo Capanema durante o governo Vargas, propicia a compreensão das cartas entre os pares não só no âmbito da amizade, mas também como parte de um programa político. A formação dessa rede epistolar fortaleceu a criação de uma mitologia andradina, pelo culto à imagem do escritor como protagonista de uma poética moderna, e inaugura a correspondência como espaço de debate sobre a cultura brasileira. Beber no copo dos outros foi uma de suas atitudes mais frequentes, por acreditar que o diálogo com o outro resultaria na realização de um projeto fraterno e coletivo. A troca de cartas, de natureza mais profissional, embora marcada pela afetividade, traça o esboço de retratos singulares de grande parcela da intelectualidade brasileira da época.

Poucas interlocutoras femininas teve Mário de Andrade, por pertencer a um círculo literário dominado por escritores, no qual a participação da mulher no espaço público era bastante limitada. Entre as destinatárias do morador da rua Lopes Chaves, Henriqueta Lisboa ocupou lugar de destaque, embora tenha usufruído a companhia do escritor apenas em seus últimos anos de vida (1939-1945). Essa voz feminina soube cultivar a conversa epistolar de Mário, acatando as sugestões de ordem estética, apesar de destoar de seu programa estético-ideológico, pautado pela defesa de uma arte nacional. Anita Malfatti[1] e Tarsila do Amaral[2] formam o mais antigo núcleo feminino de relacionamento com o escritor, desempenhando, cada uma, papeis distintos. São elas que lhe propiciam o encontro com a arte moderna, tornando-se parceiras na construção da dimensão nova para a arte. A intimidade entre eles se consubstancia no clima eufórico dos anos 1920, que favoreceu a revolução artística, desencadeada, entre outras, pela união da literatura e das artes plásticas.

Oneida Alvarenga[3], discípula e futura herdeira das pesquisas de Mário sobre música, mantém também respeitoso convívio epistolar com o orientador experiente e amigo mais velho. O teor das cartas se pauta pelo aspecto profissional, cumprindo Mário a missão incansável de mestre e conselheiro.

Mário conhece Henriqueta em 1939, quando a euforia modernista já havia se extinguido e o escritor vivenciado momentos de decepção no campo pessoal e político. O texto se reveste de teor rememorativo, pautado por confissões de ordem familiar e profissional, e fornece testemunho precioso sobre uma das vertentes assumidas pelo escritor quanto à poética modernista. O conteúdo das cartas demonstra ainda o desgosto com o presente, marcado pela guerra e pelas transformações políticas causadas pela ditadura de Vargas. O descompasso entre o escritor dos áureos momentos da década de 1920 – defensor da bandeira modernista – e o dos anos 1940 – leitor do passado não mais visto como glorioso, mas em suas falhas e acertos – confirma a importância dessas cartas para melhor conhecer a trajetória literária e existencial de Mário de Andrade.

1. Marta Rossetti Batista (org.), *Cartas a Anita Malfatti*, Rio de Janeiro, Forense Universitária, 1989.
2. Aracy Amaral (org.), *Correspondência. Mário de Andrade & Tarsila do Amaral*, São Paulo, IEB/Edusp, 2001.
3. Oneida Alvarenga, *Cartas. Mário de Andrade – Oneida Alvarenga*. São Paulo, Duas Cidades, 1983.

Belo Horizonte cultuava ainda o espírito moderno e a sedução pela vida cultural que se encenava nos grandes centros, principalmente com a saída de muitos escritores para o Rio de Janeiro, então capital do país. O convite feito a Mário por universitários para proferir duas conferências representou para a intelectualidade de Minas um marco importante, pela oportunidade de outra geração travar conhecimento com o escritor. Henriqueta, José Carlos Lisboa, Murilo Rubião, Hélio Pellegrino, Otto Lara Resende, Fernando Sabino, entre outros, iriam dar continuidade ao diálogo anterior. Se em 1924 a ida dos modernistas a Minas teve a função de levar a novidade estética do movimento para o grupo composto por Carlos Drummond de Andrade, Pedro Nava, Emílio Moura, exerceu também o papel de valorizar a arte barroca como traço complementar ao conceito de moderno. A situação do momento se inverte: Minas já não representa o lugar de descoberta da tradição, mas de um prazer renovado pelo convívio com pessoas de geração mais nova, que permitirá ao escritor unir sua experiência estética à existencial[4].

Com a abertura da correspondência pertencente ao espólio de Mário de Andrade – cinquenta anos após sua morte, ocorrida em 1945 – o ofício obsessivo de escrever cartas tornava público o dever do intelectual de não só cultivar amizades que ia fazendo ao longo da vida, como orientar literariamente o trabalho dos jovens escritores. Henriqueta Lisboa, com o primeiro livro de poemas publicado em 1925 (*Fogo Fátuo*), ao conhecer pessoalmente o autor consagrado, já se notabilizava como escritora e defendia uma poética universalizante. Não é de estranhar que a convivência epistolar entre os poetas tenha contribuído para o aprimoramento estético da autora, ao serem sugeridos reparos e correções que resultaram em ganho literário. Considerada por ele "fora das correntes gerais que interessam atualmente à crítica nacional", por fugir das tendências modernistas e realizar uma obra que se situava dentro dos parâmetros religiosos e universais, Henriqueta pôde sentir que as sensatas opiniões de Mário confirmavam o privilégio de se ter um leitor especial de poesia.

Dos 63 documentos arquivados no Instituto de Estudos Brasileiros da Universidade de São Paulo, entre cartas, telegramas, postais e bilhetes, há um material de importância biográfica e estética constituído pela correspondência mantida por Henriqueta com Mário de Andrade. No Acervo de Escritores Mineiros estão arquivados 42 cartas, três bilhetes e dois telegramas

---

4. Mário de Andrade visita Belo Horizonte pela quarta vez em 1944 (a primeira, em 1919, a segunda em 1924, a terceira em 1939). Durante o período da correspondência entre eles, Henriqueta vai ao Rio de Janeiro em 1940 e a São Paulo em 1945.

endereçados por Mário à poeta mineira, documentos que foram publicados em *Querida Henriqueta*[5]. Se antes tínhamos acesso apenas à voz do outro, ao monólogo epistolar e ao silêncio dos destinatários, hoje é possível resgatar na íntegra esse diálogo, documento fascinante e revelador de antigas dúvidas e de instigantes vazios. As cartas se abrem e provocam o tardio encontro entre duas escritas sequestradas pelo tempo, graças ao desejo expresso de Mário em lacrá-las, evitando-se, por algum período, sua exposição pública, por acreditar que "ao sol/ carta é farol", como se expressa em carta. As outras vozes, silenciadas e guardadas a sete chaves, poderiam ter rompido o lacre e se integrado ao diálogo com o remetente, sem muito prejuízo para a compreensão da vida literária do momento e sem o adiamento do encontro, motivo de decepção ou de júbilo.

Lições de poesia e transfiguração metafórica compõem este texto epistolar, espaço imaginário no qual são discutidos, com a mesma naturalidade, questões estéticas e assuntos do cotidiano. Envolta numa privacidade jamais rompida do princípio ao fim do convívio, Henriqueta recebe de Mário tratamento idealizado, ao ser considerada pouso tranquilo para seu espírito inquieto e atormentado. A constante associação da poeta a espaços utópicos e isolados – "rincão de paz, ilha de sombra" – reforça a preferência do escritor pelo aspecto telúrico e aquático do imaginário feminino, comum aos temas do cancioneiro popular.

O tema da mulher idealizada, presente no cancioneiro popular ibérico – e transportado para o Brasil com a colonização portuguesa – é bastante explorado no texto de Mário "O Sequestro da Dona Ausente", lido na conferência realizada em Belo Horizonte, em 1939, e publicado em 1943 na revista *Atlântico*, sob o título "A Dona Ausente". Esse texto se inicia com a explicação do autor sobre a atualidade do tema – referente ao populário luso-brasileiro sobre um complexo marítimo – com a tendência poética da época em explorar o motivo das "mulheres ausentes":

> Com certos poetas de valor e seus imitadores, a literatura brasileira andou se enchendo ultimamente de "mulheres ausentes", "amadas ausentes", que as mais das vezes eram também "impossíveis". Mas não é disso que vou tratar, nem tenho culpa que o meu título, imaginado há mais de dez anos, coincida com um estado de sensibilidade dos nossos poetas eruditos de agora. O que pretendo é contar aos leitores portugueses alguns resultados que já alcancei nas minhas pesquisas, através do populário

---

[5]. Pe. Lauro Palú (org.), *Querida Henriqueta. Cartas de Mário de Andrade a Henriqueta Lisboa*, Rio de Janeiro, José Olympio, 1990.

Capa Atlântico. Revista Luso-Brasileira. 1943. *Arquivo Abgar Renault, AEM/CEL/UFMG.*

1ª página artigo "A Dona Ausente", *de Mário de Andrade, publicado na* Atlântico. Revista Luso-Brasileira. *Arquivo Abgar Renault, AEM/CEL/UFMG.*

luso-brasileiro, sobre um complexo marítimo. Complexo inicialmente marítimo, porém que, no Brasil, tornou-se terrestre também[6].

Por não ter podido comparecer à conferência, Henriqueta se vale desse motivo para enviar-lhe um bilhete, no qual promete assistir à outra palestra, aproveitando a oportunidade para convidá-lo a visitar sua casa. O tema da dona ausente abre, curiosamente, a correspondência entre eles, o que permite estabelecer uma rede de relações a partir da própria coincidência apontada por Mário na conferência. Ao desculpar-se pela ausência, a poeta dialoga, literariamente, com o texto do escritor.

> um compromisso anterior com a União Universitária Feminina me impediu de admirar de perto, ontem, seu fascinante espírito. Enquanto o Sr. falava em Dona Ausente, eu estava sendo sequestrada na Faculdade de Direito (de Direito, imagine!). Aguardo, porém, o ensejo de assistir à sua segunda conferência e, mesmo, de vê-lo antes, caso me dê a honra de uma visita, o que me causaria extraordinária satisfação.
> Permita-me dizer-lhe, desde já, que o seu devotamento às causas da inteligência e da sensibilidade é um dos mais impressionantes e mais belos exemplos que me tem sido dado apreciar[7].

Antecipando o sentido que a relação de ambos irá adquirir – o convívio poético suplementando o encontro amoroso – Henriqueta se incorpora, em razão de sua ausência, às personagens citadas na conferência, presentes no diálogo iniciado pelo signo do vazio e da falta. Configura-se, pela natureza simbólica da linguagem, o sequestro da dona ausente, graças à condensação entre o desencontro real e o metafórico. Ao se desculpar pela falta, a mulher impõe sua escrita, valendo-se de artifícios ficcionais que dramatizam a experiência e produzem o distanciamento estético. Ainda na qualidade de membro de uma organização universitária feminina, a ausência poderia se justificar pelo então tímido compromisso da mulher com sua emancipação, uma das possíveis leituras a serem feitas quanto à atitude de Henriqueta

6. Mário de Andrade, "A Dona Ausente", *Atlântico. Revista Luso-Brasileira*, Lisboa/Rio de Janeiro, Secretariado da Propaganda Nacional/Departamento de Imprensa e Propaganda, nº 3, 1943, p. 9. Telê Ancona Lopez, em *Mário de Andrade: Ramais e Caminho*, realiza um interessante estudo do tema do sequestro nas pesquisas de Mário. Cf. Telê Ancona Lopez, *Mário de Andrade: Ramais e Caminho*, São Paulo, Duas Cidades, 1972.
7. Carta de Henriqueta Lisboa a Mário de Andrade, 12 jan. 1939. (Correspondência passiva. Arquivo Mário de Andrade. IEB-USP.)

diante do convidado ilustre. Numa época marcada pela hegemonia do discurso masculino quanto ao direito de seduzir a mulher, é ela quem, por meio da dicção pessoal e irônica, inicia a conversa com o escritor.

A trama ficcional e o jogo amoroso sugeridos pela leitura dessa correspondência remetem à encenação da dona ausente, tal como ela foi enunciada e anunciada nessa primeira carta a Mário. As discussões sobre arte e poesia, a necessidade de se ter um leitor sincero e rigoroso para os poemas, a espera ansiosa de notícias e palavras do amigo concorrem para o entendimento da função simbólica das cartas. No lugar da presença material do parceiro, constroi-se a imagem do interlocutor nascido das palavras articuladas umas às outras, das relações entre perguntas e respostas e do suprimento da falta pela alegria de receber o envelope endereçado pela mão de quem se admira e gosta. Os presentes enviados – poemas, livros – servem ainda para aproximar e incentivar o diálogo, pois a leitura da obra do outro conduz ao desejo de posse, pela transformação do texto em simulação de um possível encontro.

Mário e Henriqueta mantêm vínculo mais epistolar do que fruto da convivência, tendo-se encontrado algumas vezes, ora quando a escritora viaja para o Rio de Janeiro e São Paulo, ora quando Mário visita Belo Horizonte, em 1939 e, por treze dias, em 1944. Sempre evocado por meio de um sentimento de felicidade e de forma idealizada, o pouco tempo passado juntos alimentava ainda mais a amizade e incitava a continuidade da correspondência:

> Quando me lembro que é você o maior dos que pensam no Brasil, quando me lembro que nos vimos apenas três vezes! Depois de todas essas cartas sinceras, *sans arrière pensée*, creio que vou sentir-me perfeitamente provinciana ao encontrá-lo em pessoa. E isto não tardará. Dentro de alguns dias aí estarei. O Rio sempre me interessou muito. [...][8]

Mas o medo ou talvez o receio pelo contato mais próximo com a amiga se revelavam diante da possibilidade de um *tête-à-tête* que ultrapassasse determinado período. O trabalho, os afazeres cotidianos, os compromissos com artigos para jornal tornavam a vida de Mário atribulada e de pouca disponibilidade para o encontro com amigos. Henriqueta, por seu temperamento e pelo estilo de vida recatado, próprio de uma intelectual daquela época, não poderia frequentar, em sua ida ao Rio, o grupo de escritores que se reunia nos bares com Mário. Em carta a Drummond, de 11 de fevereiro de 1945, Mário compõe simultaneamente o retrato dos amigos ao lado do

---

8. Carta de Henriqueta Lisboa a Mário de Andrade, 4 jun. 1940. (Correspondência passiva. Arquivo Mário de Andrade. IEB-USP.)

seu, ao mostrar a diferença de uma possível visita feita à sua casa por Henriqueta ou pelo poeta mineiro. À poeta é dada a intimidade da sala de jantar, do convite para o almoço, enfim, o acesso ao espaço doméstico comportado e bom, com a presença da mãe. Ao amigo, a liberdade do espaço da rua, da conversa de homem para homem, da integração especular entre dois poetas que se respeitam e se entendem. A intimidade da casa, aberta a Drummond, tem a cumplicidade do olhar distanciado da mãe e restringe-se à sala de trabalho, assim como o teor das cartas endereçadas ao amigo se distingue daquele presente nas cartas a Henriqueta:

> Tantas e tantas coisas. Estou esperando neste momento a Henriqueta Lisboa que vem almoçar aqui em casa. Quando você viria?... Aliás, penso que você eu não convidava para almoçar aqui em casa, como nunca convidei o Manuel. Prefiro mostrar os milagres de São Paulo, as boîtes francesas, os mosqueiros italianos. Mas a Henriqueta é tão tênue, tem tamanhas restrições na comida que prefiro assim. Você eu queria que, primeiro, dissesse bom dia a mamãe, e depois vínhamos para esta sala de trabalho, gosto dela, sabe, é o meu retrato alindado, como os dos fotógrafos, parece comigo mas é cem vezes mais bonita. Mas não é feita para inglês ver, se vive nela, e ficávamos assim no largado que fazer da intimidade[9].

Tanto a figura feminina quanto a masculina se incorporam, no universo das cartas, à pessoa ausente, tornando-se esta presente na comunicação escrita, no encontro imaginário criado entre os missivistas. A distância física aproxima, reiterando o desejo pelo inalcançável e o prazer pela posse da palavra do outro, em vez de sua posse real. Em confissão feita a Mário sobre o temperamento teimoso e a atitude discreta nos momentos de emoção, Henriqueta revela, de forma inconsciente, o ato de sublimação a que se submete no ato de querer, em que o sentido de posse vale pelo que se deseja, pelo que não se tem. Importa mais a experiência do impossível, que fortalece a vontade pessoal e dilui o objeto da demanda:

> Penso agora na minha existenciazinha... Quando eu era pequena, Mário, e alguém me dizia que não *tinha* qualquer cousa que eu queria, costumava bater o pé: "Mas eu quero sem ter!" A frase ficou célebre na família, ainda hoje caçoam comigo. Talvez

---

9. Silviano Santiago; Lélia Coelho Frota (orgs.), *Carlos & Mário. Correspondência de Carlos Drummond de Andrade e Mário de Andrade*, Rio de Janeiro, Bem-Te-Vi, 2002, p. 539.

não saibam que, mesmo sem bater o pé, continuo a ser aquela teimosa do impossível. Não é bem do impossível, mas do ideal... Tenho medo de desencantá-lo se lhe disser que, o que você chama o meu equilíbrio, é menos espontâneo que procurado. Procurado não como artifício, ao contrário, como expressão de justa medida, como compensação à intensidade – algo dramática – da minha vida subjetiva[10].

"E ainda não te li, *Prisioneira da Noite*...". Com este título, Henriqueta publica, em 1941, o livro de poemas que envia a Mário de Andrade à espera de leitura e apreciação dele. Por um deslocamento metonímico, o título da obra irá qualificar sua autora e o poeta brinca com as palavras, criando um "diálogo em sequestro", ao ser o livro corporificado na pessoa da amiga, pela ampliação do sentido da leitura. Percebe-se a condensação da dona ausente e da prisioneira da noite, pelo sentido de afastamento da mulher do convívio com o homem, motivo pelo qual o cancioneiro popular irá se valer da idealização da amada pela sua ausência. Torna-se mais desejada quanto mais inacessível e distante, pois a presença impede a construção fantasmática, causada pela falta. Na espera de uma palavra sobre o livro, Henriqueta lança o apelo metafórico, à feição do verso emitido na carta pelo poeta: "Mas, por favor, não demore mais a retirar *Prisioneira* dessa fria torre de livros empilhados aí na sua mesa!"[11].

A atenção do interlocutor libertaria a prisioneira da condição de palavra fria, transformando-a em companheira, pelo convívio poético e pelo pacto amoroso instaurado na troca de bens e de ideias. Nessa linha associativa, a prisioneira da torre encarna o papel da donzela indefesa à espera do cavaleiro que a salve da prisão. A imagem medieval nascida das cantigas populares evoca o estereótipo da mulher frágil, por muito tempo construção do imaginário poético masculino. Persiste, contudo, como na primeira carta de Henriqueta endereçada a Mário, a ousadia da mulher em proferir a palavra "sedutora", ao se sentir sequestrada entre vários outros livros e prisioneira das páginas do volume. Constrói-se um texto poético enredado pela prática epistolar, "o nosso poema de colaboração", o qual seria capaz de traduzir, nas palavras do escritor, o "grave e profundo carinho" que os unia. Configura-se o exemplar exercício de poética modernista, pela transformação da vida em arte e do gênero epistolar em literatura.

10. Carta de Henriqueta Lisboa a Mário de Andrade, 15 set. 1940. (Correspondência passiva. Arquivo Mário de Andrade. IEB-USP.)
11. Carta de Henriqueta Lisboa a Mário de Andrade, 5 jun. 1941. (Correspondência passiva. Arquivo Mário de Andrade. IEB-USP.)

Correspondência

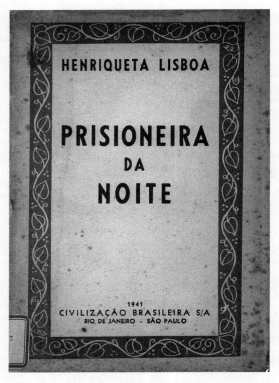

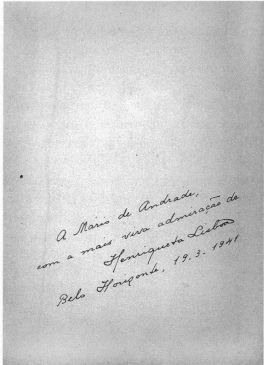

Capa e dedicatória de Prisioneira da Noite. Henriqueta Lisboa. 1941. "A Mário de Andrade,/ com a mais viva admiração de/ Henriqueta Lisboa/ Belo Horizonte, 19.3.1941". Biblioteca MA, IEB-USP.

A crítica do escritor à poética "neocondoreira" dos autores novos (Augusto Frederico Schmidt, Alphonsus de Guimaraens Filho, Jorge de Lima), anunciada no texto "A Dona Ausente" e detalhadamente apresentada no artigo "A Volta do Condor", dirigia-se contra a imagística eloquente e "esfomeada de profundeza e dos grandes assuntos humanos". Pela recorrência dos temas, seguidos de adjetivos indicadores de estados psíquicos, essa literatura representava a volta ao passado, pela vertente religiosa, essencialista e universalizante de sua linhagem.

Semelhante cuidado irá ter ao apontar deslizes na poesia de Henriqueta, que, embora inclinada pela estética simbolista, aos poucos se aprimorava e se desviava dessa tendência. Graças à sensibilidade de Mário de Andrade, foi possível promover tanto a crítica à sua poesia quanto a apropriação da simbologia literária comum a seus escritos e dialogar, modernamente, com sua lírica. Retirar o ranço de eloquência da linguagem, despindo as imagens de um sentido elevado e essencialista, reside aí o trabalho do amigo e conselheiro. Ainda que partisse em defesa de um dos princípios mais revolucionários do modernismo, a estética do cotidiano, apontava lucidamente o caminho sentimental, grandiloquente e retrógado da arte de alguns dos poetas pós-modernistas. Em carta a Henriqueta, exprime a necessidade da poesia de se afastar do conceito de universal, associado à religiosidade, pela escolha do cotidiano como material literário e do humor como saída para o sofrimento:

> É preciso não esquecer que essa visão universal, essa transfiguração lírica do pessoal no humano não se dá apenas porque de um pecado eu faço a Culpa, de um namoro sofrido eu faço a Noiva Ausente e de uma gripe eu faço a Morte. A mesma transfiguração existe quando de uma topada eu faço a pedra no meio do caminho, de uma janela de nenhuma vista eu faço o Beco, do Manuel Bandeira etc.[12].

O projeto estético de Mário de Andrade, amadurecido e divulgado não apenas por sua obra como pelas discussões em artigos, livros e cartas, persistiu até sua morte, como pode-se comprovar numa das cartas endereçadas a Henriqueta em 1944. Na realidade, o nacionalismo que norteava esse projeto não impedia o olhar para o fora; pelo contrário, construía-se a partir da articulação entre os dois polos. Por ocasião da Segunda Grande Guerra, ao projeto estético se acrescenta a ideologia política, o que irá tornar o intelectual mais empenhado na defesa de uma literatura de combate.

12. Carta de Mário de Andrade a Henriqueta Lisboa, 8 jun. 1940. (Acervo de Escritores Mineiros. Centro de Estudos Literários da Universidade Federal de Minas Gerais. AEM/CEL/UFMG.)

Essas inquietações serão transmitidas à amiga de Minas, através das observações aos poemas contidos em O *Menino Poeta*, de 1943. Henriqueta defende-se da acusação de que seu texto tivesse função moralizante ao utilizar conceitos e conselhos que prejudicariam, segundo o escritor, a "coerência lírica da poesia". Ao responder, de forma contundente ao teor da carta de Mário, pôde revelar, ao leitor de nossos dias, um dos traços de sua proposta poética, o que contribui para a melhor compreensão de sua obra.

> Você diz que não pertenço às linhas gerais da crítica da poesia nossa, nem dos seus problemas e intenções. Pois é isso. Os meus problemas são até muito humanos, são meus como de todos aqueles que apelam para as forças morais em face da esfinge, quando não logram decifrá-la. Sinto-me criatura de <u>Deus antes de tudo, muito antes de ser brasileira</u>. E com isso não sei se haverá metal brasileiro na minha poesia. Estarei no meio da raça como estrangeira? Já fiz uma pergunta semelhante, há muito tempo, num poema sobre o Carnaval, que tanto me desgosta; mais tarde voltou a preocupação – ampliada – naquele poema em que me dirijo a Irmãos, meus Irmãos: – "Sou uma de vós, reconhecei-me!" Mas não será por falta de amor que a minha poesia talvez não tenha pátria[13].

A maneira pela qual a poeta responde à pecha de universalista recai no imaginário cristão, atitude logo contestada pelo missivista, ao apontar as razões políticas dessa postura como traço próprio do espírito conformista da classe dominante. O que, à primeira vista, soaria como atitude descompromissada, é devidamente colocado em seu lugar como expressão de conduta de determinado segmento social. O universalismo religioso, portanto, não se articula esteticamente de maneira pura, nem se desvincula de objetivos morais. O caráter político da escolha atua de forma evidente, embora não percebido pela autora: "Se você observar melhor a lição de Cristo, eu creio que você vai perceber que esse processo de consolo é muito político, é muito mais 'classe dominante' que exatamente bíblico e especialmente cristão"[14].

Em carta de fevereiro de 1944, Henriqueta assim se dirige ao amigo escritor:

---

13. Carta de Henriqueta Lisboa a Mário de Andrade, 20 fev. 1944. (Correspondência passiva. Arquivo Mário de Andrade. IEB-USP.)
14. Carta de Mário de Andrade a Henriqueta Lisboa, 5 mar. 1944. (Acervo de Escritores Mineiros. Centro de Estudos Literários da Universidade Federal de Minas Gerais. AEM/CEL/UFMG.)

> Parece mesmo que os críticos não querem O *Menino Poeta*. Mas também pode ser que algum dia um deles comece a puxar o fio da meada. Nem isso me surpreenderá. Sei que uma cousa é êxito e outra, valor. Só uma graça peço a Deus: que esse silêncio, que eu sinto como aguda ironia, não me atinja o ser moral; que eu possa compreender e admirar sempre mais a obra alheia; que não acuse a ninguém. Deve haver uma explicação natural para isso[15].

Não falta à poeta a crítica a seus contemporâneos, o que demonstra o grau de acuidade seletiva, ao lado da vontade de participar ativamente do debate intelectual do momento. O desabafo em relação aos escritores reforça sua posição como "estrangeira" no meio da raça, por não defender uma poesia social ou seguir à risca os parâmetros poéticos ditados pela poesia de "circunstância", como assim era denominada a poética do social. A força do cânone e a imposição por critérios válidos de legitimação social do escritor passavam pelo crivo de um grupo e com isso tornava-se difícil desconstruir imagens ou reler de forma não canônica o lugar reservado a cada um no panteão literário. A autora já distinguia o êxito do valor, ao perceber que a consagração pública se produz por um sistema de regras e convenções que formam a meada da crítica. Era preciso que um deles começasse a puxar os fios da meada, os fios de um rígido trançado de valores estabelecidos por uma confraria literária, fortemente centrada nos valores nacionais e na estética do cotidiano. (Manuel Bandeira, em 1961, escreve a Henriqueta Lisboa para se desculpar por ter se esquecido do nome dela na *Apresentação da Poesia Brasileira*, apesar de considerá-la uma das maiores poetas do Brasil.)[16]

Este esboço do diálogo travado entre Mário de Andrade e Henriqueta Lisboa se fecha com o retorno ao tema do sequestro da dona ausente, evocado na primeira carta enviada ao escritor paulista e retomada nesta de 1944. Ao se considerar estrangeira na própria terra da poesia, a causa do mal-estar se explicaria pelo distinto lugar que ocupava na literatura brasileira do momento. A explicação centrada no argumento lírico funciona como o desejo de definir o não-lugar de sua literatura, tornada essencial pela presença do sentimento amoroso, sua verdadeira pátria. Por se expressar como reduto do imaginário, da fantasia e do impossível, o texto poético de Henriqueta se projeta na correspondência com Mário de Andrade, na qual é legítimo construir romances e viver esteticamente a experiência com o outro. O sequestro

---

15. Carta de Henriqueta Lisboa a Mário de Andrade, 20 fev. 1944. (Correspondência passiva. Arquivo Mário de Andrade. IEB-USP.).
16. Carta de Manuel Bandeira a Henriqueta Lisboa. Rio de Janeiro, 28 set. 1961. (Acervo de Escritores Mineiros. FALE-UFMG.)

lírico torna estrangeira qualquer palavra, se esta é movida pelo impulso da falta e pela separação inevitável do objeto.

Se o Brasil é pouco refletido em sua poesia[17], essa é uma das aberturas estéticas que Mário de Andrade ainda não conseguia prever nas manifestações literárias e artísticas da época, a maioria tocada pelo apelo à abstração e pela gradativa diluição do aspecto figurativo na construção dos emblemas da pátria. Pela defesa da bandeira do nacionalismo em arte e do contorno, embora difuso, de sua representação plástica, o escritor recebia com ressalvas outras poéticas que fugiam desse ideal. Henriqueta, consciente de suas limitações dos apelos sociais da literatura do momento, soube muito bem reconhecer o papel que lhe estava reservado. E Mário, certamente, entendeu a opção da poeta pelos temas do amor, da ausência e da morte, por reconhecer que se tratava de uma "concepção muito amadurecida de poesia".

Como escritora vivendo no meio intelectual dominado por homens, sua posição firme e audaciosa rompeu barreiras e respondeu de forma lúcida às críticas à sua poesia. Sem se entregar intelectualmente à causa social, Henriqueta dialoga com Mário utilizando uma expressão de Antonio Candido – "à mulher só é acessível o tom menor", acrescentando, contudo, a possibilidade de se ter uma terceira modalidade poética, "em que o tom menor aprisione motivos que interessem mais diretamente à coletividade". Torna-se necessário ampliar o sentido presente no "tom menor", à luz do distanciamento que sua obra alcança diante da vertente "condoreira" e altissonante, ao se abandonar a exploração de temas em tom maiúsculo. O universalismo eloquente assumido pelos poetas da geração de 1940 afastava-se cada vez mais do lirismo conciso e sofisticado da autora de O *Menino Poeta*.

Em janeiro de 1945, um mês antes de sua morte, Mário dirige-se a Henriqueta para comentar o Congresso dos Escritores, a se realizar em São Paulo:

> De-noite chega a delegação mineira ao Congresso dos Escritores, vou esperar na estação, porque me fiz pertencer à guirlandística Comissão de Recepção, desse tal de Congresso.[...]
> Meu Deus! Como eu vos agradeço Henriqueta não vir agora!

17. "[...] você é tão nacional como todos somos nacionais, e basta. Suas condições naturais de educação, de mulher, de profissionalismo público, de concepção muito amadurecida de poesia (e muito legítima) levam você necessariamente (e de católica, me esqueci) a uma universalidade de temática e mesmo de concepção e expressão dessa temática, em que o Brasil objetivamente se reflete pouco. Aliás, bastou a sua temática se voltar para o menino-poeta pra que o Brasil se refletisse objetivamente com insistência na sua poesia. Questão de mais-Brasil menos-Brasil não tem a menor importância num caso como o de você e não se preocupe com isso". Carta de 5 mar. 1944. (Correspondência passiva. Arquivo Mário de Andrade. IEB-USP.)

> Não é que esteja desculpando os mineiros não: acho que eles praticaram uma grosseria incrível, pior que a dos paulistas, não incluindo você. E arranjarei jeito de dizer isso a eles. Mas eu dou graças de você não estar aqui porque na verdade nunca estaríamos bem comodamente juntos e nós mesmos. Eu terei que viver espatifado em bilhões de sorrisos e ares de familiaridade. Afinal, eu digo isso meio escarninho, mas é de angústia e não desprezo por ninguém. Além dos amigos, vem muita gente que seria bom conhecer, conversar, homenagear se viesse sozinho, noutra ocasião. Mas são perto de 150! não é possível a gente ser si mesmo pros outros, não há epiderme que aguente. É dessas coisas em que a gente desvive, em vez de viver, eu pelo menos[18].

A ausência de Henriqueta nesse Congresso não revela a discriminação à mulher no meio de um encontro marcadamente masculino, servirá, contudo, de metáfora para a reflexão sobre o difícil lugar a ser conquistado pela mulher-intelectual num período em que a tarefa de construção de uma nacionalidade literária se fazia no interior de uma confraria de homens. Henriqueta já havia participado, em 1936, do III Congresso Feminino Nacional, no Rio de Janeiro, como representante da mulher mineira, atividade a ser exercida pela escritora ao longo de sua vida. O espaço público reservado ao debate intelectual estava sendo também almejado pela figura feminina, na luta pelos direitos de cidadania, como o do voto, além da entrada da mulher nas academias literárias. Mas a discriminação feminina, verificada em todos os setores da sociedade brasileira, ainda persistiria por muito tempo.

O Congresso dos Escritores, espaço de congraçamento e de exposição pública, reforçava o contato mundano com a literatura, o diálogo entre homens que se colocavam na missão igualmente política de salvar o país da ditadura de Vargas, graças ao esforço coletivo e a uma forte resistência aos defensores do regime. Nessa hora, Mário sente que é por demais difícil praticar o ritual da doação a cada um em particular, como exerca na conversa epistolar, pois o escritor estará "espatifado em bilhões de sorrisos e ares de familiaridade", sendo impossível "a gente ser si mesmo pros outros". A causa coletiva ignora o ritual das subjetividades e exige a entrega do sujeito à indistinção individual e ao espetáculo dedicado à solidariedade literária e política. A correspondência de Mário com Henriqueta e outros amigos representa, portanto, um exercício de subjetivação e de cuidado pessoal que se alcança

---

18. Carta de Mário de Andrade a Henriqueta Lisboa, 20 jan. 1945. (Acervo de Escritores Mineiros. Centro de Estudos Literários da Universidade Federal de Minas Gerais. AEM/CEL/UFMG.)

pelo teor virtual de uma conversa a dois. O sujeito se dá aos poucos, repete comentários feitos com outros parceiros, mas no momento em que se dirige a cada um em particular assume o papel de troca subjetiva, cultivada cotidianamente. A experiência do congresso permite ao escritor revelar seu lado político e o desejo de ser inteiro nas relações, mesmo que se sentindo "espatifado em bilhões de sorrisos", comportamento distinto propiciado pelo ritual quase diário da correspondência.

Ao manter com a imagem da dona ausente uma relação simbólica marcada pela presença sempre adiada e pela sublimação da perda através da poesia, o encontro poético/amoroso dos poetas, realizado pela troca de palavras e da amizade, não se esgota nessa primeira leitura das cartas. A abertura do texto epistolar ao conhecimento público motivará não só a revisão de sua poesia como a compreensão mais aguda dos caminhos trilhados pela literatura brasileira até chegar à sua atual configuração.

A caixinha de madeira onde Henriqueta guardava carinhosamente as cartas de Mário é reveladora do ritual da escrita praticado entre os dois poetas. São textos reservados e íntimos, destinados a se transformarem em relíquia e em arquivo futuro da vida dos protagonistas. O lugar sagrado escolhido para se preservar a escrita exibe ainda um sentimento de cumplicidade e de recato como prova de uma afinidade intelectual e afetiva. Abrir essa caixa, retirar o invólucro do segredo e da confissão e torná-la pública são gestos que comprovam a necessidade de se respeitar a fala do outro e de obedecer a determinadas regras e limites éticos.

Em 9 de outubro de 1944, por ocasião do aniversário de Mário, Henriqueta envia ao amigo poemas do futuro livro *A Face Lívida*, copiados num caderno azul, em fina caligrafia e envolto em fita de tafetá também azul. Esse objeto-presente exibe a prática comum exercida até meados do século XX pela mulher-escritora: a cópia de poemas de sua autoria – ou de textos poéticos de sua predileção – e o envio ao destinatário como prova de amor ou amizade. Por seu estatuto artesanal, a cópia manuscrita do futuro livro é uma variante da carta, restrita à interlocução de duas pessoas, e dedicada a um leitor especial. A obra literária, entendida nessa função de fetiche e culto, restringe o número de leitores e se sacraliza como objeto único, antes de entrar no processo de reprodução técnica. O corpo da letra realiza o desejo de aproximação com o outro por meio desse ritual literário, mediação capaz de substituir o encontro efetivo.

A edição da correspondência de Mário de Andrade e de Henriqueta Lisboa retira e conserva a privacidade desse ritual, ao conceder ao leitor o direito de desfrutar uma lição de poesia e solidariedade.

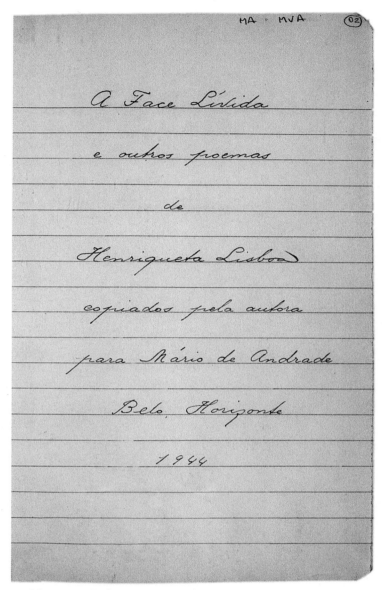

Henriqueta Lisboa. A Face Lívida e Outros Poemas. *1944*.
Arquivo MA, IEB-USP.

Os Bastidores desta Edição

A edição da correspondência recíproca de Mário de Andrade e Henriqueta Lisboa dá continuidade ao projeto Coleção Correspondência de Mário de Andrade, que envolve o Instituto de Estudos Brasileiros (IEB) e a Editora da Universidade de São Paulo (Edusp), com a parceria eventual de outras editoras. A abertura da correspondência passiva relativa aos destinatários do escritor, ocorrida em 1945, decorridos cinquenta anos de sua morte, possibilitou o acesso aos documentos de Henriqueta Lisboa, alocados no Arquivo Mário de Andrade, no IEB. A reunião das cartas trocadas entre eles no período de 1939 a 1945 vem completar o diálogo até então parcialmente divulgado com a publicação de *Querida Henriqueta*, volume correspondente às cartas de Mário à escritora[19].

Os documentos referentes a essa correspondência, arquivados na Série "Correspondência Pessoal", no Acervo de Escritores Mineiros – Arquivo Henriqueta Lisboa –, da Universidade Federal de Minas Gerais, compõem-se de 42 cartas, quatro bilhetes, dois telegramas, cópias datilografadas de 34 poemas da poeta enviados ao escritor e anotados a lápis por ele. Guardadas pela destinatária até sua morte numa caixinha de madeira, as cartas, com seus respectivos envelopes e os demais documentos, foram entregues pela família ao responsável pela primeira edição da correspondência. Segundo seu registro, no meio dos papéis estavam os originais de "Mário", poema até então inédito, dedicado ao escritor por ocasião de sua morte, documento incorporado à edição.

Excetuando uma carta datilografada, datada de 28 de janeiro de 1944, todas são manuscritas. Encontram-se em bom estado de conservação, verificando-se apenas alguns vincos e rasuras que não comprometem a leitura. Contudo, é importante assinalar que a carta de 17 de outubro de 1942 está incompleta, por ter sido rasurada por Henriqueta. Uma folha do texto não foi conservada e a inserção da data no final atesta a intenção de resguardar o registro temporal. Em nenhuma das edições se cogitou das razões da rasura, observando-se apenas que o restante do texto demonstra o estado de pessimismo de Mário causado por sua saúde precária, pelos contratos de publicação no estrangeiro. O fragmento inicial da carta, em que se lê: "[...] Dinamarca, Holanda e Bélgica, Hitler foi assassinado, milhões de fogos-de-artifícios...", refere-se a um possível relato de um sonho ou do desejo do escritor de dar um fim à guerra e ao nazismo.

---

19. Pe. Lauro Palú (org.), *Querida Henriqueta. Cartas de Mário de Andrade a Henriqueta Lisboa*, Rio de Janeiro, José Olympio, 1990.

O tratamento dispensado à destinatária varia conforme o crescimento do grau de intimidade, alternando entre o nome por extenso, "Henriqueta", e um tratamento mais próximo, "Henriqueta querida", "Minha querida Henriqueta", "Minha ingrata e sempre lembrada Henriqueta". A assinatura segue o mesmo ritual, destacando-se, na carta de 7 de dezembro de 1942, a utilização do epíteto após o nome, "Mário, o Bom". O texto, escrito na frente e no verso da folha, confirma o costume da época, caracterizado pelo uso da caneta-tinteiro (e não da máquina datilográfica), instrumento considerado mais adequado para a comunicação epistolar. A primeira publicação dessa correspondência teve como editores Abigail de Oliveira Carvalho, responsável pela organização do material; Rozani C. do Nascimento, pela transcrição dos manuscritos; e Pe. Lauro Palú, pelo trabalho de revisão, introdução e notas. Na capa, o título *Querida Henriqueta*, sobre a foto da poeta, tendo como fundo reprodução do manuscrito de Mário de Andrade, que se estende até a quarta capa, assim como a foto de uma caneta-tinteiro. Na parte inferior da capa, o subtítulo: "Cartas de/ Mário de Andrade/ a Henriqueta Lisboa", seguido do nome da editora: "José Olympio/ Editora". Uma reprodução, em preto-e-branco, do retrato de Henriqueta Lisboa, pintado em 1939 por Aurélia Rubião, antecede a folha de rosto, onde são registrados os créditos de edição. Nas páginas que se seguem, foram inseridos o fac-símile do poema "Palmeira da Praia", da autora, com anotações de Mário de Andrade. No verso desta folha, o fac-símile da última carta do escritor endereçada a Henriqueta, datada de 20 de janeiro de 1945. Na quarta capa, encabeça os dizeres "Um novo MÁRIO DE ANDRADE se revela nas 42 cartas interessantíssimas de QUERIDA HENRIQUETA" a cópia de um fragmento de carta de Mário de Andrade, com sua assinatura; na parte inferior, o registro da editora, "José Olympio Editora". A edição é composta de uma "Cronologia" referente a cada um dos missivistas; da "Introdução" do Pe. Lauro Palú; de uma foto de Mário com dedicatória a Henriqueta; da reprodução de um ensaio e de um poema de Henriqueta. Conta ainda com o "Apêndice" e a "Bibliografia".

Na tarefa de reunir a correspondência recíproca segundo princípios estabelecidos pela Coleção, a primeira edição das cartas sofreu alterações relativas tanto à sua estrutura quanto às correções ocorridas na transcrição delas: a Introdução e a Cronologia foram suprimidas; o Apêndice, substituído por Dossiê, trocando-se ainda a transcrição dos comentários de Mário sobre os poemas de Henriqueta por fac-símiles de alguns deles; a inclusão de três cartas inéditas de José Carlos Lisboa para o escritor, durante o período de 19 de abril de 1938 a 11 de dezembro de 1939, de um cartão de visita, sem data, e da carta já publicada em *Querida Henriqueta* de Mário a José Carlos Lisboa, de 19 de novembro de 1939; da carta de Oneida Alvarenga à poeta por ocasião da morte do escritor. O ensaio e o poema foram mantidos e integrados ao Dossiê deste volume.

No Arquivo Mário de Andrade, na série "Correspondência Passiva Lacrada", encontram-se 63 documentos de Henriqueta Lisboa, compostos de quarenta cartas, treze bilhetes, oito telegramas e dois cartões-postais: o primeiro, de Araxá, de 11 de fevereiro de 1942; o segundo, de Lambari, de 24 de dezembro de 1943. Todas as cartas são manuscritas, com autógrafo ora a tinta preta, ora azul, e papel creme dobrado. Henriqueta conservou tratamento único ao se dirigir ao destinatário – "Mário" –, excetuando-se as primeiras cartas, mais cerimoniosas, em que assina o nome completo. Raramente utiliza de tratamento mais carinhoso, como "Querido Mário". Isso se verifica também com sua assinatura, a princípio grafada por extenso, reduzindo-se depois para "Henriqueta".

No IEB, na Série "Manuscritos de Outros Escritores" encontram-se os seguintes grupos de poemas remetidos pela poeta para o escritor: a) poemas enviados em 19 de março de 1940 para leitura, que farão parte de *Prisioneira da Noite*; b) 44 poemas que irão constar do livro *O Menino Poeta* (inicialmente intitulado *Caixinha de Música*), comentados por Mário de Andrade em carta dirigida a Henriqueta Lisboa. A primeira edição do livro contém 58 poemas, observando-se que, além dos enviados, outros foram acrescentados; c) caderno de capa dura, com marcador de página e fita de tafetá azul, cópia manuscrita de Henriqueta de poemas de seu futuro livro *A Face Lívida*, oferecida como presente de aniversário ao escritor em 9 de outubro de 1944. O caderno contém ainda "Outros Poemas": 'Poesia de Mário de Andrade'; "Poemas da Terra": 'A Lenda das Pedras Verdes', 'História de Chico Rei', 'Romance do Aleijadinho', 'Poesia de Ouro Preto'; "Poema Escrito em São Paulo": 'Elegia'.

Para o estabelecimento do texto nesta edição da correspondência recíproca entre Mário e Henriqueta procedeu-se ao cotejo da transcrição das cartas com os originais, com vistas a sanar as dúvidas relativas à ortografia, à pontuação e aos recursos gráficos utilizados, como aumento do corpo das letras, palavras sublinhadas, e assim por diante. Diante da ausência de descrição material dos documentos em sua condição de manuscrito (ou datiloscrito) em *Querida Henriqueta*, optou-se por sua inserção e uniformização na edição das cartas. Procedeu-se à padronização das indicações das datas, além do cuidado de não deixar documento algum sem data, como alguns bilhetes de Mário de Andrade. Palavras sublinhadas pelos autores foram igualmente mantidas. As referências a obras literárias, filosóficas, musicais, de artes plásticas ou de crítica respeitaram as normas bibliográficas, empregando-se aspas para títulos de poemas e de capítulos de obras.

As notas de edição são de duas modalidades: a) no final de cada manuscrito, descrevem sua materialidade, a origem editorial ou o arquivo onde se localizam os documentos; b) no rodapé, mantêm o diálogo com o texto, fornecendo dados biográficos e locais citados, além de indicações sobre livros e situações mencionados pelos missivistas. Na reedição das cartas de Mário para Henriqueta, além do acréscimo de um número significativo de notas, suprimiram-se algumas notas originais, outras foram deslocadas e outras refeitas. Para efeito de distinção da autoria das notas, optou-se pela indicação, no final de cada nota de rodapé, das iniciais de Pe. Lauro Palú, entre parênteses (plp). As siglas MA e HL serviram para identificar os missivistas. Nesta edição, os temas recorrentes na vasta correspondência de Mário com outros escritores, ao serem convocados para uma conversa, enriquecem o diálogo e oferecem ao leitor a oportunidade de convívio mais amplo com este universo epistolar.

(Para a realização deste trabalho contei com o apoio da bolsa de Produtividade em Pesquisa do CNPq, a quem agradeço.)

Agradecimentos

- Acervo de Escritores Mineiros (AEM) – Faculdade de Letras da UFMG (FALE-UFMG)
- Conselho Nacional de Desenvolvimento Científico e Tecnológico – CNPq
- Instituto de Estudos Brasileiros – Universidade de São Paulo – (IEB-USP)
- Fundação Casa de Rui Barbosa – Rio de Janeiro
- Família Henriqueta Lisboa e Família Mário de Andrade
- Equipe Mário de Andrade no IEB:
  Telê Ancona Lopez, Marcos Antonio de Moraes e Maria Sílvia Ianni Barsalini
- Bolsistas e secretário do Acervo de Escritores Mineiros: Alberto J. Oliveira, Daniel Nogueira, Fernanda Lages, Marco Antônio Marinho, Márcio Pimenta, Murilo Luiz Gentil de Oliveira, Sandra Nunes, Thaïs Satlher.
- Bartolomeu Queirós, Denyse Cantuária, Fábio Lucas, Flávia Roque, Foca Lisboa, Letícia Malard, Lúcia de Carvalho Lopes, Maria Lisboa de Oliveira, Marília Rothier Cardoso, Paulo Schmidt, Raquel Durães Garcia de Souza, Reinaldo Martiniano Marques, Renata Borges, Silviano Santiago e Wander Melo Miranda.

Bibliografia Geral

1. Obra de Mário de Andrade

1.1. Cartas

ALVARENGA, Oneida (org.). *Cartas. Mário de Andrade – Oneida Alvarenga*. São Paulo, Duas Cidades, 1983.

AMARAL, Aracy (org.). *Correspondência Mário de Andrade & Tarsila do Amaral*. São Paulo, IEB/Edusp, 2001.

ANDRADE, Carlos Drummond de (org.). *A Lição do Amigo: Cartas de Mario de Andrade a Carlos Drummond de Andrade, Anotadas pelo Destinatário*. Rio de Janeiro, J. Olympio, 1982.

ANTELO, Raúl (org.). *Cartas a Murilo Miranda: 1934/1945*. Rio de Janeiro, Nova Fronteira, 1981.

BATISTA, Marta Rossetti (org.). *Cartas a Anita Malfatti*. Rio de Janeiro, Forense Universitária, 1989.

FABRIS, Annateresa (org.). *Portinari, amico mio. Cartas de Mário de Andrade a Candido Portinari*. Campinas, Mercado de Letras, 1995.

FERNANDES, Lygia (org.). *Mário de Andrade Escreve Cartas a Alceu, Meyer e Outros*. Rio de Janeiro, Editora do Autor, 1968.

FREITAS, Newton (org.). "Correspondência de Mário de Andrade". *Revista do Instituto de Estudos Brasileiros*, São Paulo, nº 17, 1975.

FROTA, Lélia Coelho (org.). *Mário de Andrade: Cartas de Trabalho, Correspondência com Rodrigo Mello Franco de Andrade (1936-1945)*. Rio de Janeiro, MEC, Sphan, Pró-Memória, 1981.

GUIMARAENS FILHO, Alphonsus de. *Itinerários: Cartas de Manuel Bandeira e Mário de Andrade a Alphonsus de Guimaraens Filho*. São Paulo, Duas Cidades, 1974.

MORAES, Marcos Antonio de (org.). *Correspondência de Mário de Andrade & Manuel Bandeira*. São Paulo, IEB/Edusp, 2000.

_____ (org.). *Mário, Otávio. Cartas de Mário de Andrade a Otávio Dias Leite (1936-1944)*. São Paulo, Imprensa Oficial/IEB-USP/Oficina do Livro Rubens Borba de Moraes, 2006.

MOREL, Marco & BORBA, José César (orgs.). *Cartas de Mário de Andrade a Álvaro Lins*. Rio de Janeiro, José Olympio, 1983.

PALÚ, Lauro (org.). *Querida Henriqueta: Cartas de Mário de Andrade a Henriqueta Lisboa*. Rio de Janeiro, José Olympio, 1990.

PERES, Fernando da Rocha (org.). *Correspondente Contumaz: Cartas a Pedro Nava (1925-1944)*. Rio de Janeiro, Nova Fronteira, 1982.

SABINO, Fernando (org.). *Cartas a um Jovem Escritor. De Mário de Andrade a Fernando Sabino*. Rio de Janeiro, Record, 1981.

SANTIAGO, Silviano & FROTA, Lélia Coelho (orgs.). *Carlos & Mário*. Rio de Janeiro, Bem-te-vi, 2002.

1.2. Cartas de Mário de Andrade esparsas

ANDRADE, Mário de. "Carta de 5.4.1944 a Carlos Lacerda". *Revista Memória*, Academia Brasileira de Letras, nº 39.

MORAES, Marcos Antonio de (org.). *Carta ao Pintor Moço*. São Paulo, Boitempo, 1996.

1.3. Poesia, Ficção e Ensaística

ANDRADE, Mário de. *O Movimento Modernista*. Rio de Janeiro, Casa do Estudante, 1942.

_____. "Portinari". *Revista do Patrimônio Histórico e Artístico Nacional*, Rio de Janeiro, nº 20, pp. 64-93, 1984.

_____. "A Volta do Condor". *Aspectos da Literatura Brasileira*. 5ª ed. São Paulo, Martins, 1974.

_____. "A Dona Ausente". *Atlântico. Revista Luso-Brasileira*. Lisboa/Rio de Janeiro, Secretariado da Propaganda Nacional/Departamento de Imprensa e Propaganda, nº 3, 1943.

_____. *Amar, Verbo Intransitivo*. 16ª ed. Belo Horizonte, Itatiaia, 1989.

_____. *Aspectos das Artes Plásticas no Brasil*. São Paulo, Martins, 1965.

_____. Belo Horizonte. *O Estado de S. Paulo*. Suplemento de Rotogravura, nº 149. São Paulo, dez. 1939.

_____. *Danças Dramáticas do Brasil*. São Paulo, Martins, 1963.

_____. "Elegia de Abril". *Revista Clima*. São Paulo, nº 1, 1941.

_____. *O Empalhador de Passarinho*. São Paulo, Martins, 1946.

_____. *Obras Completas*. São Paulo, Martins, 1944-1965.

_____. *Padre Jesuíno do Monte Carmelo*. Rio de Janeiro, Ministério da Educação e Saúde, Patrimônio Histórico e Artístico Nacional, 1945. Publicação nº 14.

_____. "Pintura em Minas". *Diário de Notícias*. Rio de Janeiro, 29.10.1944.

_____. *Poesias Completas*. Rio de Janeiro, Ed. crítica de Diléa Zanotto Manfio, São Paulo/Belo Horizonte, Edusp/Itatiaia, 1987.

_____. *Poesias*. São Paulo, Martins, 1941.

_____. *Quatro Pessoas*. Edição crítica de Maria Zélia Galvão de Almeida. Belo Horizonte, Itatiaia, 1985.

PINTO, Edith Pimentel. *A Gramatiquinha de Mário de Andrade. Texto e Contexto*. São Paulo, Duas Cidades, 1990.

SACHS, Sonia. "Um Crítico no Jornal". In: ANDRADE, Mário de. *Vida literária*. Pesquisa, estabelecimento de texto, introdução e notas de Sonia Sachs. São Paulo, Edusp, 1993.

2. Bibliografia sobre Mário de Andrade

ALVARENGA, Oneida. *Mário de Andrade, um Pouco*. Rio de Janeiro, José Olympio, 1974.

ANDRADE, Carlos Drummond de. "Suas Cartas". *Confissões de Minas. Obra Completa*. Rio de Janeiro, Aguilar, 1967.

CANDIDO, Antonio. "Notas de Crítica Literária-III". *Folha da Manhã*, São Paulo, 21 maio 1944; "O Menino Poeta", Suplemento Literário Minas Gerais, Belo Horizonte, vol. 5, n° 183, 8 fev. 1970, p. 8.

_____. "Mário de Andrade". *Revista do Arquivo Municipal*, 106. (Ed. fac-similar, 198. São Paulo, Prefeitura do Município de São Paulo, 1990).

CASTRO, Moacir Werneck de. *Mário de Andrade: Exílio no Rio*. Rio de Janeiro, Rocco, 1989.

COLI, Jorge. *Música final – Mário de Andrade e sua Coluna Jornalística "O Mundo Musical"*. Campinas, Unicamp, 1998.

COLI, Jorge & DANTAS, Luiz Carlos da Silva (orgs.). *O Banquete*. São Paulo, Duas Cidades, 1977.

DAIBERT, Arlindo. *Macunaíma de Andrade*. Coleção Chateaubriand. MAM. Rio de Janeiro. In: ARBACH, Jorge I. Juiz de Fora, Editora UFJF, 2001.

DUARTE, Paulo. *Mário de Andrade por Ele Mesmo*. São Paulo, Edart, 1971.

LOPEZ, Telê Ancona (org.). *Táxi e Crônicas no Diário Nacional*. São Paulo, Duas Cidades, 1976.

_____. "Cartas de Mário de Andrade a Henriqueta Lisboa". O *Estado de S. Paulo*. Suplemento Cultura, n° 577, 31 ago. 1991.

_____. "Cântico: Um Manuscrito de Mário de Andrade". O *Estado de S. Paulo*, Suplemento Cultura, n° 532, 13 out. 1990, p. 3.

_____. *Mário de Andrade: Ramais e Caminho*. São Paulo, Livraria Duas Cidades, 1972.

LUCAS, Fábio. "Aspectos da Crítica de Mário de Andrade". In: ARAÚJO, Oswaldo de; MACHADO FILHO, Aires da Mata *et al*. *Mário de Andrade*. Belo Horizonte, Edições Movimento-Perspectiva, 1965.

MACHADO, Marcia Regina Jaschke. *Manuscritos de Outros Escritores no Arquivo Mário de Andrade: Perspectivas de Estudo*. Dissertação de Mestrado em Literatura Brasileira. São Paulo, FFLCH-USP, 2005.

MORAES, Marcos Antonio & TONI, Flávia Camargo. "Mário de Andrade no Café". *Estudos Avançados*, vol. 13, n° 37, São Paulo, set.-dez. 1999.

MORAES, Marcos Antonio de. "Esses Moços, Pobres Moços". In: MORAES, Marcos Antonio de (org.). *Mário e o Pirotécnico Aprendiz. Cartas de Mário de Andrade e Murilo Rubião*. São Paulo/Belo Horizonte, Giordano/IEB/Editora UFMG, 1995.

_____. *Orgulho de Jamais Aconselhar. A Epistolografia de Mário de Andrade*. São Paulo, Edusp/Fapesp, 2007, pp. 215-216.

_____. *Tudo Está Tão Bom, Tão Gostoso... Postais a Mário de Andrade*. São Paulo, Edusp/Hucitec, 1993.

RUBIÃO, Aurélia. Carta Manuscrita Datada de "Todos os Santos de 1941". Acervo de Escritores Mineiros (AEM/CEL/UFMG).

SABINO, Fernando. *Cartas na Mesa. Aos Três Parceiros, meus Amigos para Sempre*. Rio de Janeiro, Record, 2002.

SANTIAGO, Silviano. "BH, junho de 1925". In: SCHMIDT, Paulo & SOUZA, Eneida Maria de (orgs.). *Mário de Andrade: Carta aos Mineiros*. Belo Horizonte, Editora UFMG, 1997.

_____. "Conversei Ontem à Tardinha com o nosso Querido Carlos". In: LUCAS, Fábio (org.). *Cartas a Mário de Andrade*. Rio de Janeiro, Nova Fronteira, 1993.

SANTIAGO, Silviano. "Correspondência Silenciosa". *Folha de S. Paulo*, Jornal de Resenhas, São Paulo, 9 fev. 2002.

_____. *Nas Malhas da Letra*. São Paulo, Companhia das Letras, 1989.

SANTOS, Matildes Demétrio dos. *Ao Sol, Carta é Farol. A Correspondência de Mário de Andrade e Outros Missivistas*. São Paulo, Annablume, 1998.

SCHMIDT, Paulo & SOUZA, Eneida Maria de (orgs.). *Mário de Andrade: Carta aos Mineiros*. Belo Horizonte, Editora UFMG, 1997.

_____. *100 Anos de Carlos Drummond de Andrade – 1902-2002*. Belo Horizonte, Editora UFMG, 2002.

_____. *100 Anos de Pedro Nava – 1903-2003*. Plaquete. Belo Horizonte, Editora UFMG, 2003.

_____. Coleção de Postais. Secretaria Municipal de Cultura da Prefeitura de Belo Horizonte. Acervo de Escritores Mineiros. *100 Anos de Mário de Andrade. 1893-1993*.

SOUZA, Eneida Maria de. *A Pedra Mágica do Discurso*. Edição revista e ampliada. Belo Horizonte, Editora UFMG, 1999.

_____. "A Preguiça – Mal de Origem". *Alceu, Revista de Comunicação, Cultura e Política*, vol. 1, n° 2, jan.-jun. 2001, pp. 77-88.

_____. "Ai que Preguiça!". In: MARQUES, Haroldo (org.). *Os Sete Pecados Capitais*. Belo Horizonte, Autêntica, 2001, pp. 119-133.

_____. *Mário Retorna a Minas*. Suplemento Literário de Minas Gerais. Belo Horizonte, 7 set. 1991, pp. 8-10.

_____ (org.). *Cartas a Mário*. Belo Horizonte, NAPq/CEL/UFMG, 1993.

_____. "Cartas ao Mágico Rubião". Prefácio. In: MORAES, Marcos Antonio de (org.). *Mário e o Pirotécnico Aprendiz. Cartas de Mário de Andrade e Murilo Rubião*. São Paulo/Belo Horizonte, Giordano/IEB/Editora UFMG, 1995.

_____. "Macunaíma de Daibert". In: DAIBERT, Arlindo. *Macunaíma de Andrade*. Juiz de Fora, Editora UFJF, 2000, pp. 26-35.

_____. "Macunaíma, Filho da Luz". In: DANTAS MOTA, Lourenço & JUNIOR, Benjamin Abdala. *Personae. Grandes Personagens da Literatura Brasileira*. São Paulo, Senac, 2001.

_____. "Preguiça e Saber". In: SOUZA, Eneida Maria de. *Cartas a Mário. Cadernos de Pesquisa*. Belo Horizonte, NAPq/FALE/UFMG, 1993, pp. 136-147. (Incluído em *A Pedra Mágica do Discurso*)

3. Obra de Henriqueta Lisboa

3.1. Cartas

DUARTE, Constância Lima (org.). "Correspondência de Henriqueta Lisboa e Carlos Drummond de Andrade". *Remate de Males*. Revista do Departamento de Teoria Literária. IEL/UNICAMP, n° 23. Campinas, 2003.

3.2. Carta de Henriqueta Lisboa esparsa

Carta de Henriqueta Lisboa para Mário de Andrade. (20 de fevereiro de 1944). In: SANTIAGO, Silviano (org.). *A República das Letras*. Rio de Janeiro, SNEL; XI Bienal Internacional do Livro, 2003, pp. 153-155.

3.3. Poesia

LISBOA, Henriqueta. *A Face Lívida: Poesia 1941-1945*. Belo Horizonte, Imprensa Oficial, 1945.

_____. *Flor da Morte*. Belo Horizonte, João Calazans, 1949.

_____. *O Menino Poeta*. Rio de Janeiro, Bedeschi, 1943.

_____. *Miradouro e Outros Poemas*. Rio de Janeiro/Brasília, Nova Aguilar/INL, 1976.

_____. *Obras Completas*. São Paulo, Duas Cidades, 1985. (Poesia Geral – 1929-1983)

_____. *Prisioneira da Noite*. Rio de Janeiro, Civilização Brasileira, 1941.

3.4. Tradução

FARIAS, Maria Eneida Victor & MARQUES, Reinaldo (orgs.). *Henriqueta Lisboa. Poesia Traduzida*. Belo Horizonte, Editora UFMG, 2001.

LISBOA, Henriqueta. "Depoimento da Tradutora". In: MISTRAL, Gabriela. *Poesias Escolhidas*. Trad. de Henriqueta Lisboa. Rio de Janeiro, Delta, 1969, pp. 47-55.

3.5. Ensaio

LISBOA, Henriqueta. *Convívio Poético*. Belo Horizonte, Secretaria de Educação de Minas Gerais, 1955.

_____. *Vigília Poética*. Belo Horizonte, Imprensa Oficial, 1968.

4. Bibliografia sobre Henriqueta Lisboa

CANDIDO, Antonio. "Notas de Crítica Literária III". *Folha da Manhã*, São Paulo, 21 maio 1944.

CARVALHO, Abigail Oliveira; MIRANDA, Wander Melo & SOUZA, Eneida Maria de (coords.) *Presença de Henriqueta*. Rio de Janeiro, José Olympio, 1992.

Edição especial do *Suplemento Literário* de Minas Gerais, Belo Horizonte, 28 fev. 1970.

Edição especial do *Suplemento Literário* de Minas Gerais, Belo Horizonte, 21 jul. 1984.

FIGUEIREDO, Fidelino de. Carta a Henriqueta Lisboa, datada de São Paulo, 5 dez. 1941. Acervo de Escritores Mineiros (AEM/CEL/UFMG).

IONTA, Marilda. *As Cores da Amizade. Cartas de Anita Malfatti, Oneida Alvarenga, Henriqueta Lisboa e Mário de Andrade*. São Paulo, Fapesp/Annablume, 2007.

KOPKE, Carlos Burlamaqui. "Em Louvor de Henriqueta Lisboa". *Correio Paulistano*, São Paulo, 10 out. 1943.

LEÃO, Ângela Vaz. *Henriqueta Lisboa: O Mistério da Criação Poética*. Belo Horizonte, Editora PUC-MG, 2004.

LINS, Álvaro. "Problemas e Figuras na Poesia Moderna". *Jornal de Crítica: Segunda Série*. Rio de Janeiro, José Olympio, 1943.

MARQUES, Reinaldo. *Revista Scripta*. Belo Horizonte, vol. 8, nº 15, p. 205. 2º sem. 2004.

MENDES, Murilo. "Correspondência Passiva"; Acervo Henriqueta Lisboa. AEM/CEL/UFMG. Carta de Murilo Mendes a Henriqueta Lisboa, 20 dez. 1943.

MISTRAL, Gabriela. "A Poesia Infantil de Henriqueta Lisboa". *A Manhã*. Rio de Janeiro, 26 mar. 1944, pp. 39-47.

NUNES, Cassiano. "A Poesia de Henriqueta Lisboa". *A Tribuna*. Santos, 26 mar. 1944; reproduzido no *Suplemento Literário de Minas Gerais* em 21 jul. 1984, na *Edição Especial* dedicada a HL.

PIZARRO, Ana. *Gabriela Mistral: El Projecto de Lucila*. Santiago, Editorial LOM, 2006.

RAMOS, Maria Luiza. "Elaboração do Negativo na Poesia de Henriqueta Lisboa". *Interfaces. Literatura Mito Inconsciente Cognição*. Belo Horizonte, Editora UFMG, 2000, pp. 221-234.

SCHMIDT, Paulo & SOUZA, Eneida Maria de. Catálogo da Exposição *Aquela Paisagem Ninguém a Viu como Eu*. Belo Horizonte, jul. 2001.

SOUZA, Eneida Maria de. "A Dona Ausente". In: GALVÃO, Walnice Nogueira & GOTLIB, Nádia Batella (orgs.). *Prezado Senhor, Prezada Senhora: estudos sobre cartas*. São Paulo, Companhia das Letras, 2000. (Incluído em *A Pedra Mágica do Discurso*.)

_____. "Cartas da Amiga". In: DUARTE, C. L.; DUARTE, E. A. & BEZERRA, K. C. *Gênero e Representação: Teoria, História e Crítica*. Coleção Mulher e Literatura, vol. 1. Belo Horizonte, UFMG, FALE/POSLIT., 2002, pp. 153-159.

_____. "Vozes de Minas nos Anos 40". In: RIBEIRO, Gilvan Procópio & NEVES, José Alberto (orgs.). *Murilo Mendes: O Visionário*. Juiz de Fora, Editora da UFJF, 1997, pp. 71-87.

VIRGÍLIO, Carmelo. *Henriqueta Lisboa: Bibliografia (1925-1991)*. Rio de Janeiro, J. Olympio, 1992.

5. Bibliografia sobre o modernismo

AMARAL, Aracy A. *Tarsila: Sua Obra e seu Tempo*. São Paulo, Perspectiva, 1975.

BANDEIRA, Manuel. *Poesia Completa e Prosa*. 2ª ed. Rio de Janeiro, Cia. Aguilar Editora, 1967, p. 297.

"Bello Horizonte: Bilhete Postal". *Coleção Otávio Dias Filho*. Belo Horizonte, Centro de Estudos Históricos e Culturais, Fundação João Pinheiro, 1977.

BOMENY, Helena. *Guardiães da Razão: Modernistas Mineiros*. Rio de Janeiro, Editora UFRJ/Tempo Brasileiro, 1994.

BUENO, Antônio Sérgio. *O Modernismo em Belo Horizonte: Década de Vinte*. Belo Horizonte, UFMG, Proed, 1982.

CASTELLO, José. *Vinicius de Moraes. O Poeta da Paixão. Uma Biografia*. São Paulo, Companhia das Letras, 1994.

CAVALCANTI, Lauro (org.) *Modernistas na Repartição*. Rio de Janeiro, Editora UFRJ/Paço Imperial/Tempo Brasileiro, 1993.

DE LUCA, Tânia Regina. *Revista do Brasil: Um Diagnóstico para a (N)ação*. São Paulo, Editora Unesp, 1998.

LAUDANNA, Mayra (org.). *Ernesto de Fiori: Uma Retrospectiva*. São Paulo, Prefeitura do Estado de São Paulo, 1997.

LINS, Álvaro. *Os Mortos de Sobrecasaca*. Rio de Janeiro, Civilização Brasileira, 1963.

LISBOA, José Carlos. Carta para Mário de Andrade. 29 nov. 1939. Correspondência Passiva. *Arquivo Mário de Andrade*. IEB-USP.

MICELI, Sérgio. *Imagens Negociadas*. São Paulo, Companhia das Letras, 1996

_____. *Intelectuais e Classe Dirigente no Brasil (1920-1945)*. São Paulo, Difel, 1979.

_____. *Nacional Estrangeiro*. São Paulo, Companhia das Letras, 2003.

NAVA, Pedro. *Beira-mar – Memórias/4*. São Paulo, Ateliê Editorial, 2003.

PONTES, Heloisa. *Destinos Mistos: Os Críticos do Grupo Clima em São Paulo (1940-1968)*. São Paulo, Companhia das Letras, 1998.

VIEIRA, Ivone Luzia. *A Arte Modernista de Delpino*. Catálogo da exposição. BDMG Cultural, 1999.

_____. *A Escola Guignard na Cultura Modernista de Minas – 1944-1962*. Pedro Leopoldo, Companhia Empreendimento Sabará, 1988.

_____. "A Transformação do Tempo em História". *O Modernismo em Minas. O Salão de 1936*. Catálogo da Exposição. Belo Horizonte, Museu de Arte de Belo Horizonte – Espaço Casa do Baile, 1986.

VIEIRA, Lúcia Gouvêa (org.). *Salão de 1931/Marco da Revelação da Arte Moderna em Nível Nacional*. Rio de Janeiro, Funarte, 1984.

WERNECK, Humberto. *O Desatino da Rapaziada: Jornalistas e Escritores em Minas Gerais*. São Paulo, Companhia das Letras, 1992.

6. Obras de referência

BATISTA, Marta Rossetti. *Anita Malfatti no Tempo e no Espaço. Biografia e Estudo da Obra*. São Paulo, Editora 34/Edusp, 2006.

_____. *Anita Malfatti no Tempo e no Espaço. Catálogo da Obra e Documentação*. São Paulo, Editora 34/Edusp, 2006.

_____. & LIMA, Yone Soares de. *Coleção Mário de Andrade: Artes Plásticas*. São Paulo, Editora da Universidade de São Paulo/Instituto de Estudos Brasileiros/Metal Leve, 1972.

BOSI, Alfredo. *História Concisa da Literatura Brasileira*. São Paulo, Cultrix, 1970.

DELIEGE, Celestin. "De la substance à l'apparence de l'oeuvre musicale. Essai de stylistique". www.Entretemp.asso.fr.Deliege/Celestin/Textes/Substances/html. Acessado em 23 jun. 2006.

Encyclopédie Microsoft Encarta 2004. CD-ROM.

FROTA, Lélia Coelho. *Guignard: Arte e Vida*. Rio de Janeiro, Campos Gerais, 1997.

GRANDE ENCICLOPÉDIA LAROUSSE CULTURAL (8 vols.). São Paulo, Ed. Universo, 1988.

NIETZSCHE, Friedrich. *Crepúsculo dos Ídolos*. Tradução, notas e posfácio de Paulo César de Souza. São Paulo, Companhia das Letras, 2006.

Um Século de História das Artes Plásticas em Belo Horizonte. Org. de Marília Andrés Ribeiro e Fernando Pedro da Silva. Belo Horizonte, C/Arte/Fundação João Pinheiro/Centro de Estudos Históricos e Culturais, 1997.

ZILIO, Carlos (org.). *A Modernidade em Guignard*. Rio de Janeiro, Petróleo Ipiranga, PUC-Rio, 1982.

7. Sites

Academia Brasileira de Letras: www.academia.org.br

Acervo de Escritores Mineiros da UFMG: http://www.ufmg.br/aem

Centro de Pesquisa e Documentação da História Contemporânea do Brasil (CPDOC): http://www.cpdoc.fgv.br

http://masp.uol.com.br/exposicoes/2006/portinari

Fundação Casa de Rui Barbosa: www.casaruibarbosa.gov.br

Henriqueta Lisboa: http://www.ufmg.br/henriqueta lisboa

Instituto de Estudos Brasileiros: www. ieb.usp.br

Murilo Rubião: http://www.murilorubiao.com.br

Projeto Portinari: www.portinari.org.br

Suplemento Literário Minas Gerais: http://www.letras.ufmg.br/websuplit

8. Bibliografia complementar

ALMEIDA, Guy & CARVALHO, Abigail de Oliveira. *José Carlos Lisboa – O Mestre, o Homem*. Belo Horizonte, Editora UFMG, 2004.

LEÃO, Ângela Vaz; JOHNNY, José Mafra & SILVA, Samuel Moreira da (orgs.). *José Lourenço de Oliveira – Legado e Testemunhos*. São Paulo/Belo Horizonte, Peirópolis/FALE-UFMG, 2006.

Caderno de Fotos

Mário de Andrade. "À Henriqueta Lisboa/ lembrança da sua/ visita/ à rua Lopes Chaves,/ Gratamente,/ Mário de Andrade/ S. Paulo/II/1945." Arquivo HL, AEM/CEL/UFMG.

Henriqueta Lisboa, 1938. Arquivo HL, AEM/CEL/UFMG.

Correspondência

José Carlos Lisboa. "A Henriqueta e Alaíde/ com todo o carinho/ José Carlos/ Rio 6-12-35." Arquivo HL, AEM/CEL/UFMG.

João Alphonsus de Guimaraens. "A Henriqueta Lisboa/ no 2º aniversário da morte do nosso João/ com sincera amizade,/ Alphonsus de Guimaraens Filho/ 23/v/1946." Arquivo HL, AEM/CEL/UFMG.

Correspondência

Carlos Drummond de Andrade. Ministério da Educação. Foto de Genevieve Naylor. 1941. Coleções Especiais. Genevieve Naylor. AEM/CEL/UFMG.

Delpino Júnior. Retrato de Cyro dos Anjos, *1937. Óleo sobre tela. 35,5 x 42 cm. Arquivo Cyro dos Anjos. AEM/CEL/UFMG.*

Fotografia de Oneida Alvarenga com dedicatória. "Para o/ Mário/ Oneida/ S. Paulo,/ 1938." Arquivo MA, IEB-USP.

Fotografia de Gustavo Capanema com dedicatória: "Ao Abgar/ lembrança do/ Capanema. 17-1-38." Arquivo Abgar Renault. AEM/CEL/UFMG.

Murilo Rubião. Belo Horizonte, 24 jan. 1943. Arquivo Murilo Rubião, AEM/CEL/UFMG.

Aurélia Rubião. 1940. "Para Henriqueta/ afetuosamente/ Aurélia". Arquivo HL, AEM/CEL/UFMG.

Murilo Mendes. Foto de Genevieve Naylor. 1942. Coleções Especiais. Genevieve Naylor. AEM/CEL/UFMG.

Parque Municipal. Belo Horizonte, 1944. Alphonsus de Guimaraens Filho, Hélio Pellegrino, Mário de Andrade e Murilo Rubião. Arquivo Murilo Rubião, AEM/CEL/UFMG.

Sede de O Diário, Belo Horizonte, 1944. Da esquerda para a direita: Sentados: Edgar da Mata Machado, Oscar Mendes, Mário de Andrade, João Etienne Filho e Milton Amado. Em pé: Alcyr Costa, Roberto Frank, Oswald Antunes, Hélio Pellegrino, Alphonsus Guimaraens Filho, Otto Lara Resende, Alexandre Drumont e José Mendonça. Arquivo HL, AEM/CEL/UFMG.

Correspondência

Estação da Central do Brasil. Belo Horizonte, 1939. João Etienne Filho, João Camilo de Oliveira Torres, Áureo Fulgêncio, Murilo Miranda, Murilo Rubião, Yedda Braga Miranda, Guilhermino César, Mário de Andrade, João Alphonsus, Baeta Vianna, Cyro dos Anjos, José Carlos Lisboa. Arquivo Murilo Rubião, AEM/CEL/UFMG.

Grande Hotel, Belo Horizonte. Otto Lara Resende, Murilo Rubião, Fernando Sabino e Hélio Pellegrino. Belo Horizonte, 24 jan. 1943. Arquivo Murilo Rubião, AEM/CEL/UFMG.

Mesa de trabalho de HL. Máquina de datilografia Olympia; *caixa de madeira machetada, onde a poeta guardava as cartas de MA; mataborrão de madeira; porta-retrato com reprodução do retrato de MA por Enrico Bianco, com dedicatória. Arquivo HL, AEM/CEL/UFMG.*

Enrico Bianco. Retrato de Mário de Andrade. *(reprodução). S.d. Monotipia sobre papel. Porta-retrato. Dedicatória de MA para HL: "À Henriqueta Lisboa,/ com todo o afeto duma/ admiração e duma/ amizade perfeitas/ Mário de Andrade/ S. Paulo/23/II/45." Arquivo HL, AEM/CEL/UFMG.*

Correspondência

Conservatório Mineiro de
Música. Belo Horizonte, 1940.

Jefferson Lódi. Parque Municipal. 1944. Óleo sobre
tela. 39x48,5 cm. Coleção Jefferson Lódi.

Faculdade de Direito, Belo
Horizonte, década de 1930.

Praça da Estação. Belo Horizonte, década de 1930.
Arquivo Eunice Vivacqua.

*Alberto da Veiga Guignard. Pampulha. Belo Horizonte, década de 1940.
Óleo sobre madeira. 19x29cm. Coleção Particular.*

Instituto de Educação. Belo Horizonte, década de 1930.

Correspondência

Juscelino Kubitschek. Cassino da Pampulha. Belo Horizonte. Foto Genevieve Naylor. 1942. Coleções Especiais. Genevieve Naylor. AEM/CEL/UFMG.

Cassino da Pampulha. Projeto de Oscar Niemeyer. Belo Horizonte, 1942.

Igreja de São Francisco – Pampulha. Projeto de Oscar Niemeyer. Belo Horizonte, 1943.

Candido Portinari. Detalhe dos azulejos da Igreja de São Francisco – Pampulha. Belo Horizonte, 1944.

Henriqueta Lisboa, 1945.
Arquivo HL, AEM/CEL/UFMG.

Cartas

1939

1   (HL)

Belo Horizonte, 12 de novembro de 1939.

Mário de Andrade,

um compromisso anterior com a União Universitária Feminina me impediu de admirar de perto, ontem, seu fascinante espírito. Enquanto o Sr. falava em Dona Ausente, eu estava sendo sequestrada na Faculdade de Direito (de Direito, imagine!). Aguardo, porém, o ensejo de assistir à sua segunda conferência e, mesmo, de vê-lo antes, caso me dê a honra de uma visita, o que me causaria extraordinária satisfação[1].

Permita-me dizer-lhe, desde já, que o seu devotamento às causas da inteligência e da sensibilidade é um dos mais impressionantes e mais belos exemplos que me tem sido dado apreciar.

> 1. HL, participante da União Universitária Feminina, assiste à conferência do cônsul Paschoal Carlos Magno na Faculdade de Direito. Marcos Antonio de Moraes, em "Esses Moços, Pobres Moços", apresentação à edição da correspondência de MA com Murilo Rubião, reproduz o registro das duas conferências pelo *Diário da Tarde* e a *Folha de Minas*: "Nesse sábado, ainda, Mário de Andrade, às 20 horas, no Salão Nobre do Conservatório de Música, fala sobre 'O Sequestro da Dona Ausente', para uma assistência na qual 'se viam nomes representativos das letras mineiras e grande número de senhoras e senhorinhas', conforme a *Folha de Minas*. [...] O cronista mundano do *Diário da Tarde* de Belo Horizonte, Ary Théo, irá contradizer a *Folha de Minas* sobre a presença das 'senhoras e senhorinhas'. Com verve, escreve 'Donas Ausentes', constatando a ruptura entre rapazes e moças universitários de Minas. Relata que, enquanto Mário dissertava sobre folclore no Conservatório, a União Universitária Feminina aplaudia o cônsul Paschoal Carlos Magno no Salão Nobre da Faculdade de Direito pela conferência 'O teatro na Inglaterra'". Marcos Antonio de Moraes (org.), *Mário e o Pirotécnico Aprendiz. Cartas de Mário de Andrade e Murilo Rubião*, São Paulo, Giordano/IEB-USP, Belo Horizonte, Editora UFMG, 1995, p. XXXVII.
> Ao autodenominar-se "Dona Ausente", HL refere-se ao título da conferência proferida por MA, em novembro de 1939, a convite do Diretório Central dos Estudantes. A outra conferência, realizada no Auditório da Escola Normal, "Música de Feitiçaria no Brasil", completou o programa do escritor por ocasião de sua terceira visita a Belo Horizonte, onde permaneceu por quatro dias (de 11 a 15 de novembro). O conhecimento de HL com MA tem início nesta época, assim como de outros jovens intelectuais mineiros residentes na cidade.

Mario de Andrade,

Um compromisso anterior com a União Universitária Feminina me impediu de admirar de perto, ontem, seu fascinante espírito. Enquanto o Sr falava em Dona Ausente, eu estava sendo sequestrada na Faculdade de Direito (de Direito, imagine!). Aguardo, porém, o ensejo de assistir à sua segunda conferência e, mesmo, de vê-lo antes, caso me dê a honra de uma visita, o que me causaria extraordinária satisfação.

Permita-me dizer-lhe, desde já, que o seu devotamento às causas da inteligência e da sensibilidade é um dos mais impressionantes e mais belos exemplos que me tem sido dado apreciar.

Carta de HL a MA. Belo Horizonte, 12 de novembro de 1939.
Arquivo MA, IEB-USP.

Queira, portanto, receber as homenagens da minha consideração e da minha simpatia.

Henriqueta Lisboa
Rua Bernardo Guimarães – 1327 – tel. 2-7296[2]

Carta assinada "Henriqueta Lisboa"; datada: "Belo Horizonte 12-11-1939"; autógrafo a tinta preta; papel creme; 2 folhas; 20,2x15,7cm.

2   (HL)

Belo Horizonte, 31 de dezembro de 1939.

Mário de Andrade,

   antes que 1939 termine, quero dizer uma cousa a você: um dos principais acontecimentos deste ano, para mim, foi conhecê-lo pessoalmente[3].
   Ainda outra cousa: o conhecimento intensificou a minha antiga admiração, ao contrário do que tantas vezes sucede.
   Isto porque recolhi – e com que carinho! – a expressão da sua bondade simples, serena, superior e humana. Como poderia eu deixar de envaidecer-me com o que me disse em carta ao José Carlos?[4]

---

2. HL morou neste endereço com os pais e em outros até a morte desses. Em 1967 fixou residência à rua Pernambuco, 1338, apto. 403, no Bairro Santo Antônio, onde faleceu, em 9 de outubro de 1985, dia do aniversário de MA. Estava com 84 anos. A data de nascimento de HL foi, durante muito tempo, registrada como sendo 1904. Em 2001, ano de seu centenário, foi revelada a data correta.
3. A correspondência de HL com MA se inicia em 1939, indo até a morte do escritor, em fevereiro de 1945.
4. MA escreve carta a José Carlos Lisboa (1902-1994), irmão de HL, em 19 nov. 1939, pedindo-lhe que o recomende à família e diz que escreverá à amiga. José Carlos Lisboa foi professor catedrático de Literatura Hispano-americana na Faculdade de Filosofia da UFMG e da UFRJ. Foi um dos responsáveis pela implantação do ensino superior no Brasil, como professor de estudos hispânicos. Trabalhava, na época, com o Prefeito José Oswaldo de Araújo, que governou a cidade de Belo Horizonte de 1938 a 1940. A referência a HL feita por MA é a seguinte: "Me recomende muito a todos os seus, a seu pai simpaticíssimo, irmã, cunhado e mais a nossa adorabilíssima Henriqueta Lisboa, que fiquei adorando na sua graça delicada. Aliás escreverei a ela qualquer dia deste". A reprodução desta carta encontra-se no Dossiê deste volume, assim como a resposta enviada de José Carlos Lisboa; foram ainda anexadas duas cartas inéditas de José Carlos Lisboa a MA, conservadas no Arquivo Mário de Andrade, na Sub-série "Correspondência Passiva", no IEB-USP.

Fiquei também contente com o meu cartão, embora pequenino. Se você não fosse tão conscienciosamente ocupado, eu era capaz de atormentá-lo com muitas cartas! Sinto-me às vezes, no meio de intensa inspiração, indecisa quanto ao caminho melhor para a poesia.

Uma palavra sua poderia fazer-me tanto bem! Porque não me contentarei de realizar poesia senão de modo mais límpido e mais alto. Sempre pensei que a missão do crítico fosse, acima de tudo, orientar, desbravar caminhos, adivinhar possibilidades. Não apenas explicar para o público, testemunhar compreensão, dar notas ao cabo de exames. Com você a crítica tem tomado aspectos novos, que enchem a mocidade de esperança. A preferência que denunciou entre aqueles três poemas que submeti à sua apreciação – lembra-se? – tem sido longamente meditada. A cidade das rosas e do silêncio favorece bastante qualquer meditação, quanto mais as do gênero poético. Falta-nos, entretanto, o estímulo, um pouco mais de movimento, de vida. Falta-nos alguém como você[5].

Mário de Andrade, devo terminar com essa parolagem. Mas antes pergunto: como está de saúde? Restabeleceu-se completamente?[6]

Queira receber, com as lembranças de minha família, a expressão da minha grande e afetuosa estima.

Henriqueta Lisboa
Bernardo Guimarães – 1327

Carta assinada: "Henriqueta Lisboa", datada: "31 de dezembro de 1939"; autógrafo a tinta preta; papel creme; 2 folhas; 20,2 x 15,6 cm.

---

5. HL ressalta o papel de crítico e de leitor de MA, no que se refere à sua generosidade em guiar e aconselhar os jovens escritores. Nesta correspondência, o diálogo entre os dois é por demais profícuo, sendo MA o responsável por conselhos de ordem poética que serão acatados pela poeta e servirão para o aprimoramento de sua carreira. Os três poemas submetidos ao escritor devem ter sido lidos por MA durante sua visita a Belo Horizonte, "a cidade das rosas e do silêncio", conforme expressão de HL.

6. A saúde precária de MA era motivo de preocupação por parte dos amigos. Carlos Drummond de Andrade, em *A Lição do Amigo*, volume de cartas de MA ao poeta, construiu um apêndice relativo a passagens selecionadas das cartas do escritor em que ele reclama de doenças e do corpo sofrido. Cf. Silviano Santiago & Lélia Coelho Frota (orgs.), *Carlos & Mário*, Rio de Janeiro, Bem-te-vi, 2002, pp. 561-582.

1940

3   (MA)
___

Rio de Janeiro, 24 de fevereiro de 1940.

Minha querida amiga, Henriqueta Lisboa.

Faz apenas uma semana que voltei ao Rio, depois de umas férias mais ou menos forçadas. Só agora recebi sua carta de dezembro, 31. O efeito é o mesmo[1]. Ela me rodeou desse encanto suavíssimo em que sempre me enleava a sua figurinha quando estive em Belo Horizonte. Aquele mesmo dizer meigo, aquela mesma inteligência tão sensível e tão capaz de ser feliz pela admiração e aquela mesma discrição delicada que não consegue disfarçar a intensidade da sua vida interior, Henriqueta. Adorei a carta.

E agora sou eu que lhe peço me envie os versos que está fazendo. Não que eu me tenha por mentor de ninguém, mas porque sou seu amigo de amizade antiga. Onde já nos conhecemos antes! Não conhecimento de livros mas daquele conhecimento de desejo, em que, quando se preenche um afeto ainda vago que tínhamos em nós, a pessoa que o preenche é coisa nossa, antiga forma de ser insabida da nossa consciência, mas quotidianamente versada pelos nossos mundos mais íntimos. Você é conhecimento antigo meu, Henriqueta, uma velha amizade, que agora apenas veio em realidade preencher o lugar

---

1. MA, a convite de Gustavo Capanema, então no Ministério da Educação e Saúde, viveu e trabalhou no Rio de Janeiro de julho de 1938 a janeiro de 1941. Na carta de 27 dez. 1940, escreveu a HL: "[...] desde que vim pro Rio em 1938, faz três anos sou um homem que não vive, e está à espera de que as coisas mudem pra que ele retome a vida deixada em suspenso desde então. É inútil dizer que fiz coisas, algumas poucas coisas estes três anos: não fiz nada do que deveria fazer e teria feito se não estivesse à espera". MA lecionava filosofia e história da arte na Universidade do Distrito Federal. Foi também diretor do Instituto de Artes da universidade e consultor técnico do Instituto Nacional do Livro (projeto da *Enciclopédia Brasileira* e do *Dicionário da Língua Nacional*). Cf. Lélia Coelho Frota (org.), *Mário de Andrade: Cartas de Trabalho, Correspondência com Rodrigo Mello Franco de Andrade (1936-1945)*, Brasília, MEC/Sphan/Pró-Memória, 1981, p. 30; carta a Carlos Drummond de Andrade de 15 jun. 1938 e as anotações correspondentes do poeta. Carlos Drummond de Andrade, *A Lição do Amigo*, Rio de Janeiro, José Olympio, 1982, pp. 197-198. (plp)

Carta de MA a HL. Rio de Janeiro, 24 fev. 1940. Arquivo HL, AEM/CEL/UFMG.

vago que ninguém jamais ocupara. Já quando foi dos três últimos poemas que você me mandou, tive ímpetos de desmontá-los friamente numa análise longa. Mas me resguardei em tempo, com medo de parecer pedante. Agora, lhe quero tão desabusado bem, sou tão seu íntimo que não dura muito lhe estarei fazendo confidências descaradas, descansando meu pensamento fraco e tantas vezes horrível nas suas mãos perdoadeiras de mulher. Só temo é que você fuja assustada, não fuja. Pois nesta intimidade nem temerei ser pedante e lhe direi, com o máximo rigor, o que descobrir ou inventar nos seus versos. Mas mande muitos, mande de novo os já mandados (pra me evitar o trabalho de procurá-los neste apartamento de barafunda) e muitos mais, o maior número que puder. O elemento comparação é imprescindível num estudo e só mesmo tendo um grupo vasto de poemas, poderei compreender melhor. Mande e nem de longe receie me atrapalhar, sou eu que preciso de você.

Eu creio que nós estamos num dos momentos maiores da Poesia do mundo, não lhe parece? Não, está claro, quanto à genialidade dos poetas (isto não se pode saber sem a perspectiva dos séculos), mas quanto à essencialidade da poesia. E, ainda, não tanto por estar a poesia esteticamente bem definida – o que não creio, ou melhor, não interessa – mas porque a alma humana está em estado poético. O mundo vai horrível, Henriqueta, jamais os crimes contra a consciência do homem foram tão cientificamente forjados. Eu tenho absoluta certeza (e é por isto que eu ainda amo o ser humano...) que Hitler, Stálin, Chamberlain[2] etc. etc. têm claríssima consciência de que são criminosos, que quando agem arrasam o humano que ainda existe na vida, que quando falam mentem. Mas tudo é ciência, ciência de viver, mecânica, engenharia do organismo social, resolvida em plena matemática. Hoje se faz uma revolução, se prepara uma apoteose, se elimina um povo e se cria uma raça tão matematicamente como se calcula a resistência de um material. Fala-se muito na bancarrota do cientificismo do século passado. Não houve bancarrota nenhuma. Nunca estivemos tão idólatras da Ciência, nunca estivemos tão escravos do exatismo como agora. Mas há os imponderáveis sempre, os pequeninos espíritos do ar, mesclados e disfarçados nas ventanias. E tudo é um caos. E tudo é uma insapiência milagrosa, em que só uma pitonisa declama os seus veredictos: a adivinhação. Na lei, na regra, no cálculo, na matemática do mundo atual o imponderável se mistura. Hitler mente? Mas no seu discurso há uma substância insofrida de poesia.

---

2. Houston Stewart Chamberlain (1885-1927). Escritor alemão de origem inglesa, autor de obras antissemitas e racistas, e precursor do nacional-socialismo. É conhecido por seu livro *Fondements du XIX siècle* (1899), no qual afirma a superioridade do povo alemão que, segundo ele, seria descendente de uma estirpe teutônica ou ariana superior.

Onde estará o couraçado *Deutschland* no disfarce dos mares? Um boxeur é apenas uma máquina cientificamente preparada, como se prepara cientificamente um leite novo pra crianças de seis meses. No exatismo atual há qualquer coisa de vertiginoso, de convulsivo que se desfolha, se esfarela, se esfaz em poesia. Não canto o perigo, não, Henriqueta, nem a guerra, nem o heroísmo. Eu sinto é que no gênero de sofrimento novo a que o exatismo nos conduziu, há uma substância de poesia muito maior que a de um vale do Tirol[3], a de Jesus e as criancinhas ou a de Beatriz[4] – o incongruente desta verdadeira inconsciência com que somos excessivamente conscientes de nós mesmos e dos manejos da vida. É de uma trágica, absurda poesia, basta de parolagem: nem sei se o que digo está certo. Sei que sinto poesia, adivinhação, intuição, ilogismo neste nosso mundo atual. Não me agrada mas me deslumbra. Com o carinho do

Mário de Andrade

Carta assinada: "Mário de Andrade"; datada: "Rio, 24-II-40"; autógrafo a tinta preta; papel creme; 2 folhas; 27,5 x 20,6 cm; carta com leve rasgo.

4   (HL)

Belo Horizonte, 5 de março de 1940.

Mário de Andrade.

Com que carinho aguardei, durante quase dois meses, esta carta que há uma semana tenho comigo e que me deixou encantada! Que intensa alegria me causa o afeto com que você se volta para mim! Quantas vezes eu distinguia à distância o seu vulto, imaginando impossível esta aproximação que se realiza de modo estupendamente simples!

Adivinhava por certo em você o grande amigo que, depois de deslumbrar-me pela pujança do espírito e pela riqueza do sentimento poético, havia de enternecer-me pela mansuetude do coração.

3. Vale do Tirol, situado na Áustria.
4. Beatriz, personagem do poema *A Divina Comédia*, de Dante Alighieri (1265-1321). Dante é guiado, no Inferno e no Purgatório, por Virgílio, e no Paraíso, por Beatriz.

Não, Mário, não fugirei, ainda que você me fale de cousas tristes. Ainda que você me convença de que tem fraquezas – não as terá senão em relação ao seu conhecimento da perfeita beleza, mais profundo e mais amplo do que em geral se possui – só poderei, em compensação, querer-lhe um bem cada vez maior. Que me seja dado participar, em verdade, da sua vida interior, que eu saiba sempre dizer-lhe a palavra que você espera de mim[5].

Agora, tenho desejo de perguntar-lhe que mundo é esse, o cotidiano, que nos impele a viver de modo tão diverso daquele que idealizávamos? Por que será que as criaturas afastam de si mesmas as verdadeiras alegrias em busca das que iludem? (Ó a minha tirada sentimental!) Verdade é que de toda essa tarantela resulta uma prodigiosa poesia, a poesia do desespero, de que a hora presente carrega o estigma, de acordo com as suas palavras.

Pensaremos assim porque só agora descobrimos o mundo ou, de fato, o mundo atinge o paroxismo da loucura com o aprimoramento da mecânica? Sentiremos mais agudamente a tragédia humana através da poesia de hoje porque ela representa a nossa mesma vertiginosa atitude em face do abismo ou, de fato, nossos irmãos no tempo são os que primeiro mergulham as mãos na fonte da água viva?... Mário, que problemas difíceis para mim! Quanto à consciência: esta grita sem dúvida mais alto, quanto mais tripudiada.

Por coincidência são estas, justamente, as preocupações que transbordam dos meus últimos poemas. Aí vão os que acho mais significativos para serem julgados[6].

É um momento bem grave para mim: nenhuma opinião poderia impressionar-me como a sua.

Tomo a precaução de mandar-lhe também um novo *Velário*[7] para diminuir-lhe o trabalho, caso queira fazer comparação.

Não posso deixar de afligir-me pensando no acúmulo de livros que você tem aí para desbastar. Mas uma cousa me reconforta: saber que, depois da

---

5. As palavras de HL são o prenúncio do tipo de correspondência que será mantida entre ela e MA. Nesta, o escritor realmente se abre e revela sentimentos mais íntimos, não percebidos em cartas endereçadas a outras mulheres.
6. Os poemas enviados por HL para serem lidos e comentados por MA são analisados pelo escritor na carta seguinte por ele respondida. São eles: "A Misteriosa Presença", "Meninazinha de Ouro", "Mensagem", "Parábola", "Pastor", "A Cidade mais Triste", "Convite", "Prisioneira da Noite", "Flor", "Inspiração que se Perdeu", "Prece à Beleza Imortal", "Condenação do Infiel", "Repouso", "Consciência" e "Ausência do Anjo". Os manuscritos se encontram no Arquivo de MA, na Série "Manuscritos de Outros Escritores" no IEB-USP, com exceção de "Meninazinha de Ouro", "Condenação do Infiel" e "Prece à Beleza Imortal".
7. *Velário* é o terceiro livro de poemas de HL, publicado em 1936. A crítica recebeu o livro de forma entusiasta.

prova Gamaliel[8], os meus versos são bem permitidos... Você vai para o céu, Mário, com certeza! Mas antes ainda terá que viver muitos e muitos anos e ainda terá que trabalhar e produzir muito, muito, para orgulho nosso, para nossa felicidade.

Ao deixá-lo quero pedir notícias de sua saúde, com votos para que esteja perfeitamente bem.

Creia no afeto e na gratidão de

Henriqueta Lisboa
Bernardo Guimarães – 1327

Carta assinada: "Henriqueta Lisboa"; datada: "Belo Horizonte, 5 de março de 1940"; autógrafo a tinta preta; papel bege; 2 folhas; 21,6 x 16,8 cm.

5   (MA)

Rio de Janeiro, 16 de abril de 1940.

Minha querida amiga.

Principio hoje lhe escrevendo, me perdoe a demora desta carta. Não mais lhe pedirei perdão das minhas demoras, é a minha vida horrível e desmantelada, sem lei nem rei nem ordem, a todo momento agravada de sustos, de desesperos, e agora sem a menor espécie de alegria. Às vezes tenho vergonha de lhe desnudar assim os meus tumultos, mas preciso clamar, contar que estou sofrendo, pedir que me aguentem, sou um esparramado, pareço cozinheira, italiana de cortiço, pobre de esquina que levanta a camisa pra mostrar as berevas do torso. Você, minha irmãzinha de caridade me escreva suas cartas meigas. A última veio tão linda, tão mansa na carícia do pensamento que andei iluminado, escondendo ela, porque só as alegrias é que sei guardar pra mim só[9].

8. Gamaliel: na Bíblia, nome de dois importantes rabinos judeus. Gamaliel I, segundo a tradição, foi o mestre de São Paulo. Talvez esteja implícita na expressão a alusão a MA, o mestre que lia e comentava os poemas de HL.
9. A expressão "irmãzinha de caridade" será repetida em outra carta de MA a HL. A interpretação, aqui, reveste-se de sentimento carinhoso, pois as cartas de HL lhe trarão sempre tranquilidade e repouso. No entanto, o termo será mais tarde usado para convencer HL a se desligar de uma posição ingênua e religiosamente generosa em sua poética.

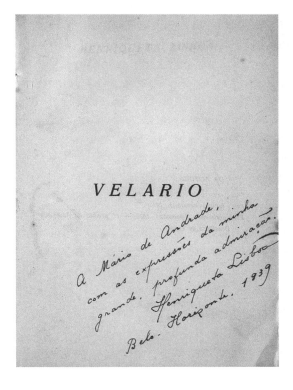

Capa e dedicatória de Velário. Henriqueta Lisboa. 1936. "A Mário de Andrade,/ com as expressões da minha/ grande, profunda admiração./ Henriqueta Lisboa/ Belo Horizonte, 1939." Biblioteca MA, IEB-USP.

No momento, deixe que apenas lhe conte isto: os inventados acontecimentos de S. Paulo me puseram no mais duro inferno. Estou com vários amigos presos, não sei onde param, do que precisam, como estão e meu coração se despedaça. Não tenho o menor gozo de viver e o resultado é, entre abatimentos prolongados (deito de dia, passo muitas horas piscando, piscando, vendo o teto impiedosamente branco), entre isso, alegrias terríveis, violentas explosões de gosto de viver, bebo champanha sozinho, gasto o que não tenho, me rio com amigos em chopadas do mais cruel desespero. Depois vem a insatisfação, está claro. Sei, tenho consciência viva que procedo mal, e continuo procedendo, dirigindo frio os meus maus procedimentos, numa preconsciência de que me estrago porque estou me castigando! Castigando de quê? Não sei bem, minha consciência para no caminho, não chega até onde precisava chegar pra eu me saber mais claramente. Mas ronca em mim a noção de um pecado "fino e grosso", uma espécie daquele pecado das Noruegas[10] que se quiseram neutras... Bom, vamos falar dos seus versos.

"A Misteriosa Presença" – a) detestei aquele paralelismo fácil e esperado dos três versos que principiam "em tudo quanto..." e falam no passado, no presente e no porvir. Pura demagogia de orador de comício. Pelo amor de Deus, tire isso, modifique, se arrume! – b) no último verso preferiria "inexplicável" a "iniludível". Fica mais dentro do sentido do contexto, que é perfeitamente lógico. "Iniludível" é mais fluido, mais leve, mais poesia, mas se trata de pátria, e a pátria não tem nada de fluida nem de leve, infelizmente. Desculpe este monstro, mas sou um antipatriota convicto. Adoro o Brasil e você sabe quanto tenho viajado por ele, à minha custa, no prazer ardente de o conhecer. Mas sinto que passaria a adorar o Japão ou a Zululândia, com a mesma gostosura, o dia que passasse a morar lá. Aliás, o seu poema é uma das raras coisas realmente dentro do conceito de poesia que já se escreveu sobre esse sentimento perigoso do amor da pátria. No geral, toda a gente cai em qualquer espécie de demagogia. Cuidado, que na cópia a mim enviada, no primeiro verso escapou um "sua" que eu creio você quer "tua".

"Meninazinha de Ouro" – Cuidado, cuidado, Henriqueta, cuidado com a professora! Às vezes, dentro da mais verdadeira poesia, você assume um jeito didático que assusta pra longe a poesia. Este poema vai indo que é uma delícia, mas de repente, o desastre não é do trem, é do poema. A menininha morreu, Henriqueta, te juro que morreu, não salvou ninguém, nem você adquiriu um sentimento de maternidade. Só adiro ao poema até o verso

---

10. MA refere-se aos países escandinavos, Noruega, Finlândia e Dinamarca, que nas duas guerras mundiais se colocaram em posição neutra. A tropa de Hitler, contudo, invadiu a Noruega, em 1941, forçando o exílio do rei em Londres.

"Tomba gente, afunda gente". O final acho detestável (não se assuste com a grosseria sincera das minhas palavras). Bom, pra ser inteiramente sincero, ainda aqueles três versos anedóticos do conhecidíssimo "vá mais devagar que eu tenho pressa", acho que afeiam muito o poema e desnorteiam o tom lírico em que a ideia vai. A rima em "que me perturbas a fundo" acho forçada[11].

"Mensagem" – Muito bom. Talvez um bocado longo. Prefiro "... no mesmo ritmo fatigado e eterno dos oceanos", no plural, que torna o verso ainda mais longo e ondulante na sibilação dos ss[12].

"Parábola" – Muito bom. Você consegue belos ritmos. Mas aqui o ladinho didático apenas espia a gente de longe e logo se esquece.

"Pastor" – Idem, idem.

"A Cidade mais Triste" – Êta poema bom e rúim. A alucinação, a visão alucinante da cidade em que morreram todas as crianças é uma poderosíssima imagem lírica. Vale ouro e acho que você deve trabalhar mais este poema, no sentido do trágico, do alucinante, da força livre e invencível do Mal. Mas surge o seu ladozinho carinhoso de mulher e além de coisas mais ou menos, passíveis de ficar, outras me parecem inaceitáveis. Toda a última estrofe é inaceitável, aula-de-catecismo flor de laranja. Se você conservar isso, brigo com você até a quarta geração. Deixe a ideia alucinante sozinha, vibrando em seu valor de mal. Não se esqueça que, em poesia, as morais, as ideias sentimentais, as conceituações e os juízos devem ficar pro leitor tirar... se quiser. Ainda o verso "deve ser a cidade amaldiçoada de Deus", me parece bastante pau e perfeitamente tirável. É uma conclusão que fica pro leitor, Henriqueta, se o leitor for deísta. Se não for você estraga a poesia, que não é lugar, quando pura, de fazer proselitismo. Ainda os dois versos "quatrocentos caixõezinhos..." e o seguinte, me soaram vulgares depois da magnífica revoada das quatrocentas alminhas subindo pro céu[13].

"Convite" – Muito bom. Um bocado sentimental mas profundamente feminino e bem realizado. Repare o ritmo e o sentido do último verso. Esse

---

11. HL não conservou o poema com essas características. Em *Poesia Geral (1929-1983)*, pp. 98-100, está "Viagem", hoje integrante do livro O *Menino Poeta*, em cuja primeira edição (Rio de Janeiro, Bedeschi, de 1943), não apareceu. Nele se lê: "Caminha mais devagar/ ó trem, porque tenho medo/ de nunca mais lá chegar". Esta é a versão que o poema teve. (plp)
12. HL atendeu aos conselhos de MA: o poema "Mensagem" integrou o livro *Prisioneira da Noite (1935-1939)*, publicado em 1941, no Rio de Janeiro, pela Civilização Brasileira, presente em *Poesia Geral*, pp. 73-75. (plp)
13. HL tirou o verso "aula-de-catecismo flor de laranja" da última estrofe. Escreveu interrogativamente: "será alguma cidade almadiçoada por Deus,/ alguma nova Sodoma?" Conservou, em *Prisioneira da Noite*, os dois versos referentes aos caixõezinhos: "quatrocentos caixõezinhos brancos, azuis, róseos,/ a caminho do cemitério". Henriqueta Lisboa. In: *Prisioneira da Noite*, em *Poesia Geral*, pp. 54-55. (plp)

"uma lágrima" me soa pobre, uma só! Prefiro "a luz pequenina da lágrima". Veja como o ritmo melhora e a ideia se alarga mais fluida e mais grandiosa, do tamanho manso e glorioso da própria noite[14].

"Prisioneira da Noite" – Ótimo. Aquele "ó vós que sabeis" tire isso, tire isso! Fica feio e desnecessário. É dos poemas mais fluidos, mais sensíveis de você. As palavras chegam a perder completamente o sentido lógico, tão vibrantes são. Assumem valores de noite, são ventos, são perfumes, são escuridões estreladas. Pois bem: repare como fica bruto, fraco, prejudicialíssimo no meio fluido da prisioneira da noite aqueles três versos historiados "Sou a princesa que desceu da torre" etc e os dois seguintes. Você é muito mais que a princesa esperando o menestrel, você é a mulher, MULHER, prisioneira da noite, Henriqueta! Você inventou uma imagem lírica admirável e depois vai enfraquecê-la com essa princesa boba e esse menestrel insuficiente? Tire isso, tire isso! Mas não é o pior. O pior é o penúltimo verso. Repare como ele aclara por demais a poesia, prejudicando a vagueza lírica, a força intuitiva e antilógica da imagem. É feio, chega a ser falta de educação isso de ter encontro marcado "com o destino" que é um senhor Toda-a-Gente exageradamente nítido. Modifique isso, Henriqueta, modifique senão brigo com você até a décima geração. Diga, sim, que tem um encontro marcado há longo tempo, tudo isso é lindo, MAS NÃO DIGA COM QUEM! guarde a incompetência da prisioneira da noite tão admiravelmente inventada e realizada. Cortar apenas "com o destino" não fica bem por causa do ritmo estúpido ficado. É preciso acrescentar alguma coisa, talvez repetir duas vezes o "há longo tempo", enfim se arranje![15]

"Flor" – Assim, assim. Por que você não data os seus poemas?

"Inspiração que se Perdeu" – Não gosto, mas desta vez é questão de incompetência minha. Não tenho razões estéticas pra não gostar, não gosto porque não alcanço pessoalmente o valor do poema como ideação. O fim brutal "desesperação da salvação" é ótimo. Os dois versos seguidos, terminando um em "milagre" outro em "claridade" formam rima toante inútil no meio dos versos brancos. Detesto o embate silábico/ "colóquio com". Acho pobre a série de possessivos que vai por cinco versos seguidos, desde o "seus ouvidos deveriam" etc. Não há necessidade desse galicismo. O segundo e o

---

14. HL seguiu a sugestão, mas enriqueceu-a de uma bela metáfora: "a lua pequenina da lágrima" (em vez de "a luz pequenina…" que ocorrera a MA), em *Prisioneira da Noite*, incluído em *Poesia Geral*, p. 57. (plp)
15. HL suprimiu "ó vós que sabeis" e "Sou a princesa que…", e não disse com quem era o encontro marcado. Escreveu: "Tenho um encontro marcado há longo, longo tempo…/ Mas não chegarei porque sou a prisioneira da noite", no mesmo livro de 1941, pp. 51-52. (plp)

terceiro versos podem levar artigo "<u>as</u> narinas" e "e <u>as</u> mãos" sem que a claridade se perca. Também o quinto verso fica muito mais vivo e veemente se em vez do "sua" você puser "e a consciência..."[16]

(Não posso mais. Continuarei a carta amanhã se tiver tempo e disposição. Te abraço carinhosamente, maninha. Até amanhã.)

17 de abril de 1940.

São 23 horas mas estou com entrain[17], vamos continuar:
"Prece à Beleza Imortal" e "Condenação do Infiel" – Pego ao acaso estes dois poemas pra fazer certas considerações de ordem geral. *Prends l'éloquence et tords lui son cou...*[18] Há um princípio de expressão verbal, de ordem retoricamente oratória, de que você se utiliza sistematicamente e de que talvez esteja até abusando um bocado. Não sou dos que dizem que a poesia é inimiga da eloquência. Há certas espécies (mais espécies, mais situações e circunstâncias que <u>gêneros</u>) de poesia que são necessariamente de ordem oratória e eloquente. Os próprios títulos destas poesias de que trato, "Prece", "Condenação", implicam essa espécie oratória, falada de poesia. Você frequenta bastante esta espécie de poesia. Bem, isso já me parece um perigo, porque os pragmatismos, os pedagogismos (únicas atitudes atuais quase em que a poesia, depois de consciente de si mesma pode ser francamente e desavergonhadamente eloquente) são terrivelmente antipoéticos. Ora, você, apesar da sua religiosidade natural que não apenas não condeno mas compreendo com efusão, você nada tem nas suas poesias de pragmatistas e só por acaso (como no final da "Meninazinha de Ouro") derrapa sem querer e infelizmente pro didático. Há uma eloquência, uma oratoridade natural em você? Talvez haja, ainda não sei bem. Talvez você esteja tendendo pra ela, mais nos poemas de agora que no *Velário*. Mas ainda não sei. O que eu percebo em principal, e isto me parece um perigo muito grave é que, mais que pra oratória impulsiva e natural você está caindo em sistematizações de processos oratórios, exclamações, objurgatórias, preces, o uso frequente do vocativo ohs!, "oh meus irmãos!" etc.

16. HL seguiu a sugestão de suprimir a rima toante "milagre/claridade". Os versos ficaram assim: "Seus sentidos perceberam nitidamente o milagre,/ a consciência iluminou-se de súbito". Não há rastros do "colóquio com". (*Prisioneira da Noite*, pp. 71-73.) (plp)
17. Palavra em francês: vivacidade e bom humor comunicativos.
18. "Pegue a eloquência e torça-lhe o pescoço". Verso de Paul Verlaine (1844-1896), retirado do poema "L'Art Poétique" (*Jadis et Naguère*). Refere-se à recusa da eloquência, à sujeição à palavra vazia, ao efeito de aparência da linguagem. MA aconselha HL a não se prender à retórica e à eloquência.

O mais perigoso, por mais fácil, destes processos é o das enumerações. Você enumera como Rui Barbosa nas suas tiradas que só enganavam aos... infiéis, se comprazia em enumerar verbos, qualificativos e frases de idêntica ideia e idêntica construção sintática. Assim, no mais péssimo sentido da oratória, você (como Rui Barbosa) alonga o discurso, <u>sem que a ideia por si mesma seja longa</u>. É certo que vários dos nossos possíveis bons poetas atuais caem nisso. São os eloquentes. Mas os mais <u>puros</u>, os mais integrais, um Manuel Bandeira[19], um Carlos Drummond[20], um Augusto Meyer[21] jamais caem. Os outros, às vezes me parece que eles se cobriram de ótimos conceitos e espécies de poesias mas que não têm a <u>pureza</u>, a integralidade, a necessaridade poética desses que citei. Todos os seus poemas em geral são fortemente enumerativos. Bem: Whitman também o foi e Homero na *Ilíada*. E frequentemente a poesia religiosa e a rapsódica popular. Mas todos estes foram rapsodos, foram oratórios, foram e são poetas de ordem social, socializadora e socialística. Não me parece que seja o seu caso. Devolvo a você estes dois poemas em que assinalei em azul as enumerações de vária ordem neles existentes. Por aí você poderá observar também o resto de seu processo atual de poética. Estes poemas não serão maus mas serão bons?... me atrapalho, creio que não[22].

"Repouso" – Uma delícia. Repare que o problema de técnica que você se deu, apesar de preciosístico, você o venceu com enorme habilidade e só ficou uma frescura de inspiração pós-inspiração. Ficou tão... espontâneo! apesar do preciosismo das rimas em consoantes finais! Eis um caso em que você deve matutar muito, porque útil.

19. Manuel Carneiro de Sousa Bandeira Filho (1886-1968). Poeta, ensaísta, cronista, tradutor e professor. Foi um dos grandes representantes do movimento modernista. Correspondeu-se com MA de 1922 a 1944, tendo publicado parcela das cartas do amigo, em 1958. Alguns de seus livros: *A Cinza das Horas* (1917), *Carnaval* (1919), *Poesias* (1924), *Libertinagem* (1930), *Estrela da Tarde* (1960). Em 2000, foi editada a correspondência recíproca de MA e Manuel Bandeira. Marcos Antonio de Moraes (org.), *Correspondência de Mário de Andrade & Manuel Bandeira*, São Paulo, IEB/Edusp, 2000.
20. Carlos Drummond de Andrade (1902-1987). Escritor modernista de muitos livros importantes para a história literária do país, como: *Sentimento do Mundo* (1940), *José* (1942) e *A Rosa do Povo* (1945). Publicou, em 1982, *A Lição do Amigo*, volume das cartas que MA lhe endereçou. Embora tenham, pessoalmente, convivido muito pouco, estabeleceu-se entre eles uma amizade permeada por discussões estéticas e profissionais que refletiram em suas produções literárias. Em 2002, foi editada a correspondência recíproca dos dois poetas, organizada por Silviano Santiago e Lélia Coelho Frota, *Carlos & Mário, op. cit.*
21. Augusto Meyer (1902-1970). Poeta e ensaísta, publicou, entre vários livros, *Coração Verde* (1926), *Epistolário* (1930), *Machado de Assis* (1935). Foi indicado, em 1938, Diretor do Instituto Nacional do Livro, no Rio de Janeiro, onde MA trabalhou.
22. HL não conservou os poemas em *Poesia Geral*.(plp)

"Consciência" – Não gosto. Francamente: não gosto. Isto não é poesia. É poesia didática, tem os processos socializadores da poesia didática (rima, ritmo obrigado etc), isto é, não é Poesia. Mas tem bonitas imagens e belas frases dentro. Não sei se vale a pena corrigir, mas estudemos o caso como um caso de poesia. (Aliás, não se esqueça que estas minhas opiniões são pessoais. Conserve sua total liberdade, senão estamos perdidos ambos. E a poesia...) Mas suponhamos que você conserve o título "Consciência". Está bem, mas nesse caso a palavra não reapareceria uma só vez no poema, pra evitar o didatismo. Se você conservasse apenas a imagem, o simbolismo, da mesma forma, logo se estabeleceria na compreensão do leitor (consciência = espelho) e a parte mais indelicada, menos lírica do didatismo desaparecia. É certo que a imagem consciência = espelho é banal e lugar comum. Careceria fugir a ela, inventando outra imagem. (Você já leu a *Filosofia da Composição* de Poe?[23] Há muito cabotinismo ali, mas tem uma grande base de verdade. Obra-de-arte não é suspiro nem espirro nem espinha, nem berruga. A sinceridade em arte é criar a expressão mais esteticamente completa possível e não a expressão espontânea. Uma fábula de La Fontaine[24], retrabalhada cem vezes como sabemos, e onde não há uma palavra impensada e fora do lugar, é, no entanto, flor de espontaneidade, de leveza, de frescura incomparável. Ao passo que os repentistas populares ou não (os populares têm uma necessidade social que os justifica) são às mais das vezes de um amaneirado larvar. O amaneirado é próprio da espontaneidade... espontânea, que é feita duma porção fácil de hábitos e cacoetes adquiridos. Atingir a verdadeira espontaneidade pós-espontânea é que participa da técnica primorosa de arte, é a verdadeira finalidade do artista.) Bem. Suponha, por exemplo, que você repudia consciência = espelho por banal. Dentro do próprio teor do seu poema, logo imaginei possível substituir espelho por lago, lagoa, consciência = lago. Ainda não é maravilha, mas já está melhor. Pensando mais, como se trata de reflexos no lago, se ver reproduzido no lago, me veio a associação lago – Narciso. Agora me parece que o caminho é inesperado e poderíamos estudar a possibilidade de levar a imagem até o fim, e com ela construir o poema. Não me lembro bem, mas creio que existe um apólogo ou coisa parecida, creio que de Oscar Wilde[25], em que não é Narciso que se reflete

---

23. Edgar Allan Poe (1809-1849). Poeta e contista norte-americano. Publicou, entre outras narrativas, *O Duplo Assassinato da Rua Morgue* (1841), *O Gato Preto* (1843), *O Escaravelho de Ouro* (1843). *A Filosofia da Composição* (1846) é um dos mais importantes ensaios sobre a criação poética publicados no século XIX.
24. Jean de la Fontaine (1621-1695). Poeta e tradutor francês. É considerado o maior fabulista da época clássica, com as *Fábulas* (1668-1694).
25. Oscar Wilde (1854-1900). Teatrólogo, escritor e teórico irlandês, autor de *O Retrato de Dorian Gray* (1891), *Salomé* (1891), *De Profundis* (póstumo, 1905).

no lago mas este que se reflete e vê nos olhos de Narciso. É perigoso repetir ou cair nisso, mas irreprimivelmente me lembrei de fazer do homem o lago, o lagoão, a lagoa e de Narciso a consciência que nos viesse dar a imagem (não pelo reflexo de lagoa nos olhos dele, mas por sua própria pessoa) de nós mesmos, do homem. E eu suponho logo um Narciso belo. Mas nada impede supô-lo de péssimos instintos e envelhecendo até se tornar um corpo torpe e vil = a consciência. Bonito isso e bem... William James[26] de supor que somos nós que envilecemos a consciência e não ela que nos envilece... Mas é sutileza muito frouxa e emasculada, à Wilde ou à Guilherme de Almeida[27], e não aconselho nada disto, mana. Acho o poema, pra minha concepção de poesia, fraco e desagradável. Estou apenas apresentando a você um processo frio de composição que pode sair ardente. Mas acho que você precisa evitar o lado didático-religioso o mais possível. Ou faça um livro especial, de clara intenção didático-religiosa – um pragmatismo. Daí estaria certo, embora alheio ao íntimo, ao puro conceito de poesia. E não quero que estas minhas considerações de forma alguma prejudiquem a sua crença, a sua religião que acho linda e legítima. Apenas, tenho para mim que o único lado em que a crença, a política, a humanidade, a pátria, a nação, interferem no domínio da poesia pura, é o lado da exaltação, do desvario, o misticismo[28].

"Ausência do Anjo" – O que falta sutilissimamente a você, poeta incontestável e forte, é originalidade. Não a originalidade original por si mesma, porém a originalidade de Henriqueta Lisboa, a expressão <u>real</u> de si mesma. Pode-se dizer até que você foge, em poesia, você se recalca em poesia, quando justamente a poesia, em vez de máscara, é a expansão sublimada de todos os recalques. Um poema como este, por exemplo, é simplesmente admirável.

---

26. William James (1842-1910). Filósofo estadunidense vinculado à teoria do pragmatismo.
27. Guilherme de Almeida (1890-1969). Poeta, jornalista e crítico, desempenhou papel importante na divulgação das ideias modernistas. Publicou, entre vários livros, *Nós* (1917), *A Flauta que Eu Perdi* (1924), *Os Poetas de França* (tradução,1936). Era considerado, por Manuel Bandeira, "o maior artista do verso em língua portuguesa". Cf. nota 11, de Marcos Antonio de Moraes, em *Correspondência Mário de Andrade & Manuel Bandeira, op. cit.*, p. 87.
28. HL, ao que parece, suprimiu o poema. Não aproveitou as sugestões sobre Narciso para compor outro texto. A alusão à espontaneidade de La Fontaine reaparece em carta a Fernando Sabino de 21 mar. 1942. (Fernando Sabino, *Cartas a um Jovem Escritor. De Mário de Andrade a Fernando Sabino*, Rio de Janeiro, Record, 1981, p. 43. (plp)

Jorge de Lima[29], Murilo Mendes[30], Frederico Augusto Schmidt[31] e até Adalgisa Néri[32], especialmente os dois primeiros, não o fariam melhor. Mas lembra singularmente estes poetas, principalmente o primeiro. Como fatura então, como técnica de ajuntamento enumerativo de imagens – símbolos inesperados, em que o moderno se acotovela com o bíblico, você aqui está seguindo demasiadamente de perto a Jorge de Lima. Olhe, Henriqueta: o maior conselho que dou a você, no momento, é a meditação mais pensada de um Manuel Bandeira (meditação da <u>atitude poética</u> dele e não imitação

---

29. Jorge Mateus de Lima (1893-1953). Poeta e romancista, sua obra é marcada pelo alto grau de religiosidade. Dentre seus livros, destacam-se: *Tempo e Eternidade* (1935), em co-autoria com Murilo Mendes, *Calunga* (romance, 1935) e *A Invenção de Orfeu* (1952). MA dedica "Poemas da Amiga" (1930) a Jorge de Lima.
30. Murilo Monteiro Mendes (1901-1975). Poeta e prosador, destaca-se pela natureza espiritualista e religiosa de sua obra. Publica, em 1930, *Poemas*, livro elogiado por MA. Muda-se, em 1957 para a Itália, tornando-se professor de cultura brasileira na Universidade de Roma. Dentre as obras publicadas, citem-se *A Poesia em Pânico* (1938), *O Visionário* (1941) e *Poesia Liberdade* (1947). MA pretendia fazer, em 1944, ensaio focalizando os três poetas: Drummond, Bandeira e Murilo, intitulado *O Pico dos Três Irmãos*, projeto não realizado. Cf. carta de 15 de outubro de 1944 a Drummond: "Estou decidido a escrever o ano que vem um estudo sobre você. Enfim agora vai mesmo. O ano que vem vou me enterrar em poesia e, garantidos, sairão dois ensaios sobre você e o Manuel. E provavelmente outro sobre o Murilo Mendes. Vocês três enfim acabaram se distanciando bastante dos outros poetas grandes do Brasil, são grandes poetas". Silviano Santiago & Lélia Coelho Frota, *Carlos & Mário*, op. cit., p. 533.
31. MA troca a ordem do nome de Augusto Frederico Schmidt (1906-1965). Poeta, ensaísta, cronista, comerciante e político. Considerado filho intelectual da Semana de 1922 apenas na maneira de escrever, pois seus temas remetiam mais à poética romântica, como a solidão e a morte. Os artigos de MA sobre Schmidt, "Estrela Solitária – I, II", focalizam sua poesia na coluna "Vida Literária". (*Diário de Notícias* do Rio de Janeiro, em 9 e 16 de junho de 1940.) Apontam, nos autores novos, uma poesia neocondoreira. A crítica do escritor a essa poética já se anunciava no artigo "A Dona Ausente" (*Revista Atlântico*), e se vê detalhada no ensaio "A Volta do Condor", em *Aspectos da Literatura Brasileira*. Dirigia-se contra a imagística eloquente, adjetivosa e "esfomeada de profundeza e dos grandes assuntos humanos". V. Eneida Maria de Souza, "A Dona Ausente", em *A Pedra Mágica do Discurso*, Belo Horizonte, Editora UFMG, 1999, p. 222.
32. Adalgisa Maria Feliciana Noel Cancela Ferreira (Adalgisa Néri, 1905-1980) casou-se, aos dezesseis anos, com o pintor e poeta paraense Ismael Néri. Dedicou-se à carreira literária e ao jornalismo. Sobrevivia de artigos, crônicas e traduções, para a José Olympio Editora. Elegeu-se deputada pelo Partido Socialista em 1960 e 1966. O seu primeiro livro de poemas, *Og*, foi muito elogiado pela crítica. Outras obras: *Mulher Ausente* (1940); *Ar do Deserto* (1940); *Cantos da Angústia* (1943); *Nas Fronteiras da Quarta Dimensão* (1948), *A Imaginária* (1958), *Neblina* (1970).

dos seus processos) de Carlos Drummond, de Oneida Alvarenga[33], e outros poetas assim, <u>mais rigorosamente líricos</u> (no sentido de: expressão do seu peculiar, do seu <u>Eu</u> indivíduo e inaceitável ao humano geral). Talvez isso levasse você a um maior descobrimento e utilização de si mesma.

Puxa, não posso mais, estou exausto! Estou sofrendo menos hoje, os jornais noticiaram a saída da cadeia de vários amigos meus e me sosseguei mais um bocado. Mas cresceu em mim um ódio medonho. A notícia foi fornecida pela própria Polícia. Foram soltos porque se averiguou que não havia nada contra eles!!![34] Com o cinismo das ditaduras, dos totalismos, dos fachismos a Polícia confessa isso! Desmantela-se uma família, se assombra de susto uma sociedade inteira, se martiriza centenas de mães, mulheres, filhos, manos, amigos na defesa de quê, meus Deus! de um regime? De uma safadez? De um homem? Sim, especial e principalmente de um homem; se avacalha, se acanalhiza centenas de pessoas e de organismos familiares, só pra prevenir a serventia hipotética de um homem que está no poder!!! Ainda se fosse por isso, mas não é! É pra desviar a atenção pública de fatos militares mais graves contra esse homem. E é pra obter verbas pra nomeação de uma porção de delegadinhos novos e... outras despesas! Nem sei mais com que letra escrevo, Henriqueta. Eu sou um homem antigo. De um período não mais vil nem melhor do que o atual, todos os períodos são mais vis ou melhores, enquanto não se possa estabelecer uma humana e realista igualdade. E tudo o que está se passando aqui e no mundo me horroriza, me estupidifica, me acabrunha, me acorrenta. Não posso gritar! nem insultar! nem ofender! nem castigar! nem mesmo dissentir!... É a unanimidade por uma interrogação. E me acabrunho de desespero. Venha ao menos você, com suas mãos, me suavizar!

Mário

Carta assinada: "Mário"; datada: "Rio, 16-IV-40"; autógrafo a tinta preta; papel creme; 9 folhas; 27,5x20,7cm.

33. Oneyda Paoliello de Alvarenga (1911-1984). Musicóloga, folclorista, poeta, aluna e colaboradora de MA. Diretora da Discoteca Pública Municipal de São Paulo, autora de *A Menina Boba*, poesia (1938); *Música Popular Brasileira*, (1947); *Mário de Andrade, um Pouco* (1974). Foi responsável pela edição póstuma de diversas obras de MA. Em *Cartas. Mário de Andrade – Oneida Alvarenga*, reuniu sua correspondência (ativa e passiva) com o escritor. (São Paulo, Duas Cidades, 1983). Neste livro, o nome de Oneyda Alvarenga foi grafado sempre com a letra "i", forma adotada por Mário de Andrade para escrever e referir-se à poeta.
34. MA escreveu com letras maiores, não maiúsculas, para expressar sua revolta. No início desta carta dera notícia das prisões. (plp)

6   (HL)

Belo Horizonte, 28 de abril de 1940.

Mário,

tantas emoções me sacudiram ao tomar conhecimento de sua carta de 16 e 17, que levei tempo antes de coordenar minhas ideias e meus sentimentos. Até na sua bondade percebo manifestações de gênio!

Quando imaginara eu que você tomaria meus poemas um a um para estudá-los e discuti-los comigo minuciosamente, interessadamente, como se fossem problemas seus? Ainda que me faltasse senso para tirar partido de seus conselhos e de suas advertências, prevaleceria moralmente o benefício. Cada vez que encontro a bondade em plenitude, como agora, sinto uma nova força poética, um desejo de realizar poesia dentro da vida, de ser esta poesia que sinto. Desta aspiração decorre a outra – a de traduzi-la através da arte[35].

Saber que poderei traduzi-la com mais apuro representa para mim uma larga esperança mas também – para que disfarçar? – um estranho desassossego, que atribuo à noção de maior responsabilidade.

Sempre estive muito só com os meus espectros. Orgulho? Clarividência? Não via ninguém com autoridade bastante e bastante sinceridade para esclarecer minhas dúvidas.

Em você, além dos requisitos essenciais, encontro solicitude. Deus o abençoe, Mário!

Em verdade pertenço mais à categoria dos anacoretas do que à dos apóstolos. Prefiro sempre a poesia pura. Adoro Rilke[36]. Sem embargo... – Estou empregando meios e modos de concentrar os poemas a que você fez restrições. "Inspiração que se perdeu" procura sugerir o drama da resistência à graça. Talvez que um novo título – o desta frase explicativa – reforçasse

---

35. HL sente-se agradecida em relação às observações de MA sobre os poemas enviados para apreciação. A crítica de MA é contundente e rigorosa, apontando aspectos passadistas e convencionais de sua poesia. Ao defender os princípios estéticos do modernismo, o poeta recusa resquícios da poética simbolista em HL, verificáveis no tom religioso, na idealização do cotidiano e no didatismo. Cf. Arquivo Mário de Andrade, IEB-USP; AEM/CEL/UFMG.
36. Rainer Maria Rilke (1875-1926). Escritor austríaco. Influenciado pelo simbolismo francês, mais tarde se desvencilha desse lirismo e adota estilo mais preciso. *Cartas a um Jovem Poeta* (1929) foi um livro que marcou toda a geração literária da primeira metade do século XX.

o valor da ideação. Não acha? Quanto ao poema da meninazinha de ouro (que já anda em antologias...) o recurso é estampar, no livro a ser publicado, apenas o trecho da viagem, com omissão do desastre e, coerentemente, dos cinco primeiros versos[37].

Agora a questão que reputo mais grave: originalidade recalcada. Terei deixado de ser sincera quando, por exemplo, ampliei uma experiência pessoal, transfigurando-a numa visão de universo? Dependerá de mim vencer esta questão ou mesmo conhecê-la até o âmago? Modelo de atitude poética é, principalmente, *Remate de Males*[38]. O individual é, aí, densíssimo.

Falemos de você, Mário. Quanta cousa me revelou sua carta! Leio as suas confissões com o mesmo recolhimento com que tenho lido as de Santo Agostinho[39].

Noto a mesma veemência, a mesma lucidez, o mesmo horror do mal. Que poderei dizer-lhe que você próprio já não se tenha dito? Como é pequeno para você o mundo em que vive neste momento! Causa-me espanto, causa-me tristeza saber que você se mostra tão humano quanto os outros – no sentido da queda – quando tem incumbências muito mais altas, quando a sua destinação é de privilégio. Perdoe-me que lhe diga: ainda bem que a consciência o tortura porque, de fato, você não tem o direito de malbaratar tantos dons! Foi como irmão que me falou, como irmã lhe respondo. Como se irradia, bela, da sua personalidade, a coragem de ser! E o mal é fuga, aniquilamento. Sei que isso não pode continuar assim. Porque o mal não está em você! Como compreendo a sua indignação, isto sim, diante do cenário do mundo, na hora presente. Duros tempos os nossos. Mas enquanto houver homens capazes

---

37. A defesa de HL diante das acusações de MA é, contudo, pertinente. Aceitar a poesia pura e preferir Rilke denota o teor de sua poética, que será mais tarde discutida com o escritor, de forma mais corajosa. A preferência por poetas metafísicos é uma tônica em HL.
38. MA publica *Remate de Males* em 1930, às próprias expensas na Tipografia de Eugênio Cupolo. O poema que abre o livro é o conhecido "Eu sou Trezentos", que funciona como traço de multiplicidade e esfacelamento do sujeito poético moderno.
39. Santo Agostinho (354-430) escreveu as *Confissões* em 397. Doutor da Igreja Latina, exerceu papel preponderante na Igreja do Ocidente. Os grandes temas agostinianos (conhecimento e amor, memória e presença, sabedoria) dominaram a teologia ocidental e a escolástica tomística. HL foi uma fiel leitora da literatura religiosa.

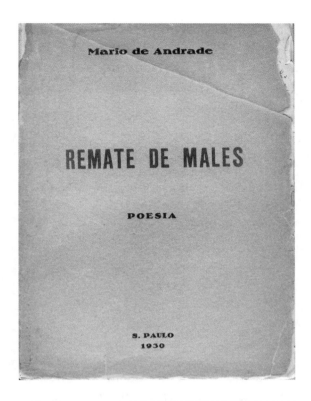

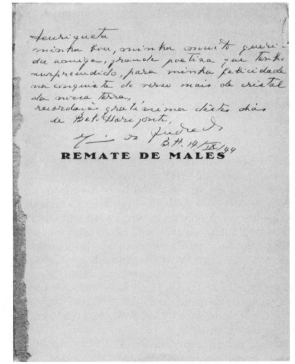

Mário de Andrade. Remate de Males. 1930. "Henriqueta,/ minha boa, minha muito queri-/da amiga, grande poetisa que tenho/ surpreendido, para minha felicidade/ na conquista do verso mais de cristal/ da nossa terra,/ recordação gratíssima destes dias/ de Belo Horizonte/ Mário de Andrade/ BH. 14/ix/44." Arquivo HL, AEM/CEL/UFMG.

de encolerizar-se e de acreditar no predomínio do espírito sobre a matéria, haverá esperança[40].

Dê-me boas notícias, Mário. E acredite na minha grande amizade.

Henriqueta
Bernardo Guimarães – 1327

Carta assinada: "Henriqueta"; datada: "Belo Horizonte, 28 de abril de 1940"; autógrafo a tinta preta; papel bege; 2 folhas; 21,5 x 16,8 cm. Nota MA a lápis vermelho: destaque de trecho referente à originalidade: "agora a questão [...] densíssimo."

7   (HL)
Belo Horizonte, 4 de junho de 1940.

Mário,

acabo de reler sua carta de 20[41]. Quanto imprevisto, quanta espontaneidade, quanta vida, quanto coração! Você começa escandalizando a gente, tranquiliza a gente logo depois, ri, fala sério, lembra terríveis realidades, divaga... E, através de tudo, percebo o sonhador que existe em você. Estou a lembrar-me de Manuel Bandeira quando diz ao espelho:
"Se fosses mágico
penetrarias até ao fundo desse homem triste,
descobririas o menino que sustenta esse homem".

40. A aproximação de MA com Santo Agostinho não é gratuita, pois HL percebe o grau de religiosidade presente no discurso do escritor, principalmente ligado à questão do bem e do mal. Marco Morel, editor das cartas de MA a Álvaro Lins, registra em nota: "A religiosidade de Mário de Andrade é um aspecto não só de sua biografia, mas de sua obra, que não foi devidamente aprofundado. Embora ele se referisse constantemente à sua opção religiosa (bastante heterodoxa na época, é verdade), inclusive registrando isso em sua variada correspondência, poucos têm tratado mais detidamente do assunto. O artigo 'Mário de Andrade e o Catolicismo', de Alceu Amoroso Lima, escrito em 1960 e publicado em *Companheiros de Viagem*, Rio de Janeiro, 1971, e a crônica de Carlos Drummond de Andrade, 'A Religião em Mário de Andrade', no *Jornal do Brasil* de 22 jul. 1982, são importantes exceções". Marco Morel, José César Borba (org.), *Cartas de Mário de Andrade a Álvaro Lins*, Rio de Janeiro, José Olympio, 1983, p. 48.
41. Não existe, na correspondência, uma carta anterior datada de 20 [de maio?], assim como não foi possível localizar os dados mencionados por MA.

O espelho não descobre mesmo. Capaz de descobertas assim é o coração[42]. Coração – espelho mágico. Fico encantada de ver que a vida não secou em você essa fonte de idealidade que nos eleva acima de nós mesmos. Há inefáveis aspirações, há angelitude no enternecimento que lhe causou o romance do menino Emílio[43]. É decerto por milagre que sobrevive às vicissitudes da existência o nosso anjo da guarda! (Não lhe parece que o anjo da guarda pode bem ser esse menino do Manuel Bandeira?)

Tenho desejo de insistir, porém não insistirei no assunto de minha última carta.

Aguardarei as boas notícias que lhe pedi e que você há de querer dar-me, por força.

Agora uma novidade: ouvi Magdalena Tagliaferro![44] Sempre me admirei – depois de um acontecimento desses – de ver que tudo continua como dantes; parece-me que toda grandeza deveria comunicar-se a nós, que a percepção das cousas sublimes deveria transportar-nos a um mundo mais belo, como o carro de fogo de Elias[45].

Ó! a esplêndida aventura dessa artista que não receia caminhar à beira de precipícios, que quer colher a grande flor dos abismos! (E que bons freios a servem!) Não me espanta que ela interprete tão bem os modernos, espanta-me que ela interprete Beethoven[46] com aquela extrema dignidade no maior desespero. Nada sei de música porém alguma cousa presumo saber de Beethoven. E é isto exatamente que o revela: a gravidade, a dignidade no maior desespero.

---

42. Os versos citados por HL pertencem ao poema de Manuel Bandeira, "Versos de Natal", de 1939, incluído no livro de 1940, publicado com suas *Poesias Completas*, "Lira dos Cinquent'anos". HL elidiu a primeira palavra do verso: "Mas se fosses mágico..." Manuel Bandeira, *Poesia Completa e Prosa*, 2ª ed. Rio de Janeiro, Cia. Aguilar Editora, 1967, p. 297.
43. Emílio, personagem de *Émile ou de l'Éducation* (1762), livro de Jean-Jacques Rousseau (1712-1778), escritor e filósofo de língua francesa, nascido em Genebra, Suíça. Rousseau acreditava que o povo, e os indivíduos que o compõem, são fruto das instituições políticas. Propõe, contudo, o modelo de indivíduo que seja espelho do divino, o "homem natural".
44. Magdalena Tagliaferro (1893-1986). Pianista fluminense, nascida em Petrópolis, consagrou-se internacionalmente como profissional da música, recebendo medalha de ouro do Conservatório de Paris em 1907. Entre 1937 e 1939 foi professora de aperfeiçoamento e virtuosismo nesse mesmo Conservatório. HL ouve, pela primeira vez, um concerto da pianista.
45. Elias (IX século a.C.), profeta hebreu que lutou contra o culto idólatra do deus fenício Baal.
46. Ludwig van Beethoven (1770-1827). Compositor alemão do período de transição do classicismo para o período romântico.

Madalena Tagliaferro. "Para a sta./ Henriqueta Lisboa/ Lembrança de/ Madalena Tagliaferro/ junho 1940". Arquivo HL, AEM/CEL/UFMG.

Mas a quem digo essas cousas?! Mário, releve as minhas expansões. Quando me lembro que é você o maior dos que pensam no Brasil, quando me lembro que nos vimos apenas três vezes! Depois de todas essas cartas sinceras, "sans arrière pensée"[47], creio que vou sentir-me perfeitamente provinciana ao encontrá-lo em pessoa. E isto não tardará. Dentro de alguns dias aí estarei. O Rio sempre me interessou muito. Este ano a temporada artística parece estar magnífica. Há também o meu livro que desejo mandar editar. (*Prisioneira da Noite* como título, acha que fica bem? Sem princesa e sem menestrel...)[48]

Além de tudo há você agora no Rio.

Receba as minhas saudades, Mário.

Henriqueta

Carta assinada: "Henriqueta"; datada: "Belo Horizonte, 4 de junho de 1940"; autógrafo a tinta preta; papel bege; 2 folhas; 21,6 x 16,8 cm.

47. Pensamento dissimulado.
48. Em 1941 HL publica *Prisioneira da Noite*, pela Civilização Brasileira, do Rio de Janeiro.

8   (MA)

Rio de Janeiro, 8 de junho de 1940.

Henriqueta.

Vou lhe escrever uma cartinha rápida, conversaremos mais quando você estiver aqui. Mas se você chegar logo como diz na sua carta de ontem, não sei como será pra nos vermos muitas vezes como quero. Por todo este mês devo procurar apartamento novo ou casa, e talvez encaixotar a metade do que tenho aqui e mandar pra São Paulo, pois pretendo ir pra pouso menor. E além disso aceitei fazer 4 conferências, espécie de curso, na casa de uma senhora da alta daqui. E como terei certos ouvintes peso pesado e não apenas grã-finas espiritualmente peso pluma, a coisa vai me dar um trabalhão. É assim: a gente qual o quê, não se conserta em sua honestidade. Aceitei a incumbência me pensando cínico, só pra ganhar uns cobres que me libertassem de dívidas na mudança, e eis que já tomei a sério a coisa, cinismo foi-se embora e tudo está me dando um trabalhão.

Desde o princípio desta carta tenho uma pergunta a fazer, que não quero esquecer e está me perturbando o pensamento. Me diga uma coisa: é avenida ou rua Bernardo Guimarães onde você mora? A cada endereço fico sempre na dúvida e no temor que um carteiro displicente ou novato não saiba o que significa apenas "Bernardo Guimarães, 1327"[49]. É incrível como uma coisinha dessas me atrapalha o sentimento, vira logo fantasma, assombração e me deixa malestarentamente inquieto!

Na sua carta anterior à última a sua grande dúvida era se teria deixado de ser sincera nos momentos em que ampliou "uma experiência pessoal transfigurando-a numa visão do universo". Nunca, minha Henriqueta! Isso é a própria função da poesia, aquilo em que ela é Conhecimento, intuição divinatória e definidora. Apenas o que há de perigoso é converter essa verdade numa estreiteza de escola, imaginando que isso só se dá quando a gente transfigura suas experiências pessoais nos grandes assuntos essenciais humanos, Deus, Amor, Morte, Vida. Não posso me alongar, mesmo porque seria me repetir no perigo que vejo na poesia nova brasileira. Sobre isso, principio amanhã no *Diário de Notícias* uma dissecação bastante forte da "nova eloquência", com quatro artigos, os dois primeiros sobre o Schmidt,

---

49. Bernardo Guimarães é nome de rua, não de avenida. Refere-se a Bernardo Joaquim da Silva Guimarães (1825-1884). Advogado, magistrado, crítico literário, professor, poeta e jornalista. Autor de *O Ermitão de Muquém* (1858), *A Escrava Isaura* (1875), *O Seminarista* (1872), entre outros romances.

Correspondência

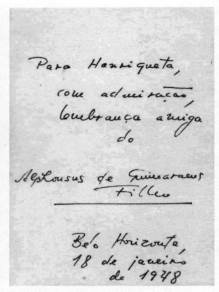

Alphonsus de Guimaraens Filho. 1948. "Para Henriqueta/ com admiração,/ lembrança amiga/ do/ Alphonsus de Guimaraens Filho/ Belo Horizonte,/ 18 de janeiro de 1948". Arquivo HL, AEM/CEL/UFMG.

o terceiro sobre o Alphonsus de Guimaraens Filho[50] e enfim o quarto de doutrina geral[51]. É preciso não esquecer que essa visão universal, essa transfiguração lírica do pessoal no humano não se dá apenas porque de um pecado eu faço a Culpa, de um namoro sofrido eu faço a Noiva Ausente e de uma gripe eu faço a Morte. A mesma transfiguração existe quando de uma topada eu faço a pedra no meio do caminho, de uma janela de nenhuma vista eu faço o Beco, do Manuel Bandeira etc. Não nego os grandes assuntos, mas certa sistematização deles, após arrancada Schmidt – Murilo Mendes, está

50. Alphonsus de Guimaraens Filho (1918-2008). Poeta e amigo de MA, autor de *Lume de Estrelas* (1940), *Poesias* (1946), entre outros livros. O artigo ao qual MA se refere foi inicialmente publicado no *Diário de Notícias* do Rio de Janeiro, em 23 de julho de 1940, com o título de "Lume de Estrelas". Em 1943, entrou para o livro *Aspectos da Literatura Brasileira*, nas *Obras Completas*, na parte intitulada "A Volta do Condor", como o ensaio IV, no qual o crítico assim se expressa: "Infelizmente não consigo descobrir a verdade, mesmo intelectual, de um poeta moço, mineiro da gema, vivendo em Belo Horizonte, inaugurando a avenida do Contorno que, no momento de ser poeta vem me falando em frases que reconheço pertencentes a escolas passadas, e usando como imagens o trigo, os pinheiros, os pastores e os peregrinos". (*Aspectos da Literatura Brasileira*, 5ª ed. São Paulo, Martins, 1974, p. 161).
51. V. Alphonsus de Guimaraens Filho, *Itinerários: Cartas a Alphonsus de Guimaraens Filho*, São Paulo, Duas Cidades, 1974, pp. 9-10 e 16.

encurtando de novo esses assuntos a verdadeiros "temas" de escola. (Sobre isto, você conhece o meu estudo sobre Castro Alves, saído na *Revista do Brasil?*)[52]. Disto é que eu tenho medo e ataco fortemente nos quatro artigos próximos, você verá. Pois fique sabendo que gostei muito do seu poema "Infância" e nada tenho que casmurrear sobre ele. E isso não é também, apesar de seu particularismo, uma transfiguração de experiência?[53]

Paro aqui, prometi que a carta sairia curta... Com o mais amigo abraço do

Mário

Carta assinada: "Mário"; datada: "Rio, 8-VI-40"; autógrafo a tinta preta; papel creme; 2 folhas; 27,5 x 21,0 cm.

9   (HL)

Rio de Janeiro, 26 de junho de 1940.

FELICIDADES (SIC) ESTEJA NESSA CASA[54].

Henriqueta

Telegrama assinado: "Henriqueta"; autógrafo a tinta preta; impresso "DEPARTAMENTO DOS CORREIOS E TELÉGRAFOS"; 21,0 x 19,8 cm; borda superior irregular; rasgamento na borda esquerda; carimbo. Postagem: Rio de Janeiro, 26 de junho de 1940; 14:30h. Recebimento: Rio de Janeiro, 26 de junho de 1940; 14:32h.

52. Embora Mário faça referência a este artigo, escrito para a *Revista do Brasil*, a pesquisa não localizou o referido texto publicado.
53. No poema que integrou *Prisioneira da Noite*, HL descreve seu coraçãozinho de seis anos, quando da morte de sua irmã (Cf. *Poesia Geral*, pp. 52-53. *op. cit.*). É a essa experiência que MA alude. (plp)
54. MA estava se mudando para a Ladeira de Santa Teresa, 106, no Rio. Residia, anteriormente, no Edifício Minas Gerais, na Glória, à rua Santo Amaro, n° 5, apto. 46. Moacir Werneck de Castro descreve o edifício no livro *Mário de Andrade: Exílio no Rio*: "Era um *arranha-céu* de dez andares, que dominava imponente a velha sobradaria em redor. Ficava na esquina da rua do Catete (onde antes funcionava uma pensão de mulheres), a umas quatro quadras apenas da universidade, distância de cobrir a pé. [...] A poucos passos da nova residência do escritor paulistano ficava a Taberna da Glória, que se tornaria o seu ponto de conversas noturnas – um bar-restaurante com cadeiras na calçada, de freguesia nada canônica, sobretudo de madrugada, quando recebia grupos de farristas e mariposas da noite, egressos dos cabarés e prostíbulos das cercanias". Moacir Werneck de Castro, *Mário de Andrade, Exílio no Rio*, Rio de Janeiro, Rocco, 1989, pp. 21-22.

10   (HL)

Belo Horizonte, 11 de julho de 1940.

Mário,

desde que regressei, com saudades suas, estou pensando em escrever-lhe. Porém, que dias aflitivos tenho passado! Meu Pai doente, constantes visitas médicas, farmácia em quantidade, noites mal dormidas, apreensões de ordem moral. Anteontem chegou do sul meu irmão mais velho, médico, para acudir ao nosso enfermo[55]. Assim se apresentou ao colega que o precedera: "Italiano está aí!" O outro ficou aturdido um segundo. E ele: "Pois a batalha já não está ganha?" Parece mesmo que sim. Por isso é que tenho gosto em vir conversar com você, em dizer-lhe que conservo as mais caras impressões de seu fino trato pessoal, em recordar com afeto as suaves alegrias que você me proporcionou no decorrer de minha estada aí. À lembrança desses lindos dias, sua lembrança está amavelmente associada. Sabe quê mais? Se eu não tivesse uma consciência algo minuciosa e viva, mais vezes teria reclamado sua presença. Em verdade, não distingo se é maior, no meu sentimento, a veneração pelo Mestre ou o carinho pelo amigo. Quando me referi a sacrifício – a respeito de sua ida à estação – tinha escrúpulo pelo Mestre, cujos trabalhos não devem ser perturbados. E o amigo, tão querido, zangou... Veja quem tem razão, Mário[56].

Aguardo a notícia do sucesso de suas conferências. E espero poder lê-las em breve, pois com certeza você resolveu redigi-las, ainda que depois de pronunciadas.

---

55. O pai de HL, Conselheiro João de Almeida Lisboa (1870-1947), fixou residência em Lambari, sendo eleito vereador municipal junto à Câmara de Campanha na década de 1890. Com o grupo político, que atuava na época, participou da direção do semanário *A Peleja*, jornal de grande repercussão em todo o Sul de Minas. Veio para Belo Horizonte em 1935, como membro da Constituinte Mineira, após ter residido, desde 1924, no Rio de Janeiro, exercendo o cargo de deputado federal. Era casado com Maria Rita Vilhena Lisboa (Dona Sinhá). O irmão mais velho de HL, João Lisboa Júnior (1894-1981), era médico.
56. A relação ambígua entre mestre e amigo deixa HL insegura diante do escritor consagrado. Na realidade, a convivência com o escritor foi mantida com muito respeito, não só pela diferença de temperamento, como por distinta atitude diante da vida. Ela não participava, como outros amigos de MA, das farras nos bares nem de confidências ligadas a assuntos da vida mundana. Cf. Carta de MA para Carlos Drummond de Andrade, datada de 11 de fevereiro de 1945, onde se reforça a natureza tímida de HL, em contraposição à do amigo.

Aquele seu estudo da poesia, desde o artigo sobre Castro Alves até "A volta do condor", marcará época na nossa literatura, é um monumento de crítica. Precisamos ter isso em livro, sem delonga![57]

Na última crônica referida, achei muito interessante, pela revelação da alma, a observação que você faz relativamente à complacência com a culpa em certos poetas católicos. Isto sempre me pareceu esquisito, impróprio e mesmo injusto. A forma de verdade que você reclama da beleza resume, creio, a essência das mais altas exigências humanas. Buscá-la corresponde a abrir novas perspectivas ao sonho, o que aumenta o nosso desterro, mas também aumenta a nossa confiança na destinação de nós mesmos: Se você, como crítico, tem o direito de auscultar o espírito da poesia, como homem tem obrigação de o fazer.

Penso que só traz cunho de eternidade a beleza associada à verdade. Agora fico sem saber: que espécie de verdade? A verdade moral, acima das contingências? A verdade humana, intimamente nossa, individual? Haverá uma verdade para todos os seres e todos os tempos?

Este assunto me lembra Gabriela Mistral[58]. Espírito <u>buscador</u> ela chamou-me. Contudo, junto dela, eu me senti tão comodista!

Que grande alma, que grande sinal de Deus naquela fronte como que repousada! Gostei muito que ela vá residir em Santa Teresa para que vocês possam encontrar-se mais vezes.

Saiba que não me esqueci – nem por sombras – da esfinge do São Francisco.

É preciso que você não se esqueça do retrato que me prometeu, para substituir este aqui de revista.

---

57. Os artigos foram incluídos no livro *Aspectos da Literatura Brasileira*, em 1943.
58. Lucila Godoy y Alcayaga, dita Gabriela Mistral (1889-1957). Poeta chilena, primeira escritora latino-americana a ganhar o Prêmio Nobel de Literatura. Viveu no Brasil de 1940 a 1945, como consulesa do Chile. O conhecimento entre HL e Gabriela se dá em Niterói, quando passam a se corresponder e se tornam amigas. Por ocasião de sua vinda a Belo Horizonte em 1942, Gabriela Mistral profere duas conferências no Instituto de Educação, uma sobre a obra de HL, outra sobre o Chile. HL, conhecedora da poesia latino-americana e espanhola, traduz textos de Gabriela, Jorge Guillén, entre outros. Reinaldo Marques, editor, com Maria Eneida Farias, das poesias traduzidas de HL, assim se expressa: "a obra poética de Gabriela Mistral, poeta chilena ganhadora do Prêmio Nobel de Literatura em 1945, foi a que mereceu maior atenção da atividade tradutória de Henriqueta, da qual verteu para o português um total de sessenta e um poemas e sete textos em forma de prosa poética". Maria Eneida Victor Farias e Reinaldo Marques, *Henriqueta Lisboa. Poesia Traduzida*, Belo Horizonte, Editora UFMG, 2001, p. 13.

É preciso também que me escreva longamente, de tudo que o interessa. Conte-me como vai indo esse juízo, Mário.
Com toda a dedicação,

Henriqueta
Rua Bernardo Guimarães – 1327

Carta assinada: "Henriqueta"; datada: "Belo Horizonte, 11 de julho de 1940"; Endereço: "Rua Bernardo Guimarães"; autógrafo a tinta preta; papel bege; 2 folhas; 21,5 x 16,8 cm.

11   (MA)

Rio de Janeiro, 25 de julho de 1940.

Henriqueta.

Estou monótono, estou tão machucado, Henriqueta, é de manhã, tenho que estudar, preciso trabalhar, pôr em estado de limpeza a minha conferência de amanhã, mas me lembrei de te escrever. Não é coisa grave afinal, não é coisa gravíssima, um amigo, um grande artista, o Terán[59] que ficou doente na hora do seu concerto anual e mais outros amigos que praticaram comigo uma funda ingratidão e me deixaram sozinho quando precisava deles... E bem que perceberam, o que é pior, o ato que praticavam, já me telefonaram duas vezes agora de manhã, mando dizer pela criada que não posso atender. E fico desolado. Não se amole, são coisas que a gente esquece na superfície, o mar tem as ondas calmas como se não guardasse no fundo o poder das tempestades. Vamos falar noutra coisa.

Deus me livre tratar de qual seja a verdade da Verdade, assunto que você me propõe na sua carta. Não será apenas pra nós dois, creio que esse é o tropeço maior, a grande pedra no meio do caminho, de todos os intelectuais sinceros. Uns tempos andei falando em "minha" verdade, imaginando com isso ser honesto, ser humilde, trazendo o possessivo em si mesmo o pressuposto de outras verdades e da Verdade maior, transcendente e eterna.

59. Tomás Gutiérrez de Terán (1895-1964). Sua carreira de concertista teve início aos onze anos, como solista de orquestra. Em 1918, no Rio de Janeiro, foi considerado o melhor pianista espanhol. Em 1930 veio para o Brasil, onde fixou residência. Atuou em inúmeros recitais. Sua atividade, como professor, sobretudo particular, foi das mais importantes.

No fundo era um subterfúgio, uma hipocrisia da minha vaidade que preliminarmente me defendia, me concedendo a possibilidade de mudar, de ter comigo outra verdade, a Verdade, que não seria prático nem útil dizer no momento, me concedendo ainda o direito de errar.

Pro perfeito intelectual, ou melhor, pro intelectual irredutível, isto é, o ser que tende a pensar exclusivamente por si mesmo e reduzido à vida individualista da sua própria inteligência, as verdades nunca podem ser impostas. Nem sequer impostas por qualquer ideologia. A verdade só lhe brota das realidades primeiras, isto é, da sua própria experiência vivida. Exclusivamente das manifestações vitais do seu próprio ser. De tudo quanto recebe e percebe, e exclusivamente disso é que o intelectual tira a sua verdade. Ele parte da periferia pro centro, do não-eu pro eu, é um concêntrico. Ao passo que o homem comum, condenado feliz, escravo livre, converte as suas verdades obtidas na infância, no estudo, no discurso de praça pública, no jornal, em fenômenos vitais, em elementos com que ele reveste o mundo fenomenal, nem sequer propriamente pra compreender este mundo e tirar dele as suas verdades pessoais, mas pra torná-lo aproveitável, profícuo, uma norma conformada de existência, mascarando a Verdade em Bem. Parte pois do centro pra periferia, é um excêntrico.

A verdade do intelectual, a "minha" verdade, tem por isso um caráter bem estragoso, é fenômeno de pura contemplatividade, é inútil! Haveria três espécies de verdades... A Verdade de Deus, ou da Transcendência, ou que nome tenha e eu chamo Deus. A verdade preconcebida, socializadora, defensora, a verdade útil e transitória de todos os pragmatismos do homem coletivo (o homem comum). E a verdade incontestável, achada, experimentada e individual do intelectual. Pouco importa essas três verdades possam às vezes coincidir todas três. Nem me interessa a dúbia verdade científica que vive mudando de pouso, ora pretensiosa querendo atingir a Verdade de Deus, ora socializada e convertida em Bem.

Ora das três espécies de verdade, a do intelectual é a única legitimamente incontestável, nesse sentido em que ela é intradicional, é adquirida, é vivida e não aceita, é imediata e sem transformação, não admite imediatamente nenhuma evolução, nenhum progresso. Mesmo a verdade científica (a não ser que experimentada pelo intelectual, concêntrica, coincidente com a verdade dele) quando aceita pelo intelectual, não será jamais "incontestável" pra ele, muito embora possa ter pra ele todas as outras aparências de eternidade. Ao passo que a verdade do intelectual por ter uma espécie de objetividade psíquica e ser o resultado de todas as possibilidades de raciocínio e sentimento e de todas as aquisições enfim, do indivíduo, se apresenta ao próprio intelectual com todas as certezas da incontestabilidade.

Muito embora não tenha, às vezes, nenhuma das outras aparências de eternidade. Realmente: o intelectual legítimo não se preocupa com a possível eternidade das suas verdades...

E, de fato, os progressos modernos da psicologia deixam o intelectual cada vez mais cético a respeito até da incontestabilidade das suas verdades... Sabei-me lá que recalques, que complexos, que transferências, que interesses me fazem parecer incontestável tal noção experimentada que chega ao centro do meu ser!... Porém isto não tira em nada a <u>evidência</u> da incontestabilidade dessa noção chegada. Sei que ela é contestável mas pra mim ela é incontestável! E isto só tem contribuído pra tornar o intelectual irredutível mais cético, mais cínico, mais *out-law*, mais indiferente, superior e desligado da verdade e do Bem e do Mal. E principalmente (é o que mais importa socialmente) mais revoltado e mais revolucionário.

É fácil verificar com abundância que o intelectual dos nossos dias é, por excelência, o revolucionário disponível. Veja os futuristas italianos se transformando em fachistas, os futuristas russos se transformando em comunistas, os sobrerrealistas franceses se convertendo em comunistas – tudo provas excelentes da disponibilidade revolucionária do intelectual contemporâneo. Ele se tornou uma espécie de "índio vago", de mercenário de todas as guerrilhas, alugável a qualquer facção política disposta à peleja e ao chinfrim. Principalmente disposta à morte, porque ao menos isto se reserve como beleza ao intelectual, cínico, superior, indiferente, safado, alugável, ele se aluga em principal pra acabar com isto! Porque ideologias e pelejas pro intelectual se tornam disfarces humaníssimos do desespero em que está. Com efeito: pro intelectual legítimo, o excentrismo de aceitar qualquer ideologia social ou política não poderá ser jamais ato puro de intelectualismo puro. O intelectual jamais será de deveras um comunista, um fachista e até mesmo um católico. O seu desespero diante da liberdade brutal, experimentada, incontestável da "sua" verdade o torna mais ainda mais anarquístico (no sentido vulgar e não ideológico da palavra), porque inicialmente, pelo seu concentrismo, por só crer e ver pela sua própria experiência, o intelectual é o não-conformista de tudo, o anarquista de tudo, o *out-law* por excelência da sociedade. Seu gesto de aceitar a lei católica ou fachista ou qualquer outra é fundamentalmente um processo de destruição do existente e de destruição de si mesmo. Desligado, frio, aristocrata o único perdão moral do intelectual é essa espécie de não-conformismo irredutível da maneira concêntrica, individualista de pensar. Cada vez mais cético, cada vez mais desesperado da "sua" verdade, ao mesmo tempo o intelectual contemporâneo, pelo respeito fatal de si mesmo e do seu centro, não pode porém negar que essa "sua" verdade seja incontestável. E isso o dana, é um danado. Isso é o maior fator do seu sofrimento horrível. Da sua mesquinhez... Pra não dizer, da sua ignomínia...

Mas se a verdade do intelectual é pra ele uma noção que permanece irreconciliavelmente incontestável, nem por isso ela deixava de ser, pra esse mesmo intelectual, a mais precária das três espécies de verdade. Não só ela muda no próprio indivíduo que em três meses, um dia, numa discussão de meia hora ou em dez anos vai considerar puerilidade ou erro o que já reconheceu incontestável um tempo, como porque, mesmo no momento de sua presença mais deslumbrante, mais apaixonante, o intelectual é obrigado a ver na "sua" verdade um fenômeno meramente individualista. Ele "vê" a sua verdade, ela é incontestável, mas um dado a mais ou a menos que ele tivesse já modificaria essa sua verdade. E no entanto ela é incontestável! E isso também o desespera, o agonia, o sufoca.

E o intelectual, então, mata o intelectual. São os muitos demagogismos de toda espécie, os muitos intelectuais proselitistas, revolucionários, legítimos missionários, legítimos sumés[60] do egocentrismo que comoventemente movem linotipos, jornais, salas de conferência na pregação das suas próprias ou das adotadas verdades (pouco importa) convencidos de que elas serão a maniva e o milho salvador. Nesses homens, por mais ridículos que sejamos, Henriqueta, há sempre que respeitar a humana generosidade. Embora também esta generosidade, meu Deus! esteja muito mesclada de vaidade e muito intoxicada pela paixão da Verdade transcendente ou da verdade socializadora, nem por isso ela deixa de ter sua nobreza, seu amor dos homens. A vaidade, afinal das contas, não é apenas provocada pelo namoro de si mesmo, implica sempre pelo menos a noção ativa do companheiro...

Já outros não agem assim, esses Gides[61]. São os mais egotistas e desprezíveis, os que se conservam na legitimidade do seu intelectualismo concêntrico. Também convictos da transitoriedade precária das suas verdades incontestáveis, se fecham em copas. Em vez de acreditarem com pressa apaixonada nas suas verdades, como fizeram os proselitistas; em vez de quebrarem armas para impor a amante de um dia ao amor do mundo, antes a escondem, tímidos, indiferentes. (Não é exatamente o caso de Gide, agora.) Amam a sua verdade, desprezando-a. Em vez de demagogos, em vez de revolucionários, se conservam apenas revoltados. Caçoam de tudo, desprezam tudo, se ocultam, emudecem, fazem pouco mais que nada. Não têm a mais mínima generosidade. Não se suicidaram. Não possuem nenhuma beleza.

60. Sumé: personagem lendária, que os índios acreditam haver aparecido misteriosamente entre eles, haver-lhes ensinado a agricultura, e afinal, desgostosa dos homens, ter desaparecido, levando o mesmo mistério.
61. André Gide (1869-1951). Escritor francês. Autor de Os Moedeiros Falsos (1926), entre outros livros.

Se os outros são danados comoventes e humaníssimos, estes são danados só. Uma calamidade.

Olhe, Henriqueta, não vou reler esta carta. Se reler é certo que não a mandarei. Talvez em dois minutos de releitura... eu mude de verdade! Se conserve pura, generosa, confiante como você está, Henriqueta. Aceite a verdade da vida apaixonadamente. Com todo o meu aparente cinismo, é o que eu faço também, este sofrido desencontrado que é este seu amigo. Afinal esta carta não passará de um choro nas suas mãos de mulher. Mais que choro: os urros de um Édipo cego já, que matou a própria Mãe. "Minha" verdade... Adeus.

Mário

Carta assinada: "Mário"; datada: "Rio, 25-VII-40"; autógrafo a tinta preta; papel creme; 5 folhas; 27,5 x 21,2 cm; carta levemente amassada.

12   (HL)

Belo Horizonte, 6 de agosto de 1940.

Mário,

como deve ser bom pensar lucidamente assim como você! O que me diz sobre a verdade, sobre as três formas ou espécies de verdade, parece aos meus ouvidos, depois de um atropelo de notas, um acorde magnífico. Você possui o espírito da ordem, apesar – ou talvez por causa – das aparentes contradições em que se debate, as quais o estimulam sem atingir a estrutura de seu ser, poderosamente resistente a todos os ventos.

E olhe que com essa sensibilidade difícil e esse gênio desbordante, na inteira liberdade de si mesmo, tempestades não faltarão nos seus domínios! Que motivo o leva a lastimar-se dizendo que matou sua própria verdade? Seja um pouco mais humilde, Mário, e verá que ela vive. Acredito que nenhum ser humano tenha conseguido a total realização de seus ideais porque, nesse caso, deixaria de ser humano para tornar-se divino. Mas em cada afirmação do individual – assim me parece – há uma parcela de nossa verdade.

Acredito que a sua verdade seja ainda mais bela idealmente do que esta de que temos testemunho em tantas e tão altas concretizações do seu espírito. Porém esta verdade – que é você mesmo – está espalhada pela sua obra com uma cintilação extraordinária. Ainda mais: a sua obra não tem sido apenas contemplativa como também ativa, quer dizer que até nas searas alheias vive a sua verdade. Sofre o intelectual na razão direta da intensidade do pensamento. O intelectual artista sofre ainda mais pela sensibilidade. Ver ofuscar-se, a cada momento, a inteligência, nas trevas do mistério em que vivemos, talvez não seja tão amargo como sentir, a cada momento, os véus da sensibilidade se romperem de encontro às asperezas do mundo. Passa-se o tempo e a inteligência se fortalece e se aclara tornando-se apta para novas conquistas. Mas a sensibilidade conserva perenemente, na sua delicadeza, esse ar de convalescença[62]. (Você, de coração dolorido com a ingratidão de uns amigos que não mereciam ser seus amigos...) Esta capacidade de sofrimento – ainda bem! – é o maior fator da capacidade artística. Pelo menos para a mulher. Entretanto, paradoxalmente, é esta mesma capacidade de sofrimento que mata a intelectualidade feminina. A mulher não sente tanto a desesperação da verdade como a necessidade da harmonia. Deverei confessar-me? Não sou bastante rebelde para sentir-me uma verdadeira intelectual (para isso teria que superar muita cousa, sacrificar muita cousa). Nem sou bastante simples para viver a vida burguesmente como as outras mulheres. Não sou bastante generosa para renunciar à minha própria personalidade. Nem egoísta bastante para pensar unicamente em mim. Poderei ser feliz[63].

Dou razão a quem disse: "Le poète est un mystique... manqué". Eu devia ter feito da religião a minha poesia. Enganei-me quando quis fazer da poesia a minha religião. Não a única porém receio que a mais absorvente. Contudo, não devo queixar-me: se a arte tem sido a minha paixão, com a sua coroa de espinhos, também tem sido o meu bálsamo, com as suas vozes celestiais... E se eu tivesse de recomeçar, escolheria certamente este mesmo caminho. Este caminho onde encontro meus irmãos. Um dos mais belos espetáculos do mundo – não é verdade, Mário? – é essa comunhão espiritual que nos une, através do tempo e da distância. Existem por certo outras afinidades entre os seres. Mas creio que estas são as mais puras.

Escreva-me sempre, Mário. Suas cartas são caras ao meu espírito e ao meu coração. A última chegou num momento de angústia para mim. Minha Mãe – logo depois de meu Pai – esteve gravemente doente. Que madrugadas pavorosas! Mas tudo passou. Pobre querida Mamãe! Ficará mais tempo conosco. Vou ver se agora cuido dos meus livros, dos meus estudos.

---

62. Conduzimos à norma a grafia "convalescência" usada por HL.
63. Diferente é a postura de HL como intelectual, conforme o que manifesta nesta carta. Numa época em que a mulher não conseguia romper a exclusão a que era imposta em seu meio, composto principalmente por homens, percebe-se que a dimensão intelectual atingida por MA era muito avançada para o precário universo feminino da época.

Sinceramente,

Henriqueta
Rua Bernardo Guimarães 1327

Carta assinada: "Henriqueta"; datada: "Belo Horizonte, 6 de agosto de 1940"; autógrafo a tinta preta; papel bege; 2 folhas; 21,5x16,8cm.

13 (HL)

Belo Horizonte, 26 de agosto de 1940.

SENTINDO FALTA SUA CRÔNICA LITERÁRIA PEÇO NOTÍCIAS AFETUOSAMENTE[64].

Henriqueta

Telegrama assinado "Henriqueta"; Autógrafo a tinta preta; impresso "DEPARTAMENTO DOS CORREIOS E TELÉGRAFOS"; 21,1x19,6cm; carimbo. Postagem: "Belo Horizonte, 26 de agosto de 1940; 16:25h"; Recebimento: "Rio de Janeiro, 26 de agosto de 1940; 17:55h".

14 (MA)

Rio de Janeiro, 27 de agosto de 1940.

Henriqueta.

O seu telegrama foi uma carícia encantadora, acredite. E você quase surpreendeu a verdade. Foi, é certo, um corpo estragadíssimo por uma espécie meio misteriosa de gripe, aparece-desaparece, que me impediu de escrever para o domingo passado a minha crônica habitual, mas não é menos certo que a crônica de domingo próximo vai ser a última, vou parar.

Uma acumulação de desgostos pessoais muito insolúveis acabou por me emudecer. É possível que de vez em quando, principalmente levado pelas minhas dificuldades financeiras, ainda escreva um artigo ou outro para jor-

---

64. A coluna de MA no *Diário de Notícias*, "Vida Literária", cessa em 18 de agosto de 1940.

nais e revistas, mas agora quero me calar principalmente e me ficar comigo. Vou talvez polir algumas arestas e alimpar de cacoetes de combate alguns dos meus livros publicados que mais estimo e preparar uma possível edição de poesias escolhidas[65]. Talvez continue, sem a menor intenção de completar, alguns dos meus estudos em andamento. Alguns contos é quase certo que escreverei. Mas tudo isto contado como vida minha, vida de mim, pessoal, tão necessário pra mim como as minhas cartas e leituras.

Será difícil, Henriqueta, expor a você tudo o que me decidiu a esta espécie de morte. Não: estou exagerando por excesso de melancolia. Não será nenhuma espécie de morte. Será apenas uma como que reconciliação com o silêncio, de quem viveu demasiado à tona e reconheceu afinal que não tem nenhuma vocação para o teatro... No fundo é uma desistência de atitude. Não creia seja uma deserção.

É certo que a guerra me convulsionou horrivelmente. Certos problemas do homem, da inteligência, da felicidade individual, do equilíbrio social se impuseram ao meu espírito com uma violência muito rude, com uma espécie de verdade drástica, em que senti muito cinismo e enorme desumanização de mim mesmo. Me senti num individualismo feroz, não só egoístico mas douradamente egotístico, numa prodigiosa independência, numa liberdade desligada de tudo, enfim numa espécie de superioridade pessoal que estou longíssimo de justificar e aceitar em mim e me desgostou cruelmente. Nunca me supus tão... tão rúim! E senti que era chegada a hora de me calar. Porque assumir uma atitude, pregar coisas contra as minhas convicções ou dúvidas, era sempre perseverar no teatro, e num teatro em que a minha

---

65. Segundo nota de Marco Morel, "o livro de Mário em questão, *Poesias*, editado em 1941, reunia toda sua obra poética publicada até então (exceto a chamada 'obra imatura'), a saber: *Pauliceia Desvairada* (1922), *Losango Cáqui* (1926), *Clã do Jabuti* (1927) e *Remate de Males* (1930). Álvaro Lins publica, no *Correio da Manhã*, de 24 mar. 1942, crítica ao livro de MA, o que provoca o início da correspondência entre os dois". Marco Morel & José César Borba (orgs.), *Cartas de Mário de Andrade a Álvaro Lins, op. cit.*, p. 46. Escrevendo a MA em 19 de maio de 1942, Drummond comenta *Poesias*, numa das cartas que mais revelam a relação de uma amizade tumultuada entre eles. Por essa razão, pode ser considerada um depoimento emocionante dessa correspondência: "Mas não posso fugir a uma quase confidência, depois dessa digressão confusa e atrapalhada. É a seguinte: ao lado dos motivos grandes de satisfação poética, a mim oferecidos por seu livro, motivo de pura voluptuosidade de espírito, houve um que me tocou mais de perto, foi o de reencontrar nele o Mário dos anos 1920-30, o das cartas torrenciais, dos conselhos, das advertências sábias e afetuosas, indivíduo que tive a sorte de achar em momento de angustiosa procura e formação intelectual. Ele está inteiro nas poesias. E como permaneceu grande depois desse tempo todo! Sei que você compreenderá a minha emoção encontrando esse velho companheiro". Silviano Santiago; Lélia Coelho Frota (orgs.), *Carlos & Mário, op. cit.*, p. 474.

idade e experiência já não me permitem mais ser galã. Ora o meu gênero, a minha posição de ribalta me impõem a personalidade do galã. É sarcástico isto... Mas, não sei se pelo peso da minha honestidade ou pela seriedade que ponho em tudo quanto faço, o que sei é que da minha geração intelectual tive esse mau destino de ser o galã profissional, o eterno Romeu namorado por todas as tendências, todos os grupos, todas as escolas...

Mas se por um lado eu me recusava a assumir a falsificação de uma atitude dirimente, por outro lado me pareceu demasiado cinismo, num momento como este da humanidade, continuar na minha desenvoltura libertária. Era mais que insolência, era odioso. Daquele mesmo odioso em que me senti, de repente, escrevendo um romance em que quatro pessoas se debatiam no insolúvel de suas personalidades, enquanto lá fora era a guerra, a Guerra, milhares de sofrimentos, milhões de mortes, vulcões de desespero e lavas de lágrimas por causa do... por causa de... por causa de quê, santo Deus![66] se não for por causa do incomensurável mistério de existirem os homens racionais sobre a Terra!... Parei imediatamente de escrever. Às vezes ainda me volta o convite de que a personalidade do indivíduo é sempre alguma coisa profundamente grave e sofrida que vale a pena esmiuçar e é honroso expor em sua trágica insuficiência terrestre... Mas nunca mais peguei no meu romance nem para reler o escrito no calor das paixões que me levavam então. Quero pegar e não pego. Sinto vergonha e não pego.

E foi a disparada para o silêncio. Percebi logo o que havia de fictício, de imoral, de escrito pra ganhar dinheiro, nas minhas croniquetas da *Revista do Brasil*[67] e as abandonei. Os artigos para o *Estado de S. Paulo* foram suspensos. Mas depois me convidaram a continuar e não continuei. Veio o convite de *Vamos Ler*[68], recusei. Imaginava poder continuar, embora me machucando interiormente, a crítica literária do *Diário de Notícias*. Mas tive tais desgostos com ela estes últimos dois meses, censuras e incompreensões tão injustas, tão inesperadas, vindas de seres para mim tão insuspeitados que, agora, sim, apenas o egoísmo reagiu. E vou parar[69].

66. Trata-se do romance inacabado *Quatro Pessoas*, cuja edição preparada por Maria Zélia Galvão de Almeida saiu em 1985 pela Editora Itatiaia, de Belo Horizonte.
67. Referência à colaboração de MA na terceira fase da *Revista do Brasil* (1938-1944), sob a direção de Otávio Tarquínio de Souza.
68. MA escreveu esporadicamente nessa revista. Seus artigos foram publicados em vida e após a sua morte: em junho de 1945, no vol. 1. nº 1, e também em março de 1946 no vol. 2, nº 4.
69. Segundo Moacir Werneck de Castro, MA, durante o "exílio no Rio", escreveu no *Diário de Notícias*, onde trabalhava seu amigo Guilherme Figueiredo. Nas palavras de Sonia Sachs, de março de 1939 a setembro de 1940, o escritor assinou a coluna semanal "Vida Literária", na qual publicou 72 artigos. (Mário de Andrade. *Vida Literária*, pesquisa, estabelecimento de texto, introdução e notas de Sonia

Alguns que estão insistindo comigo para que continue, Henriqueta, me perseguem com o principal argumento de que sou "muito sensível a censuras injustas"... Sou mesmo. Sempre fui. Sempre sofri horrivelmente com as censuras injustas, em principal quando partiam de inimigos, e creio isto uma das belas partes do meu ser. No fundo de uma censura injusta, há sempre uma desilusão. Tanto mais se conscientemente injusta. E toda desilusão não é ainda um ato de amor? Você poderá argumentar que muitas vezes não será uma desilusão que provoca a censura injusta, mas a simples incompreensão. Mas a incompreensão não será também um jeito de desiludir-se? Só chega à incompreensão quem procurou compreender, quem nos buscou e nos leu – o que é sempre um ato de amor. E assim se desilude de nós quem não nos compreendeu... É horrível, é horrível... Eu sinto que o meu ser inteiro se alarga, se alastra, se esfaz em amor. Eu sinto que "inimizade" é palavra imperfeita, brutal, simplória em seu negativismo vazio de sentido. E vazio de expressão. Não existe inimizade, o que existe são amizades contrariadas. E se a amizade é contrariada por aquilo que eu digo, eu me calo. Sei que isto não é jeito clarividente de amar e que as minhas decisões de agora derivam em grande parte de um enfraquecimento moral, talvez momentâneo. Mas sempre bendito seja o amor capaz de uma renúncia!...

Não me censure, não insista! pelo amor de Deus, Henriqueta, não deplore em sua estima carinhosa por mim, eu me calar agora. Você mesma me diz nesta sua última carta aquela verdade admirável de ser menos amargo ver a inteligência sossobrar ante os mistérios, que sentir os véus da sensibilidade se romperem a todo instante de encontro às asperezas do mundo. A ronda das desgraças de agosto me pegou e nem sei mais quantas foram as Bacantes enfuriadas[70] que me estraçalharam. Me vi jogado de supetão, sem preparo, às partes subterrâneas de vários seres amados, descobri intrigas, rivalidades, traições, ciúmes baixos, indignos todos estes atos e sentimentos de qualquer explicação mais grave, mais profunda. E os véus todos da minha sensibilidade estão rotos, esfarrapados. Sem fazer imagem: sinto como que um frio em torno de mim. Mas nem por isso deixo de amar um segundo! E sei que são seres bons!

Não repare, Henriqueta, estou muito enfraquecido. Duas semanas de febre e tosse medonha e já lhe preveni uma vez que os meus amigos terão de me aguentar em minhas incongruências; vamos falar um pouco de você.

Sua última carta veio admirável como expressão de você. E me foi imensamente agradável ver a clarividência com que você conhece o seu "caso",

---

Sachs, São Paulo, Edusp, 1993). Muitos deles foram republicados pelo escritor em *Aspectos da Literatura Brasileira* (1943) e *O Empalhador de Passarinho* (1946).
70. Bacantes enfuriadas: as bacantes, na mitologia grega, são as seguidoras de Dioniso, deus da vegetação, da vinha e do vinho.

de ao mesmo tempo intelectual e mulher burguesa deste nosso país despreparado. Hesitara em abordar este problema delicado, que é o seu maior problema e muito mais problema para você que para a maioria das mulheres intelectuais que conheço em nosso meio. Porque estas abandonaram ou se libertaram de uma porção de conceitos e preconceitos que você não pode nem deve absolutamente abandonar. Não apenas porque isso seria o estouro, o escândalo e a criação inútil de várias infelicidades que você teria de arrastar atrás de si pela vida, como porque isso seria, desculpe a palavra feiosa, destemperamentar-se, arre! Você está realizando uma vida admiravelmente exata, a "sua" vida; e acredite: os obstáculos e insoluções em que você se vê ferida, se você mudasse de vida para que desaparecessem, também se mudariam, seriam outros. Isto é quase uma lapalissada[71] pois que ninguém deixará nunca de ter seus obstáculos insolúveis, mas se eu digo que o seu problema o é mais pra você do que para as outras intelectuais brasileiras que conheço, é justamente porque talvez nenhuma delas fosse capaz daquela sua observação da última carta: "a mulher não sente tanto a desesperação da verdade como a necessidade da harmonia". Sim, talvez Cecília Meireles[72] pudesse <u>concordar</u> com essa afirmação, mas seria incapaz de criá-la por si mesma. Só a sua prisão poderia ditá-la, Prisioneira da noite.

E você me pergunta se poderá ser feliz... A meu ver, você é feliz, Henriqueta. Naquela exata noção da felicidade, que consiste em realizar para o ser uma harmonia entre as tendências pessoais e as contingências da vida. Sem dúvida isto é um bocado simplório, dito assim. A frase implica esclarecimentos imensos e me sinto fatigado de escrever. Mas o que mais me encantou em você, desde que a "reconheci" pela primeira vez, em sua casa, foi isto que você não consegue perder mesmo agora em que as suas cartas de Amiga, me confessam seus dramas: foi a realidade do seu ser de passarinho, em que nem seus desfalecimentos nem seus entusiasmos nem nada consegue trazer a noção desgraciosa de um desequilíbrio. "A própria dor é uma felicidade"[73]. Aceite as suas, Henriqueta. Não por humildade, que a

71. Referente a La Palice, Jacques II de Chabannes (1470-1525). Marechal francês. O termo "lapalissada" significa o truísmo de uma evidência simplória e ridícula.
72. Cecília Meireles (1901-1965). Poeta carioca, autora, entre vários livros, de *Viagem* (1939), *Vaga Música* (1942) e *Romanceiro da Inconfidência* (1953). Cecília Meireles manteve, com MA e HL, correspondência muito frequente. Cf. Cecília Meireles, *Cecília e Mário*, Rio de Janeiro, Nova Fronteira, 1996. A correspondência mantida com HL está arquivada no AEM/CEL/UFMG, constando de 45 cartas, cobrindo o período de 1931 a 1963.
73. Verso de MA que faz parte do poema XVII de *Losango Cáqui*, de 1924. Carlos Drummond de Andrade foi quem chamou atenção para a relação entre esse verso – presente na obra poética e nas cartas – e a posição estética e existencial do escritor. Cf. Carlos Drummond de Andrade, "Suas Cartas", *Confissões de Minas*.

verdadeira humildade é um sentimento, nunca jamais será um ato de consciência. Aceite as suas dores porque elas fazem parte da harmonia. Estarei me contradizendo?.. Não muito, pois que, pela sua própria feminina frase, não me cabe a mim tanto a necessidade de harmonia como a desesperação da verdade...

Um abraço carinhoso do

Mário

Agradeça à Aurélia Rubião[74], não tenho o endereço dela, a fotografia que me mandou. Achei ótimo o quadro como firmeza de desenho e expressão psicológica. Mas temo que ela esteja dentro de uma orientação demasiado

---

Obra Completa. Rio de Janeiro, Aguilar, 1967. Em carta de 23 de agosto de 1925 a Drummond, MA já expunha de forma convincente o seu comportamento vital diante da felicidade e da dor: "Você por acaso já desassociou a palavra *felicidade* da palavra prazer e a palavra *infelicidade* da palavra *dor*? Desassocie e você compreenderá o que se passa em mim. O prazer e a dor são concomitâncias ou melhor são resultantes da felicidade e da infelicidade porém nunca jamais em tempo algum a felicidade e a infelicidade resultaram do prazer ou da dor. Sem nunca dar às minhas dores um caráter espetacular que acho indigno, dada a minha humanização inerente e constante (e vigilante e ativa), eu encaro a dor ou observo a dor eu critico a dor e sobretudo quando ela me é inútil (porque tem casos em que a dor é útil, as dores que me provierem da publicação de *Pauliceia* por exemplo, as dores que me fazem cultivar a memória de meu pai e me obrigam a ser mais honesto do que a minha fraqueza de caráter me indica etc) sobretudo, ia falando, quando a dor é inútil eu afasto a dor". Silviano Santiago & Lélia Coelho Frota, *Carlos & Mário, op. cit.*, p. 138. Silviano Santiago, em sua obra ficcional e ensaística, recupera a temática, a desdobra e a converte em princípio norteador de sua poética. Cf. os ensaios: "Poder e Alegria – A Literatura Brasileira pós-64 – Reflexões" (*Nas Malhas da Letra*, São Paulo, Companhia das Letras, 1989); "O Tempo não Para", publicado em 24 fev. 1996, no *Jornal do Brasil* e no site http://www.cazuza.com.br; a carta-ficção a Mário de Andrade, "Conversei Ontem à Tardinha com o nosso Querido Carlos". In: Fábio Lucas (org.), *Cartas a Mário de Andrade*, Rio de Janeiro, Nova Fronteira, 1993; "BH, junho de 1925". In: Paulo Schmidt & Eneida Maria de Souza (orgs.), *Mário de Andrade: Carta aos Mineiros*, Belo Horizonte, Editora UFMG, 1997; Silviano Santiago, *Histórias Mal Contadas*, Rio de Janeiro, Rocco, 2005.

74. Aurélia Rubião (1901-1987). Formou-se pela Escola de Belas Artes de São Paulo, onde residiu por muito tempo. Recebeu o primeiro lugar de pintura no Terceiro Salão de Belas Artes de Belo Horizonte (1939) com um retrato da escritora HL. Participou da Primeira Exposição de Arte Moderna de Belo Horizonte, em 1936, no Bar Brasil, e da Primeira Bienal de São Paulo (1951). Em carta de José Carlos Lisboa para MA, de 29 de novembro de 1939, o objetivo principal é apresentar Aurélia Rubião ao escritor: "Aí vai a Aurélia Rubião. Você já a conhece. Ela deseja um contato com a Arte nova e o seu padrinho melhor tem que ser Você, pela sua generosidade e pela admiração que nós todos de Minas temos pela sua obra". Arquivo Mário de Andrade. Correspondência passiva; IEB-USP. V. Dossiê.

desenhística, um bocado esquecida da composição do quadro e do problema intrínseco da pintura: um quadrilátero a encher de cor. O "realismo" do negro me parece mais dentro da corrente desenho-hieroglifo-literatura que dentro da corrente desenho-composição colorida-pintura. Aurélia que estude muito Bruegel, muito Bruegel, sempre Bruegel...[75]

M.

Carta assinada: "Mário"; "M."; datada: "Rio, 27-VIII-40"; autógrafo a tinta preta; papel creme; 5 folhas; 27,5x21,0cm.

15   (HL)

Belo Horizonte, 15 de setembro de 1940.

Mário,

você não quer que eu censure, nem insista, nem deplore, a respeito de sua desistência de atitude no campo das letras. Só me resta passar para o seu lado, contra aqueles que censuram, insistem e deploram... A sua recomendação forçou-me a um partido no qual me surpreendo perfeitamente sincera. Depois de todos esses longos anos de luta é justo, afinal, que haja tréguas para você. Faça o seu retiro espiritual. Reconsidere as suas obras. Busque, no recolhimento de si mesmo: serenidade para enfrentar outros tantos novos encargos, em lutas vindouras. Aos 47 anos – tão moço! – você não pensa em abandonar definitivamente o seu mundo, não pode pensar! E porque precisamos de você é que devemos deixá-lo agora em paz. Fique-se na sua sombra, Mário, sem crônicas, sem romance, sem programa. Castigue um pouco o seu Brasil que nem sempre soube merecer você. Aqueles que o compreendem guardarão as ressonâncias do seu pensamento. Os de má vontade talvez se convertam com o seu silêncio, que é também o silêncio uma forma de pregar... E você voltará. Porque "é uma das exigências do espírito, do espírito culto, colocar o destino acima das dificuldades e ingratidões". E porque é agora, exatamente, que você tem o espírito em apogeu. Há uma frase particularmente impressionante na sua última carta: "Eu sinto

---

75. Pieter Bruegel (1525-1569). Pintor flamengo, conhecido como Bruegel, o velho. Pintor de paisagens e de cenas campestres. Telas mais famosas: *Torre de Babel* (1563), *A Dança dos Paisanos* (1568), *Jogos Infantis* (1560).

que o meu ser inteiro se alarga, se alastra, se esfaz em amor". Parece que o vejo no alto de uma montanha, um pouco fatigado da subida, cheio de lágrimas pela devastação de em torno. Transfigura-o, o sentimento da dor universal. Porque a sua visão é mais ampla terá que acusar a si mesmo... de quê? Você ainda é daqueles que dariam a vida para salvar o mundo se o mundo fosse passível de salvação a troco de vida humana! Mas fazer exame de consciência ao clarão dos incêndios que devastam a terra é atormentar-se de escrúpulos! Procure ser justo para consigo mesmo, querido Mário. E se acaso houver experimentado algum "grande erro iluminado", sirva-se dele para espancar as sombras em que se oculta a verdade. Não será para isto que possuímos o livre-arbítrio, para que a verdade seja descoberta por nós próprios! Quanto a essa faculdade de sentir-se atraído por todas as tendências, todos os grupos, todas as escolas, a mim me parece alto espírito de tolerância. Aprendi com Rodó a amar a tolerância: "término y coronamiento de toda honda labor de reflexión; cumbre donde se aclara y se engrandece el sentido de la vida"[76].

Penso agora na minha existenciazinha... Quando eu era pequena, Mário, e alguém me dizia que não <u>tinha</u> qualquer cousa que eu queria, costumava bater o pé: "Mas eu quero sem ter!" A frase ficou célebre na família, ainda hoje caçoam comigo. Talvez não saibam que, mesmo sem bater o pé, continuo a ser aquela teimosa do impossível. Não é bem do impossível, mas do ideal... Tenho medo de desencantá-lo se lhe disser que, o que você chama o meu equilíbrio, é menos espontâneo que procurado. Procurado não como artifício, ao contrário, como expressão de justa medida, como compensação à intensidade – algo dramática – da minha vida subjetiva. (Tenho medo de desencantá-lo e digo-o, porque a nossa amizade não comporta senão o que for sincero em nós). Mas até a discrição acarreta sofrimento. Tenho passado por indiferente em momentos de emoção. Lembra-se daquela paisagem de Seurat[77] que vimos juntos na Exposição de pintura francesa? Achei que havia nela um quê de *sérénité voulue*[78], de altiva melancolia...

Mário, mas há coincidências adoráveis! Ninguém, ninguém saberia dizer-me tão lindas palavras como as de sua última carta! Sim, sou feliz, no momento em que as leio.

E a saúde, vai bem agora? Peço-lhe muito que tenha cuidado, que não faça imprudências, que não fique doente outra vez!

    76. José Enrique Rodó (1872-1917). Escritor uruguaio que se tornou o guia espiritual da juventude de sua época com o livro de ensaios literários *Ariel* (1900).
    77. Georges Seurat (1859-1891). Pintor francês que, com Paul Signac, iniciou o neo-impressionismo, do qual foi um dos maiores representantes.
    78. Serenidade desejada.

Quero agora um outro favor: tenha a bondade de dizer ao Santa Rosa que os meus poemas foram modificados. Nada que prejudique as ilustrações. Mas não quero que sejam publicados assim[79].

Ainda uma cousa a dizer: parece futilidade, Mário, mas até hoje me contrario e me envergonho de haver escrito, na última carta, uma palavra com erro de palmatória[80]. Não sei onde estava a cabeça da normalista! Queira-me bem assim mesmo.

Henriqueta

Carta assinada: "Henriqueta"; datada: "B.Hte., 15-9-1940"; autógrafo a tinta preta; papel bege; 2 folhas; 21,5 x 16,8 cm.

16   (MA)

Rio de Janeiro, 28 de setembro de 1940.

Henriqueta.

Lhe escrevo hoje meio sem assunto, mas estou com vontade de lhe escrever. Desde anteontem aliás. Cheguei em casa, não muito tarde, mas num tal estado de desespero, desespero gratuito, sem motivo consciente e lhe escrevi umas coisas duríssimas, sem nexo, como que uns gritos. Felizmente era de noite, pude ler a carta no dia seguinte, ainda em tempo de rasgar, e rasguei. Mas fiquei com esta vontade imperiosa de lhe escrever que me atrapalhou ontem o dia inteirinho. Mas não tinha assunto, sua carta é dessas que encerram um assunto, você foi, como sempre tem sido, muito boa, pude compreender.

E você vai, se quiser, me compreender mais uma vez: iniciei mais um novo curso particular de conferências! Estava energicamente decidido a me dar umas largas férias de humanidade, me calar, não fazer nada, muito quietinho saboreando com egoísmo o meu canto, já mudei de ideia. O abandono

---

79. Tomás Santa Rosa Filho (1909-1956). Ilustrador, artista gráfico, cenógrafo, gravador e professor de arte, notabilizou-se na cenografia de peças teatrais e como ilustrador de livros da José Olympio. A editora que estivera interessada em publicar o livro de HL, *Prisioneira da Noite*, não cumprira, contudo, o que prometera. A Civilização Brasileira o edita em fevereiro de 1941.
80. O erro cometido teria sido utilizar o termo convalescência no lugar de convalescença, na carta de 6 ago. 1940?

da crítica profissional me deu um grande desafogo, isso é que eu estava precisando. Aquilo me abatia e me irritava muito o espírito.

Mas, por outro lado, o abandono de tudo principiou logo atrapalhando bastante as minhas finanças e não vejo razão humana pra me fatigar com certas restrições, se posso evitá-las. De maneira que estou encarando de novo a possibilidade de escrever alguns artigos soltos, dois ou três por mês, apenas pra remendar alguns buracos mais desagradáveis.

O caso do curso é outro. Não são poucos os que insistem comigo pra editar um volume de crítica e outro de crônicas. São ideias que também a mim não me desagradam, confesso, assim como o volume de poesias escolhidas. Me convidaram pra fazer um curso mais longo, dois, três meses, e mais didático. Aceitei com a intenção de guardar o que ganhar para a edição de um livro. O que ganho, nem sei. Quando me falaram nisso, fiquei atrapalhado, insistiram e acabei me zangando, que não me amolem e paguem o que quiserem! Isto é também um jeito de atrapalhar os outros e pode até ser esperteza pra ser melhor pago. Em mim não é. Tenho horror a conversar, contratar dinheiro. O momento de receber, então, você não imagina como me abate. Sei que tudo isto é lógico, é necessário, nada tem de vergonhoso, mas no fundo, creio que ainda sou um poeta de cabeleira e caspa consequente. Não quero saber quanto vou ganhar. No fim do curso abro os envelopes e conforme o que tiver ajuntado, edito um livro.

Na vida que estou vivendo pouco tenho a lhe contar do Rio. Há o Salão de Belas Artes, que este ano melhorou enormemente porque instituíram uma parte moderna, o que permitiu aos pintores verdadeiros se manifestarem. Penso sempre na nossa Rubião[81] que ainda precisa se libertar de muita coisa. Não há nenhuma obra-prima exposta e nem mesmo sinto, pressinto a promessa de algum novo grande pintor. Mas há uma muito boa mediocridade geral, que me parece importantíssima. O grande mérito do Salão é ter vindo provar que já se está fazendo pintura no Brasil. Há pelo menos uns cem indivíduos no país que já sabem com grande certeza o que é plástica. É possível que a maioria, principalmente o grupo de S. Paulo e aqui o grupo de Portinari[82], ainda esteja bastante tímida. Mas a inquietação já é muito menor, são poucos os que derrapam em tentativas infecundas e ainda em menor número os confusionistas. Acho que a coisa vai positivamente muito bem.

---

81. Aurélia Rubião.
82. Candido Portinari (1903-1962). Pintor brasileiro, autor de vasta obra, torna-se grande amigo de MA, de quem faz o retrato em 1935. Mantém correspondência com MA de 1935 a 1944. Annateresa Fabris (org.), *Portinari, Amico Mio. Cartas de Mário de Andrade a Candido Portinari*, Campinas, Mercado de Letras, 1995.

E alguns quadros são excelentes. A figura principal do ano é o Guignard[83]. A influência de Matisse[84] já amadureceu nele e se tornou propriedade pessoal. Já não se pode mais falar em Matisse a respeito de Guignard. Em certos fundos de paisagem urbana, porém, principiou uma certa parecença com Duffy (é assim que se escreve?)[85], mas de uma enorme riqueza de soluções no tratamento que é bem Guignard. A sua paisagem representando um bambuzal é a melhor coisa do Salão, e um ótimo quadro, de um sentimento muito bem expresso do ambiente, rico de ritmo, e um magnífico e raro tecido na coloração, fiquei encantado. Se tivesse dinheiro comprava ele pra mim.

Outra coisa deliciosa dos tempos foi a eleição do Manuel Bandeira pra Academia. Embora eu não tivesse nenhum jeito nem possibilidade pra auxiliar o nosso poeta, fui dos primeiros, faz dois ou três anos já, a insistir com ele pra que se candidatasse. De forma que torci demais, me apaixonei e tive uma enorme ventura com a vitória, fiquei com ela pra mim. Mas o divertido foi a alegria do Manuel. Nunca ele destratou a Academia, é certo, mas nunca manifestou, nem na intimidade, qualquer desejo de entrar nela. Podia ser discrição, senso da medida e cuidado com a oportunidade, que tudo isto o Manuel tem mesmo e muito. Mas sei que não havia nele nenhuma *arrière pensée* menos elegante[86]. Mas a gente se apaixona mesmo quando entra numa luta e qualquer vitória dá por certo alegria. O divertido é que, pelo menos pra mim, alegria é coisa que me cansa muito. Quando tenho alguma, logo ela me suga todinho e se acaba. Pior: me desilude. Passado o instante, a hora da alegria, sinto um vazio enorme, um desaponto, procuro a alegria dentro de mim, recordo o motivo buscando a ressonância, a renovação mesmo em eco, não encontro nada, a alegria se acabou. E fico num grande desmotivamento. Por isso é que está me divertindo um pouco ironicamente mas sem a menor espécie de maldade, a alegria do Manuel. Ele, discreto como é, não adianta a discrição: está alegrinho, transpira alegria, se move, telefona pra gente, faz festa na gente, a voz subiu de tom e meio e está em modo maior. Uma ver-

---

83. Alberto da Veiga Guignard (1896-1962). Pintor, desenhista, ilustrador e professor. Em 1943 fundou o ateliê coletivo *A nova flor de abacate*, no Rio de Janeiro, onde se reuniam muitos artistas. Em 1944, a convite do então prefeito Juscelino Kubitschek, transferiu-se para Belo Horizonte e passou a dirigir o curso de desenho e pintura do Instituto de Belas Artes, conhecido como Escola Guignard. MA compra, de Guignard, o quadro *A Família do Fuzileiro Naval*, tela que conservou em sua coleção.
84. Henri Matisse (1869-1954). Artista francês, principal representante do movimento *fauve*. Considerado um dos grandes precursores da Arte Moderna.
85. Raoul Dufy (1877-1953). Pintor francês, um dos mais célebres coloristas de sua época. Fauvista.
86. A eleição de Manuel Bandeira para a Academia Brasileira de Letras teve o apoio e a torcida fervorosa de MA.

dadeira delícia, todos comentam. Só temo é que alguém sem maior senso das delicadezas, comente isso com o próprio Manuel, vai estragar a alegria dele.

Que mais lhe contar? Ah, outro dia me diverti bem embora me cansasse muito. Estava aqui escrevendo, minha casa é térrea, quando escutei mexendo no portão. Olhei e eram dois pretos bem trajados, pretos claros, se atrapalhando pra entrar. Como o portão não tem trinco de espécie alguma, não conseguiam imaginar que era aberto, bastava empurrar. Seriam quase 14 horas e eu estava meio fatigado com o trabalho, socorri os pretos e perguntei o que queriam. Me queriam a mim, suadíssimos, coitados, arfando de ter subido esta minha ladeira terrível. Traziam várias cartas de apresentação e eram dois professores universitários norte-americanos. Perguntei em que língua poderíamos conversar, mas os meus americanos, mr. Turner[87] e mr. Frazier, só falavam o inglês. Fiquei meio aterrado porque o meu inglês de falar é pequeníssimo. Não tenho a menor prática de conversa, me envergonha e me prende a minha pronúncia que sei ser péssima, e o pior é que não entendo a pronúncia dos outros quase nada. Imagine que aprendi o inglês com uma grega, casada com um alemão, que aprendera o inglês em Paris!! Ah, como eu conversava horas inteiras com ela, no nosso inglês! Pois, Henriqueta, foi uma surra mestra. Os dois ianques que já conheciam obras minhas sobre música afrobrasileira e coisas de negros, vinham com fome de mim. Mr. Turner ainda eu entendia bem, mas o outro era um tamanho comilão de sílabas e sons que havia momentos que a coisa precisava parar. Eu dava papel e lápis pra ele, ele escrevia a pergunta e então eu compreendia fácil! Mais de duas horas, assim! Quando eles saíram eu estava tão esfalfado do esforço que até o corpo me doía. Tinha a impressão de que apanhara uma pequena sova de borracha, embora não saiba o que se sente depois de uma sova de borracha.

É curioso isto da gente precisar substituir uma coisa por outra pra compreender: assim que me lembrei da existência neste mundo policial de surras a cano de borracha, achei que era exatamente o que eu sentia e me satisfiz bem calmo. Outro dia, numa das aulas do meu curso, depois de passar uma hora destrinçando a conceituação da Beleza, me veio um rapaz moçolouro perguntar se eu não aceitava a definição que ele sabia: "a Beleza é a Ordem e a Perfeição". Meu Deus! aceito sim, moço! fique com ela e seja feliz! mas você não estará substituindo uma palavra por outra? o quê que você chama de Ordem e de Perfeição?... Sabe, Henriqueta? às vezes sou inclinado a aceitar aquela *boutade*

---

87. Segundo Oneida Alvarenga, trata-se do "prof. Lorenzo D. Turner, norte-americano que viera ao Brasil interessado no estudo dos remanescentes de línguas negro-africanas. A Discoteca Pública Municipal permitiu-lhe copiar o que o interessava". Oneida Alvarenga, *Cartas. Mário de Andrade – Oneida Alvarenga*, São Paulo, Duas Cidades, 1983, p. 252.

de Croce[88] quando fala que a Beleza é uma coisa que toda a gente sabe o que é. Mas outras vezes, basta o espírito se arruinar um bocadinho no mundo das ideias e das experiências, e logo tenho a certeza de que jamais ninguém não soube o que é a Beleza. Beleza, beleza... mas valerá a pena a gente saber o que ela é? Talvez nós só a encontremos quando imersos no seio de Deus. Mas então ela não terá mais a menor importância e desaparecerá, porque Deus é tudo, e nós nos extasiaremos deste Tudo, unânimes em nós e completados.

Deus malvado, Deus destruidor e obstruente, Deus que eu sinto em mim em tudo, Deus que me atrapalha, me incapacita, não me satisfaz e deixa tudo insatisfatório pra mim, Deus que não sei quem é, não sei o que é... Vamos substituir uma palavra por outra: Deus que deve ser como a alegria do Manuel[89]. Por que minhas alegrias não duram? Por que acabam sempre me desiludindo? Por que quando tive consciência de ter realizado a "minha" felicidade terrestre e me senti poderoso de mim, de repente percebi que a minha felicidade era chata, reles, mesquinha e mesmo tive a sensação da minha hediondez? E por que não consigo, nesta duplicidade irritante, fazer com que a minha felicidade vá-se embora, desista de deixar uma parte do meu espírito sobranceira e calma, antes insiste em ficar, me libertando do mundo e de mim mesmo, sempre e apesar de tudo, feliz! Deve ser esse Deus, é Deus, esse Monstro de absoluto que possui todas as definições, é a Voz é a Música que não possui vocabulário nem terminologia e não substitui uma palavra por outra.

Às vezes me sinto um grande covardão, às vezes quase um herói de coragem em fingir aos meus alunos que acredito [em] alguma coisa nesta terra, me ocultando, mentindo, capaz de não transmitir aos outros o meu maravilhado ceticismo extasiante. Não é a Beleza nem a definição da Beleza que me atrai, e nem o Bem, e nem a Verdade, e nem a vida e nem mesmo eu. Só mesmo o Grande Desconhecido me atrai, me prende, me irrita, só a definição desse Grande Desconhecido me apaixona, porque jamais tentei sequer defini-lo e é incompreensível. E quase O odeio em minha prodigiosa vaidade de Homo viciosamente Sapiens, porque sei que se Ele aparecer, quando aparecer nós nos esqueceremos de procurar saber o que Ele é e nos despreocuparemos de O definir. Esse incontentado de Si... Esse inflexível de sua irrefutável e incompreensível totalidade... Deus... Se ao menos Ele me permitisse ir plantar batatas... Mas agora é tarde e tenho que dançarolar

---

88. Benedetto Croce (1866-1952). Filósofo e historiador italiano. Autor de *Breviário de Estética* (1913), *Ética e Política* (1931). Sua teoria estética se baseia na convicção de que a arte, forma de criatividade, é um fenômeno mais criativo que as ciências. Para ele, "a beleza, em arte, corresponde à tradução vitoriosa de uma percepção fundamental efetuada no espírito do artista."
89. Manuel Bandeira.

esta minha tarantela do incompatível. Só peço é que você não me peça o que entendo por "incompatível", nem eu mesmo sei quantos sentidos pus nessa palavra. Sei que a escrevi com angústia, com desespero, ansiando pelo que virá, com todas as minhas forças de amor.

Um abraço pra você, Henriqueta,

Mário

Carta assinada: "Mário"; datada: "Rio, 28-IX-40"; autógrafo a tinta preta; papel creme; 4 folhas; 27,0x20,5 cm.

17   (HL)

Belo Horizonte, 15 de outubro de 1940.

Mário,

também vou contar-lhe algumas novidades hoje. (A manhã está leve e clara, e as questões que eu pretendia propor-lhe relativamente à filosofia da arte, Croce e mais cousas, ficam para outro dia.) A primeira e importante novidade (salvo melhor juízo...) é a da entrega do meu livro à Companhia Editora Nacional[90].

Não direi que estou muito contente com isso porque, afinal de contas, a publicação de um livro nada resolve de essencial para quem escreve.

Mas é exato que estou me sentindo aliviada de uma preocupação que já me impacientava.

Desisti de fazer o trabalho no Pongetti[91] porque ele só me distribuiria 200 exemplares. Que é que eu ia fazer dos trezentos restantes – fora o número reduzido dos amigos? Seria melancólico ter de guardá-los no porão à espera das visitas pedinchonas...

Retirei do livro os dois poemas de que você não gostou, alguns de que eu não gostava, e inseri novos; estes que lhe envio para censura. Diga-me alguma cousa sobre eles, Mário, porque ainda está em tempo de salvação. Enquanto não tenho uma palavra sua fico desconfiada. Ao poemeto "Afinidade" não faltará força de expressão?

90. O livro de HL é *Prisioneira da Noite*, publicado em 1941 pela Civilização Brasileira.
91. Editora Irmãos Pongetti, do Rio de Janeiro, responsável pela edição de muitos autores brasileiros.

Agora quero estudar muito, meditar muito, antes que outro livro me tente.

Fiquei assustada com as consequências do seu inglês. Imagine que ando <u>melhorando</u> o meu com um velho judeu alemão (escorraçado dos nazistas) e a quem convidei para professor de inglês principalmente porque entende e gosta de belas artes e de música... A hora em que a conversa se anima vira francês e, por parte dele, acaba quase sempre numa versalhada em alemão, de que não entendo patavina...

Mas ele entra em transe com o Goethe[92], não me percebe. Ou então é truque para eu aprender o alemão também. Judeu...

Um dia desses – sabe, Mário? – pensei, contentíssima, que já podia dizer-lhe algo de positivo sobre o nosso mascarão franciscano. A notícia chegara auspiciosa, com um enredo rocambolesco. Mas logo depois veio o eclipse.

Transmiti à Aurélia as suas palavras, satisfeita com o seu interesse por ela, que é uma das melhores criaturas que conheço, artista de sensibilidade e de consciência, com um desejo sincero de aperfeiçoar-se, extraordinária lutadora da vida, cujo exemplo me comove e edifica. Não sei como se pode conservar tanta placidez em meio a tantas dificuldades!

O Deus de Aurélia é consolação, amor, seguridade. Esse Deus que todos nós procuramos e do qual você fala tumultuosamente, com certa ferocidade de intelectual indômito. Buscá-lo assim, sobrepondo-se a ele não será de algum modo afastá-lo? Eu não quisera nem de longe traçar paralelo entre você e esses bárbaros que desencadeiam a guerra em nome da paz, mas você, quando sai à procura de Deus, parece que se faz acompanhar por todos os demônios do orgulho, Mário! Sei que a humildade-sentimento não foi feita para você mas há, na vida sobrenatural da graça – de acordo com a linguagem cristã – uma virtude com esse mesmo nome e que adquirimos com esforço tanto mais meritório quando em contraste com o nosso temperamento.

E note que essa virtude mantém a sua própria dignidade acima de toda humilhação. Diante dos mistérios do absoluto e do eterno, de que proveem, certamente, a nossa intransigência, a nossa incompatibilidade com a vida, a melhor atitude não será a oração? Bem sei que é difícil, muitas vezes. Compreendo que nas suas palavras de cólera haja amor, que haja na sua clamorosa arrogância um desejo convulsivo de orar, de adorar. E a história se repete, Mário: você nos seus paradoxos pela verdade, eu no sonho de harmonizá-los...

A notícia do curso me trouxe viva satisfação. Viva e imperfeita. Acho de suma importância uma realização cultural de tal ordem neste momento

---

92. Johann Wolfgang von Goethe (1749-1832). Poeta, escritor e dramaturgo alemão, cuja obra, desde *Sofrimentos do Jovem Werther* (1774) até *Fausto* (1832), é considerada uma das mais importantes da literatura mundial.

confusionista. Penso também que, mesmo para você, apesar dos seus assomos de ceticismo, ela redundará em benefícios morais. Você tem vocação, é intransferível.

Só lamento – no meu egoísmo – não poder frequentar essas aulas que tanto interesse teriam para mim.

Mas você poderia escrevê-las e dar-nos depois um livro, como Reinach[93] fez com o *Apollo*. Não?

Antes de terminar quero referir-me àquela carta que você me escreveu numa hora angustiosa e acabou rasgando mais tarde. Naturalmente respeito as razões que o levaram a rasgá-la. Mas penso também nas razões que o levaram a escrevê-la.

Eu teria recolhido com tanto carinho as suas palavras, Mário! Sempre sincera,

Henriqueta

Carta assinada: "Henriqueta"; datada: "Belo Horizonte, 15 de outubro de 1940"; autógrafo a tinta preta; papel bege; 2 folhas; 21,5 x 16,8 cm; resíduo de envelope colado no verso da folha 2.

18   (MA)

Rio de Janeiro, 30 de outubro de 1940.

Henriqueta.

Lhe escrevo só porque não é possível fazer você esperar mais tempo sem desaforo da minha parte, por alguma notícia a respeito dos poemas mandados. Até dia 15 andarei numa trapalhada impossível e não terei tempo de lhe escrever comprido. Então vai esta. Gostei dos poemas, de uns mais, de outros menos. Poucos me deixaram assim como que indiferente, mas não tenho nada contra eles, como "Afinidade" e "Desterro". Gosto franco de todos os mais menos de "Um prisioneiro chora", que é dos que não compreendo por mim. Mas isto nada quer dizer como ideia crítica – é mais uma como que idiossincrasia por certa qualidade poética. "Campo noturno" achei simplesmente

---

93. Salomon Reinach (1858-1932). Historiador de arte francês, autor de *Apolo, História da Arte*. As 25 lições que formam o livro foram dadas por Salomon Reinach na Escola do Louvre, em Paris, e publicadas em 1904.

ótimo. E também "A mais suave", cujo finzinho me machuca um pouco, não sei, pressinto mais que sinto um quê de didático, de fabulístico nesse finzinho. Os outros poemas todos muito bons. Em "Desterro" acho mau aquele "absorveria <u>luz e calor</u>", tanto mais acabando o poema. *Luz e Calor* é o título de um dos livros de Manuel Bernardes[94], e pra quem sabe isso o estado lírico do poema de você se estraga todo, porque a gente evoca o título conhecidíssimo. Em "Campo noturno" me desagrada um pouco a imagem "Tombam os corpos/ <u>sob as espadas dos astros</u>", que me parece um pouco "datada" já, tipo futurístico, muito usado no Brasil por Menottis e Cassianos[95].

E é só, não lembro de mais nada pra dizer[96].

Ainda tenho duas quintas-conferências do meu curso e agora vou preparar a de amanhã. Aceitei ainda fazer um prefácio pra edição de luxo das *Memórias de um Sargento de Milícias* que a Livraria Martins de S. Paulo vai lançar pelo Natal. Só tenho quinze dias pra fazer o prefácio e quero ver se faço coisa "fina e grossa" como diria o Drummond. Leu o livro dele? Uma maravilha como intensidade e força de drama humano. Direto, simples, áspero, de uma força, de uma dor arrancada em grito abafado que me quebra o ser. Fiquei impressionadíssimo[97].

Quanto ao resto: vivo. Vivo mal, está claro. Irritado com o mundo, sofrendo dificuldade de dinheiro coisa a que não estou acostumado e que me irrita tanto mais que só deriva de um desequilíbrio de situação e não de uma exata verdade. E isto me deixa furioso. Nada me seria mais fácil do que viver com 500$000 desde que levasse vida de 500$000. Mas na situação em que me acho ganho dois contos e fico levando vida de quem ganha quatro contos, é absurdo. E não posso conciliar as coisas, porque a conciliação não depende de mim! É estupidíssimo, me fatiga, me irrita, me encoleriza.

E ainda o funcionalismo entra com exigências novas que eu não estou disposto a aceitar... Enfim uma vida de bravura, cheia de malabarismos e

94. Padre Manuel Bernardes (1644-1710), português, autor de *Sermões e Poéticas*, *Luz e Calor*, entre outros títulos.
95. Paulo Menotti Del Picchia (1897-1990). Foi, no *Correio Paulistano*, o grande divulgador do modernismo em 1921 e 1922, principalmente nas crônicas que assinou com o pseudônimo de Hélios; participou da Semana de Arte Moderna. Mais tarde integra, com Cassiano Ricardo e Plínio Salgado, o Verdeamarelismo e a Anta, correntes defensoras de um nacionalismo ingênuo e limitado, no movimento modernista. Dentre as suas obras, destacam-se: *Juca Mulato* (1917), *Máscaras* (1920), *Salomé* (1940); Cassiano Ricardo (1895-1974). Poeta, jornalista e ensaísta. Autor de *Vamos Caçar Papagaios* (1926), *Martin Cererê* (1928), *O Sangue das Horas* (1943), *Marcha para o Oeste* (ensaio,1940) e *Jeremias sem Chorar* (1964), entre outros livros.
96. Destes poemas de *Prisioneira da Noite*, HL conservou apenas "A mais Suave". (*Poesia Geral. op. cit.*, p. 65.)
97. O livro de Carlos Drummond de Andrade é *Sentimento do Mundo*, publicado pela Editora Pongetti, em 1940.

falsificações. E o pior é que tenho a consciência de que tudo se arranjava fácil, se não fosse o "pudor do mundo", as obrigações sociais, o compromisso de não fazer uma Mãe sofrer... Bolas!

Me ajude com suas carícias, por favor.

Mário

Carta assinada: "Mário"; datada: "Rio, 30-X-40"; autógrafo a tinta preta; papel creme; 2 folhas; 27,0x20,7cm.

19   (HL)

Belo Horizonte, 15 de novembro de 1940.

Mário,

em boa hora chegou sua carta: primeiro porque eu já estava ficando intranquila (não só por causa dos versos não) e depois porque as provas chegaram quase que ao mesmo tempo. Aproveitei as observações o quanto possível. O livro ficou com cinquenta poemas. Devo recebê-lo nos primeiros dias de dezembro.

Escrevi ao Carlos Drummond[98] sobre a impressão que me causou o *Sentimento do Mundo* e ainda não me refiz dessa impressão – tormentosa e magnífica. Não sei se me espantar com esse prodígio de arte – que segurança e que

---

98. A correspondência de HL e Carlos Drummond de Andrade foi publicada por Constância Lima Duarte em *Remate de Males*, Revista do Departamento de Teoria Literária, Unicamp, nº 23 (Campinas, 2003). O relacionamento do poeta com HL se faz de modo cordial, seja pelo atendimento a pedidos de ajuda quanto à tramitação burocrática ligada à transferência de inspetora do Instituto Propedêutico de São Lourenço para Belo Horizonte (cf. carta de 28 jan. 1938), seja pelos comentários sobre livros ou outros assuntos. No entanto, Carlos Drummond não será para HL o mestre e conselheiro de sua obra poética como assim o foi MA. Verificar, em carta a MA, a sua mágoa em relação aos poetas e críticos de sua geração. Drummond se consagra definitivamente com a publicação de *Sentimento do Mundo* e *Rosa do Povo*, quando ainda trabalhava como Chefe de Gabinete do ministro da Educação e Saúde, Gustavo Capanema, no governo Vargas. Cf. trecho da carta de HL para Drummond, de 28 de outubro de 1940: "Depois de ler e reler, com singular interesse, o *Sentimento do Mundo*, quero manifestar-lhe a impressão que me causou esse livro estranhamente sofrido, intensamente realizado. Não conheço, na poesia brasileira, livro mais grave do que esse; nem mais sóbrio na sua plenitude artística, nem mais triste, na sua substância anímica. Do absoluto real, e só dele, se alimenta a sua poesia: grave, pois, pela força do elemento humano.

força! – ou se me afligir com a pungente sinceridade desse imensurável vazio em que se debate um ser humano. O artista deverá ser sempre um destino de expiação, Mário? E por quê?...

Penalizou-me a notícia da morte de Hernandez Catá[99]. E ele ia fazer conferência sobre a vida amorosa de D. Juan! Para isso devia ter ainda muitas ilusões... E Monsã, você conheceu o nosso Monsã desenhista? Um homenzarrão, parecia um jequitibá, 37 anos, talentoso e simpático. Eu o vi, morto, há três dias. Uma doença trágica o levou. Ficaram três filhos pequenininhos[100]. Mas falemos de cousas melhores.

Que esplêndida notícia a do prefácio para a nova edição de *Memórias de um Sargento de Milícias*! Tenho a certeza de que você acaba de realizar um estupendo estudo crítico. Há a excelência do motivo como estímulo. E há, sobretudo, você.

Escreva-me comprido, logo que puder, contando-me como trabalhou, se está satisfeito; já me sinto orgulhosa de sua nova produção!

Esta segunda quinzena de novembro vai ser penosa para a Inspetora de Ensino[101].

Com os exames escritos e orais há um grande acúmulo de deveres. E o pior é que acho a cousa de uma insipidez ímpar!

Agora a questão financeira que o preocupa: presumo que isso de você gastar o dobro do que ganha acontece uma ou outra vez, acidentalmente. Porque do contrário, se é hábito – meu Deus! – então é mesmo grave. E você diz que a solução não depende de você! De que depende? Do pudor do mundo? Mas isso é controlável, Mário! O que importa examinar na sua consciência mesma, é o seguinte: sente obrigação moral nesses compromissos sociais a que se refere? Ora o resto... A sua permanente tranquilidade espiritual vale muito mais do que as brilhantes exterioridades, do que esse efêmero, vaidoso prazer da liberalidade despreocupada.

Você sabe disso melhor do que eu, mas eu digo porque – porque você me deixa dizer.

> Sóbrio pela concentração dessa força nos limites de uma arte impressiva, talhada a golpes firmes e fundos. E triste pela obstinação que o leva a refletir unicamente o lado cruel da existência", p. 19.

99. Alfonso Hernandez Catá (1885-1940). Poeta, prosador, teatrólogo e diplomata cubano, embora tenha nascido na Espanha. Diplomata, serviu em vários países, como Panamá, Chile e Brasil. Morreu em acidente de avião na baía de Guanabara, em 1940. Principais obras: *El Placer de Sufrir* (1920), *El Nieto de Hamlet* (1921) e *Mitología de Martí* (1929).
100. Domingos Monsã (1903-1940). Foi, com Érico de Paula, um dos primeiros artistas gráficos modernistas a exercer a profissão de programador visual em Minas Gerais, no final da década de 1920.
101. HL foi nomeada Inspetora Federal do Ensino Secundário em 1935.

Mário, você às vezes me parece um menino.
Com muito afeto,

Henriqueta

Carta assinada: "Henriqueta"; datada: "Belo Horizonte, 15 de novembro de 1940"; autógrafo a tinta azul; papel bege; 2 folhas; 21,5 x 16,8 cm.

20   (HL)

Belo Horizonte, 20 de dezembro de 1940.

Mário,

você deve ter recebido minha última carta a 16 de novembro. Desde então tem aumentado, cada dia, meu desejo de ver chegar sua letra. Em vão.

Penso nas suas ocupações, na sua saúde, talvez eu o tenha aborrecido inadvertidamente, talvez seja o correio o culpado desse silêncio... Mas não quero ficar mais tempo sem notícias.

O retrato vai aí reclamar. E também passar o Natal com você.

Henriqueta

Carta assinada: "Henriqueta"; datada: "Belo Horizonte, 20 de dezembro de 1940"; autógrafo a tinta azul; papel creme, filigrana, bordas irregulares; 2 folhas; 18,2 x 16,6 cm.

Monsã. Propaganda.
Pelas vias respiratórias.
S/d.

21 (MA)

Rio de Janeiro, 27 de dezembro de 1940.

Henriqueta.

Lhe escrever o quê! Não repare, Henriqueta, e perdoe. Não estou sequer no exercício de mim mesmo, pra me satisfazer em confidências aos amigos como você. Estou mas é naquele egoísmo feroz do sofrimento de quando este só se agrada em se viver. Já vai passando, é verdade, mas atravesso uma das crises mais agudas da minha incompatibilidade ou incompetência de viver. O tema é o mesmo, é sempre esta coisa pavorosa de ser não sendo, ter um emprego e não trabalhar, ter uma casa, família, livros, obras-de-arte e longe de tudo isso. Fim de ano: e as recordações, as verdades, os exames-de-consciência se açaimam, se exasperam e arrombam toda a máscara com uma coragem brutal. Juízo nítido de que estou me desmoralizando. E a certeza cruel de que desde que vim pro Rio em 1938, faz três anos sou um homem que não vive, e está à espera de que as coisas mudem pra que ele retome a vida deixada em suspenso desde então.

É inútil dizer que fiz coisas, algumas poucas coisas estes três anos: não fiz nada do que deveria fazer e teria feito se não estivesse à espera. A crise está no ponto mais agudo e, acovardado por três anos de inércia nem tenho coragem pra estourar – o que seria a salvação... Deixe, Henriqueta, deixe isto passar, depois lhe escrevo. Nada tem força contra mim, é quase um cultivo da dor, não sei, não me amolo, depois lhe escrevo, depois lhe agradecerei o seu retrato, depois voltarei à minha amiga Henriqueta. Mas deixa isto passar[102].

Mário

Carta assinada: "Mário"; datada: "Rio, 27-XII-40"; autógrafo a tinta preta; papel creme; 1 folha; 27,0 x 20,6 cm; carta com leve rasgo.

---

102. No final de 1940, escrevendo aos amigos, MA confessa-lhes que viver no Rio se tornara, para ele, insuportável. Sua próxima carta a HL, em 24 de fevereiro de 1941, externa o apaziguamento de voltar a São Paulo.

1941

22   (HL)
_____

Belo Horizonte, 28 de janeiro de 1941.

Mário,

    você não calcula o bem-estar que senti quando soube de sua volta para São Paulo! Fiquei também, é certo, um bocado triste pensando na maior dificuldade de nos vermos mas o fato de saber que você está agora entre os seus, na sua casa, vivendo a sua vida, é muito mais importante. Nem quero lembrar o irremediável daquela crise que o acometeu.
    Andava impressionada com o que você me escrevera, sem poder sequer acudir ao seu desespero! Espero que agora haja ordem, paz e alegria para você poder trabalhar como quer e deve. Ordem, paz e alegria não como elementos de comodismo e satisfação, mas, como elementos de segurança, profundeza e força criadora. Achamos às vezes que somos inspirados pelo sofrimento quando, em verdade, o sofrimento por si só não nos torna maiores nem melhores. (A maneira de sofrer possivelmente.) Penso mesmo que a verdadeira alegria – a que não se confunde com a culpa – é um poderoso fator de acabamento artístico. A dor é mais profunda, concordo; mas é preciso que conheçamos também a alegria para calcular essa profundidade, para dominá-la, para transfigurá-la em beleza. Acho detestável aquela organização nazista "força pela alegria" primeiro porque... é nazista... e segundo porque é organização. Sistematizar graça de espírito, uma cousa tão íntima que se passa apenas quase sempre entre a alma e Deus, que se transfunde quando muito de coração a coração, é o mesmo que colocar patins sob as asas dos pássaros!
    Creio, porém, que cada um de nós deve ter a alegria como um dom a valorizar.
    Mário, talvez eu esteja buscando sugestionar a mim mesma... Ó este cemitério florido que é Belo Horizonte, este pão nosso de cada dia, tanta inutilidade, tanta incompreensão, e esses horrores de guerra, guerra e mais guerra, a gente chega a ouvir os gritos da distância! Leio então muito. Venci

Jean Christophe de Romain Rolland[1] da primeira à última página. Valeu a pena. Que impressão de deslumbramento me ficou do conjunto! É um poema, um romance, confissão geral, tratado de estética, tentativa de filosofia, crítica de costumes, galeria psicológica? Tudo isso a um tempo. E tudo isso girando em torno do artista – ser privilegiado que tudo compreende e tudo sente, como se tudo acontecesse para ser compreendido e sentido por ele. Não é espantoso, Mário, não é prodigioso? – Meu livro *Prisioneira da Noite* será lançado dentro de alguns dias – finalmente. Está sendo impresso nas oficinas de Rossolillo, rua Asdrúbal do Nascimento – conhece? – e será distribuído pela Civilização Brasileira.

Escreva-me. Estou com saudades.

Henriqueta

Carta assinada: "Henriqueta"; datada: "B. Hte. 28-1-1941"; autógrafo a tinta azul; papel creme, filigrana, bordas irregulares; 2 folhas; 18,1 x 16,6 cm.

23   (MA)

São Paulo, 24 de fevereiro de 1941.

Henriqueta querida:

enfim estou reprincipiando a minha vida. Ainda tive que voltar ao Rio, desfazer apartamento, ver se ajeitava meu caso de funcionário e uma questão de pagamentos em atraso me prendeu lá por quase um mês. Agora estou arrumando minhas coisas pra recomeçar no trabalho e espero que naquele mesmo ritmo mais regular de vida que sempre tive aqui.

Alguns cariocas ficaram meio estomagados com a minha volta pra província e não chegaram vaidosamente a compreender que eu trocasse o prestígio incontestavelmente muito maior da capital pela "minha casa". Mas esse foi exatamente o caso. A minha casa me defende, que sou, por mim, muito desprovido de defesas. E sobretudo a minha casa me moraliza, no mais vasto sentido desta palavra, até quanto a me tornar mais normalmente produtivo

1. Romain Rolland (1866-1944). Escritor francês, defensor da necessidade de transformações sociais sem uso da violência. O ciclo romanesco *Jean-Cristophe*, publicado em dez volumes, de 1904 a 1912, foi escrito no contexto do avanço dos antagonismos entre a França e a Alemanha. É um grande romance europeu, que tenta quebrar os estereótipos belicosos.

naquilo que eu sou. Ainda não tive tempo de sentir saudades do Rio, nesta gostosa preocupação de pôr as coisas no seu lugar, destruir guardados inúteis etc., mas tenho certeza que vou sentir muitas saudades do Rio. Mas serão sempre saudades imoralizadoras. A culpa não será do Rio, no meu caso, eu é que sou fraco, sensual, imoral – mas o Rio é humanamente muito culpado. Acho mesmo o Rio inaceitável como cabeça de uma civilização, e que ainda não tenhamos tido a coragem de mudar a nossa capital pra outro clima (principalmente outro clima, mas também outra paisagem) me parece um péssimo sintoma de caráter para a nossa nacionalidade. E o caso me parece tanto mais impressionante que, em geral, o que têm mandado no Brasil são paulistas, são mineiros e gaúchos, são homens de climas mais possíveis pra civilização europeia e cristã que adotamos, são homens de terras menos sensualmente paisagísticas. O Rio deve ter grande parte da culpa desses homens...[2]

Aqui lhe mando uma conferência publicada a contragosto e totalmente fora das minhas vistas. É trabalho fragílimo, feito em poucas horas, não retocado, cheio de deficiências e defeitos. Vai apenas como... meu Deus! como mais uma das minhas confissões de erro com que atormento egoistamente o seu coração de amiga. Leia por mim e não pelo que o trabalho vale[3].

E o seu livro, quando vem? Vai chegar em bom tempo, que estou com ótimas disposições pra ler, sentir, viver, olhar com outros olhos o mundo[4]. Um dia você ainda há de vir a esta casa, Henriqueta, e verá como é gostoso o cantinho em que moro, meus livros, minhas coleções de desenhos, de objetos populares, de imagens antigas e meus quadros e meus badulaques que não

---

2. MA estabelece critérios naturalistas a respeito da relação entre clima e caráter, segundo ainda princípios positivistas. A diferença cultural entre São Paulo e Rio é justificada, de modo preconceituoso e naturalista, em carta de Paulo Duarte para MA: "Eu sabia que você não aguentava o Rio. É uma delícia o Rio, mas, nós, paulistas, só podemos ser turistas ali. Uma semana, quinze dias, depois, calcanhar pra trás. Definitivo ali, só o cafajeste, o malandro, o gigolô, o empregado público (tomando esse termo no verdadeiro sentido brasileiro), o vagabundo ou então o diplomata, que é uma síntese disso tudo. Nós, com uma vida grandona por dentro e outra muito pequena pra fora: nós que gostamos de ler um livro e ler de verdade; que não damos pra perder um dia inteiro atrás de uma pequena (elas se quiserem que venham atrás de nós!), nós não aguentamos aquilo, não. Um inglês, meu amigo, quando foi da primeira vez no Brasil, passou inicialmente três meses no Rio. Só conseguiu aprender duas palavras brasileiras: amanhã e tapeação. É isso mesmo, terra do amanhã e da tapeação, incompatível com o nosso temperamento do já, do pão-pão, queijo-queijo". Paulo Duarte, *Mário de Andrade por Ele Mesmo*, São Paulo, Edart, 1971, p. 186.
3. Trata-se da conferência "A Expressão Musical dos Estados Unidos", proferida por MA na Associação Brasileira de Imprensa, em 1940, publicada no mesmo ano pelo Instituto Brasil-Estados Unidos, no Rio de Janeiro, opúsculo na Coleção "Lições de Vida Americana", nº 3.
4. O livro de HL é *Prisioneira da Noite*.

acabam mais. Estou bom, Henriqueta, estou de novo bom e macio. Faz Carnaval lá fora num ar chuvoso, quase frio. Agora vou jantar. Depois me visto sossegado, vou dar uma volta pelo carnaval mole e besta dos paulistas, sem convite nenhum. Não verei nada, com o pensamento em mim. Depois irei nalgum bar, com amigos chupitar sem vício um uísque cotidiano. Estou meio fatigado com a farra de ontem que foi forte. Estou sem vontade de nada, meio grave, acomodatício e confortável. E te querendo um imenso bem.

Mário

Carta assinada: "Mário"; datada: "S. Paulo, 24-II-41"; autógrafo a tinta preta; papel creme; 2 folhas; 27,3 x 21,0 cm.

Mário de Andrade. Conferência na Associação Brasileira de Imprensa. Rio de Janeiro, 12-XII-40. Arquivo MA, IEB-USP.

24   (HL)

Belo Horizonte, 24 de março de 1941.

Mário,

logo que chegou pronto meu livro – há dias – fui ao correio levá-lo para você. Não tive tempo nem calma para escrever-lhe na ocasião, como desejava. Sinto-me ainda um tanto vaga, meio divertida, meio triste, parece assim que perdi um par de sapato ao voltar de um baile... Agora só ficando em casa como gata borralheira, toda gente vai ver de que tamanho é meu pé. Ainda se eu soubesse que será feito da minha sandália, rolará por aí sem destino ou será recolhida por mãos carinhosas?

Agora sim, Mário, que boa carta você me escreve de sua casa! Como compreendo que você a tenha preferido a tudo, essa casa que lhe proporciona o conforto espiritual de que você necessita! E como admiro a sua consciência que não mente, que reconhece as fraquezas da sua condição humana! De fato, seus dramas me atormentam o coração. Mas é preciso lembrar, Mário, o que me oferecem de compensação seus bons pensamentos, suas atitudes dignas, suas vitórias morais.

Li *A Expressão Musical dos Estados Unidos*[5] com o carinho e a atenção que reclama todo trabalho seu. E muito aprendi com ele. Também li a Introdução às *Memórias de um Sargento de Milícias*[6]. Acho perfeito esse estudo, Mário. E, mais que perfeito de exatidão, transbordante de vida. Comprova-se ainda uma vez seu caráter de crítico: sem se afastar um instante do poder de observação que lhe compete, você se movimenta à larga, há paixão no seu interesse porém não no seu julgamento. E o romance relido agora, torna-se mais saboroso.

---

5. Publicação da conferência pronunciada na Associação Brasileira de Imprensa, no Rio de Janeiro, em 1940.
6. MA escreve a introdução à edição de 1941 de *Memórias de um Sargento de Milícias*, de Manuel Antônio de Almeida, pela Livraria Martins Editora. Em carta a Oneida Alvarenga, de 1º nov. 1940, refere-se a esse ensaio: "No momento estou apaixonado pelas *Memórias de um Sargento de Milícias*. O Rubens [Borba de Moraes] me pediu um prefácio para a edição de luxo do livro que a Liv. Martins vai lançar pelo Natal. Isso me obrigou a reler o livro há vinte anos nunca mais pegado. Pois o devorei de uma vez, só indo deitar depois que acabei a leitura. Agora o estou relendo com mais crítica e bem menos enceguecimento, mas o livro continua uma delícia. [...] Quero ver se faço um prefaciozinho interessante". Oneida Alvarenga, *Cartas. Mário de Andrade – Oneida Alvarenga, op. cit.*, p. 301. Verificar, ainda, a caracterização, por Antonio Candido, no artigo de 1970, "Dialética da Malandragem", do "romance malandro", constituído, entre outros, de *Memórias de um Sargento de Milícias* e de *Macunaíma*. Cf. Antonio Candido, "Dialética da Malandragem", *Revista do Instituto de Estudos Brasileiros*, São Paulo, Universidade de São Paulo, nº 8, 1970, pp. 71-78.

Que está escrevendo? Conte-me.

Ando com vontade de fazer um livro de poemas sobre motivos folclóricos – para crianças. Examino, por enquanto, as possibilidades, estudo você e outros mestres. Já tenho setenta motivos viáveis, a escolher. Mas não sei. Diga-me o que acha. Nesse período que precede ao trabalho estritamente pessoal fico numa preguiça, num pessimismo, num absurdo desânimo. Você sabe o que significa de iluminação para mim uma palavra sua[7]. – Com o afeto de sempre,

Henriqueta

Carta assinada: "Henriqueta"; datada: "B. Hte., 24-3-1941"; autógrafo a tinta azul; papel creme; 2 folhas; 18,2 x 16,6 cm.

25 (MA)

São Paulo, 26 de março de 1941.

Henriqueta:

apenas uma notícia minha. Recebi o livro, Deus lhe pague. Ainda não li nem quero ler neste desassossego, vou esperar a Semana Santa. Imagine como estou:

a) Trabalho seis horas por dia em leitura atenta e minuciosa de pesquisa em documentos antigos para o Serviço do Patrimônio – meu emprego – fico exausto[8];
b) Portinari está por quinze dias em S. Paulo e me chama de duas em duas horas[9];
c) Inventei e me meti na enrascada sublime de arranjar por subscrição paulista quarenta contos, <u>pelos quais me responsabilizei pessoalmente</u> (!!!) pra compra do *São João* dele[10];
d) Chegou Mignone assistir ensaios e première da sua *Festa das Igrejas*, e estou com ele nos ensaios de manhã[11];

7. O livro de poemas será O *Menino Poeta*, publicado em 1943.
8. MA é funcionário do Serviço do Patrimônio Histórico e Artístico Nacional – Sphan.
9. MA diz, em carta de 11 jul. 1941, de sua "adoração" por Portinari, e explica porque o pintor, um tempo, andou "filhizado" à sua maior e paternal experiência do ambiente. Chamar MA de duas em duas horas era bem o que ele considerou estar "filhizado". (plp)
10. *São João Batista*, quadro de Portinari, de 1941.
11. Francisco Mignone (1897-1986) atribuiu a MA a ideia de seu poema sinfônico

e) Chegou Enrico Bianco pintor meu amigo, ao qual tenho de ajudar na exposição que vai fazer[12];
f) Exposição De Fiori aberta, tenho de escrever crítica difícil sobre[13];
g) Encomenda aceita quatro artigos, um pra *Travel in Brazil*, outro *Estado*, outro rotrogravura do *Estado*, outro *Diário de S. Paulo*, até 15 próximo[14];
h) Escrever conferência pra Cultura Artística, sobre o Romantismo na Música, até fins de abril, em concorrência com os professores franceses da Universidade, numa série sobre "Romantismo em..."[15]:

imagine como estou vivendo. Chego a não dormir, como esta noite, de tanta agitação nervosa.

> *Festa das Igrejas*. O poeta lhe ofereceu o *Café*, como libreto de uma ópera coral. (plp)
> 12. O pintor italiano Enrico Bianco (1918) chegou ao Brasil em 1937, fixando-se no Rio de Janeiro. Realizou muitas exposições em que se apresentavam, basicamente, paisagens, natureza-morta e cenas do campo, num trabalho que evoca a tradição do "saber fazer" de grandes pintores, pelo labor incessante e a elaboração técnica. MA escreveu vários artigos sobre sua obra e endereçou carta a ele, na qual focaliza o papel do artista afirmando que "toda arte é essencialmente combativa por definição." Marcos Antonio de Moraes (org.), *Carta ao Pintor Moço*, São Paulo, Boitempo, 1996.
> 13. Ernesto de Fiori (1884-1945). Escultor, pintor e desenhista italiano. Vem para o Brasil em 1936 e se instala em São Paulo. Em 1938, por intermédio de MA, é apresentado ao ministro Gustavo Capanema e ao grupo de arquitetos do edifício do MEC no Rio de Janeiro, que o convida a fazer maquetes de esculturas para se integrarem ao novo prédio. Nenhuma de suas obras foi aproveitada. O artigo de MA, intitulado "Ernesto de Fiori", é publicado nos *Diários Associados*, São Paulo, em 2 abr. 1941. É posteriormente incluído em Mayra Laudanna (org.), *Ernesto de Fiori: uma Retrospectiva*, São Paulo, Prefeitura do Estado de São Paulo, 1997, p. 208.
> 14. A revista *Travel in Brazil* foi criada em 1941 pelo Departamento de Imprensa e Propaganda (DIP) sendo dirigida por Cecília Meireles. Vários intelectuais colaboraram na publicação, destacando-se Mário de Andrade, Manuel Bandeira, Sérgio Buarque de Holanda. Segundo Valéria Lamego, "voltada para o público internacional, a revista, que só era veiculada em inglês, publicava artigos sobre folclore brasileiro, monumentos históricos, turismo e costumes. Na revista vol. 1, n° 1, 1941, há a versão de Cecília para o inglês do texto de Mário de Andrade, 'Brazilian Music'". Em carta à poeta, MA registra suas impressões sobre a revista: "Folclore com fotografias e sem o indispensável comparecimento dos nossos irmãos em S. Benedito, é quase impossível e provavelmente *Travel in Brazil* obedece a essa lei diplomática que afirma não haver negros no Brazil com z. Se tiver algum tempinho me esclareça sobre os projetos arianizados do DIP e o limite dos meus assuntos". Cecília Meireles, *Cecília e Mário*, notas de Tatiana Maria Longo dos Santos, Rio de Janeiro, Nova Fronteira, 1996, pp. 293, 295.
> 15. A Universidade de São Paulo foi criada em 1934, em torno da Faculdade de Filosofia, Ciências e Letras, cujo programa contou com a presença de professores franceses como Lévi-Strauss e sua mulher Dina, Roger Bastide, Fernand Braudel, Paul Arbousse-Bastide, entre outros. MA, no artigo "A Elegia de Abril", publicado no primeiro número da revista paulistana *Clima*, em maio de 1941, constata que o ensino universitário proporcionaria o início de pesquisas mais sistematizadas, ao contrário de sua experiência, pautada pelo autodidatismo.

Me espere um pouco que logo lhe escreverei carta comprida sobre a sempre querida e lembrada *Prisioneira da Noite*.
Com um abraço do

Mário

Carta assinada: "Mário"; datada: "S. Paulo, 26/III/41"; autógrafo a tinta preta; papel creme; 1 folha; 29,3 x 22,1 cm.

26   (MA)

São Paulo, 28 de maio de 1941.

Minha ingrata e sempre lembrada Henriqueta.

Não haverá certa malvadez e muitas ofensas discretas nesse silêncio de você, à espera que eu lhe diga alguma coisa sobre o seu livro? E ainda não te li, Prisioneira da Noite... Se você imaginasse o que vai de tristeza e desgosto nesta sinceridade, você havia logo de sorrir confortada.

Acabo de... acabar a primeira redação de uma conferência sobre "Romantismo e música" que devo pronunciar depois-d'amanhã-de-tarde na Cultura Artística. Interrompo tudo pra lhe escrever. A coisa saiu péssima e estou desesperado. A conferência faz parte de uma série em que entro em confronto com os professores franceses da Universidade e vaidoso como sou, desejando fazer coisa pelo menos igual à deles, dei tamanhos tratos à bola que tudo saiu de um remexido precioso, em vez de sutil e profundo. Aliás ando mesmo precioso e nada simples, muito preocupado comigo. Depois dos inícios paulistas caí num abatimento enorme e numa incapacidade literária que me assombra. Passei todo o mês de abril lendo, estudando, escrevendo esboços logo rasgados, tomando notas ridículas de estupidez, pra escrever um só artigo de oito páginas datilografadas. E o entreguei desgostosíssimo, consciente da pobreza espiritual, do preciosismo estilístico, da insuficiência de tratamento do assunto sobre que escrevi[16]. Vai sair em

---

16. Trata-se do artigo "A Elegia de Abril", a que MA se refere na carta de 15 nov. 1943. A revista *Clima* foi composta por jovens universitários, destacando-se entre eles, Antonio Candido de Mello e Sousa, Paulo Emílio Salles Gomes, Décio de Almeida Prado, Lourival Gomes Machado, Rui Coelho e Gilda Rocha. Iniciada em maio

Carta de MA para HL. São Paulo, 1941. Arquivo HL, AEM/CEL/UFMG.

de 1941, a revista teve a duração de dezesseis números, tendo sido contemplada, no primeiro número, com o ensaio de MA. Cf. Heloisa Pontes, *Destinos Mistos: Os Críticos do Grupo Clima em São Paulo (1940-1968)*, São Paulo, Companhia das Letras, 1998.

Clima revista nova dos moços aqui da Universidade, que pra esse primeiro número me pediram iniciar a colaboração dos veteranos. Fiquei pretensioso, quis escrever coisa forte e não tem nada pra fragilizar tanto a gente como esses desejos da vaidade. Também me revoltei. Aceitara mais uma conferência pro Rio mas desfiz o contrato. E agora em junho, de junho em diante vou viver pra mim, só escrevendo por gosto e sem obrigação. Aliás acho que primeiro irei descansar um bocado pra ver se me retempero. E vos lerei, amiga suavíssima. E mais aos oito ou dez volumes novos empilhados aqui. E responderei a estas talvez duas dezenas de cartas empoeiradas. E gosto sempre de você, neste abraço.

Mário

Carta assinada: "Mário"; "S. Paulo, 28/V/41"; autógrafo a tinta preta; papel creme; 1 folha; 26,4 x 20,6 cm.

27   (HL)

Belo Horizonte, 5 de junho de 1941.

Mário,

surpreenderam-me as primeiras expressões de sua carta: ingratidão, malvadez, ofensas no <u>meu</u> silêncio?...

Mário querido, você bem sabe que não! Calei-me porque me sentia desapontada, desconfortada, desolada. Escrever-lhe e não falar no meu livro seria infidelidade a mim mesma, pois ele centraliza, neste momento, grande parte dos meus interesses.

Insistir no assunto seria atropelar você em meio a tantos compromissos.

Que consolo encontrei nas suas palavras! Procurei compreender, Mário.

Mas, por favor, não demore mais a retirar *Prisioneira* dessa fria torre de livros empilhados aí na sua mesa!

O caso do confronto com os professores franceses não me dá sombra de cuidado. Ao contrário, penso, com agrado, na muito provável superioridade do seu trabalho. O que me preocupa, isto sim, é o desassossego em que você vive. Cada hora é uma cousa a atormentá-lo. Você diz sempre que vai descansar um pouco, mas eu não sei quando!

Devo seguir no próximo dia 15 para o Rio, onde passarei um mês, provavelmente no Hotel Astória – Flamengo – 70. Comunicar-lhe-ei qualquer modificação do programa. – À espera de notícias suas, com muita saudade,

Henriqueta

Carta assinada: "Henriqueta"; datada: "B.Hte, 5-6-1941"; autógrafo a tinta azul; papel creme, filigrana, bordas irregulares; 2 folhas; 18,2 x 16,6 cm.

28   (MA)

São Paulo, 13 de junho de 1941.

Henriqueta:

estou chegando do Rio, onde estive a serviço. Recebi sua carta que tomou a sério o começo da minha anterior, que era apenas uma brincadeira cariciosa. No mesmo dia em que lhe escrevi, li seu livro todo e gostei muito da *Prisioneira*. Quis lhe telegrafar dizendo que ia escrever sobre, num jornal daqui, depois não telegrafei, sabei-me lá por quê! Mas é o que lhe conto agora, neste bilhete, sem marcar data. Estou mais livre, mas tenho muito que escrever e dependerá do estado-de-espírito do momento em que escrever. Lhe mandarei o artigo[17].

Boa viagem e bons prazeres no Rio. Pra mostrar que não está empolgada demais com o inverninho e os passeios, me escreva de lá, me conte suas sensações lá. Eu... achei o Rio feio! E se estiver com Gabriela Mistral, lhe deixe um beijo nas mãos, por mim.

Deste seu amigo.

Mário

Carta assinada: "Mário"; data: "S.Paulo, 13/VI/41"; autógrafo a tinta preta; papel creme; 1 folha; 21,9 x 16,4 cm.

17. Trata-se do artigo "Coração Magoado", que saiu no *Diário de Notícias* do Rio de Janeiro, em 11 jul. 1941, incluído, em 1946, no livro O *Empalhador de Passarinho*, obra póstuma. Nesse artigo MA elogia o lirismo e a frase contida que caracterizam a poesia de HL.

29   (HL)

Rio de Janeiro, 1º de julho de 1941.

Mário,

seu bilhete me veio ter às mãos aqui, depois de ter ido a Belo Horizonte. E foi causador de uma grande alegria para quem lhe escreve. Aguardo, com o coração batendo, o que vai você dizer alto em torno do meu livro. A notícia é para mim de tal modo importante que nenhum divertimento me roubaria a esta ansiedade feliz.

Aliás, anda bem medíocre o "inverninho". Iluminou-se por milagre uma tarde destas, esplendidamente, com uma visita que Carlos Drummond me proporcionou à casa de Portinari. Parece que chovia, parece que fazia frio. O que sei com certeza é que estive num mundo fabuloso, ao sabor de emoções enormes. Vi tudo quanto ele tem produzido ultimamente: que força de comunicação e que misteriosa, abrupta beleza! Conversando com o pintor, ouvindo-o falar com aquela simplicidade, aquele jeito engraçado e bom, e aquele tremendo entusiasmo pelas cousas de arte, percebi porque é que você gosta tanto dele, imagino como vocês se compreendem. Do seu retrato, só conheço a fotografia do álbum norte-americano[18]. Mas basta para saber que Portinari deu a você tudo quanto pede em *Súplica* Cecília Meireles: "Quero converter-me em animal tranquilo"[19].

Perdoe, querido Mário, talvez não seja muito gentil dizer isso mas eu o digo com o carinho que você sabe. Calcule que falei a Portinari de uma exposição em Belo Horizonte, ele se mostrou encantado. De volta, Carlos Drummond me chama à razão: "Você acha que alguém compraria quadros?"[20]

E, de fato, o inverninho anda medíocre. Fiquei decepcionada com os bailados americanos: o que têm de clássico me parece superficial, o que têm de moderno, artificial. Falta-lhes, creio, a chama divina. Espero agora o teatro francês para regressar à casa a 8, a fim de passar em família o aniversário de Mamãe. Ela está bem velhinha e ficará contente.

Gabriela Mistral me chama a Petrópolis, porém só posso ir com o sol, e ele anda escondido.

---

18. O retrato de MA feito por Portinari, em 1935, será interpretado pelo escritor na carta de 11 jul. 1941. Em 1941, o retrato é reproduzido no álbum *Portinari, his Life and Art*, publicado pela University of Chicago Press.
19. Menção ao poema "Os Homens Gloriosos", que será incluído em *Mar Absoluto e Outros Poemas*, 1945: "Quero [...] converter-me em animal tranquilo, [...]".
20. Portinari não expôs nessa época em Belo Horizonte.

Você como vai? Foi uma ingratidão ter vindo ao Rio antes de mim. Tenho tantas saudades suas!

Henriqueta
Astória – Flamengo,70

Carta assinada: "Henriqueta"; datada: "Rio, 1º de julho de 1941"; autógrafo a tinta azul; papel branco, pautado; 2 folhas; 26,1 x 19,4 cm.

30 (MA)

São Paulo, 11 de julho de 1941.

Henriqueta.

Hoje saiu o artigo que escrevi sobre você[21]. Ele já representa uma fase nova, procurada, da minha crítica, em que já não me preocupo tanto com a técnica, veja se gosta. Duas coisas me preocuparam e, na minha orientação crítica de agora, são o que procuro discernir: o eu e a sua resultante, a obra. No caso: a psicologia lírica e a qualidade poética.

Não sei se você vai gostar muito de eu chamar você, assim, diante dos outros, "coração magoado". Mas hesitei pouco em ser indiscreto e acho que você tem suficiente saúde mental (é uma das suas grandes qualidades) pra não se amolar com os outros. Ora li, reli a *Prisioneira*, reli vários poemas dos outros livros e não pude comigo, tinha que dizer: na sua evolução lírica a verdadeira espécie psicológica a que você atingiu, por doçura natural do ser e por elegância, por altivez de pensamento, é bem o estado do coração magoado. Nos seus poemas raro a dor chora em soluços (peito ferido), mas até dentro da alegria, se escuta um eco por assim dizer conformista (não do mundo: de si mesma) da dor "churriando" baixinho. Se não gostar, diga franco, pra eu não repetir o artigo no livro de crítica.

Fiquei contente por você gostar do Portinari. É verdade mesmo que sou enormemente amigo dele, mais: tenho adoração por ele, como homem e como artista, apesar de tudo quanto nele se choca irremissivelmente com a minha maneira de ser. Me entreguei. Diante de certos indivíduos que reputo de valor

---

21. Data atestada pela publicação de "Coração Magoado", no *Diário de Notícias* (Rio de Janeiro, 11 jul. 1941), artigo incluído em *O Empalhador de Passarinho*, que sai pela Livraria Martins Editora, em 1946. (plp)

enorme e que pela força violenta de caráter são incapazes de se enxergar a si mesmos, pra poder admirá-los e amá-los com maior desimpedimento, tomo sempre o partido mais sensual de me entregar, me acaudilhar. Assim não me disperso, nem ao meu amor, em "mas", "porém" e outras adversativas desagradáveis, que só trazem confusionismo e nenhuma libertação. Adoro Portinari.

Aliás sei que ele também me quer um imenso bem e derivou muito disto o retrato que ele fez de mim. Não posso me esquecer da frase que ele disse um dia, enquanto eu posava pra ele. Parou de pintar de repente, me olhou, olhos luzindo de outra luz mais dadivosa e falou estourando: "Você parece um santo espanhol de madeira, do século treze!". Nunca fui procurar nos meus livros os santos espanhóis do "século treze" exatamente, pra ver se ele acertou na data. Mas sei o que ele queria dizer, vendo atrás da minha feiura dura e minha cor que são bem de madeira, uma bondade, o sujeito bom que ele exigia de mim pra me querer bem. E tudo isento daquele sensualismo mais gostoso que iria entrar nas artes com o Quatrocentos e a Renascença. Ele me exigia mais gótico, mais inflexível, mais capaz de quebrar que de torcer[22].

Portinari estava sofrendo muito nesse tempo. Tinha feito a exposição dele aqui em S. Paulo e sensível e ingênuo, inteiramente sem defesa como era e ainda é, estava inteiramente desarvorado com as pedras no sapato que o Segall[23] subrepticiamente lhe pusera. Segall assim que viu a pintura de

---

22. Portinari, *Retrato de Mário de Andrade*, 1935. Para melhor compreensão da pintura, cf. Eneida Maria de Souza, "Autoficções de Mário", em *A Pedra Mágica do Discurso*, 2ª ed. revista e ampliada, Belo Horizonte, Editora UFMG, 1999; Sérgio Miceli, *Imagens Negociadas. Retratos da Elite Brasileira (1920-1940)*, São Paulo, Companhia das Letras, 1996; Pedro Nava, *Beira-mar – Memórias/4*, São Paulo, Ateliê Editorial, 2003. Em carta de 25 mar. 1935 a Portinari, MA manifesta o seu entusiasmo em relação ao quadro pintado pelo amigo: "Depois de amanhã dou uma reunião aos amigos e uns professores franceses, pra que venham ver o meu retrato que todos anseiam por ver. Lhe escreverei depois contando os gritos de entusiasmo do pessoal. Todos que aparecem por aqui se assombram com o retrato. Se eu pudesse e houvesse uma boa revista que publicasse tricomias, escrevinhava como o Manuel um ensaio sobre os Meus Dois Pintores, você e o Segall. Mostraria então o que foi pra mim uma revelação, um verdadeiro soco na barriga quando descobri: é que você me revelou o meu lado angélico, ao passo que o Segall me revelou o meu lado diabólico, as tendências más que procuro vencer. Às vezes me paro em frente do seu quadro e fico, fico, fico, não só perdido na beleza da pintura, mas me refortalecendo a mim mesmo. Porque de fato você mais que ninguém, não apenas percebeu, mas me revelou que eu... sou bom. Seu quadro me dá confiança em mim, me dá mais vontade de trabalhar, de continuar, é um verdadeiro tônico. Foi um bem enorme que você me fez, palavra". Annateresa Fabris (org.), *Portinari, Amico Mio: Cartas de Mário de Andrade a Candido Portinari*, Campinas, Mercado de Letras, 1995, pp. 47-48.
23. Lasar Segall (1891-1957). Realiza a primeira exposição de arte moderna no Brasil em 1913, num salão alugado à rua São Bento. Seu *Retrato de Mário de Andrade* data de 1927. (Coleção de Artes Plásticas, IEB-USP.)

Portinari, inteligente e conhecedor como é, logo percebeu que tinha um rival pela frente e começou a agir. Até comigo que ele sabia já amigo do Portinari, ele se esforçou pra diminuir o ímpeto da minha admiração, me incutindo vários defeitos que eu devia apontar na futura crítica que eu tinha de escrever sobre Portinari. Passeava comigo pela exposição, fazia vários elogios, aliás sempre comedidos e como que concedidos, e de vez em quando vinha com um "mas" sorrateiro. Eu "manjando o cara", como se diz na Lapa. E quando escrevi a minha crítica, embora concordasse no íntimo com duas ou três das reservas feitas pelo Segall, fiz outras e não essas e principalmente muitos elogios. O que causou um primeiro "resfriado" nas minhas sempre até então ótimas relações com o russo-israelita. Depois...[24]

Uma coisa que tem me dado horas de pensamento é me contemplar juntamente nos dois retratos que o Segall e o Portinari fizeram de mim. Tenho muitos retratos meus, vários deles completamente sossobrados como o de Tarsila[25], o do Hugo Adami[26]. O Di Cavalcanti[27] e o Reis

---

24. Em carta de 7 jul.1942 a Portinari, MA manifesta seu desafeto por Segall: "Não gosto do homem. Que diferença daquele Segall moço de vinte anos atrás, alegre, bom, generoso, sincero, falando às claras, amigo verdadeiro. Hoje não, a gente percebe que ele nunca diz tudo o que pensa ou exatamente o que pensa; é um medroso, cheio de coisinhas, não raro escondido na hipocrisia. [...] Eu, pessoalmente, não consigo gostar do 'homem' Lasar Segall, embora reconheça que certos defeitos possíveis dele derivam mais da raça dele que dele individualmente. Raça não tem dúvida com que não me acomodo, mas que adquiriu muitas das suas maneiras desagradáveis de ser, das injustiças e das perseguições que vem sofrendo há dois mil anos.[...] Se em arte já vocês são diferentíssimos, como homens então um é preto e outro é branco. Eu também, apesar de todo o nosso passado, confesso que não posso ter pelo Segall uma amizade verdadeira e completa". Annateresa Fabris (org.), *op. cit.*, pp. 102 e 104.
25. Tarsila do Amaral (1886-1973). Uma das pintoras mais representativas do movimento modernista. Casada com Oswald de Andrade, inicia em 1924 a série de telas a que se deu o nome de "Pintura Pau-Brasil", por ocasião da visita a Minas Gerais com o marido, MA, René Thiollier e outros intelectuais paulistas. O quadro *Abaporu*, de 1928, é associado ao movimento antropófago, lançado por Oswald de Andrade e Raul Bopp. O retrato de MA feito por Tarsila é de 1922: "Em outubro Tarsila pinta os retratos de seus novos amigos, Mário e Oswald de Andrade, com as mesmas soluções formais: vibrante colorido, rostos retratados de ¾, pinceladas rápidas, gestuais". Aracy Amaral (org.), *Correspondência Mário de Andrade & Tarsila do Amaral*, São Paulo, Edusp/IEB, 2001, p. 147.
26. Pilade Francisco Hugo Adami (1899-1999). Pintor, cenógrafo, cantor de ópera, ator. Estuda pintura na Accademia di Belle Arti di Firenze, sendo aluno de Felice Carena (1879-1966). De volta ao Brasil, em 1928, realiza em São Paulo a primeira exposição individual, focalizada por MA em dois artigos de título idêntico – "Hugo Adami (Casa das Arcadas, rua Quintino Bocaiuva)" (*Diário Nacional*. São Paulo, 8-11 set.1928). O retrato de MA por Hugo Adami é de 1922.
27. Emiliano Augusto Cavalcanti de Albuquerque Melo (1897-1976), artisticamente conhecido como Di Cavalcanti, teve seu trabalho publicado pela primeira vez em uma revista, em 1914. Realizou sua primeira mostra individual em 1917, como

Correspondência

Lasar Segall. Retrato de Mário de Andrade. *1927. Óleo sobre tela. 73,0×60,0 cm. Coleção MA – Artes Plásticas, IEB-USP.*

Candido Portinari. Retrato de Mário de Andrade. 1935. Óleo sobre tela. 73,5 x 61,0 cm. Coleção MA – Artes Plásticas, IEB-USP.

Júnior[28], então, pararam no meio sem poder solucionar os seus problemas. Ou meus problemas, nem sei! Anita Malfatti[29], nos tempos do Modernismo, talvez tenha feito uns vinte retratos meus. Eu, com a Semana de Arte Moderna, perdera todos os alunos, tinha dias inteiros vazios sem que fazer. Anita também. Eu ia pro ateliê dela e como não tínhamos o que fazer ela fazia o meu retrato, muitas vezes tornando a me pintar sobre uma tela em que eu já estava e ela reputava inferior. De toda essa retrataria, três ficaram: o primeiro, feito mesmo com intenção de retrato, creio aliás que anterior a 1922, muito rúim como pintura, mas curioso como época e como... como eu. Sou bem eu e somos bem nós daqueles tempos, gente em delírio, lançada através de todas as maluquices divinas e minha magreza espigada um pouco com ar messiânico de quem jejuou quarentà dias e quarenta noites[30]. Além desse, guardo um pastelzinho, mais croquis propriamente, mas que é de um flagrante, de uma expressividade desenhística e poética bem forte. Anita, por sua vez, guardou um que preferiu aos mais, um eu mais desiludido, mais "desmilinguido", já dos fins do nosso excesso de camaradagem e da fase aguda dos combates de arte[31]. A camaradagem fora de fato excessiva, assim de dias inteiros homem com mulher. A discrição, em mim: paulista, nela: puritana, jamais nos permitira chegar a muito íntimas confissões, ela sabia sem

      desenhista. Na opinião de MA, "o menestrel dos tons velados" utilizava como meio de expressão predileto o pastel, evocando figuras femininas "de angelitude então em voga". Di Cavalcanti faz, em 1922, o retrato do escritor.

28. José Maria dos Reis Júnior (1903-1985). Crítico de arte, pintor, vitralista, professor, jornalista e escritor. Ingressa na Escola Nacional de Belas Artes em 1920, onde estuda desenho com Modesto Brocos e pintura com Rodolfo Amoedo. Participou do grupo modernista em 1924.
29. Anita Malfatti (1896-1964), artista plástica de reconhecido valor para o modernismo, tendo participado da Semana de Arte Moderna, em 1922. Em 1917, sua exposição recebeu de Monteiro Lobato crítica contundente no *Estado de S. Paulo* (20 dez. 1917), "A Propósito da Exposição Malfatti", que ficou conhecida pelo título "Paranoia ou Mistificação?" A crítica deixou a artista abalada e embora tenha concorrido para sua celebração, não foi jamais esquecida por ela. Correspondeu-se com MA, de 1921 a 1939. O retrato do escritor feito por Malfatti é de 1922. Na edição das cartas de MA para Anita, preparada por Marta Rossetti Batista, a crônica do escritor, de 1922, "No Ateliê", foi reproduzida, revelando as impressões dele sobre o retrato: "Estávamos os dois na penumbra oleosa do ateliê. Ela arranjara a tela, preparava as cores, e, gestos nervosos, serpentinos, esboçara o meu retrato. [...] Sempre silenciosa, trabalhou de novo as cores. Completou os tons de cinza de minha alma. E sorria dando-lhes aqui um azul de iludidos, além da cor terrosa das inquietações". Marta Rossetti Batista (org.), *Mário de Andrade, Cartas a Anita Malfatti*, Rio de Janeiro, Forense Universitária, 1989, pp. 47 e 49.
30. Anita Malfatti, *Retrato de Mário de Andrade I* (1921-1922), óleo sobre tela (Coleção Mário de Andrade; IEB-USP).
31. Anita Malfatti, *Mário de Andrade II* (segundo semestre de 1922), carvão e pastel sobre papel; Anita Malfatti (*c*. 1923), óleo sobre tela.

por mim oficialmente saber, das cavalarias que eu andava fazendo por fora, e eu vagamente suspeitava nela a existência de um amor não correspondido. Naquele contacto diário prolongado viera se entremeter uma como que... desilusão do sexo. Pra salvarmos a amizade, nos afastamos cautelosamente mais, um do outro. E além dessa razão pra explicar o retrato tão "escorrido" que ela fez de mim, havia também outra desilusão, e esta era de todos nós, a desilusão da vitória. Embora muito combatidos e insultados ainda, o grupo modernista aumentara, as adesões de todo o Brasil chegavam numerosas, três salões dos mais ilustres nos recebiam com carinho e aplauso semanalmente, o de dona Olívia Penteado[32], o de Paulo Prado[33] e o de Tarsila e era festa muita, alegria muita. Se passara pra sempre o tempo de exaltação em que, assustados, batidos de todas as partes e apenas três ou quatro, nós, pela simples e primeira exigência de nos sabermos vivos, nós nos achávamos invariavelmente uns gênios e cada obra que fazíamos uma obra-prima imortal. Ainda não havia sombra de dissolução no grupo, mas era, sim, era exatamente a desilusão da vitória. Já nos examinávamos com maior franqueza e verdade, já nos entrecriticávamos, já chegávamos à frígida calma de não gostar. A mim isso me afetara muito, além do excesso dos estudos em que me refazia do tempo perdido nas revoltas de ginasiano. Devorava uma Lógica numa noite, pra na noite seguinte devorar depressa uma Geografia, acossado pela angústia ambiciosa de devorar umas dez obras de Gourmont recebidas de manhã pelo correio e me censurando inquieto por ter de, por uns dez dias, abandonar uma vasta Psicologia nova ou qualquer Física ainda ignorada de Ostwald[34]. Física não, Química, desculpe. Faz tanto que esse tempo passou que até ia me esquecendo da ciência de Ostwald... Um reflexo desse cozido de leituras você encontrará fácil no excesso de citações da *Escrava que não é Isaura*[35], com que, de caso pensado, sendo "ignorante" o mais frequente qualificativo dos nossos adversários, quis mostrar como era fácil no Brasil adquirir fama de culto. E foi facílimo. De enjoar. Principiaram falando que eu era culto, que eu era culto, que eu era culto – o que tem prejudicado

---

32. Olívia Guedes Penteado (1872-1934). Foi mecenas e amiga de MA, Oswald de Andrade, Tarsila do Amaral, Heitor Villa-Lobos, Lasar Segall e de outros modernistas, recebidos em seu salão nos Campos Elíseos, em São Paulo, a partir de 1923.
33. Paulo Prado (1869-1943). Pertencente à família aristocrata paulista, intelectual e mecenas, Paulo Prado participou ativamente da Semana de Arte Moderna de 1922. Autor do clássico *Retrato do Brasil*, de 1928, recebe de MA a dedicatória de *Macunaíma*.
34. Wilhem Ostwald (1853-1932). Químico russo renomado, ganhador do Prêmio Nobel em 1909.
35. Espécie de manifesto poético do modernismo, escrito por MA em 1922 e publicado em 1924. Discussões sobre as noções de belo, lirismo, subconsciente, e outros termos. (plp)

Correspondência

Tarsila do Amaral. Retrato de Mário de Andrade. *1922. Pastel sobre papel. 47,7x36,0cm. Coleção MA – Artes Plásticas, IEB-USP.*

Hugo Adami. Retrato de Mário de Andrade. 1922. Óleo sobre papelão. 45,5 x 36 cm. Coleção MA – Artes Plásticas, IEB-USP.

bem minhas liberdades, palavra. O mais irônico é que eu tenho sido apenas honesto e adquiri fama de cultura justo no momento em que pratiquei um ato consciente de desonestidade!

 É bem de imaginar como eu saía dessas leituras exageradas, exaurientes em sua variedade e paixão, tomando a noite até os "dedos róseos, da Aurora". Eu era magro, ficava lento, lerdeado pelos meus cansaços, era mesmo o escorrido que Anita Malfatti me fez. Mas que ironia angustiosa, Santo Deus! Não é menos a mais realista das verdades que ela, pobre como era, sem dinheiro no momento pra comprar tintas, se me descobriu tão escorrido assim, é porque precisou diluir completamente os restinhos de tinta que lhe sobravam, pra poder pintar, <u>porca vita</u>!... Gosto também muito do retrato que recentemente Flávio de Carvalho[36] fez de mim. O quadro saiu admirável como pintura e será talvez o quadro, a pintura, a obra mais bonita que Flávio de Carvalho já fez. É estranho... Jamais apreciei muito a pintura de Flávio de Carvalho, imaginava em mim que ele forçava um bocado a extravagância e sobretudo não me agradam nada as cores, os tons que ele emprega. Sempre achei que ele sujava as cores nas misturas que fazia, sobretudo isso: achava a pintura dele uma pintura suja. Mas, não sei bem porquê, sempre o respeitei como artista e o tratei bem, com afetividade um pouco longínqua em nossos encontros ocasionais. Mas a única vez em que falei impresso sobre ele, embora com respeito, foi pra criticá-lo com bastante severidade. E tinha a impressão que, por seu lado, ele também, não gostando nada das minhas obras, sempre me respeitava no meu espírito. Ultimamente, nos encontrando mais, nos conversávamos com maior cordialidade mas eu tinha a sensação de que estávamos permanentemente entrincheirados um em relação ao outro.

 Quando ele me pediu pra fazer o meu retrato, me assustei, mas não tinha por onde recusar. Se tivesse, creio que recusava, não sei bem. Mas logo na primeira pose vi que andara acertado no meu <u>pressentimento</u> de respeitar o artista nele. Não só ele é profundamente sincero nas deformações que faz, mas profundamente honesto e sabe sua pintura. Está claro que isto não alimpa as cores sujas que ele cria. Ou criou, porque parece que com a feitura do meu retrato ele partiu para uma nova fase de sua visão. O fato é que além da boniteza tão rica das cores que ele usou em mim, no quadro seguinte, um retrato de mulher, continuou usando cores bem mais limpas, embora não tão felizes como as minhas.

 É estranho... Assim que o Flávio de Carvalho principiou me pintando na primeira pose, tive uma sensação violenta de que <u>eu é que estava me pintando!</u>

---

 36. Flávio Rezende de Carvalho (1899-1973) foi pioneiro da arquitetura moderna brasileira, pintor, desenhista, escritor. O retrato de MA, óleo sobre tela, é de 1939.

Desconfio muito de espiritismos, metapsíquicas e outras coisas da parte dos imponderáveis e não imagine que estou me metendo aqui nessas escurezas insolváveis. É um caso apenas de psicologia. Aliás imediatamente estendi a sensação pra trás e percebi que também o meu retrato do Portinari fora eu quem pintara, ao passo que o do Segall não. Dos outros não é bom falar, percebi imediatamente que os outros pintores não tinham sido artistas, sido poetas, sido <u>vates</u> ao me pintar, pelo menos ao me pintar. E por isso eu sentia os retratos deles tão insuficientes. Vamos explicar e compreender tudo isto. Assim que o Flávio principiou me pintando, percebi que eu era pra ele mais que um <u>motivo</u> de pintura. Não era por minha beleza ou feiura física atraente, não era por minha possível alta posição nas letras nacionais, não era por qualquer extravagância psicológica ou plástica que o Flávio de Carvalho <u>se</u> propusera me pintar. De forma que eu não era um <u>motivo</u> pra pintura, <u>a pintura é que era um pretexto de aproximação.</u> O Flávio me estimava, me admirava mesmo, e, mais que tudo isso me respeitava muito em minha vida e ideias, muito embora ele pudesse discordar destas. De forma que eu me impusera a ele. E estava fazendo a pintura. Embora não visse o quadro e não pudesse imaginar exatamente o que o Flávio estava fazendo, era fácil de perceber pela maneira com que ele me observava e os gestos com que movia o pincel, nervosos, curtos, espaçados, com grandes hesitações na procura e mistura das cores e mudanças de pincéis, era fácil de perceber a timidez cautelosa, o respeito bastante simpatizado com que eu não era pra ele apenas um problema plástico em que ele se continuava em sua pintura e sua maneira, mas um outro mundo, um mundo desejado que, se o desnorteava completamente, se impunha gratamente a ele. Daí a sensação, tanta essa "imposição" minha era decisória e principal, daí a minha sensação de que eu era que estava pintando o quadro. E daí me expliquei numa frase dele, que antes apenas achara cômica e inexplicável. Quando estávamos procurando uma pose pro quadro, a horas tantas, diante de uma atitude que fiz, ele a repudiou com uma espontaneidade quase violenta: Assim não! você perde completamente a força do seu caráter! (e sorrindo, talvez meio envergonhado do que dissera:) Você andando na rua parece... não sei... você anda erguido!". No momento eu achara meio besta a frase dele, mas agora eu compreendia como ele me compreendia. E com efeito, depois de uma pose pouco conversada e que durou hora e meia, quando fui olhar o já feito, fiquei completamente surpreendido, era outro Flávio. A composição apenas esboçada, só trabalhados o rosto e as mãos. A técnica era outra, era outro Flávio, pinceladas curtas, matéria não mais gorda como é geralmente a dele, mas rica, muito menos voluptuosa, porém mais bem achada, e que cores lindas, claras, limpas! Fiquei entusiasmado, palavra. Daí em diante as poses foram quase desagradáveis, tal a minha inquietação, temendo que o Flávio

Anita Malfatti, Mário de Andrade II. 1922. Carvão e pastel sobre papel. 36,5 x 29,5 cm. Coleção MA – Artes Plásticas, IEB-USP.

Flávio de Carvalho. Retrato de Mário de Andrade. *1939. Óleo sobre tela. 111 x 80 cm. Pinacoteca Municipal – Centro Cultural de São Paulo.*

com a familiaridade estabelecida, sujasse as tintas, voltasse ao seu estilo de antes. E então, muito de propósito, tomei o cuidado de ser sempre afável mas um bocado longínquo. Respeito muito os artistas e sou incapaz de "palpitar" quando eles me pintam. Mas desta vez morri de desejos de dar palpite e não sei bem se não foi um jeito de palpitar a maneira serena mas quente com que incitei o Flávio a continuar no já feito, que "estava muito bem". E o quadro se acabou sem... acidentes. Não há dúvida que eu fiz um pouco este meu retrato, ninguém me tira isto da sensação.

O outro retrato meu que eu fiz foi o do Portinari. Mas dessa vez não foi respeito, foi amor declarado. (Estão me chamando pra jantar, espere um poucadinho.)

Acabo de reler a carta pra continuar. Estava embalado bem, mas parece que perdi completamente o ritmo. O Portinari quando se propôs fazer o meu retrato já me queria muito bem e éramos já muito bons camaradas. E além disso ele tinha por mim um especial e muito agradecido carinho porque no Salão de 1930, no Rio[37], ao passo que os modernos todos apreciavam mais outros pintores e o deixavam numa discreta penumbra, eu, nem bem cheguei, no mesmo dia da chegada, depois de um pequeno e passageiro engano com um retrato do Manuel Bandeira, estupefaciente de parecença física feito por um alemão, "descobri" colombicamente e com firmeza descobri o Portinari. Ainda não conhecia o Portinari mas logo, no meio dos sucessos obtidos pelo Cícero Dias[38] e outros, fui afirmando sem discrepância que o

---

37. O Salão da Escola de Belas Artes do Rio de Janeiro ocorreu em 1931 e não em 1930, conforme MA afirma nesta carta. Organizado pelo arquiteto Lúcio Costa, o Salão recebeu o nome de "Revolucionário" e é considerado, com a Semana de Arte Moderna de 1922, um dos grandes eventos renovadores das artes plásticas no Brasil. Segundo Lúcia Gouvêa Vieira, apud Aracy Amaral, o Salão contou com a presença de vários artistas modernos do Rio de Janeiro, São Paulo e de Minas, destacando-se Anita Malfatti, Lasar Segall, Guignard, Ismael Néri, Portinari, Alberto Delpino Júnior. De Recife, veio Cícero Dias, com um painel de quinze metros. Lúcio Costa, em virtude de suas ideias modernistas, manteve grande polêmica com a imprensa, o que culminou com sua demissão como diretor da Escola Nacional de Belas Artes. Lúcia Gouvêa Vieira (org.), O *Salão de 1931: Marco da Revelação da Arte Moderna em Nível Nacional*, Rio de Janeiro, Funarte, 1984, apud Aracy Amaral (org.), op. cit., p. 117.
38. Cícero Dias (1907-2003). Expõe a obra "Eu Vi o Mundo... Ele Começava no Recife", no Salão da Escola de Belas Artes do Rio de Janeiro, em 1931, causando grande escândalo. A carta de MA a Tarsila do Amaral, de 28 de agosto de 1931, faz referência ao Salão, embora haja um certo equívoco na data de 28 de agosto, porque o Salão aconteceu no mês de setembro: "Aqui, ou por outra, aqui perto, no Rio, grande bulha por causa do Salão em que o Lúcio Costa permitiu a entrada de todos os modernos, e o Cícero Dias apresenta um painel de quarenta e quatro metros de comprido com uma porção de imoralidades dentro". Aracy Amaral (org.), *Correspondência*, op. cit., p. 116.

bom, que o forte mesmo era o Portinari e o retrato do Borghert[39] o melhor quadro da exposição. É uma coisa aliás de que ele nunca se esquece e conta sempre. Aliás imagino mesmo o bem que, sem querer, fiz a ele que estava então na completa miséria e tinha dias em que ele e a mulher, se levantando, recenseavam as roupas que ainda possuíam pra ver o que podiam vender pra tomar o café da manhã. E ainda nessa estadia de S. Paulo, não só com o meu artigo, único de fato entusiasta, mas ainda com a minha assistência diária, eu estava sendo o verdadeiro esteio moral dele. Principalmente contra as investidas insidiosas do Segall.

Portinari estava muito comovido de gratidão, estava "filhizado" à minha maior e paternal experiência do ambiente, me respeitava também pelo nome e a posição que eu tinha, e além disso, gratuitamente, por afinidade eletiva, me queria bem. E foi nesse estado iluminado de amor que ele fez o meu retrato que... eu fiz ele fazer de mim: só bom.

Como os retratos dele e do Segall me completam... quase chego a me envergonhar. O do Flávio de Carvalho não. É certo que tem um enorme caráter de mim, mas sou um eu mais neutro, mais dos outros talvez, "andando erguido na rua". O retrato feito pelo Segall foi ele mesmo sozinho que fez. Não creio que o Segall, russo como é, judeusíssimo como é, seja capaz de ter amigos. Pelo menos no meu conceito de amizade, uma gratuidade de eleição, iluminada, sem sequer pedir correspondência. Éramos ótimos camaradas e apenas. Como bom russo complexo e bom judeu místico ele pegou o que havia de perverso em mim, de pervertido, de mau, de feiamente sensual. A parte do Diabo. Ao passo que o Portinari só conheceu a parte do Anjo. Às vezes chego a detestar, (me detestar) o quadro que o Segall fez. É subterraneamente certo, mas, sem vanglória, o do Portinari é mais certo, porque é o eu de que eu gosto, que sou permanentemente e que chora, ainda e sempre vivo, mesmo quando a parte do Diabo domina e age detestada por mim. Esse quadro do Segall não fui eu que fiz, juro.

Às vezes chego a imaginar que, no caso, o Segall tem mais valor, porque atingiu, mais longe, o mais sorrateiro dos meus eus. Mas também penso que pra fazer o meu retrato pelo Portinari, é preciso uma pureza de alma, uma dadivosidade de coração que raros chegam a ter. E que isso é MELHOR que

---

39. Oscar Borghert (1906-1992). Violinista brasileiro. Segundo Sérgio Miceli, "o retrato do violinista Oscar Borghert, considerado por Mário de Andrade o 'melhor quadro do Salão de 31', é, pelo menos, a tela de maior tamanho dentre todas as exibidas nesse ano pelo pintor e o único retrato do músico dentre os muitos executados por Portinari a colocar o retratado com um instrumento musical. [...] O elemento surpreendente no repertório do artista é o tratamento 'arlequinal' aplicado a partes do rosto, das mãos e do próprio violino". Sérgio Miceli, *op. cit.*, p. 60.

ter o dom de descobrir os criminosos. O Segall fez papel de tira. O Portinari não, certo ou errado, contou aos homens que os homens são melhores do que são. E é certo que ao lado dele eu me sinto melhor...
Carinhosamente o

Mário

<small>Carta assinada: "Mário"; datada: S.Paulo, 11/VII/41"; autógrafo a tinta preta; papel creme; 7 folhas; 26,4x20,6cm; carta com diversos rasgos.</small>

31   (HL)

Belo Horizonte, 17 de julho de 1941.

COINCIDÊNCIA ARTIGO CHEGOU MEU ANIVERSÁRIO PONTO INCOMPARÁVEL PRESENTE PONTO INTERPRETAÇÃO TÃO VIVA ME CONFUNDIU ME DEIXOU MARAVILHADA PONTO DEPOIS PROVAS GINASIAIS ESCREVEREI PONTO SINCERAMENTE HENRIQUETA LISBOA CT 546

<small>Telegrama assinado a máquina: "Henriqueta"; impresso "DEPARTAMENTO DOS CORREIOS E TELÉGRAFOS"; 16,4x22,1cm; borda superior irregular; carimbo. Postagem: Belo Horizonte, 17 de julho de 1941; 11:10h; Recebimento: São Paulo, 17 de julho de 1941; 12:30h.</small>

32   (HL)

Belo Horizonte, 31 de julho de 1941.

Mário,

penso que meu telegrama terá transmitido a você minhas impressões sobre seu artigo. Tentei escrever-lhe pouco depois, mas a fiscalização das provas me deixa cansada e sobretudo aborrecida. É um trabalho improdutivo e <u>gauche</u> que me faz evocar a polícia entre rosas. Porém agora estou livre. E vamos conversar como gosto, sem outra preocupação.

Você me faz uma pergunta a respeito de "coração magoado". É natural que haja em mim certo constrangimento, não diante dessas palavras aplicadas ao caso, evidentemente, mas sim diante dessa verdade que você enunciou e que tinha obrigação de enunciar porque é toda a verdade da minha poesia.

Ninguém a percebeu nítida como você, especialmente quando diz: – "Há todo um esplendor, todo um arrebatamento, toda uma felicidade sufocada". Acima, porém, daquele constrangimento que eu sofro no momento da criação, há o amor à beleza, que não permite sonegação. Também agora me valho, compensada plenamente, do prazer e do orgulho de me ver compreendida por você, compensada pela própria verdade e também pelo carinho que conduziu você a essa verdade.

Se a crítica é mais uma arte do que uma ciência, exigindo em primeiro lugar intuição, não pode deixar de beneficiar-se da afetividade humana, ainda que ofereça perigo essa espécie de iluminação unilateral – perigo de permanecer unilateral. Creio por isso que você, possuidor além do mais desse dom de simpatia, realizará cousas interessantíssimas no terreno que inaugura com o estudo de *Prisioneira*, pela procura da psicologia lírica através da obra.

Você já realizou grandes cousas no setor da técnica, reclamando, pesquisando sobretudo a expressão plástica, (e era preciso!) vai agora coroar esse trabalho ao atender mais à música interior. E note-se que esse aspecto da crítica vem sendo por aí malbaratado, como um novo gênero de ficção.

Há um outro trabalho que você precisa fazer: o estudo da Semana da Arte Moderna – vinte anos depois. O surto de maior importância da nossa literatura, e do qual foi você o esteio, não pode não deve ser estudado senão por você, particularmente nas suas consequências[40]. Veja só, Mário. Eu queria que você descansasse, agora quero que você trabalhe bastante! Ocorreu-me falar-lhe disso à leitura de sua última carta, com aquelas confidências e recordações do rapaz espigado – talvez um tanto assustado de sua própria desenvoltura – que ia posar para Anita Malfatti (vinte retratos, Mário, isso também foi demais...) Mas não percamos o fio do assunto: faça o trabalho! Dê-nos o seu depoimento! Se você quisesse confiar-me os originais, algum dia, eu gostaria de os passar à máquina.

Quanto a mim não escrevo há meses. Mas creio que quando escrever farei algo de firme. Parece que estou me consolidando para um livro futuro. Se eu não morrer antes de uns três anos e se até lá a poesia não for proibida... você verá!

Precisarei dizer-lhe que desejo muito ver repetido no seu livro de crítica o artigo que escreveu a meu respeito?[41]

E ainda não lhe disse que achei adorável o verbo que você inventou para mim (!) – doce e confidencial marulho de água entre avencas silvestres...

---

40. A conferência de MA em 1942, no Itamarati, "O Movimento Modernista", irá atender à solicitação de HL.
41. O artigo será incluído em O *Empalhador de Passarinho*, de 1946.

Veja que coincidência: neste momento passarinhos invisíveis cantam aqui perto da janela do meu escritório, cantam e saltitam em gaiolas penduradas do outro lado do muro vizinho, lembrando-me aquele que costuma esvoaçar nos seus pensamentos... Passarinho esvoaçante é coração contente, Mário. Quem foi que falou em coração magoado?... Afinal de contas porque magoado?... Porque o mundo está infestado de Calibans? Mas há também Ariel, Ariel![42]

Varinha mágica de condão, sopro leve que vence tudo quanto é cimento armado e peso pesado! A vida pode ser triste, mas será bela enquanto Ariel existir.

Deus os guarde, a você e a ele, tão bem identificados no meu afeto.

Henriqueta

Carta assinada: "Henriqueta"; datada: "Belo Horizonte, 31 de julho de 1941"; autógrafo a tinta azul; papel cinza; 4 folhas; 18,0 x 17,3 cm.

33   (HL)

Belo Horizonte, 14 de setembro de 1941.

Mário,

escrevi a você no dia 30 ou 31 de julho. Ao menos pela antiguidade da carta mereço bem ter notícias suas! Com a afetuosa lembrança de

Henriqueta

Bilhete assinado: "Henriqueta"; datado: "B. Hte., 14-9-41"; impresso, autógrafo a tinta azul; cartão de visita, papel branco; 4,9 x 8,6 cm.

---

42. Ariel e Caliban são personagens da última peça de William Shakespeare, *A Tempestade* (1623). A história contrapõe a figura disforme e selvagem dos instintos animais que habitam o homem (Caliban) à figura etérea, incorpórea, espiritualizada, das aspirações humanas (Ariel). A ilha é habitada por Próspero, duque de Milão, que tem ambos a seu serviço.

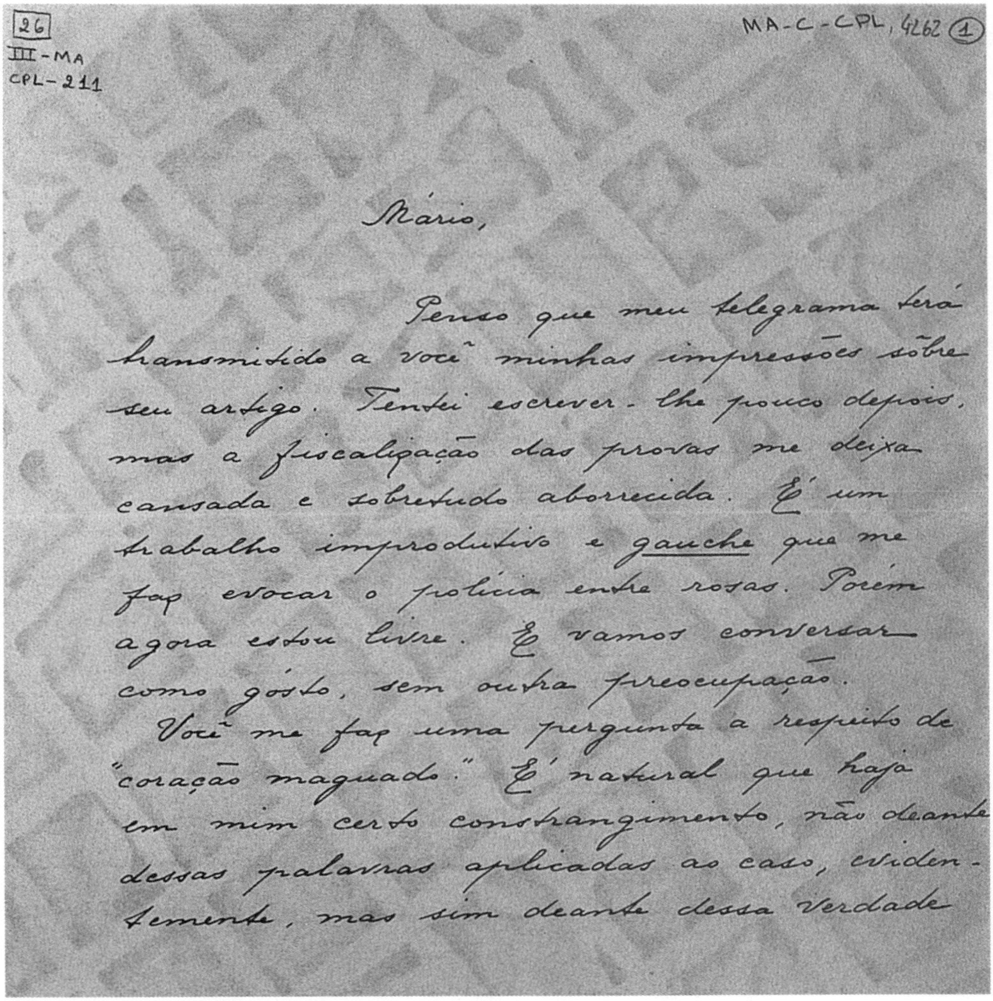

Carta de HL para MA. Belo Horizonte, 1941. Arquivo MA, IEB-USP.

34 (MA)

São Paulo, nem sei que dia! é esta quarta-feira dos meados de setembro, 41.

Henriqueta, amiga querida,

(mudei de pena) você terá sempre que perdoar a imperfeição, as "ingratidões" da minha amizade... Recebi seu cartão e o artigo do Mata Machado Filho que você me mandou, tive um susto![43] No sábado passado arranjei minha correspondência, e sábado e domingo, o que produzi, além da vida, foi só correspondência! Pois assim mesmo, veja como eu estava atrasado, não chegou a vez da sua carta no monte! E... me perdoe, desde domingo até hoje me esqueci de você, também se passaram tantas coisas, tantas preocupações, tantas dores (por causa dos outros...) que, recebendo hoje seu cartão, tomei um susto, minha Henriqueta existia, amiga queridíssima, uma das graves e profundas felicidades de minha vida. Talvez o momento não seja propício às graves, profundas felicidades... Sou feliz? Não sei, não consigo saber: vivo, amo, me estrago, me arrebato, os acontecimentos me apaixonam, os trabalhos me deslumbram, vadio, perco tempo, de repente trabalho feito um maluco, me divirto, sofro. Sofro pelos outros... Por mim, não sei mais sofrer.

Sua última carta, no que insiste por mim, coincide bem com o admirável artigo do Aires da Mata Machado Filho. Você me exige contar minhas experiências da Semana de Arte Moderna, ele me repõe no meu sentido de mim. Henriqueta, não sei se poderei no momento sem instantes que estou vivendo, escrever ao Mata Machado. Você lhe dirá que o artigo dele, se é certo que tenho tido alguns outros que me completam e compreendem é dos mais "felizes" pra mim. Porque dos que mais elevadamente me compreendem e completam.

Não, Henriqueta, eu não posso contar a Semana, nem responder em carta aberta (que era o que devia) ao Mata Machado Filho. Seria uma ou várias inferioridades que a altivez do meu espírito me impede absolutamente praticar. Não porque eu seja "maior" que os outros, pelo contrário: SEI que sou menor, mas porque tive certa força, certa honestidade, certa grandeza (não vinda de mim, mas da tradição de minha família) que me fizeram "superior" a muitos.

---

43. Aires da Mata Machado Filho (1909-1985), escritor e pesquisador mineiro, tornou-se respeitado gramático e folclorista, exerceu também o magistério e intensa atividade jornalística. Entre sua obra, destacam-se: *O Negro e o Garimpo em Minas Gerais* (1943), *Tiradentes, Herói Brasileiro* (1948) e *Curso de Folclore* (1951).

O caso da "língua brasileira" é típico[44]. Quem compulsar jornais e revistas do tempo... do meu tempo verá certos indivíduos falando que eles é que são os brasileiros. Nunca falei isso, por Deus! Nunca imaginei que a "minha" é que era a língua brasileira. Nunca tive a menor pretensão que não fosse apenas a de dar minha contribuição pessoal e minhas experiências pra uma coisa que futuramente, pelo que ficar, pelo que se tradicionalizar, pelo em que se modificar, será a língua... brasileira? Nem isto sei! Mas a língua nacional.

Só tenho um valor, sei que tenho, e este é sublime: o orgulho. Foi o orgulho que me fez o mais humilde dos artistas. Eu SEI o que valho, Henriqueta, e sei que nem é pouco nem é muito. É grande, em transição. O que eu valho, talvez fique mais nas cartas e nas formas subterrâneas da vida, as conversas, a presença do amigo, a força de uma inteligência auxiliar, coisas assim. Nunca me supus o Artista. Jamais pretendi ficar. Sou excessivamente sensual, por demais gostador do minuto que passa, pra economizar minhas forças (que reconheço, sem vaidade, muito grandes) e realizar a obra-de-arte com valor permanente. Não sou pretendente à estátua, bustinho ou coisa que o valha no Passeio Público, mas não haverá maior pretendente à vida que eu. Daí minha vida, minhas obras, meus estudos. E minha honestidade. Ah, como, sem ser grande, eu sou vasto, Henriqueta! Como tenho aplaudido os novos, como tenho me esforçado por compreender Tudo e gostar de Tudo! O Machado Filho tocou fundo no meu ser. Nunca fui um iconoclasta. O escangalhando em artigos, nunca jamais não deixei de amar um poeta verdadeiro como Vicente

---

44. O projeto de MA de transformar em livro sua *Gramatiquinha da Fala Brasileira* nunca foi realizado. A intenção do escritor está demonstrada em carta endereçada ao *Diário de Minas*, em 1º nov. 1927, transcrita por Carlos Drummond de Andrade em *A Lição do Amigo*. Reproduzo passagem da carta de MA: "Nenhum de nós não tem a pretensão de criar uma língua que um português não possa entender. Não se trata de inventar uma fala de origem brasileira e inconfundivelmente original, não. Se trata apenas da libertação das leis portugas as quais, sendo leis legítimas em Portugal, se tornaram preconceitos eruditos no Brasil por não corresponderem a nenhuma realidade e a nenhuma constância da entidade brasileira. [...] E assuntando a fala do povo, assuntando como que falam o pobre e o rico, entra pro mutirão dos que estão semeando o roçado novo. Quando o milho vier, não vamos ficar macambúzios por causa dele ser que nem milho norte-americano, é milho no Brasil. E sem saudosismos inúteis, sem tristuras patrióticas, simplesmente com força e verdade, até pros nossos vizinhos oferecemos pipoca boa. Do Brasil". In: Carlos Drummond de Andrade, *A Lição do Amigo*, Rio de Janeiro, José Olympio, 1982. Nota 1, p. 121. A intenção de MA de elaborar uma gramática de nossa fala afastava-se dos discursos regionalistas e visava a uma escrita mais próxima do falar brasileiro, em oposição aos puristas e aos localistas. Edith Pimentel Pinto defendeu tese de livre-docência na USP, em 1984, organizando parcela das anotações de MA sobre a *Gramatiquinha da Língua Brasileira*. A tese foi publicada em 1990. Cf. Edith Pimentel Pinto, *A Gramatiquinha de Mário de Andrade*, São Paulo, Duas Cidades, 1990.

de Carvalho[45] e mesmo esse estragoso Bilac[46], maravilhoso na *Via Láctea*, tão amaneirado tão fragilmente social, tão ambicioso noutras coisas.

Você compreende: como eu poderia contar minhas experiências na Semana, sem demonstrar que o que eu queria era... mais alguma coisa! Você diz que foi um movimento fundamental na evolução da inteligência brasileira... Seria, se todos se sacrificassem. Não foi porque a maioria desses... aqueles quiseram ser maiores, em vez de apenas superiores. Aqui entram os bastidores. O que não existe é o espírito "social", a consciência de grupo, a forma da coletividade. A Dádiva. Cada qual se buscou, fazendo de si o Brasil, o Mundo. Daí uma ausência de "cultura", no seu mais elevado sentido, uma realidade coletiva.

Esse foi outro ponto em que o Mata Machado Filho tocou fundo. Ele diz que os meus jeitos de experimentar a língua nacional tomaram tal aspecto de individualismo meu, pessoal, que só mesmo se todos seguissem na mesma experiência, um "me parece" deixava de ser meu pra ser brasileiro. Não há verdade mais exata. A "inferioridade" dos outros "maiores" que eu, foi exclusivamente essa, social. O Prudente de Moraes neto[47] chegou a me dizer que concordava inteiramente com os meus abrasileiramentos de expressão, mas que não os seguia, porque ficava parecendo comigo e não com o Brasil. O que eu me pergunto é se ele e os trinta outros que concordavam comigo, mas não faziam (mas se nem sequer fui o primeiro!), fizessem, com o que ficavam idênticos: comigo! ou com o Brasil?...

Manuel Bandeira, uma feita, inspirado pelo gramaticólogo (!) Sousa da Silveira[48], me escreveu que se nós brasileiros dizíamos "me parece", eu não tinha

- 45. Vicente Augusto de Carvalho (1866-1924), advogado, jornalista, político, magistrado, poeta e contista. Obras: *Ardentias* (1885); *Relicário* (1888); *Rosa, Rosa de Amor* (1902); *Poemas e Canções* (1908); *Versos da Mocidade* (1909); *Verso e Prosa*, incluindo o conto "Selvagem" (1909); *Páginas Soltas* (1911); *A Voz dos Sinos* (1916); discursos e obras políticas e jurídicas.
- 46. Olavo Brás Martins dos Guimarães Bilac (1865-1918). Poeta parnasiano, cronista e jornalista. Autor do "Hino à Bandeira", membro fundador da Academia Brasileira de Letras, em 1896. Eleito, em 1907, "Príncipe dos poetas brasileiros".
- 47. Prudente de Moraes, neto (1904-1977). Crítico literário, ensaísta, contista, jornalista. Com Sérgio Buarque de Holanda foi diretor-fundador da revista *Estética* (1924-1925). Publicou em livro o ensaio *Notícia sobre o Romance Brasileiro* (1939). Usava o pseudônimo de Pedro Dantas.
- 48. Álvaro Ferdinando Sousa da Silveira (1883-1967). Engenheiro, filólogo, professor catedrático de português da Universidade do Distrito Federal, autor de *Lições de Português* (1921-1923), *Textos Quinhentistas* (1945), entre outros. MA trocou cartas com Sousa da Silveira, debatendo o problema da "língua brasileira", por ele defendida. Em carta de 15 de fevereiro de 1935, confessa: "Estávamos desvirtuados pela gramatiquice em que caiu a nossa literatura com a geração de Machado de Assis e o Parnasianismo. Veja bem que não culpo Machado de Assis, um gênio no meu entender, [...]. Mas aquela linguagem mais da terra, que vinha

direito de generalizar essa sintaxe pra os outros pronomes todos. Primeiro, eu me pergunto, por quê? A linguagem escrita não é a linguagem falada, é artificial, é erudita. O que me impedia de uma generalização erudita, gramatical, sintáxica? Mas sem dois dias de prazo, eu mandava a ele, <u>todos</u>, todos os pronomes em obliquação iniciando o discurso. E todos os exemplos que dava, tive o requinte de mandar em textos publicados, da nossa literatura erudita ou principalmente de cordel. E ele entregou os pontos... mas não fez.

Será que esta carta parece amarga? Não! não, Henriqueta. Me dei apenas um grande destino: o do agitador. Não tenho a menor espécie de humildade pra negar que marquei duro no espírito brasileiro. Pelo valor "artístico" das minhas obras? Não, pelo seu valor transitório de agitação. Embora com maior inteligência e cultura que o outro, eu não passo de um Valentim Magalhães[49]. Eu fui (ainda sou) uma "preocupação". E eu vivo!

Henriqueta: você já pensou que a arte, como a religião, como a política, a medicina ou a eletricidade, é uma ocupação, uma realização cotidiana? Você já realizou que Fídias[50] ao idear o Partenon e suas esculturas, Bach[51] ao escrever seus salmos, e um escrofuloso seresteiro de esquina ao versificar sua modinha, nada mais fizeram que exercer o <u>direito</u> da vida cotidiana? ganhar dinheiro na ereção de um templo, dar música pro coral do próximo domingo, ou conseguir que enfim Stela cedesse? Uns ficam como Bach ou Fídias. Outros não ficam como o seresteiro e o jornalista. Eu não quero ser tão falsa e ridiculamente humilde pra afirmar que não fico. Mas afirmo que se faço arte é no exercício de um direito de vida. Jamais sentei nesta secretária tumultuosa pra escrever uma "obra-prima". Mas aqui tenho sentado

     se formando com os Românticos, virar com os Bilaques e outros muito piores, Coelho Neto e a generalidade dos bons colocadores de pronomes à portuguesa, uma coisa oficial, gélida ver um Ministério das Relações Exteriores. E abrasileirei a minha língua". Lygia Fernandes (org.), *Mário de Andrade Escreve Cartas a Alceu, Meyer e Outros*, Rio de Janeiro, Editora do Autor, 1968, p. 150.

49. Antônio Valentim da Costa Magalhães (1859-1903). Jornalista e escritor carioca, é considerado um dos precursores do Parnasianismo no Brasil. Divulgou vários autores novos e teve muitas polêmicas no jornal *A Semana*, onde foi diretor durante anos. MA manifesta, em diversas cartas, sua admiração por Valentim Magalhães, que, segundo ele, "era um medíocre, mas tinha sido duma atividade e utilidade estupenda que o valorizava". Marco Morel & José César Borba (orgs.), *Cartas de Mário de Andrade a Álvaro Lins*, op. cit., p 47.
50. Fídias (c. 490-431 a.C.). Escultor grego, considerado o criador do classicismo. É o responsável pelos trabalhos realizados no Partenon, templo consagrado a Atenas Parthénos (virgem) sobre a Acrópole de Atenas, símbolo da supremacia política e cultural da cidade e o maior monumento da arte grega clássica.
51. Johann Sebastian Bach (1685-1750). Organista e compositor alemão da época barroca. Mestre na arte do contraponto e do coral, é um dos mais prolíferos compositores da história da música ocidental.

cotidianamente pra viver. Pra mexer com a vida, pra brigar com a vida, pra detestar a vida, pra ter esperança na vida. Tudo com igual e voluptuária honestidade, eu amo! Amo o quê? nem eu sei direito! Talvez apenas eu ame Deus... não sei! Mas sei que a arte é como fumar, comer, corrigir suas provas de colégio, saudar o vizinho agradável e não saudar o vizinho desagradável: um exercício cotidiano da vida[52].

Mas tais orgulhos só se dizem assim, na segurança confidencial das cartas, para o coração bom dos amigos. Que perdoam tudo. Até a infantilidade das afirmações... E um carinho do

Mário

Carta assinada: "Mário"; datada: "S.Paulo, [...] quarta-feira dos meados de set., 41"; autógrafo a tinta preta; papel creme; 3 folhas; 26,4x20,6cm; carta com leves rasgos.

35   (HL)

Belo Horizonte, 9 de outubro de 1941.

Mário,

a primeira cousa que fiz hoje – 9 de outubro – foi mandar um telegrama para você[53]. Mas ainda não estou satisfeita. Quero conversar mais tempo com você depois copiar para você uns versos que ando escrevendo. Aliás, precisava mesmo acusar o recebimento de sua carta de setembro, que me trouxe uma alegria – como explicá-la? – uma alegria para sempre, com as expressões desse grave e profundo carinho que Deus nos permita conservar, que é o nosso poema de colaboração.

Seja verdadeiramente feliz como merece, Mário.

Não sei se haverá preconceito, imagino agora que felicidade essencial só existe para quem a merece. Isso pressupõe consciência e valor – plenitude de si mesmo. Neste sentido, logicamente, você é e tem que ser feliz sempre. A outra felicidade reside no dom de si mesmo e na recíproca – a simpatia humana. Alguém me conta que sua Mãe diz assim: "Mário é o melhor filho do mundo!"

---

52. MA expõe aqui sua concepção de arte como vida, própria das vanguardas e da alta modernidade. O cotidiano entra como componente importante.
53. O telegrama de aniversário enviado por HL a MA não foi localizado pela pesquisa.

Voltemos por um instante à revolução artística de 22. Sonhando cousas geniais você queria naturalmente, que todas elas se realizassem. Muitas se realizaram esplendidamente. Eu talvez não saiba avaliar o que se perdeu de sonho, mas sei e sinto o que perdura – uma irradiação profunda e vasta de inteligência pura de pensamento, de verdade, de novidade, de poesia. Perdura alguma cousa que, quanto mais passa o tempo, mais nitidamente se distingue o que foi, o que é. Mas você pela paixão à causa, tem a esse respeito opiniões exigentes. O que era antes e o que é hoje o nosso espírito!

Não insistirei no pedido do livro. Compreendo os seus escrúpulos, as suas razões de generosa elegância moral, de orgulho bem posto. E calculo o desprendimento, a luta interior que lhe custou anos afora manter, viver esse ideal! Alguém escreverá esse livro, querido Mário. Amanhã, daqui a dez, vinte anos. Talvez o "menino poeta" do meu poemazinho que aí vai. Veja se gosta. Veja como defini o poeta – desconfio que por acaso – aquele que tem tudo nas mãos e abre mão de tudo. <u>Depois</u> desses versos, repentinamente, dei de ficar preocupada com os pequeninos futuros poetas do Brasil. E comecei a escrever um livro para eles. Em duas semanas o livro está quase pronto. Eu mesma estou espantada. Não sei se serão, de fato, versos para crianças. Escrevo-os com todas as minhas reservas de puerilidade e embevecimento diante da vida. É a poesia que eu quisera ter encontrado aos doze anos. Para não perturbar a inspiração, deixo para depois a escolha, o critério de seleção em frente aos problemas da psicologia infantil. Envio-lhe alguns juntamente com amostras de outro livro – sério – só para gente grande...[54]

Li para o Aires[55] ao telefone uns trechos da sua carta – os que lhe diziam respeito. Ele me pediu cópia – tão contente ficou. E veio buscá-la. Está aí uma pessoa com quem se pode conversar inteligentemente.

Com um abraço de aniversário, o afeto de

Henriqueta

Carta assinada: "Henriqueta"; datada: "Belo Horizonte, 9-10-1941"; autógrafo a tinta preta; papel cinza; 2 folhas; 18,0 x 17,4 cm.

---

54. Trata-se do livro O *Menino Poeta*, publicado em 1943, no Rio de Janeiro, pela Editora Bedeschi.
55. Aires da Mata Machado Filho.

36 (MA)

[São Paulo, outubro de 1941]

Henriqueta querida,

Desta vez é você quem me deve carta, sua ingrata. Recebi seu incrível telegrama de felicitações, fiquei comovidíssimo, palavra. O carinho de não se esquecer de uma data é coisa que me assombra. Me assusta[56].

Isso é propriedade que eu não atinjo e tenho desprezo do meu cotidianismo sem marcos de referência. Fechei os olhos e quis bem, você, imensa e comovidamente.

Mário

Querida Henriqueta: Cartas de Mário de Andrade a Henriqueta Lisboa, *p. 180.*

37 (MA)

São Paulo, 20 de novembro de 1941.

Henriqueta:

interrompo o serviço pra lhe escrever, estou carecendo. Acabo de reler seus versos e vejo que foi bom demorar esta resposta, me integrei mais nos versos e compreendi eles muito melhor desta vez. Isto é: dos versos infantis, desde o momento em que chegaram gostei cem-por-cento, são simplesmente um encanto pros ouvidos, pros olhos, pro corpo todo. O *Menino Poeta* isso achei maravilha integral. Na releitura de agorinha tudo se sustentou do mesmo jeito[57].

---

56. Este bilhete é, provavelmente, de 1941, embora não haja registro do telegrama enviado por HL para MA.
57. HL recebe também carta de Murilo Mendes comentando O *Menino Poeta*. Em 20 de dezembro de 1943, o poeta, então no Sanatório Bela Vista, em Correias, Estado do Rio, a ela se dirige e assim se despede: "Sou forçado a escrever pouco. Mas não se esqueça que não só li, mas reli seu livro com muito agrado. Li-o no silêncio deste sanatório, sem interferência nenhuma. O menino Murilo gostou muito dele." Correspondência passiva; Arquivo HL, AEM/CEL/UFMG.

20-XII-1943

SANATÓRIO BELA VISTA,
CORREIAS — E. DO RIO

CARA POETISA,

MUITO OBRIGADO PELA REMESSA DO SEU BELO LIVRO. NÃO SEI SE RECEBEU M. CARTA Q.DO ME ENVIOU "PRISIONEIRA DA NOITE".

SÓ MESMO OS POETAS E OS SANTOS CONSEGUEM FICAR SEMPRE CRIANÇAS. O REINO DE DEUS E O DA POESIA, "C'EST LA MÊME CHOSE."

SOU FORÇADO A ESCREVER POUCO. MAS NÃO SE ESQUEÇA QUE NÃO SÓ LI, MAS RELI SEU LIVRO COM MUITO AGRADO. LI-O NO SILÊNCIO DÊSTE SANATÓRIO, SEM INTERFERÊNCIA NENHUMA. O MENINO MURILO GOSTOU MUITO DÊLE.

ESPERO COM INTERESSE SEU LIVRO S/ ALFONSUS.

FELIZ NATAL E 1944.
BÔA INSPIRAÇÃO!

DO SEMPRE SEU

Murilo Mendes

*Carta de Murilo Mendes a Henriqueta Lisboa. Correias, 20.XII.1943.
Arquivo HL, AEM/CEL/UFMG.*

Os outros versos, os adultos, é que tinham me deixado um pouco longínquo. Percebia criticamente a mudança que você está fazendo mas, como sempre me sucede ainda não me acomodava bem com ela, ainda não conseguia aquele grau de passividade necessário pra receber o que me davam sem bitolar minha receptividade pela imagem próxima acabada. Com o Portinari também me sucedeu isso várias vezes, a pena está péssima. Ah, era falta de tinta. Bem: hoje reli os versos e achei-os admiráveis, gostei muito. Preciso de mais, pra dizer coisas garantidas, mas me parece, pelo pouco enviado, que você está querendo chegar a um estado de cristalização total, feito de equilíbrio sereníssimo e principalmente severíssimo entre o sentimento e sua expressão.

Na verdade o verso-livre é uma resultante natural e necessária de uma tendência "expressionista" do ser. É tecnicamente muito difícil a gente chegar a esse verso não mais livre exatamente, mas libertado que você está fazendo. E que me parece, na fase moderna em que vivemos, o que mais possibilidades apresenta de atingir uma serenidade, um equilíbrio, uma perfeição clássica. Porque o verso medido, ainda mais acompanhado de rimas e cortes estróficos obrigatórios, pra nós pelo menos, me parece deficiente. A sensibilidade estragosa da nossa vida e nosso tempo, dificilmente se acomoda a essa disciplina tão rude e inflexível. Ainda mais: há o perigo enorme da gente cair, levado por tamanha disciplina, também numa disciplina <u>falsa</u> de sensibilidade, de estado de lirismo, e pensar que está se exprimindo com verdade, em vez, estar sendo simbolista, romântico, ou clássico à antiga. E até parnasiano! Por minhas experimentações, me parece que o melhor é mesmo esse verso libertado, como Carlos Drummond de Andrade fez em numerosos dos seus poemas, porém com outras intenções e ideais que não os de equilíbrio e cristalização que me parece o seu caso e foi o meu. Repare: Cecília Meireles também fez isso, tendendo porém pra uma talvez excessiva sistematização do verso medido. E Bandeira também. Conseguem coisas admiráveis, não tem dúvida. Mas me parece que estão caindo, nesses poemas medidos, num jeito excessivamente cancioneiro. Será defeito? Não acho que seja defeito propriamente. Mas é um amaneiramento e, em principal, um empobrecimento da expressividade da poesia e sua larguza incomensurável. Afinal das contas, carece não esquecer que a poesia não é apenas Béranger[58] ou Caldas Barbosa[59].

Você está fazendo uma poesia notavelmente lúcida. A sensibilidade já não fica mais, nestes versos, em estado puro de sensibilidade. Se converte sempre

---

58. Pierre Jean de Béranger (1780-1857). Poeta e cantor francês que se notabilizou pelas suas canções liberais e patrióticas.
59. Domingos Caldas Barbosa (1740c.-1800) foi poeta árcade e tradutor de autores como: Horácio, Metastásio, Voltaire, Fénelon. Sua principal obra, *Viola de Lereno*, está vinculada à canção popular.

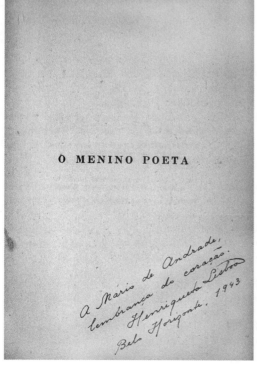

Capa e dedicatória de O Menino Poeta. Henriqueta Lisboa. 1943. "A Mário de Andrade,/ lembrança do coração./ Henriqueta Lisboa/ Belo Horizonte, 1943." Biblioteca MA, IEB-USP.

a um estado menos profundo na aparência, mas superior em completamento humano, de inteligência lógica, ou melhor: de inteligência consciente. E sob o ponto-de-vista de Poesia você já está conseguindo isso muito bem, pois apesar da lucidez intelectual destes seus poemas novos, você consegue não restringir a vastidão lírica do <u>assunto</u> à curteza mais pobre do <u>tema.</u> (Leu meu artigo sobre Castro Alves, saído faz ano e meio + ou – na *Revista do Brasil*?).

O que você está diminuindo (e era fatal dentro dessa lucidez consciente) é a fluidez de valor compreensivo das palavras. Mas em compensação seu verso adquiriu uma cristalinidade, uma perfeição clássica de forma, um ritmo rijo. Não duro nem áspero: rijo como um ritmo de La Fontaine, do grande Góngora[60], de muito Bocage[61] e todo o Virgílio[62]. Desculpe me lembrar também, pedantemente, de Virgílio. Não sei latim. Mas sempre tive a mania de ler Virgílio, mesmo não entendendo 90%, ler em voz alta, por causa da maravilhosa rijeza dos versos. Uma vez, na casa de um amigo, Couto de Barros[63], ficamos tempo lendo em voz alta Virgílio, mesmo sem entender! E há outros, Racine[64], frequentemente o Camões dos *Lusíadas*[65], embora ele aspire a outra grandeza e a consiga. Enfim, dona Henriqueta, gostei muito da sua poesia nova. Mas tome cuidado em não perder o equilíbrio e não intelectualizar demais os estados de sensibilidade, que entre o clássico e o frio, entre a perfeição e o impassível, a distância é mínima. Acho que você está certa, é uma ascensão. Muitos não vão gostar, mas isso é fatal no caminho da ascensão. Mande mais.

---

60. Luis de Góngora y Argote (1561-1627). Poeta lírico e autor dramático espanhol. Por muito tempo esquecida, a obra de Góngora reencontrou sua popularidade e influência na Espanha ao longo da primeira metade do século XX.
61. Manuel Maria Barbosa du Bocage (1765-1805). Poeta lírico neoclássico português. Considerado pela crítica um poeta boêmio, autor de improvisos e obscenidades. Utilizou vários tipos de versos, mas se saiu melhor no soneto. Suas poesias, intituladas *Rimas*, de teor filosófico e autobiográfico, foram publicadas em três volumes (1791, 1799 e 1804).
62. Virgílio (70-19 a.C.). Poeta latino, autor da *Eneida*, narrativa épica considerada obra-prima da literatura mundial, que teve grande influência sobre os escritores europeus.
63. Antonio Carlos Couto de Barros (1896-1966). Escritor e jornalista. Dirigiu, com Antônio de Alcântara Machado, a revista *Terra Roxa e Outras Terras*; colaborador de *Klaxon* e *Estética*. MA dedica ao amigo o poema "Moda dos Quatro Rapazes", de *Clã do Jabuti*.
64. Jean-Baptiste Racine (1639-1699). Dramaturgo francês, historiógrafo de Luis XIV, foi o representante mais emblemático da tragédia clássica francesa. Autor, entre outras peças, de *Andrômaca* (1667), *Fedra* (1677).
65. Luís Vaz de Camões ([1524-1525] – [1580]), grande poeta lírico português, famoso, principalmente, por ser o autor de *Os Lusíadas* (1572), o poema nacional de Portugal.

(A Rubião esteve aqui em casa mais uma pintora[66]. Lhe disse umas coisas desagradáveis, não sei se ela terá gostado muito. Acho o caso dela muito difícil de solucionar bem. Nesses casos de aprendizado, pra se realizar, não "modernistamente" (palavra que não tem mais sentido) mas em normalidade contemporânea apenas, ou é oito ou oitenta. A Rubião em parte por questões de família, em parte pela prisão mental do estádio pictórico de Belhorizonte, em parte por covardia própria, está querendo ficar ali pelo quarenta-e-dois... O resultado é que ficará no oito em vez de atingir o oitenta que é apenas uma normalidade. Ela precisava se jogar às mais bárbaras e audaciosas experiências de pintura, <u>como experiência</u>. Sim, cubismo, expressionismo, surrealismo, podemos dizer que já passaram. Mas a Rubião é que não passou por tudo isso, de formas que desejando pintar uma pera, simplesmente como é <u>mais atual</u>, cai forçosamente nas maneiras e faz fria e boba escola-de-belas-artes. Ela está num estado profundamente angustioso, estreito e sem ar de... de virgindade estética. Não só não sabe o que quer fazer como não o pode saber, por não saber simplesmente o que é arte. Enfim: como estádio do ser ela se conserva na franca nebulosa extra-artística da mocinha de colégio de freiras que pinta. Pinta mas não está no domínio da arte, você me compreende? Ninguém se acha, em períodos de transição social como o nosso, sem se perder primeiro. E isso, em nossa terra e costumes, ainda é tão difícil pra uma mulher, mesmo se tratando de se "perder" esteticamente...)

---

66. Aurélia Rubião escreve, em novembro de 1941, para HL, narrando a visita à casa de MA: "Estava saindo para a casa do Mário quando recebi sua carta. Fui com Maria, que tinha imensa vontade de conhecê-lo. Chovia muito, mas fomos assim mesmo, porque ele estava nos esperando. Achei sua casa um mundo! Livros, quadros, esculturas, santos e por toda parte mil cousas de arte e de curiosidades. Na sala um piano de cauda e uma almofada prosaica em cada cadeira. Levou-nos para o estúdio que é um verdadeiro museu, tranquilo e longe do barulho das crianças, pois tem também sobrinhos em casa. Contou-nos, encantado, que tem um recém-nascido. Achei-o feliz, bonito, gordo, diferente. Interessante que só ao chegar a minha casa é que me lembrei que ele não estava com os mesmos dentes, e era este o motivo de achá-lo diferente e com uma boca muito bonita quando falava (não tenha ciúmes). Disse ter gostado imensamente, ou melhor, usando a expressão dele, enormemente dos seus versos para criança e acha que seu livro será um livro definitivo no gênero. Pediu-me que lhe dissesse que recebeu sua carta e não respondeu ainda por falta de tempo e, para justificar, mostrou-me as cartas que recebe por dia (!!). [...] Pregou-nos um sermão sobre arte moderna e se interessou pela arte de Maria. Gosta também (que homem completo!) de desenhos de criança e tem uma bela coleção, que é para eu ver na primeira oportunidade. Convidou-me para ir fazer estudos em sua casa, pois tem ótimos livros sobre o assunto. Conheço alguém que ficaria com inveja... Enfim, foi uma tarde agradável, como você havia previsto." Aurélia Rubião. Carta manuscrita datada de "Todos os Santos de 1941". Arquivo HL, AEM/CEL/UFMG.

Eu estou vivendo uma vida bruta de trabalhos, e com isso começo a "trair" a minha vida e meus costumes. E até prazeres!... Principio deixando de fazer certas coisas e isso me fatiga mais o espírito e me desanima que trinta horas seguidas de trabalho. Aliás tive um vasto abalo moral ultimamente que não lhe conto apenas pra não magoar demais seu coração amigo. Tudo se acomodou em superfície afinal, mas ando muito alterado e desequilibrado. Apenas espero que de tão grave sofrimento me venha a força pra pôr em prática certas resoluções que tomei e você aprovará de coração grande: beber menos, não me esperdiçar por demais em conversa de bar, não me entregar desleixadamente a qualquer camaradagem de última hora. Ando fazendo um recenseamento de amigos pra decidir uma norma mais profunda de convívios. Você, está claro, já coloquei você num dos nichos do altar-mor.

Com um abraço feliz do

Mário

Carta assinada: "Mário"; datada: "S. Paulo, 20/XI/41"; autógrafo a tinta preta; papel creme; 3 folhas; 26,8 x 19,8 cm.

38   (HL)

Belo Horizonte, 21 de novembro de 1941.

Ao Mário

Saudades de

Henriqueta Lisboa

Bilhete sem assinatura; datado "B. Horizonte 21-11-41"; impresso, autógrafo a tinta preta; cartão de visita, papel branco; 4,9 x 8,6 cm.

39   (HL)

Belo Horizonte, 9 de dezembro de 1941.

Mário,

na manhã de domingo em que recebi sua carta, você deve ter recebido papéis meus. De acordo com o seu desejo, envio-lhe novos poemas. Em condições de buscar você não tenho outros no momento, a não ser os do livro infantil. Quer ver toda a *Caixinha de Música*? Eu ficaria tão contente com isso![67]

Achei graça no seu aviso de que muitos não vão gostar do rumo que está tomando a minha poesia. Se você gosta e me diz que "é uma ascensão", a que mais aspirar? Eu me agradaria do êxito, sim, mas sem sacrifício do que me pertence. E isso é prezar o ofício, Senhor Mário de Andrade exemplar.

Não quero ser ingrata para com alguns poucos amigos que me têm demonstrado interesse mas, de fato, a única opinião capaz de me suscitar mudança de direção é a sua, Mário. Parece que me encontro, com bastante fidelidade, nesses poemas concentrados e exatos. Agora, o que você me diz a respeito de diminuição de fluidez no valor compreensivo das palavras é fortemente considerável.

Será mesmo fatal, isso? O termo cristalização exclui qualquer ideia de fluidez. Mas a poesia não é ilógica? A arte não é às vezes o resultado de uma tentativa absurda? E eu – não estarei dizendo tolices presunçosas?

Quanto ao elemento humano não o sacrificarei jamais às exterioridades perfeitas, descanse. Seria desvirtuar a minha razão de ser. Mas as suas palavras são preciosas.

Esses dias tenho estado a pensar nos caminhos que andará percorrendo a sua poesia. Desde *Remate de Males*[68], que até hoje me impressiona pela sua complexidade, (há nesse livro toda uma escala de valores essenciais e estéticos, desde a nota mais bárbara à mais aristocrática) não o tenho lido senão em prosa. O que há de individual nesse livro! Mas ele é você mesmo! Quando poderei ver os novos poemas? Terei que esperar *Poesias Completas* de cuja edição ouço falar?[69]

---

67. Trata-se do primeiro título conferido a O *Menino Poeta*.
68. *Remate de Males*, livro de poemas de MA, publicado em 1930.
69. *Poesias*, publicado pela Editora Martins, em 1941. Reúne a maior parte dos poemas nos livros anteriores – *Pauliceia Desvairada* (1922), *Losango Cáqui* (1924), *Clã do Jabuti* (1927) e *Remate de Males* (1930) –, seguida da produção mais recente: *A Costela do Grã Cão* e *Livro Azul*.

Reli demoradamente o seu estudo a respeito de Castro Alves que considero, em consciência, o mais sério, o mais substancioso estudo feito no Brasil sobre poesia. A nossa poesia tem urgência da sua crítica, Mário! Falo em nome dos outros pelos benefícios que ela me tem proporcionado. Nunca me cansarei de dizer o que o seu estímulo e o seu cuidado representam para mim de força, alegria e tranquilidade.

Pelo bem que lhe quero, calcule a emoção que me trouxe a notícia de suas boas resoluções! Eu sabia que Deus tinha força, não contra você mas em você, contra essa outra força desordenadora que procura às vezes afastá-lo de Deus. Nesse instante eu o vejo como quisera vê-lo sempre, como você merece ser. Custa-me pensar no que terá sofrido mas creio no valor moral que pode compensar o sofrimento. Veja se me escreve logo!

De coração,

Henriqueta

Carta assinada: "Henriqueta"; datada: "Belo Horizonte, 9-12-1941"; autógrafo a tinta preta; papel cinza; 2 folhas; 18,0 x 17,3 cm.

40 (HL)

Belo Horizonte, 25 de dezembro de 1941.

DIANTE IMENSIDADE LÍRICA SEUS POEMAS SAÚDO COMOVIDAMENTE POETA GENIAL DO BRASIL HENRIQUETA=[70]

Telegrama assinado a máquina: "Henriqueta"; impresso "DEPARTAMENTO DOS CORREIOS E TELÉGRAFOS"; 16,3 x 21,8 cm; rasgamentos nas bordas superior, inferior, direita e parte superior direita; carimbo. Postagem: Belo Horizonte, 25 de dezembro de 1941; 11:00h; Recebimento: São Paulo, 25 de dezembro de 1941; 16:00.

---

70. Trata-se do livro *Poesias*, de MA.

1942

41   (MA)

São Paulo, Reis de 1942.

Henriqueta,

ouro, incenso e mirra para você[1].
Seus versos:
Antes de mais nada: ótimos. Só não gostei do "Mamãezinha", bem feito sempre, mas de um banal só banal mesmo, fiquei desagradável[2].
"Lucidez": é tal a serenidade, a... sim, a lucidez desse poema que as interjeições dos dois tercetos finais me incomodam. Prefiro, de muito, o ponto. Ou talvez as reticências. Mas prefiro o ponto[3].
"Minha morte": acho o título um engano. Não é preciso ele pra gente saber do que se trata. Mas esclarece demais. E fixa. A morte é realmente uma coisa imensamente maior que a palavra "morte". Mude o título desse poema lindo, por favor[4].
E não tenho mais nada a dizer. Você está numa plenitude admirável. Continue, continue! Mais tarde, quando esta "crise" de poesia em que você está for passando e os dois livros você der por compostos, mande me avisar. Por agora, embora com releituras de cada remessa, não estou ainda fazendo leituras de conjunto nem ainda bancando o "advogado do Diabo". Só farei isso

---

1. É o futuro título de um dos poemas enviados por HL a MA, integrante do livro *A Face Lívida* (1941-1945), publicado em 1945, após a morte de MA, dedicado à memória do amigo. (*Poesia Geral, op. cit.*, p. 114). (plp)
2. "Mamãezinha" será comentado ainda na carta de 16 jun. 1942 e na de 8 ago. 1942, em que MA protesta contra a supressão do poema apenas porque ele o achara banal. O poema foi incluído em *O Menino Poeta* (1943), pp. 49-50. (plp)
3. HL atendeu. Em *A Face Lívida* (*Poesia Geral, op. cit.*, pp. 109-10), MA chama de interjeições os pontos de exclamação. Essas observações estão nas notas manuscritas de MA, na folha em que está a cópia do poema recebida de HL e a ela devolvida. (plp)
4. Cf. As observações feitas ao poema são reproduzidas em fac-símile no Dossiê. O poema hoje se intitula "Dama do Rosto Velado". Cf. *Poesia Geral, op. cit.* (plp)

depois, quando o todo permitir visão mais ampla e comparativa. Então serei severissíssimo. Exijo que você faça um grande livro, você merece isso e está em condições de fazer. Estou tão contente de você!

E se tratei na última carta do caso de muitos não irem gostar do rumo que vai tomando a poesia de você, está claro: vejo pelas suas cartas que você tem suficiente saúde mental pra não se mortificar com isso, eu é que me irrito, fico impacientado às vezes, com essa falta de critério humano. Não da "plebe", falo dos que deviam mais perceber a elevação, a profundeza, o equilíbrio sereno. Aliás, creio que percebem sim, mas se desviam porque os fatiga a perfeição. Preferem pimentas e os açúcares violentos. Não há só falta de refinamento em nossas camadas cultas, há recusa ao esforço que a elevação exige. Daí uma confusão de valores danada. E a certos valores, a conspiração de silêncio em torno, silêncio respeitoso e por isso mais irritante. Seriam incapazes de atacar – o que ainda era uma lealdade – mas têm medo de dizer que não gostam, que ficam chateados, porque pressentem vago que isso redundaria na confissão da própria inferioridade deles. E então se recolhem no "prudente silêncio", essa burguesia nojenta do espírito, pior aspecto da burguesia, o prudencial. É natural que um impetuoso que nem eu, o que mais deteste seja isso. Porém, mesmo imaginando com isenção do que eu sou em mim, não tem dúvida que essa recusa hipócrita, esse respeito prudencial, essa não-aspiração ao perfeito, é a mais irritante das formas da incompreensão, fico danado[5]. Você está azul, numa tal cristalinidade de arte, conseguindo de tal forma revelar estados em poesia, a palavra estala de leve, como certos estalos das borboletas, uma coisa linda.

---

5. As reações da crítica aos livros de HL interessaram muito a MA. O assunto apareceu em outras cartas: 10 fev. 1943, 5 dez. 1943, 28 jan. 1944, 5 mar. 1944, 27 maio 1944. MA lamentava a incompreensão da crítica em relação aos temas e à técnica de HL. Referindo-se, na carta de 11 jul. 1941, ao artigo por ele publicado sobre *Prisioneira da Noite*, afirma ter ali iniciado uma nova orientação crítica: "Só mais um, quero lembrar entre os exemplos delicados de transferência que denunciam a psicologia lírica de Henriqueta Lisboa, o poema 'Renúncia'. Sinto o espaço do jornal não me permitir reproduzi-lo, 'Renúncia' é um poema perfeito. A verdade intensa da emoção, a beleza nítida das imagens-símbolos a que ela se transfere, a contenção antipalavrosa e sintética, realizadas num dizer simples mas clássico, firme e marmóreo, que atinge a força estilística de Gabriela Mistral". Mário de Andrade, "Coração Magoado", em O *Empalhador de Passarinho, op. cit.*, pp. 258-259. A respeito dessa crítica, Fábio Lucas assim se expressou: "a busca do motor psicológico das obras facilitava certas quedas no impressionismo. O artigo sobre Henriqueta Lisboa, 'Coração Magoado', parece-nos insuficiente e pouco esclarecedor; o que escreveu sobre Gabriela Mistral não passa de crônica de simpatia". Cf. Fábio Lucas, "Aspectos da Crítica de Mário de Andrade", em Oswaldo de Araújo & Aires da Mata Machado Filho *et al, Mário de Andrade*, Belo Horizonte, Edições Movimento-Perspectiva, 1965, p. 34. (plp)

Beijo suas mãos por tudo.

Mário

Mande, sim, toda a *Caixinha de Música*. Está completa?

Carta assinada: "Mário"; datada: "São Paulo, Reis de 42"; autógrafo a tinta preta; papel creme; 1 folha; 26,8x20,0cm; carta com leve rasgo à esquerda e marcas de fita adesiva.

42   (HL)

Belo Horizonte, 8 de janeiro de 1942.

Mário,

não sei se conseguirei sintetizar as minhas impressões diante da imensidade lírica de sua poesia, quando ainda me sinto emocionada pela surpresa de seus novos poemas, pela surpresa dessa visão de conjunto que imprime à sua obra poética uma cintilação singular[6].

Mas de uma cousa estou certa: os críticos ainda não conseguirão defini-lo nem interpretá-lo devidamente por essa razão: você é poeta genial. Digo-o convicta e iluminada, embora não saiba explicar-me suficientemente.

Ainda não tivemos nas nossas letras uma expressão mais genuína de brasilidade, uma espontaneidade tão vasta, uma abundância tão numerosa de tudo o que marca a feição de nossa gente, os acidentes de nossa terra.

E não é apenas no conteúdo que se revela esse estigma de nacionalidade. Na própria forma de mão aberta, ao Deus dará, no ritmo desigual, geralmente preguiçoso, como que inseguro, no baralhado do assunto (planos superpostos, visão ofuscando visão, vozes a um tempo) nessa técnica magistralmente desgovernada, apagada pela realidade artística, encontro o brasileiro do Brasil por acaso e, sem antítese, o brasileiro exato a quem a cultura não conseguiu domesticar e que guarda, por isso, toda a sua pujança original. Nenhuma coação se infiltra no seu mundo poético. Mário, você o criou como se nenhum poeta houvesse existido antes!

6. HL comenta o livro *Poesias*, de MA, lançado em 1941. O poeta fez uma seleção de poemas de *Pauliceia Desvairada*, *Losango Cáqui*, *Clã do Jabuti* e *Remate de Males*. *A Costela do Grã Cão* e *Livro Azul* têm sua primeira publicação.

Certa rusticidade ingênua, de superfície, (o elemento moderno) e uma profusão de raízes arraigadas ao solo (romantismo, tradicionalismo) tornam essa poesia extremamente contraditória. Sua dificuldade de escritor não está no emprego de curumins, baobás e aratacas, mas na espessura da substância, nesse emaranhado agreste, nessa fuga por selvas e rios, atabalhoadamente, como a querer livrar-se da própria sombra (erudição, virtuosidade, sonho, até mesmo experiência). Além destas, outras contraposições de ordem diversa põem em relevo o seu estilo de grandes dissonâncias: o gosto de viver até à amargura, (a própria dor é uma felicidade, verso repetido) a ironia nos momentos mais graves, o sarcasmo disfarçando enternecimento e a blandícia valorizando rudeza. Na participação total do universo encontrou a sua sensibilidade uma solução muito outra da de Carlos Drummond, revoltado. Ele se fixou em si mesmo, é a mais férrea encarnação do orgulho e do sofrimento estoico, você se espraiou por todos os lados como um deus bonachão. Você e ele – os casos máximos da nossa poesia!

Para terminar, alguns pormenores: parece-me que o *Livro Azul*[7] é a sua produção de maior importância. "Girassol da Madrugada" é um poema extraordinariamente belo, transcende a todas as contingências para uma esfera de indefinível inefável. No "Rito do Irmão Pequeno", em que você me lembra um vagaroso Noé, perpassa o pressentimento sonolento de uma existência diversa, – intuição do reino vegetal, seivoso, vitaminado, bom, intuição da bem aventurança prometida aos simples, ou do nirvana?... Acentuam-se no "Grifo da Morte", súbita cristalização de pensamento, "alma sem tristeza" de tanto lastro deixado, os vincos com que a vida assinala a nossa vitória sobre o tempo. Há outros poemas, de forte realização, aos quais me seria penoso referir.

Mas a medida de sua emotividade humana eu a encontrei em "Reconhecimento de Nêmesis" e "Mãe", como encontrei no soneto "Aceitarás o amor" a maravilha que nasceu perfeita e, em "Canção", a sua levitação de lírico.

Toda a admiração de

Henriqueta

Carta assinada: "Henriqueta"; datada: "Belo Horizonte, 8-1-1942"; autógrafo a tinta preta; papel cinza; 2 folhas; 18,0 x 17,4 cm. <u>Nota MA</u>: trecho sublinhado a lápis vermelho: "Nenhuma coação [...] poético."

---

7. *Livro Azul* se compõe dos poemas "Rito do Irmão Pequeno", "Girassol da Madrugada" e "Grifo da Morte".

43   (MA)
───────────────

São Paulo, 30 de janeiro de 1942.

Querida Henriqueta.

Acabo de reler sua carta, mais calmo agora. Da primeira vez que a li, quando chegou, fugi dela assustado. Ela me fazia um bem sublime porém ao mesmo tempo um mal perigoso. O bem, e eu estava precisando muito dele, era a compreensão tão exata do meu ser de poeta, o perigo estava na valorização. E fiquei desde então, faz vinte dias, querendo reler a carta de você, mas não lendo pra me equilibrar primeiro bem.

São 16 horas e 30. Embora uma doença meia indecisa venha me atormentando faz doze dias, desde o primeiro do ano que venho trabalhando com muita normalidade e vivendo em ótimo equilíbrio. Hoje preparei a manhã toda os meus estudos e notas, pra reiniciar na segunda-feira um romance abandonado creio que em 1934. Durante o dia continuei trabalhando em casa mesmo. Agora tomei chá. Agora me sinto exato, bem normalizado. Pude reler sua carta. Pude com muita consciência de mim pôr de parte um elogio exagerado que lhe escapou da pena e pude principalmente compreender com mais clareza, por não perturbado, a carta de você.

Que carta grande, Henriqueta! Vamos ficar bem quietinhos em nós mesmos, sem dizer nada a ninguém – "o encanto que nasce das compreensões perfeitas". Meu Deus! como eu me sinto em sua carta! Não tem dúvida que muito crítico, muito amigo já me tem dito coisas verdadeiras sobre... sobre o quê, bem certo, é que não sei dizer. Mas, se verdadeiras, essas observações não deixam de ser um bocado externas. Afinal talvez não seja muito difícil perceber na minha aventura literária que eu tenho bastante "saúde mental", nem que sou um experimentador honesto etc. E sou sempre muito grato a essas pessoas – tanto mais que, sem ser exatamente perseguido por incompreensões, a verdade é que já tive que aguentar muita tolice sobre mim. Pois até não me chamaram de "hedonista", eu!

Mas a sua carta, com ela você tirou de um livro de poesias, uma compreensão tão mais total e íntima de mim... Não posso comentá-la inteira em todos os seus dados de compreensão, todos certos, todos tão aprofundados e completos – um prodígio de síntese.

Mas tem uma frase na carta que preciso lhe agradecer mais que tudo. É quando você diz que "nenhuma coação se infiltra no meu mundo poético"[8].

---

8. Além dessa análise de MA, convém conferir a complementação da carta de 16 jun. 1942: "Se a criação, no momento da criação artística exige nenhuma

Principalmente pelas frases que a cercam, essa afirmativa tem o efeito de uma verdadeira denúncia do que tenho sido em poesia. E isso foi tão mais grato pra mim, que não só ninguém nunca percebeu isso, como só frases em contrário tenho ouvido.

Em qualquer sentido a frase de você é perfeita como definição do meu ser. Nenhuma coação. Nem como poética, nem como arte. Nem como lirismo, nem como ser humano. Mas, minha querida Henriqueta, força é reconhecermos ambos, apenas sorrindo, que era bem difícil aos... aos Outros, perceber isso numa obra-de-arte como a minha, com um lado externo tão contundente. Sucedeu que viram o lado externo mais que o resto, falaram da contusão sofrida. Não desprezo ninguém por isto. Só que agora posso me sorrir, porque alguém percebeu!

Em verdade não há uma só poesia minha <u>publicada em livro</u> (e mesmo em revista, sendo feita depois de 1922) que não tenha sido escrita fatalizadamente, em pleno "estado de poesia". A infinita maioria, em verdadeiro estado de transe, de possessão. O caso do meu primeiro livro é engraçadíssimo: o que me levou a escrevê-lo? e principalmente a publicá-lo imediatamente!... Na verdade era a primeira poesia minha – além de uma estrofe surrealista que fiz menino – que brotou em mim "sem nenhuma coação"!

Eu tinha em dezessete, inéditos, talvez umas três centenas de sonetos, umas nem sei quantas poesias, vários contos. Muita dessa coisa palavra-de-honra que eu julgava excelente, algumas adorava. Eis que um dia belo, num ambiente guerreiro de muita discussão que era o da minha família (meu Pai e eu "torcíamos" pelos aliados, meu mano mais velho pelos alemães) me pus escrevendo versos contra a guerra, pacifistas! Foram vários dias seguidos de estado lírico, naquele tempo ainda gostoso, que eu não tinha compromissos. Fiz, corrigi, recorrigi, resolvi publicar, fiz dívidas e publiquei. Está claro que muito poeta por aí pensa que metrificação, rima, técnica é coação... porque a não tem. São incapazes de distinguir entre possuir técnica pra manufaturar a obra-de-arte, e obra-de-arte pra expor técnica, pra manufaturar técnica. Mas isto não é conosco.

Pauliceia Desvairada, essa só posso mesmo dizer que foi escrita em puro e total estado de possessão, incrível o que fiz, como vivi, como <u>desvivi</u>, os dias em que a escrevi! Foi absurdo; e até agora esses estados de possessão, frequentes em mim, acho inexplicáveis pelo que sei de psicologia. Porque

> coação e pode ser imoral, anti-social e desumano, o artista é que é moral e humano e, como tal, se ele for de fato moral e humano, a sua obra-de-arte (não o momento da criação) será sempre moral e humana". A mesma caracterização de MA foi retomada por HL no ensaio "Lembrança de Mário" (*Convívio Poético*, p. 169), reproduzido no Dossiê deste volume, assim como o poema. (plp)

às vezes duram vários dias! Como é que se interrompe um estado desses e no entanto ele volta meia-hora, duas horas depois, depois de uma noite dormida bem (à custa de calmantes)! Assim foi com *Pauliceia*, assim foi com o "Grã Cão do Outubro" em que fiz quarenta anos. O "estado" do "Grã Cão do Outubro" durou talvez uns vinte dias. É verdade que, neste caso, ainda se poderá explicar a possessão pelos excitantes externos em que me chafurdei, sexo, álcool, comidas violentas, desgaste físico.

Mas com *Pauliceia*? Não houve nenhum estupefaciente, nenhum valor externo. Eu escrevia, escrevia, e agora parava porque chegava uma aluna e eu tinha que dar uma lição de piano cuidada que era preparo de exame; ou me chamavam pra jantar, pra almoçar; ou não podia mais, exausto, altas horas, tomava um calmante qualquer, dormia morto. É certo que estava sempre um pouco longínquo, não dava atenção bem às conversas, ao que comia. Mas sem nenhum ar de esquisito, ninguém reparava. Só as lições, me lembro, eram muito penosas, não via a hora de acabar com aquilo, me libertar. Às vezes me brotava uma ideia de poema, uns dois versos, que eu fazia um esforço danado pra reter na memória. E ao mesmo tempo fazendo esforço ainda maior pra não demonstrar nada, muito... atencioso com os outros, resolvendo bem meus casos...

Se me perguntassem como, quando surge a poesia em mim, eu teria que responder que de qualquer maneira. Só de uma maneira não: jamais <u>decidi</u> que ia escrever uma poesia agora ou depois do jantar – isso, jamais. Mas no resto... Faço poemas sentado aqui na secretária. Isso o maior número, pela simples razão que sempre fui muito caseiro e até 1935 quase todo o meu trabalho de ganha-pão era feito em casa. Mas já fiz poemas (até completos como o n.º I dos *Poemas da Amiga*) andando na rua, a pé, andando de bonde, de trem, de automóvel. Só não fiz de avião... A maioria dos meus poemas é "de memória" provocados por experiências já passadas e que voltam transformadas em "estado de poesia". Mas também já fiz muito poema em que o estado-de-poesia se dava <u>durante</u> a experiência, como quase todo o *Losango Cáqui*, o "Grã Cão do Outubro". Uns imediatamente depois da experiência, outros muito tempo depois. E outros num chi chabe! "Danças", vale a pena contar. Uma noitinha, depois da janta, eu estava perfeitamente em mim, sem nenhum desespero da vida, nenhuma amargura, nenhum cinismo. Pelo contrário, estava tão bom e gostoso que fui até a sala (andava preocupado com Schumann[9], não com a vida, só com a música dele, aqueles dias), abri o piano e principiei tocando as *Danças da Liga de Davi* que

---

9. Robert Alexander Schumann (1810-1856). Compositor alemão cuja música marca o apogeu do romantismo.

gosto mas não muito. Não foi possível, depois da terceira ou quarta dança fiquei tão inquieto, tão impulsionado, tinha que escrever umas danças, me passaram "eruditamente" pela cabeça Amy Lowell[10] que quisera traduzir os ritmos coreográficos em poesia modernista, e também Casemiro de Abreu[11] na "Valsa". Mas já não lembrava mais nada, vim pra esta secretária e escrevi de uma vez só as minhas "Danças"[12].

Agora o mais delicioso pra mim é que este poema, evidentemente dos mais "trabalhados", dos mais virtuosísticos de toda a minha obra (não nego que eu use e abuse mesmo da virtuosidade às vezes), esse poema foi dos raros que ficaram quase integralmente na primeira versão. Terei corrigido umas vinte palavras no máximo pra clarear imagens, formar ritmos. Não acrescentei uma só imagem, uma só ideia, que me lembre. Só o último dos números me lembro que modifiquei bastante, tirando coisas inúteis.

Quanto à ideação, ela em nada corresponde ao espírito que ditou as danças de Schumann e muito menos aos poemas soltos de Amy Lowell e Casemiro de Abreu. E o mais engraçado é que não corresponde muito menos a qualquer constância sentimental ou intelectual do meu ser. Positivamente eu sempre soube chorar e nunca fui dos que dão de ombros à vida. Hoje não lembro mais, porém eu devia estar sofrendo muito, aqueles dias, alguma injustiça, algum caso social e fazendo esforço pra que o meu sofrimento não me chegasse ao limiar da consciência. Decerto estava me obrigando a não me amolar com alguma coisa que sucedera.

Não estou te aborrecendo, contando demais? Só quero contar mais uma coisa. Duas coisas. Pra não esquecer delas, enumero já: I – Possessão voluntária e II – Superposição intelectual.

---

10. Amy Lawrence Lowell (1874-1925). Como poeta, Amy Lowell tornou-se conhecida como principal representante do imagismo na poesia americana. Criou certa reputação como crítica da poesia moderna e como biógrafa literária. Lowell escreveu seus primeiros poemas ainda dentro da tradição do romantismo inglês, mas logo adotou o uso do verso livre. Experimentou a prosa polifônica, numa tentativa de união entre a prosa e a poesia tradicional. MA traduziu um poema seu em *A Escrava que não é Isaura*. *Complete Poetical Works of Amy Lowell*, sua obra completa, apareceu em 1955.
11. Casemiro de Abreu (1839-1860). Poeta do romantismo brasileiro: sua poesia exalta a infância, o amor platônico, a saudade da pátria. Autor de "Aurora da Minha Vida".
12. "Danças" (1924) é o título do poema de MA, incluído em *Remate de Males* (1930).

I – O *Macunaíma* e quase a infinita maioria dos meus poemas "dirigidos" foram escritos em estado de possessão <u>preparada</u>. Como assunto, a própria *Pauliceia*, mas sem saber que estava preparando. Depois, principiei fazendo isto voluntariamente. Quero dizer: eu provoco o estado de poesia. Esses em geral, por isso que dirigidos, são os poemas mais remanejados. Às vezes entre a primeira e a versão definitiva são mais dois poemas irmãos que o mesmo poema[13].

Justo por crer na poesia, crer na arte, em seu valor intrínseco e em seu valor funcional, jamais não sentei na mesa pra escrever em poesia uma lenda brasileira, pela razão de que os poetas nacionais e um Goethe[14], um Heine[15] poetizam lendas e histórias. Mas aos poucos, passadas certas ebulições entusiásticas do ser, sistematizadas elas em princípios de minha orientação artística, fui tomando o costume de provocar a saída, a nascença, a criação dum poema sobre um assunto, um tema estabelecidos preliminarmente.

Sem a menor intenção de diminuir o Ronald[16] e apenas estabelecendo uma diferença: O Ronald escreveu *Toda a América*. Eu, ninguém sabe o que eu dava de vida (até 1930 + ou –) pra escrever um *Todo o Brasil*. Mas não saiu, que que eu posso fazer! Tem o "Noturno" (Minas), tem o "Carnaval" (Rio), terá uma classe de brasileiro nos "Poemas Acreanos", terá digamos o

---

13. MA entende ser a criação artística semelhante ao orgasmo e não ao parto, como assim formularam Rainer Maria Rilke e Friedrich Nietzsche, por simbolizar o estado de prazer que num primeiro momento arrebata o criador, para em seguida se acalmar, retomar o trabalho e revisar o que foi escrito de forma intempestiva. Para Rilke, em *Cartas ao Jovem Poeta* (1929), a evolução poética passa por uma lenta criação de si: aprender a amar, preservar a liberdade dos seres, construir uma obra como se gera uma criança, com humildade e confiança. O mistério da maternidade se torna a metáfora do problema literário. Segundo Marcos Antonio de Moraes, "Mário lê as *Cartas a um Jovem Poeta* na edição francesa de 1937, traduzidas do alemão por Bernard Grasset e Rainer Biemel. Deixa traços no caminho da leitura, a lápis, dispondo interrogação, cruz, traços duplos e triplos à margem de trechos". Marcos Antonio de Moraes, *Orgulho de Jamais Aconselhar. A Epistolografia de Mário de Andrade*, São Paulo, Edusp/Fapesp, 2007, pp. 215-216. Em Nietzsche, no final do livro *Crepúsculo dos Ídolos* (1888), há a apologia da mulher grávida como símbolo da dupla afirmação dionisíaca, da vontade de vida: "Para que haja o eterno prazer da criação, para que a vontade de vida se afirme eternamente a si próprio, *tem* de haver também eternamente a 'dor da mulher que pare'...". Friedrich Nietzsche, *Crepúsculo dos Ídolos*, tradução, notas e posfácio de Paulo César de Souza, São Paulo, Companhia das Letras, 2006, p. 106.
14. Johann Wolfgang von Goethe.
15. Heinrich Heine (1797-1856). Poeta e crítico alemão, autor do *Livro dos Cantos* (1827). Sua obra, polêmica na opinião das instituições políticas e religiosas de seu país, redefiniu a noção de romantismo.
16. Ronald de Carvalho (1893-1935). Poeta carioca, participante ativo da Semana de Arte Moderna de São Paulo. Na noite de 15 de fevereiro de 1922, Ronald de Carvalho causou o maior escândalo ao declamar "Os Sapos", de Manuel Bandeira. Em 1924, publica *Toda a América*, sob influência de Walt Whitman.

Recife, nos *Poemas da Negra*, mas, e o resto?[17] Manuel[18] chegou a me dizer que desejava muito que eu escrevesse um poema tipo "Noturno", sobre o Nordeste, e realmente o assunto é empolgante. Tanto chateei ele contando que desejava escrever um poema intitulado "Meditação sobre o Amazonas" e este não havia meios de... chegar! E falta o sul que é empolgante também. E falta São Paulo, o café! Não saiu, Henriqueta minha! E será que das centenas de lendas e histórias brasileiras, que eu conheço, só quis pôr em poema o Pai do Mato, Gonçalo Pires, a Cadeia de Porto Alegre, o Major Venâncio da Silva, e o Rola Moça?[19] É evidente que não. Centenas de "temas" desses escolhi, analisei bem, percebi o fundo poético de caracterização racial, regional, simplesmente lírica. Mas não saíram, nunca fui "obrigado" por qualquer deus daninho a escrevê-los. E respeitei o deus daninho.

Como "preparo" o estado de possessão? Pelos meios arqui sabidos, não inventei nada. Escolha muito pensada do assunto, notas tomadas por escrito, projetos formais, um verso que surge sozinho e fixa um ritmo, pensamento constante, andar a pé sozinho principalmente de noite nos bairros longínquos, ler poesia muita, álcool sem excesso. E se sair que saia. Centenas de vezes não saiu.

II – E em geral, quando sai, sai de uma "espontaneidade" magnífica, duma "sinceridade" profunda, mas que não me interessam. Talvez (e desde sempre) a coação de que sou mais livre, a que mais me repugna mesmo, é a coação da "sinceridade". Eu tenho estados poéticos, da maioria dos quais não sou responsável. A maioria deles se objetiva em poesia, de que também ainda não sou responsável. Mas além de ser poeta, eu sou artista. O que me enobrece não é ser vate, coisa que se é ou não se é. O que me enobrece, o que dignifica é ser artista, é realizar, não a poesia, mas a obra-de-arte. Pouco importa que nesta realização suceda ter que mudar uma palavra só, ou mudar muitas coisas. Pra mim, a poesia realizada pelo estado inefável de poesia, não passa de um diamante bruto, que às vezes sucede sair já polido, como nas "Danças", como em "Quarenta Anos", cujo original ainda existe e tem uma palavra mudada e um ritmo consertado.

---

17. MA estava bastante inclinado a criar um poema integrador cujo tema abarcasse todo o Brasil. O traço nacionalista de sua poética se casa com o desejo de entrega total a tudo o que faz. Cf. carta de MA a Drummond, de 24 ago. 1944.
18. Manuel Bandeira.
19. Os nomes são títulos de poemas de MA: "Toada do Pai-do-Mato", "Moda da Cadeia de Porto Alegre", "Moda da Cama de Gonçalo Pires", "Coco do Major" (Major Venâncio da Silva) e parte do poema "Noturno de Belo Horizonte", "A Serra do Rola Moça". Estão inseridos em *Clã do Jabuti*, de 1927.

E é então, como artista confeccionador da obra-de-arte, que eu corrijo, transformo, <u>deformo</u>, melhoro, <u>pioro</u>, <u>maltrato</u> etc. etc. Isto é que muita gente não é que não perceba o problema, <u>não o entende</u>. Por não saberem o que seja arte (humana), por não saberem o que seja obra-de-arte (funcional) e por não pescarem um níquel o que seja o destino do artista. (Tenha paciência que já acabo já. Mas você foi tão boa pra mim que careço me abrir). Essa gente não percebe (por causa da tal "sinceridade" deles) o que seja arte (não poesia) dirigida. Eles não podem perceber que haja uma sinceridade... Maior! Não percebem que se eu emprego a palavra "amouxar" gaúcha, em vez de esconder que é da minha região, não houve luta nenhuma entre poesia e arte, entre técnica e lirismo, entre inteligência e sensibilidade, entre espontaneidade e "parnasianismo", e nem sei que mais entres! Pra essa gente metrificação e rima ainda é falsificação. São os escravos do verso-livre, que tanto empregam verso-livre pra um assunto como pra um tema, tanto pra isto tudo como aquilo tudo.

Não há luta, não há oposição. Mas eu sou artista, quero ser artista: há superposição, há, meu Deus! há justamente o que não parece haver, há equilíbrio. E não me pejo de afirmar que muitas vezes há mesmo superfetação. Superfetação voluntária, exigente, queimante e que justamente o que quer é queimar. Quando Musset[20] mudou "Améoni" que rimava perfeito com "sein bruni", por "Amaëgui" só pra irritar Victor Hugo[21], essa gente por certo não percebe nesta superfetação da inteligência consciente, um valor funcional e, o que é mais admirável, justamente um... estado de poesia! Só lastimarão a luta entre o lirismo "espontâneo" e a inteligência chocarreira de Musset...

Tenho muita coisa assim, superposta pela inteligência à poesia, pra fazer a "minha" obra-de-arte funcionar. Mas lhe juro, Henriqueta, que jamais escrevi uma poesia por decisão de escrever. E por isso a sua carta certíssima na análise, mesmo que estivesse errada em quase tudo, só por definir que nenhuma coação se infiltra no meu mundo poético, me fez um bem enorme, foi um bem.

Como as mulheres vão mais fundo!... Sem vaidade, vou lhe contar uma anedota deliciosa de que oculto os nomes por limpeza de intriga. Um poeta grande, muito meu amigo aliás, vive atenazando uma senhora já experiente,

---

20. Alfred de Musset (1810-1857). Escritor e poeta francês, cuja obra dramática pode ser considerada como a contribuição mais original do teatro romântico. Algumas obras: *Les Caprices de Marianne* (1833), *Lorenzaccio* (1834). O poema ao qual MA faz referência é "L'andalouse", cujos primeiros versos são: "Avez vous vu, dans Barcelone,/ Une Andalouse au sein bruni?/ Pâle comme un beau soir d'automne!/ La marquesa d'Amaëgui!". Alfred de Musset, *Premières Poésies*, 1829.
21. Victor Hugo (1802-1885). Escritor romântico francês, poeta, romancista, dramaturgo, crítico literário. Autor, entre outras obras, de *Notre Dame de Paris* (1831), *Contemplations* (1851).

verdadeiramente culta e amiga de ambos, pra ela dizer de nós dois qual prefere. Tudo brincadeira e ocasião pra riso sem maldade. Ela hesitava, sorria, não dizia. Mas outro dia, tendo lido as *Poesias*, ela saiu-se com esta frase linda: "Olhe: agora eu sei. Vou dizer a Fulano que a poesia dele é mais bela mas que a poesia do Mário mata". Não é gracioso? Não posso negar que embora, sinceramente, considere o outro poeta bem mais completo e perfeito, a frase me soou como uma verdade. Verdade difusa porque a minha poesia não mata ninguém, mas choca muito pela integridade. Tenho errado muitíssimo, mas jamais por ter deixado de parte, conscientemente, qualquer elemento que me ajudasse a acertar. Isto é: Jamais errei pelas fraquezas de poesia ou de arte, mas pelas minhas próprias deficiências. E destas... Deus tem a culpa, não eu.

Arre, que chega! E você? Como vamos de poesia? Quando me manda o resto e o esquema de composição do seu livro infantil? Desculpe ter falado só de mim, nesta carta. Mas desta vez ainda a culpa é de você, não minha.

Com um abraço fiel do

Mário

Carta assinada: "Mário"; datada: "S. Paulo, 30-I-42"; autógrafo a tinta preta; papel creme; 4 folhas; 26,1 x 20,8 cm.

---

44   (HL)

Belo Horizonte, 4 de fevereiro de 1942.

Mário,

nossas cartas se encontraram da última vez. Espero que você tenha acolhido de coração generoso as minhas impressões sobre o seu livro. Deixe estar que um dia lhe escreverei de novo e, possivelmente, melhor, sobre esse assunto inesgotável. Apesar de todo o trágico rumor que avassala o mundo e nos constrange cada vez mais, continuemos a falar de poesia, Mário!

Sinto-me absurda no meio de tanta confusão, como que enlouqueceram as próprias palavras! Sempre achei excessiva a frase feita de que "a poesia salvará o mundo", entretanto, se cada homem examinasse a sua consciência como tem que fazer o poeta para encontrar sua verdadeira expressão, o mundo seria menos incoerente.

E que lindas cousas você me diz nessa carta de 6! Como não procurar fazer o livro que você quer de mim? O grande livro, estas palavras me causam certo medo mas também grande orgulho. E eu sei que o esforço mais árduo já vai ficando para trás, nessa longa tensão poética diante da vida, em que me preparei dia a dia para a arte. Farei uma obra digna da sua assistência, que é a minha recompensa mesma. Os outros... às vezes me ocorre pensar neles, naturalmente penalizada com o silêncio – digamos – de Tristão de Ataíde[22].

Não que eu esperasse dele (costumo ver claro) qualquer sugestão para a minha poesia. Esperava apenas alguma consideração – o cumprimento de um dever dele, creio.

Mas isso para mim nada tem de essencial.

Ando pensando em Ravel[23] que, antes de iniciar a composição, "calculava o esforço do salto, media a altura do trampolim, deduzia a temperatura da água, controlava a elasticidade muscular".

Isto sim me parece essencial, a atitude consciente.

É também essencial, neste momento, arrumar as malas para as águas do Araxá. Estou precisando de uma estaçãozinha. Para lá seguirei depois de amanhã, 6. Mande-me logo – para o Hotel Colombo – uma porção de boas notícias, conte-me a sua vida, os seus trabalhos, as suas vitórias, as suas alegrias. Você só devia ter vitórias e alegrias[24].

Não se esqueça de dizer-me se recebeu os três poemas da terra: "Poesia de Ouro Preto", "Romance do Aleijadinho" e "História de Chico Rei".

A *Caixinha de Música*[25] tem quarenta poemas – creio que está completa – salvo uma ou outra substituição. Mas na hora de seguir para São Paulo, alguns se escondem na gaveta. Quando tudo estiver em ordem, avisarei.

Agradeço-lhe infinitamente, querido Mário, a emoção que me causou a sua oferenda lírica de Rei Mago.

Henriqueta

Carta assinada: "Henriqueta"; datada: "Belo Horizonte, 4 de fevereiro de 1942"; autógrafo a tinta preta; papel cinza; 2 folhas; 18,0 x 17,3 cm.

22. Tristão de Ataíde: pseudônimo de Alceu Amoroso Lima (1893-1983), crítico literário e pensador católico, de grande projeção na vida intelectual brasileira. Foi Presidente da Ação Católica Brasileira, diretor do Centro Dom Vital e da revista *A Ordem*, reitor da Universidade do Distrito Federal e um dos fundadores da Universidade Católica do Rio de Janeiro. Dentre as obras, citem-se: *O Crítico Literário* (1945); *Introdução à Literatura Brasileira* (1956). Não há registro de texto crítico de sua autoria sobre HL.
23. Maurice Joseph Ravel (1875-1937). Compositor francês, celebrado pela perfeição de suas composições e pela virtuosidade de suas orquestrações, autor de *Bolero* (1928).
24. Araxá: cidade do sul de Minas Gerais, famosa pelas águas sulfurosas e medicinais. HL passava sempre as férias nessa cidade.
25. O título do livro será substituído por *O Menino Poeta*.

45   (HL)

Araxá, 11 de fevereiro de 1942.

Mário,

isto aqui é vagaroso e bom como o país do Irmão Grande. Natureza mansa, água sulfurosa, sala de refeições, dormitório. Nenhum verso novo me passou pela cabeça. Trouxe comigo a sua carta recebida pouco depois de partir e pouco antes de lhe haver escrito. Nunca outra carta foi tão minha, nunca outra carta me fez tão feliz. Quanto à louvação na qual você não consente, talvez daqui a cem anos eu possa de algum modo sibilar-lhe aos ouvidos: eu não disse?... Mas aqui mesmo na terra ainda discutiremos. Devo regressar à casa a 23 ou 24.

Como vai de saúde, Mário? Tenha cuidado, eu lhe peço. Com muito carinho.

Henriqueta.

Cartão postal: "Hotel Colombo – Barreiro"; datado: "Araxá, 11-2-1942"; assinado: "Henriqueta"; autógrafo a tinta preta; 8,9 x 13,9 cm.

Cartão postal de HL a MA. Araxá, 11 fev. 1942. Arquivo MA, IEB-USP.

46 (MA)

São Paulo, 24 de fevereiro de 1942.

Henriqueta.

Estou me sentindo muito triste, muito abafado. Não deve ser do suicídio do Zweig[26], ou pelo menos, não deve ser apenas por isso. Pelo contrário: quando li a notícia hoje de manhã o que eu tive foi raiva. Fiquei irritadíssimo. E andei falando mal do homem, a quem me tocava nele. Não sei, não posso compreender essa desistência. Eu creio que deve haver sempre, quando a gente chega, na crise mais aguda da inteligência como elemento da sociedade humana (como parece que foi o caso dele) eu imagino que deve haver sempre a alternativa: suicídio ou assassínio, se suicidar ou matar. É certo que há muita gente por aí que devia morrer. Afinal com a importância atribuída a ele, Zweig dá um exemplo detestável. Muito intelectual vai optar também pela desistência. E como não terá desespero bastante pra engolir cianureto de potássio, optará pelas formas mais convidativas da desistência moral: não se amolar e até, cinicamente, aderir. Não senti nem sofro com a morte de Zweig, porém ela me inquieta. Por que ele não fez um grande estouro que... o matassem? Era ainda uma forma de suicídio, mas sem a imagem devastadora da desistência. A covardia absurda e abjeta do suicídio dele não está em ter se recusado a viver neste mundo a que chegamos, está no convite ao conformismo. Porque o suicídio, afinal das contas, é uma espécie de conformismo como qualquer outro.

Eu também na minha crise que acabou me fazendo fugir pra fazenda em dezembro, também a mim a <u>imagem</u> do suicídio me perseguiu bastante. Mais a imagem que a ideia, porque acreditando em Deus, meus deveres morais pra com Deus me impedem, senão de estudar o problema, pelo menos de o encarar como problema meu. E se eu meter uma bala na cabeça será me deixar levar pela imagem de uma assombração... apaziguadora. E a vida me interessa mais que essa possível paz da morte. Você sabe o que mais me assombra nos materialistas? É não se suicidarem todos eles! porque não se suicidam! Sem uma significação superior, e esta só pode ser Deus, a vida é uma coisa completamente sem significação para a inteligência e esta só pode concluir pela bala na cabeça. Ou o cianureto de potássio.

---

26. Stefan Zweig (1881-1942). Poeta, romancista, dramaturgo, ensaísta e tradutor. Judeu austríaco, procurou fugir da perseguição nazista exilando-se, primeiramente em Londres, em 1934, depois nos Estados Unidos, em 1940, e no Brasil, onde chegou em 1941 e se suicidou em Petrópolis, com a mulher, no dia 22 de fevereiro de 1942.

Mas com a imagem do suicídio me veio logo a imagem gêmea do assassínio. Nesta eu pude consentir e transformá-la em ideia. Afinal das contas não me seria desagradável botar uma bomba num conclave que reunisse Getúlio[27], Osvaldo Aranha[28], Góes Monteiro[29], Chico Campos[30], Plínio Salgado[31], e até o meu prezado amigo Capanema[32]. Afinal das contas essa gente que é ditadura, que é nazistizante como ideologia política, que é não se sabe o quê como forma de governo mansinho e amansado, e que acaba aderindo à força e de boa vontade ao imperialismo ianque, essa gente nos enche de ignomínia. Tem momentos em que sinto vergonha na cara, objetivamente o sangue sobe.

Mas, positivamente, eu não tenho o menor jeito pra conluio, pra conspirações nem barricadas! Não nasci para isso, não me eduquei nisso. E se já tive eu sei que "formidáveis" coragens morais, se já aguentei com sofrimentos miúdos e lentamente tricotados que exigiram tantos, tão infatigáveis e enormes heroísmos, não sei pegar numa espingarda! Tremo diante de um revólver!

27. Getúlio Vargas (1883-1954). Décimo quarto presidente do Brasil, formou-se em direito em 1907. Iniciou sua carreira política em 1909 como deputado estadual. Foi chefe do governo provisório depois da Revolução de 1930, presidente eleito pela constituinte em julho de 1934, até a implantação da ditadura do Estado Novo (1937). Foi deposto em 29 de outubro de 1945, mas voltou à presidência em 31 de janeiro de 1951. Em 1954, sob forte pressão do Congresso e de militares, comete suicídio.
28. Osvaldo Euclides de Sousa Aranha (1894-1960) é um dos arquitetos da Revolução de 1930, com grande influência no primeiro governo de Getúlio Vargas. Ministro da Justiça e Negócios Interiores (1930), passa para a pasta da Fazenda no ano seguinte e é nomeado embaixador em Washington, de 1934 a 1937. Deixa o cargo em protesto contra o Estado Novo, mas torna-se Ministro das Relações Exteriores, de 1938 a 1944.
29. Pedro Aurélio de Góes Monteiro (1889-1956). Militar e político influente nos governos de Vargas, tendo exercido diversas funções como general, Ministro da Guerra, senador, Chefe do Estado-Maior das Forças Armadas e Ministro do Superior Tribunal Militar.
30. Francisco Luís da Silva Campos (1891-1968). Ministro da Educação e Saúde e da Justiça no primeiro período Vargas. Autor da "Carta do Estado Novo", que substituiu a Constituição de 1934. Foi secretário do Interior do governo de Minas Gerais, pasta que acumulava os assuntos da Educação (1926-1930).
31. Plínio Salgado (1895-1975). Jornalista, escritor e deputado estadual (1928-1930). Alinhou-se à corrente verde-amarelista no modernismo, publicando obras de caráter nacionalista descritivo e ufanista, como o romance O *Estrangeiro*. Lançou a corrente modernista da Anta, na qual valorizava o indígena, particularmente o tupi, como portador das nossas origens nacionais mais autênticas. Fundador do Partido Integralista, em 1932, Deputado Federal (1958-1962) e membro da Academia Paulista de Letras.
32. Gustavo Capanema (1900-1985). Bacharel pela Faculdade de Direito da Universidade de Minas Gerais. Iniciou sua carreira política ao eleger-se vereador em sua cidade natal, tendo sido também Ministro da Educação e Saúde no governo Vargas durante onze anos. Buscou, como ministro, estabelecer bom relacionamento com os intelectuais brasileiros, tendo sido auxiliado nessa tarefa pelo poeta Carlos Drummond de Andrade, seu chefe de gabinete.

Há coisas engraçadíssimas. Estou me lembrando dos tempos agudos do Partido Democrático, aqui, antes de 1930... Eu não era, nunca fui P.D., positivamente não são esses avatares democráticos do capitalismo que podem me satisfazer. Mas era colaborador do jornal do partido, o *Diário Nacional*[33]. Por duas vezes, por solidariedade profissional (!) passei a noite inteirinha na redação (que não frequentava, escrevia meus artigos em casa) porque esta estava ameaçada pelo partido no poder. Como me analisei nessas duas noites de angústia... Eu estava ali pra quê! Por nenhuma espécie de coragem nem de convicção. À menor intuição de perigo eu gelava, me sentia estremecer. Não tinha o menor gosto do perigo, daquela espécie de perigo. E o que mais me assombrava era a minha consciência violentamente lúcida de dever. Eu sabia que daquelas numerosas pessoas entrincheiradas na redação, eu seria uma das poucas, pouquíssimas! destinadas a uma morte inevitável. Capangas, jornalistas, "amigos", correligionários, eu via aquela gente impando de coragem, de ferócia, de sinceridade, de paixão, e desejo de luta. Lutariam não tem dúvida, mas o outro partido havia de vencer. Era o mais forte por ter a força na mão. E eu sabia que aquela gente havia de lutar com ardor mas... mas cederia diante da força maior e no momento oportuno! Quando muito algum arranhãozinho conciliatório, ótimo pra gente contar o caso depois. E o terrível, o amargo, o desolador pra mim é que eu não havia de ceder, eu não podia ceder! Havia em mim, sem nenhum heroísmo, a mais irrecorrível das convicções, não a do Partido, Deus me livre! mas a da oposição tempestiva. E a isso ainda se ajuntava o meu dever moral pra com o diário em que colaborava e de que, por isso, aceitava de alguma forma a orientação política. E eu sabia que só tinha um destino: morrer. Ceder eu não cedia mesmo, não era lugar pra bom-senso nem senso-comum: era questão de exemplo. Nem de exemplo! era questão simplesmente de ser. Matar? Podia matar dois, três, dez capangas ou soldadesca assalariada que me surgisse na frente, mas isso não podia me interessar, está claro. Bombas! eu estava ali pra morrer. Por a convicção? Não, pela outra! Era uma coisa de uma estupidez sorridente.

33. *Diário Nacional*: "é o órgão da oposição, do Partido Democrático; em suas páginas denuncia as irregularidades do PRP, proclamando-se defensor da liberdade e da democracia. Respondendo pela redação estão Sérgio Milliet (que aparece como Sérgio M. da Costa e Silva) e os amigos dos modernistas, Antônio Carlos Couto de Barros e Amadeu Amaral. Em 1929 junta-se a eles Paulo Duarte que, em 1931, estará na Direção. No momento da fundação, os diretores são Marrey Júnior e Paulo Nogueira Filho, conceituados jornalistas de São Paulo". Cf. Telê Ancona Lopez, "Introdução", em Mário de Andrade, *Táxi e Crônicas no Diário Nacional*, São Paulo, Duas Cidades/Secretaria de Cultura, Ciência e Tecnologia, 1976, p. 16. De 1927 a 1932, MA manteve com regularidade o trabalho no *Diário Nacional*, escrevendo crônicas, e em 1929 inicia a coluna "Táxi".

Mas porque andei contando isto! Ah! pois é: encarei com muita franqueza a minha situação e decidi que positivamente sou incapaz de conspirar nem andar com bomba debaixo do braço. Mas não haverá outro meio do intelectual participar? Há sim. Eu mesmo alvitrara meios, numa página dolorosa de confissão que alguns amigos me impediram publicar. (A razão estava com eles, hoje eu sei.) Fora nessas noites terríveis de insônia na fazenda, me debatendo em dores intelectuais tão agudas que atingiam o corpo e me doíam fisicamente, que eu estourara nessa página até um bocado monstruosa pelo exagero com que eu me diminuía a mim mesmo. Porém lá, me censurando, eu mesmo apontava meios do intelectual "participar" da vida política que é a essência mesma da idade que o homem atravessa, sem ser "suicidado" pelas gestapos de Oropa, França e Getúlios[34]. Há o veneno da inteligência, há o ângulo de visão e se tudo isto for proibido, há o pranto! Há mil meios de solapar, de empestar, de envenenar, de tornar irrespirável o ar.

Pensei que não tinha jeito pra fazer isto. Mas não se trata de ter ou não ter jeito, se trata de um dever. E aos poucos estou fazendo o que não imaginava fazer. Publicamente, hoje eu só pretendo empestar, só desejo envenenar. Estou aos poucos, pouco a pouco, retirando dos meus escritos qualquer espécie de solidariedade com a inteligência livre. E você não se assuste se pegando num artigo meu me vir precário, longe de qualquer verticalidade, deformar pessoas, deformar mensagens, abrindo um ângulo de visão imprevisto mas que me permita botar nos que me leem a gota corrosiva de um veneno, o amargo de uma insatisfação. É um cangaço. Minha consciência só tem algum sossego e prêmio quando eu me sentir deveras um Criminoso da inteligência.

Arre que estou fatigado de me desfatigar botando estas amarguras no seu carinho. Mas no segredo das nossas cartas, me deixa lhe dizer que os seus versos continuam lindos, ah "Os Meninos de Viena"![35] Os três poemas de Ouro Preto[36] são também coisas das mais admiráveis, "Peito ferido", que "Peito ferido" escreveu. Na "Poesia de Ouro Preto", pra evitar a quebra de ritmo no refrão, pra que você não usa a outra regência? Em vez de "Boa para a gente morar", "Boa da gente morar". Fica mais leve e evita imaginar o "p'ra"[37].

> 34. MA ironiza, apropriando-se do verso-feito "Oropa, França e Bahia", já por ele aproveitado no capítulo VIII de *Macunaíma*, quando Vei, a Sol, promete os três territórios ao herói, como dote de sua filha.
> 35. Esse poema foi incluído no livro *A Face Lívida*, publicado em 1945 pela Imprensa Oficial de Belo Horizonte.
> 36. Os três poemas são "Romance do Aleijadinho", "História de Chico Rei" e "Poesia de Ouro Preto", que integraram o livro *Madrinha Lua*. Rio de Janeiro, Hipocampo, 1952. Cf. *Poesia Geral*, pp. 207-209, 209-211 e 224-226, respectivamente. Cf. fac-símiles dos poemas incluídos no Dossiê. (plp)
> 37. HL aceitou a sugestão, ficando assim os versos: "Ó cidade de Ouro Preto/ boa da gente morar!". *Poesia Geral, op. cit.*, p. 226. Cf. Dossiê. (plp)

Francamente eu estou carecendo arranjar um tempinho (de várias horas!...) pra estudar melhor em conjunto estes versos novos de você... Mas esta vida! E meu romance que faz uma semana parei! E meu curso sobre a "História da poesia popular brasileira" cujo preparo ainda não comecei! E meus trabalhos do Serviço![38] E o resto imenso!... Sim, minha vida talvez nunca tenha estado tão completa como nestes meses de janeiro e fevereiro, mas o implacável das Horas volúveis, às vezes me deixa numa ânsia tamanha que por segundos perco a respiração.

Mando esta carta pra Horizonte Belo. Me conte como foi de Araxá. Recebi o cartão e te abraço com o carinho todo deste vosso

Mário

Carta assinada: "Mário"; datada: "S. Paulo, 24-II-42"; autógrafo a tinta preta; papel creme; 3 folhas; 25,9x20,7 cm.

47   (HL)

Belo Horizonte, 9 de março de 1942.

Mário,

quando pedi a você – continuemos a falar de poesia – já estava pressentindo que era bem difícil no momento. Havia nas minhas palavras um desejo de evasão. E foi isso que lembrou a você falar nos meios pelos quais pode o intelectual participar da vida política que "é a essência mesma da idade que o homem atravessa". Eu continuo na mesma pena de me saber inútil, confortada, entretanto, de ver que você pode bem participar, ainda que desse modo cruel, distribuindo veneno, o que quer dizer despertando, aguilhoando a consciência do Brasil que ninguém conhece melhor.

É uma resolução perigosa – esta – e receio que haja qualquer coincidência com uma nova saída de D. Quixote, porém o que importa – sem dúvida – é aquela questão de ser que lhe deu noites de angústia e de fulgor na redação do *Diário Nacional*.

Não serei eu, Mário, a pedir-lhe que diminua a dose desse veneno quando você me diz que a sua consciência só terá sossego nisso mas, eu quisera que essas páginas fossem publicadas depois de cuidadosa releitura, que fossem

---

38. Serviço do Patrimônio Histórico e Artístico Nacional (Sphan).

primeiramente confiadas àqueles bons amigos aos quais você dá razão, hoje, de não o terem deixado publicar o artigo "monstruoso" da fazenda. Não sei se nesta insinuação andará subterfúgio de um primeiro desejo de abrandá-lo... Deus me perdoe! Porque em verdade essa arremetida me parece justa, leal, digna de um defensor da Cidade de Deus.

Ó o suicídio do Zweig! Tenho reparado uma cousa: que esses atos de desespero são praticados geralmente (entre as pessoas notórias) por aquelas cuja fama ultrapassa o merecimento. Não aprenderam a resistir, nem sequer a subsistir...

E agora vou contar-lhe proezas do Araxá: nas vésperas de regressar fui à cidade, a dez minutos do Barreiro. O prefeito me havia falado nuns santos de madeira que talvez me interessassem. Não sei se você os conhece, deve saber do que se trata. Eu não sabia, fiquei assombrada com o que vi. Bento Antônio da Boa Morte! Em 1824 por aí afora, naquele ermo que ainda hoje é o fim do mundo, pode esse homem realizar aquelas obras de talha! Que abismo entre as circunstâncias e o valor da obra artística! Há, em tamanho natural, um Senhor Morto e um Senhor dos Passos, São Francisco de Assis, Senhora das Dores (linda, faces alongadas, lábio inferior avançando lívido, numa expressão de dor superada), João Evangelista e Maria Madalena (estes desarticulados num fundo de armário) o primeiro diáfano, em sorriso, a santa com os olhos voltados para o céu mas ainda muito pouco santa. Todos eles magníficos. Porém o que há de melhor, a meu ver, são duas miniaturas inteiriças: uma formosa Nossa Senhora de aspecto maternal (sem menino) e um São João Batista ainda menor, de uns 35 cm. O João Batista – eu pensei que fosse obra da semi-obscuridade lá do quarto dos guardados, trouxe-o para a sacristia, abri mais a janela, coloquei-o em cima da mesa, sentei-me em frente – que maravilha! Que rosto puríssimo, que ombros belos, que atitude, que panejamento de manto, que mão sobre o peito!...

Eu já estava saturada de Araxá, aquilo não acabava mais, água e mais água, bendigo tudo por causa desse irmão desconhecido que soube ser maior do que aquela bravia solidão. Morreu como um passarinho, aos noventa anos, sem doença, rezando o terço. Bento Antônio da Boa Morte. Imagine, Mário caríssimo, como pensei em você ao ter esse encontro.

Henriqueta

Carta assinada: "Henriqueta"; datada: "Belo Horizonte, 9 de março de 1942"; autógrafo a tinta preta; papel cinza; 2 folhas; 18,0 x 17,4 cm.

48 (MA)

São Paulo, 21-22 de março de 1942.

Henriqueta.

Estou chegando da noite, são três horas da manhã. Preciso lhe escrever, minha alma está tristonha. Não imagine coisas negras, amiga boa, afinal das contas não fiz nada de mal. Mas foi mais um dia tecido de imperfeições em que se alguma coisa boa eu realizei, talvez uma carta, o resto não foi exatamente o Mal. De manhãzinha fui na missa de minha tia-madrinha que mora conosco e completou oitenta anos hoje. Eu estava planejando uma festa de verdade, meus amigos me rodeando porque me sinto feliz por Madrinha[39]. Mas tudo foi por água abaixo, uma irmã dela e de Mamãe, tia que hoje na velhice me é bastante indiferente e detestei em moço com razões gordas, está à morte nos seus 85 anos e faz uns quatro dias fez uma operação melindrosíssima. Não houve a festa. Depois da missa, bastante protocolar em mim e de que estive muito ausente, fui visitar a tia operada: puro ato de caridade, virtude cristã que fiz ainda mais ausente que na missa e de que saí completamente irritado comigo. Então fui na cidade espairecer, o dia esteve lindo, claríssimo, sol manso. Tomei café, engraxei os sapatos e tive vários pensamentos maus. Voltei pra casa, insolúvel. Daí principiei botando em dia certas correspondências atrasadas. A epistolomania foi interrompida pelo almoço de família, melhorado está claro. Eu que sirvo, porque Mamãe está velhinha, nos seus 84 anos em curso, treme demais, coitada. Depois continuei escrevendo cartas e uma creio que saiu boa, não reli. Mas estava com psicologia proletária de sábado, queria farrear e não estava farreando, escrever cartas, que bobagem! Acabei largando tudo, era tardinha, tomei mais um banho bem lento e com o prazer minha complacência acabou. Não tinha festa mas várias pessoas apareceram assim mesmo, até amigos particulares meus. Um não pude atender porque estava no banho. Outro ficou pra jantar mas eu é que não fiquei: me deu aquela irritação tamanha, ora, vou no jogo de futebol e fui. Deixei amigo, e outros que sabia que viriam de-noite, que bem me importa, fui ao futebol e tive alguns pensamentos ruins. Depois fui no meu bar e então jantei. Chegando lá tive uma notícia feia: um amigo que está carecendo de mim, todo mundo está em crise! me procurara, perguntara por mim, não quisera ficar. E era impossível procurá-lo, capaz que estivesse

---

39. A tia materna, Ana Francisca de Almeida Leite Moraes, solteira, morava com a irmã e mãe de MA, Maria Luiza de Moraes Andrade, na casa da rua Lopes Chaves; eram ambas octogenárias.

se estragando no álcool, nas mulheres. Me bateu uma tristeza que você não imagina, Henriqueta. Minhas lembranças... Esta insistência na infelicidade que não me permite esquecer. Também, faz tempo já, um amigo me procurou, me procurou dez vezes nos lugares onde eu podia estar. E como não me encontrou, se matou. Talvez o caso mais horrível da minha vida... Todas as vezes que ele chegava nos seus cumes de crise, me procurava e eu arranjava as coisas. Eram novos seis, oito meses de calma. Essa noite, era uma noite pesada, sem ar. Ventara noroeste o dia todo e não chovera, como é quase certo, aliviando a cidade e botando gosto na vida. Eu estava que não aguentava mais. Sai. Saí sem rumo, indestinado, menos infeliz que gratuito e amoral, andei por aí, sozinho, não precisava de ninguém, nem de mim, e a noite me anulou no seu mistério. Ele me procurou, só em casa três vezes, e no Conservatório e no Jornal. Mas eu não estava, não estava, não estava. Ali pelas três horas, então, ele me escreveu uma carta que guardo, botou na caixa do correio, foi em frente da porta da Polícia Central e meteu uma bala no ouvido. Ali, diz que pra não dar muito incômodo à Polícia! Veio a lembrança e, como sempre, fiquei desesperado. Se ao menos uma ocupação, um amor, meu Deus! se pelo menos uma aventura me tornasse inachável aos demais. E nada, eu estava andando vazio pela noite e ele não me achou. Não posso, Henriqueta, me conformar. Foi uma injustiça do acaso, foi uma malvadez com que não me conformo. Aliás eu me conformo nunca! E a figura do meu pobre Zé Antonio veio me castigar mais uma vez[40].

Este de agora não, tem mais saúde mental, é incapaz de se matar. Mas deve estar sofrendo muito, eu sei, ele também não gosta de si mesmo e está em angústia aguda por causa disso, atualmente. E não me achou. Não pudemos, sem demagogia, sofrer juntos, dizer bobagens, botar a culpa no Governo, no Tristão de Ataíde que ele detesta. E eu defenderia o Tristão de Ataíde, já agora sem muita convicção, ando acreditando que até é burro, uma das raras coisas que não sei perdoar. Chegaram logo mais dois amigos, muito espevitados, por causa que o Álvaro Lins[41] falara das *Poesias* com elegância e vários

---

40. MA escreveu o "Improviso do Rapaz Morto" em memória de José Antônio Ferreira Prestes, mencionado nas cartas a Manuel Bandeira e a Drummond (em *A Lição do Amigo*, p. 169, e nota 3 da p. 172). O poema é datado de 1925; está no livro *Remate de Males*, publicado em São Paulo, em 1930 (em *Poesias Completas*, São Paulo, Martins, 1966, pp. 195-196).
41. Álvaro de Barros Lins (1912-1975). "Professor, jornalista, crítico literário, ensaísta e diplomata. Colaborador do *Suplemento Literário do Diário de Notícias* e dos *Diários Associados* (1939-1940), redator-chefe e dirigente político do *Correio da Manhã* (1940-1956) no qual publicou críticas a respeito de poesias de amigos de MA. As cartas de MA para Álvaro Lins (1942-1945) foram publicadas em 1983. Esta crítica de Álvaro Lins, publicada no *Correio da Manhã* de 24 mar. 1942, está transcrita no livro deste, *Os Mortos de Sobrecasaca*, Rio de Janeiro, Civilização

procedimentos nordestinos, diz-que. Mas eu estivera no futebol, não pensava em literatura e tivera vários pensamentos ruins. Um dos amigos ainda saiu, procurando o *Correio da Manhã* que não se achou. Então conversamos sobre vários problemas e falamos mal de várias pessoas. Então eu vim pra casa e é só.

Me sinto triste. Triste, não: tristonho, aborrecido de mim, achando que não dou um jeito na minha vida. Afinal das contas ando trabalhando muito, lendo alguma coisa, estudando um bocado. Ando bem "direitinho" até, não faço exageros mais, nem dou escândalo. Mas não tenho força, não tenho força! Eu não tenho coragem pra ser o literato que eu sou! Eu devia era mandar o meu ganha-pão plantar batatas, me arranjar de qualquer jeito, não ter duzentos réis pra bonde, andar de roupa gasta no corpo, mas estar escrevendo um romance, preparando o meu curso do ano que vem. Isso que eu devia fazer. Mas é aquela covardia: dou nem sei quantas horas pro Serviço do Patrimônio, preciso escrever uma porção mensal de artigos idiotíssimos pra equilibrar orçamento e me gasto estupidamente nessas bobagens que não são minhas. Eu devia botar uma bomba no palácio Guanabara pra ver se crio vergonha de ser brasileiro, mas não é meu jeito. Meu jeito! Qual que é o meu jeito! Eu não tenho jeito, sou uma besta, amanhã meio-dia tenho um almoço que não tive forças pra recusar, depois de amanhã tenho trabalhos que não tive força pra recusar, e uma reunião de noite que não tive direito (força é que é!) de recusar. Talvez o meu jeito seja mesmo este conformismo larvar de não ter força pra. Agora não estou tristonho mais, estou desesperado. Vou acabar esta carta agorinha mesmo, senão você tem direito de imaginar que andei bebendo. Andei sim, mas sem calamidade porém: um vinhinho leve, meia garrafa, isso é café pequeno pra mim. Ah! eu devia estar em Belo Horizonte, em Belo Horizonte não! no Rio, ao lado de você, pra falar, dizer besteira, botar a culpa no Governo. Carta prende a gente, por mais que a gente seja fiel...

São quase quatro horas. Falta quinze, diz o relógio aqui. Olha, Henriqueta, eu vou dormir. Pelo menos: vou pra cama descansar. Será que devo lhe mandar esta carta, tão abusivamente cheia de mim e sem você? Mas você está todinha na carta, não há dúvida. Você tem esse dom maior da amizade que é a disposição pra compartilhar, dentro do sofrimento. Me aguente estes

> Brasileira, 1963, com o título 'Mário de Andrade: A Imaginação de um Homem e a Imagem de um Movimento Literário em sua Obra Poética'. Como conta ainda o próprio Lins, foi motivado por este artigo que Mário de Andrade tomou a iniciativa de deflagrar não só a correspondência, como o relacionamento entre os dois". Marco Morel. Nota 1. Em Marco Morel & José César Borba (orgs.), *Cartas de Mário de Andrade a Álvaro Lins*, ed. cit., p. 46.

de-vez-em-quando. Amanhã devo já ser outro, principalmente se dormir. Talvez esteja entusiasmado comigo, com meus trabalhos, com a "perfeição" da vida que estou vivendo! Qual é o meu jeito!...

Me perdoe, Henriqueta querida. E me abrace.

Mário

Carta assinada: "Mário"; datada: "S.Paulo, 21-22-III-42"; autógrafo a tinta preta; papel creme; 2 folhas; 26,0x20,5 cm.

49   (HL)
―――――――――――――
Belo Horizonte, 10 de abril de 1942.

Mário,

desde domingo estava aguardando uma hora propícia para escrever-lhe. Domingo – que foi o de Páscoa – não consegui terminar uma carta iniciada para você. Esta casa é barulhenta, meu escritório não tem quase defesa, atrapalhei o que queria dizer-lhe. O assunto era grave, prolongamento e ressonância daquele seu sábado de lenta e perigosa indeterminação. Considero grave, não o que se passou, mas a probabilidade de repetir-se o estado de espírito que o atormentou.

Evitar essas oscilações, essas suscetibilidades, deve ser bem difícil para você, com esses hábitos libertários de "nenhuma coação". Em matéria de arte "nenhuma coação" representa o ideal, magnífico mas já temerário do ponto de vista moral. Em matéria de vida não representa, – ainda quando tomamos o indivíduo isoladamente – porque não somos perfeitos. Veja se tenho razão: a finalidade da arte é nos realizarmos para nós mesmos, ou para a humanidade; a finalidade da vida é nos realizarmos para algo de superior a nós. Essa divergência de objetivos entre as duas cousas que são para nós, às vezes, uma só cousa – arte e vida – torna mais intrincados os problemas morais do artista. Alguns costumam abolir ou simplesmente desconhecem essa face da esfinge: seres humanos de superfície, consequentemente artistas de superfície. Há os que conseguem levantar a arte acima da vida: os místicos. Nós, Mário, somos os prisioneiros da noite: você o prisioneiro rebelado, desesperado, fujão; eu a prisioneira desalentada, sonâmbula, que não sabe senão dizer cousas vãs...

Mas veja: se mesmo na arte temos que vencer a nossa sinceridade por outra, igualmente nossa, que vamos descobrir mais fundo, na vida temos que vencê-la por um misterioso sentimento que talvez seja a própria sinceridade em transcendência. O certo é que nos queremos melhores do que somos. Como eu gostaria de ser melhor para encontrar, neste momento, cousas melhores que dizer, cousas que o confortassem, que o ajudassem ao menos a sofrer os seus desgostos, Mário!

Creia nas minhas palavras: você não é um incompatível, ao contrário, chegam a ser emocionantes certos aspectos da sua solidariedade humana. É natural que esteja de vez em quando impaciente e cansado. Se todo mundo adivinhasse você!... Mas é preciso encontrar uma solução ao menos conciliatória: penso que ela está, por ora, no próprio romance que você não tem podido trabalhar. Veja se consegue afastar-se do Serviço por uns dois meses, com o Capanema não será difícil uma licença. Dedique-se profundamente a esse romance, dê-nos mais um grande livro!

Quanto a mim – aqui nesta solidão – já retomei o fio da meada e vou dando conta de uns poemas bem sérios. Escrevo às vezes com uma facilidade torturante. Receio que seja preguiça, trabalho sobre a forma espontânea e volto depois a ela.

Agora vou ter que cuidar mais do ginásio até a total adaptação à reforma do ensino secundário, a poesia esperará.

Aurélia deu-me a notícia do falecimento de sua tia. Sua Mãe e a Madrinha devem estar tristes.

Penso nelas com muito afeto. E em você, como sempre, saudosamente.

Henriqueta

Carta assinada: "Henriqueta"; datada: "Belo Horizonte, 10 de abril de 1942"; autógrafo a tinta preta; papel cinza; 2 folhas; 18,0x17,4cm. Nota MA: trecho sublinhado: "em matéria de arte 'nenhuma coação' representa".

50   (HL)

Belo Horizonte, 24 de abril de 1942.

Mário,

foi carta no dia 11. Hoje vai o restante de *Caixinha de Música*.
Estou querendo me libertar deste livro para me dedicar unicamente ao outro. São 42 poemas excluindo "Mamãezinha" da remessa anterior e incluindo "Pirilampos" de *Prisioneira*.
Diga-me alguma cousa quando tiver tempo. Sem preocupação de tempo. E receba carinhosas lembranças de

Henriqueta

> Carta assinada: "Henriqueta"; datada: "Belo Horizonte, 24-4-1942"; autógrafo a tinta preta; papel branco, filigrana; 1 folha; 28,5x21,6cm. <u>Nota MA</u> a lápis: "Tenho 44 e ela diz que são 42? Tirei 'Poesia de Ouro Preto' e 'Romance do Aleijadinho'. Mas a 'História de Chico-Rei' do mesmo espírito, fica?"

51   (MA)

São Paulo, 26 de abril de 1942.

Henriqueta.

Só uma lembrança por escrito pra você saber que não me esqueço de você. Estou passando dias absurdos de ótimos – péssimos, absurdos. Recebi sua carta e agora os versos. Mas hoje que é domingo tenho ocupações de trabalho que vão até nem sei que hora da noite. Jantarei? Talvez lá pelas duas horas de amanhã. A conferência do Rio está me consumindo de inquietação. E já não tenho mais tempo pra fazer outra[42]. Até 15 mês que vem tenho que fazer um capítulo de 32 folhas datilografadas sobre arte inglesa, incluindo plástica, música

---

42. MA fez a conferência dia 30 de abril de 1942, a convite do Departamento Cultural da Casa do Estudante do Brasil. É um balanço do que se visou, com o modernismo, e do que conseguiu. A visão de MA é negativa, em relação aos companheiros de luta e também quanto a si próprio. Refere-se ao texto da conferência, "O Movimento Modernista", na carta de 15 nov. 1943 endereçada a HL. (plp)

e cinema, ainda não peguei num livro![43] Tenho que esboçar plano de um livro dificílimo, mas que talvez possa me interessar, nestes dias terríveis. Não consigo mais escrever nada, nem estudar, nem ler romance! Você não imagina em que estado de estraçalho está meu coração com a guerra. Não se trata de ter confiança na vitória, tenho a certeza que o eixo já perdeu. É a guerra, a guerra em si, a chegada mortífera da primavera que me arrombou todas as últimas comportas do equilíbrio. Estou incrível. Os próprios prazeres que tenho – me é impossível recusar o exercício do prazer, até os procuro imoderadamente! – os próprios prazeres são de tal forma amargurados, é uma mistura tamanha, achei graça foi num amigo que me quer muito bem, é moço, e toma cuidado de mim como se eu fosse um decrépito (acho graça e me deixo cuidar, é enfraquecentemente gostoso), pois outro dia estourou de repente: – Mário! Não ria assim! – Perguntei o quê que havia no meu riso, secundou que parecia que eu tinha "desaprendido" de rir, meu riso não era mais bem riso. Que coisa, Henriqueta, que mundo esse! que vida a nossa! que jornais! que imperfeição!

Salvo você, se eu pudesse escrever pra você todos os dias, rincão de paz, ilha de sombra[44].

Mário

Carta assinada: "Mário"; datada: "S. Paulo, 26-IV-42"; autógrafo a tinta preta; papel creme; 1 folha; 26,0 x 20,4 cm.

52   (HL)

Belo Horizonte, 25 de maio de 1942.

Mário,

em conversa com um dos membros da Sociedade Brasileira de Cultura Inglesa[45], aqui instalada há um ano, contei que você estava preparando um ensaio sobre arte inglesa: letras, música, plástica e cinema.

43. O artigo é "Arte Inglesa", publicado em 1943 na *Folha da Manhã* (São Paulo) e incluído no livro *O Baile das Quatro Artes*, editado no mesmo ano.
44. MA está se servindo de um verso do poema "Rincão de Paz, Ilha de Sombra", de *A Face Lívida*. (Cf. *Poesia Geral, op. cit.*, pp. 138-39).
45. A Sociedade Brasileira de Cultura Inglesa, criada em 1941 na gestão de Juscelino Kubitschek como prefeito de Belo Horizonte, convidou vários intelectuais para proferir conferências, como Abgar Renault, Vinicius de Moraes, entre outros. A vinda de MA a Belo Horizonte nesse ano não se cumpriu.

A conversa projetou-se numa das reuniões do comitê e a Sociedade mostrou-se muito interessada em convidar você para vir a Belo Horizonte fazer uma conferência, a mesma, se o seu trabalho se destina à conferência, ou outra, sobre o assunto.

Agora a diretoria está numa perplexidade que só você poderá ajudar a solucionar: não sabe o que há de oferecer-lhe como compensação, isto, já se vê, sem referência a despesas de viagem e hospedagem, as quais correrão, provavelmente, por conta do Estado.

Nada se positivou ainda por não sabermos se estes preâmbulos serão bem sucedidos junto de você. Caso você queira e possa vir, como tanto desejamos, tenha a bondade de responder, sem constrangimento, à questão que prometi encaminhar antes do convite oficial. – Parece-me que a Faculdade de Filosofia[46] aproveitará o ensejo para pedir-lhe também uma conferência.

Querido Mário, sabe que a sua vinda me causaria indizível contentamento?

Henriqueta

Carta assinada: "Henriqueta"; datada: "Belo Horizonte, 25-5-1942"; autógrafo a tinta preta; papel cinza; 2 folhas; 18,0 x 17,3 cm.

53   (MA)

São Paulo, 1º de junho de 1942.

Henriqueta.

Enfim recomeço vivendo um pouco mais largamente. O mês passado foi horroroso, metido na Inglaterra. Imaginei que em quinze dias o tal capítulo ficava pronto, mas custou o mês todo pra sair, sem modéstia, muito rúim.

46. A Faculdade de Filosofia, Ciências e Letras foi fundada em 21 de abril de 1939 e em 1948 foi incorporada à Universidade de Minas Gerais. Entre os seus fundadores, destacam-se: Mário Casassanta, José Lourenço de Oliveira, José Carlos Lisboa, Braz Pellegrino, Arthur Versiani Velloso, Cyro dos Anjos, entre outros. A Faculdade foi inicialmente instalada na Casa d'Itália, dividindo-se mais tarde os cursos entre o Colégio Marconi e o Instituto de Educação, até o final da década de 1940. O Edifício Acaiaca, no centro da cidade, abrigou a Faculdade até 1962, quando foi construído prédio próprio à rua Carangola, 288, no bairro Santo Antônio. Nos anos 1980, a Faculdade de Letras e a Faculdade de Filosofia e Ciências Humanas foram transferidas para o *campus* da UFMG, na Pampulha.

A culpa nem é tão minha, é do tempo, das angústias de agora. Fico trançado por vontades desconexas, ideias atordoantes, ilusões rápido quebradas: o que posso ainda de mais útil é me deixar viver. Além de estar escrevendo lentíssimo, qualquer coisa mais séria sai maltratada como o diabo.

Agora este mês leio os seus versos direitinho e lhe escreverei carta mais nossa. Esta é só pra dizer que não posso fazer a conferência aí. Sofri estes dias pensando no convite que você nem imagina. Cheguei até a combinar a viagem com um amigo meu, Luís Saia[47], que é o assistente-técnico, do Serviço do Patrimônio aqui. Mas é impossível mesmo. A primeira e principal – verdadeira – razão é que decidi me retirar como possível, do cartaz por uns tempos. Ando ficando muito vasculhado por demais e num sentido de intelectual "consagrado" que não tem pra mim a menor espécie de interesse, e pode ter sentido muito rúim e deformador. De maneira que recusei até fazer um curso de férias no Rio. Só, e você nem imagina o que foi a insistência, resolvi pela última vez, repetir aqui na Fac. de Direito, a conferência do Rio. Senti que isso era necessário e vou fazer. Mas é a última[48].

Além disso eu não poderia falar aí tudo quanto escrevi sobre arte inglesa. Não pude comigo sem dar uns beliscões na Inglaterra velha e dizê-los seria uma indelicadeza, retirá-los uma covardia. Eu quero, ando sonhando ir até aí, palavra. Mas quero ir por mim, viajante dos meus passos e escolhas, rever amigos, chopear com a rapaziada, jantar com você e conversarmos mas longa, longamente, nossas vidas e você me passar sempre uns pitos nascidos do seu carinho. Mas não quero mais ir a Belo Horizonte "oficial". Me esperdiço e me inquieto.

Bom, é só por hoje, amiga minha, doce amiga. Agora prometo melhor: logo lhe escreverei sobre os versos infantis.

Com o abraço mais carícia do

Mário

Carta assinada: "Mário"; datada: "S. Paulo, 1-VI-42"; autógrafo a tinta preta; papel creme; 1 folha; 26,0x20,5 cm.

47. Luís Saia (1911-1975). Arquiteto e urbanista, trabalhou para o Sphan, mais tarde Iphan, com MA. Foi ainda responsável por diversos projetos urbanísticos feitos para o governo de São Paulo.
48. MA repetiu a conferência em São Paulo, na Faculdade de Direito, em junho de 1942. Em carta a Paulo Duarte, de 15 jun. 1942, o escritor refere-se ao sucesso da conferência, dizendo que o "pessoal ficou bastante comovido". No entanto, Carlos Drummond de Andrade, em nota à carta de MA, afirma que poucas pessoas formaram a plateia, apenas Israel Dias Morais, Péricles Eugênio da Silva Ramos, Rômulo Fonseca, Rui Afonso Machado e Brasil Bandecchi. Cf. Silviano Santiago & Lélia Coelho Frota (orgs.), *Carlos & Mário, op. cit.*, p. 472.

54 (MA)

São Paulo, 16 de junho de 1942.

Henriqueta.

Agora já posso lhe escrever pelo menos sobre um dos nossos dois assuntos do momento: o das suas poesias infantis. Estou fatigadíssimo que passei o dia todo, desde manhã, batucando um ensaio difícil que o Lasar Segall me pediu pra prefácio do catálogo da exposição que fará no Rio, patrocinada pelo Ministério da Educação[49]. Acabei a cópia mas o ensaio está péssimo. Ah, não faz mal! Vou dormir sobre ele uns seis dias de outras preocupações muito outras e tenho a certeza que ao menos um pouco ainda poderei melhorar o trabalho.

Mas parto pro Rio amanhã, questão de mil e um negocinhos lá, e como estou "quente" de reler agorinha mesmo seus versos infantis, não quero esfriar. Vamos primeiro às picuinhas:

1º – Não consegui acertar direito com os 42 poemas que você diz serem o livro[50]. Contei os que separara e eram 44. Mas lá estavam, no que eu ia separando carta por carta, a "Poesia de Ouro Preto" e o "Romance do Aleijadinho" que logo reconheci não pertencerem a ele, por lhe parecerem muito "marmanjos" demais. Mas, e a "História de Chico-Rei" pertence? Fiquei indeciso, pois é + ou – do espírito dos outros, embora com certo infantilismo mais evidente de concepção e expressão[51]. Mas tirando ele e acrescentando os "Pirilampos" da "Prisioneira" tenho exatamente os 42, será? – Ainda me sobram dúvidas sobre "Frio e Sol" e as "Borboletas"[52].

2º – Por que você excluiu "Mamãezinha", por causa da tristeza final? Uma nota de melancolia não me parece ficar mal no coração infantil[53].

---

49. O texto "Lasar Segall" foi publicado no *Catálogo da Exposição*, em 1943, sob os auspícios do Ministério da Educação do Rio de Janeiro. Posteriormente foi incluído no livro *Aspectos das Artes Plásticas no Brasil*, publicado pela Editora Martins em 1965.
50. HL publicou O *Menino Poeta* com 58 poemas, em 1943. Depois desta remessa a MA, ainda acrescentou outros, mencionados, por exemplo, na carta de 22 jan. 1943. Na de 28 jan. 1944, MA comenta "Ronda de Estrelas" ("Lua acorda/ vamos brincar!/ Temos brinquedos/ novos!"), após a publicação de O *Menino Poeta*. (plp)
51. Os três poemas integraram *Madrinha Lua* (1952). (plp)
52. "Frio e Sol" e "Borboletas" integraram O *Menino Poeta*. (plp)
53. Cf. as cartas de 6 jan. 1942 e 8 jul. 1942. MA achara o poema "banal só banal mesmo". A 8 ago. 1942, o escritor não se lembra mais do que dissera sobre o poema e pede a HL que o conserve ou retire, se fizer seu este ponto de vista, não só pela opinião dele. (plp)

3º – Por duas vezes "Aquário" e "Arco-íris" você emprega a horrível construção afrancesada "enquanto que"[54]. É engraçado: não há ninguém mais liberdoso do que eu e juro que pertencem à língua nacional todas as palavras e construções sintáxicas de todas as línguas do mundo, mortas e vivas, quando necessárias à expressão. "Enquanto que" me suja o ouvido, embora eu reconheça que está universalizadíssima... no Brasil.

4º – Achava bom, na "Estrelinha do Mar", 5º e 6º versos, você evitar a elisão, elisão não, o encontro tão desgracioso de sílabas "brinc<u>am-g</u>aivotas". Sua dicção é sempre tão suave. Por que não procura o nome de outro pássaro marinho também nosso?

5º – No "Hortelão" é "alm<u>e</u>rão" como está, ou "alm<u>ei</u>rão" que se diz? No último verso, porque o "meu" tão explicativo? Preferia a repetição do verso inicial, mais livre, mais rico de sugestões[55].

6º – O mesmo ranço explicativo me faz não apreciar muito o dístico final da *Caixinha de Música*. Ele não deixa de ser o seu tanto sugestivo e não faço nenhuma questão fechada nem disto como nem de nada (quando fizer, aviso), mas a gente saber a minuciosidade explicativa das "três notinhas" me soa a didatismo, me quebrou o estado de encantamento[56].

7º – E enfim, no "Pomar" detestei a "saliva" do 4º verso. Ficou horrível, didático, professoral. Aqui faço questão da retirada da palavra. Você tem um, pro caso, verso já feito, que não é meu, é frase do Brasil todo: "Dão água na boca", ponha ele![57]

E é só. "Estado de encantamento", é isso, é puro estado de encantamento que o seu livro me dá. Que coisa tênue, que coisa delicadíssima! Sou absolutamente incapaz de saber até que ponto os versos de você serão infantis pras crianças. Mas a coisa positivamente que eu mais respeito, mais adoro, mais me assusta e assombra, mais temo é a criança. Meus sobrinhos jamais os carreguei antes de terem uns oito meses já durinhos, abomino que se aproximem de mim quando chego sujo de rua, não sei, não posso tocar e muito menos beijar nos largos primeiros tempos. É um temor religioso, uma adoração espantada como diante dum milagre e de um mistério. Um silêncio encantado. Seus versos me deixam num estado de encantamento por

---

54. HL substituiu os dois "enquanto que" por "entretanto" e "enquanto isso", nos poemas "O Aquário" e "Arco-íris", como estão em O *Menino Poeta* (*op. cit.*, pp. 82 e 100). (plp)
55. Cf. O *Menino Poeta*, p. 21. HL repetiu o verso inicial (p. 22). (plp)
56. Suprimiram-se as três notinhas. Cf. O *Menino Poeta*, p. 9 (*Poesia Geral*, *op. cit.*, p. 83). (plp)
57. "Ponha ele!". HL pôs. Cf. O *Menino Poeta*, *op. cit.*, p. 33. (plp)

tudo isso mesmo e que não sei explicar logicamente. Me dão a sensação da criança e é dizer tudo. Mesmo porque saberei dizer pouco mais. Sei que o livro todo tem uma graça leve de ideias e de imagens, que é uma delícia. A rítmica é de uma segurança também igualmente graciosíssima, em especial nas surpresas de "pés quebrados". Nisso você alcança muitas vezes invenções admiráveis de liberdade e certeza. E a dicção é suavíssima, tem cor de criança, cheiro de esperança, gosto de ilusão. Mais que isto não saberei dizer nada de "crítico" sobre o seu livro. Como sobre as crianças: só sei que ele como elas me deixam em puro estado de encantamento. Nós, os poetas, somos muito suscetíveis e talvez você não vá gostar muito de eu afiançar que o seu livro infantil será talvez o seu maior livro. Não sei. Nem sei se é mesmo o maior. Mas é uma maravilha, fique certa disso e fique feliz.

O outro assunto é igualmente grave e bem mais difícil: a sua carta antiga, de 10 de abril, em que você com sua boa delicadeza feminina me puxava + ou – as orelhas por nem sei mais que bobagens e tristezas desandei a lhe dizer por carta. Talvez também eu não tenha me explicado bem num ponto, pois você vem me falando que "em matéria de arte 'nenhuma-coação' representa o ideal magnífico, mas já temerário do ponto de vista moral". Não, Henriqueta minha, mesmo em matéria de "arte", repudio, sempre repudiei esse princípio da "nenhuma coação", que além de imoral sob o ponto-de-vista do ser humano, é ainda indecente sob o ponto-de-vista da arte, porta aberta pra todas as ignorâncias, todas as facilidades, todas as preguiças, todas as cabotinagens e falsificações artísticas. Não. Não é a arte que exige a nenhuma coação, mas a <u>criação</u>, o momento da criação. Me surgem exatamente <u>agora</u> comparações e equiparações que eu não quero lhe repetir por demasiado brutais em sua sexualidade. Mas esse instante (único sublime, único extasiante no fenômeno artístico) da criação, é como um delírio, uma explosão, um esvaimento, um beijo, uma loucura, uma **irresponsabilidade**[58] e não permite nenhuma coação. Mas em seguida vem todo o trabalho penosíssimo, longo e <u>moral</u> da arte, que significa <u>até</u> rasgar a coisa criada e fazer ela não existir para o mundo. Porque o artista é antes de mais nada um homem, e como homem ele só pode fazer da sua obra-de-arte uma coisa humana, funcionalmente humana no sentido moral-individual e moral-social do humano. Esta não é apenas a minha opinião, é a minha fé. E neste sentido eu coincido diretamente

---

58. MA continua teorizando sobre a criação literária como orgasmo e não como parto. Após o momento inicial da inspiração, processam-se o trabalho de elaboração, revisão e correção. Interessante assinalar que o escritor, ao se dirigir a HL, não menciona a palavra orgasmo, mas outras expressões semelhantes. Em correspondência com os amigos, manifesta-se de forma mais direta. Cf. cartas a Fernando Sabino, Drummond, entre outros.

com a estética escolástica, ou pelo menos neo-escolástica do Catolicismo, pois que se a criação, o momento de criação artística exige nenhuma coação e pode ser imoral, anti-social e desumano, o artista é que é moral e humano, e como tal, se ele for de fato moral e humano, a sua obra-de-arte (não o momento da criação) será sempre moral e humana.

Eu sei que então podem me perguntar como é que eu escrevi e publiquei o *Macunaíma* e certos poemas como o levíssimo "Tabatinguera" e os pesadíssimos versos do "Grã Cão do Outubro". Meu Deus! pois será mesmo que eu serei culpado, nessas obras, de imoralidade ou desumanidade!... Eu não consigo chegar a nenhuma certeza como conclusão final dos meus raciocínios! Eu sei que *Macunaíma* não é imoral. Eu usei também da imoralidade, não minha, mas do meu herói pra caracterizar a insuficiência moral do homem brasileiro. Eu sei que existe na comicidade gozada do livro um tal ou qual compromisso meu, de autor, com a imoralidade do meu herói, melhor: com a desmoralidade dele. Mas é engraçado: você já reparou que se considera muito mais a imoralidade das palavras do que a das ações e dos casos! A palavra é que deduz da imoralidade dum livro ou dum verso, de formas que uma virgem católica pode ler livros "católicos" em que os heróis pecam durante o livro todo, mas sem as palavras do pecado. Nem sequer, mais, é preciso que eles se convertam e purifiquem no fim, como em certa literatura mais "estética", a de um Mauriac[59] por exemplo. Ora a palavra é que justamente não é imoral! e quando eu digo um palavrão, desbocado como impetuosamente sou, ele de forma alguma significa a minha imperfeição, mas pelo contrário a minha perfeição. A "minha" perfeição, aquilo em que eu me perfaço em meu viver apaixonado, brutal, incandescente. O resto é "sorriso da sociedade" como a literatura de seu Afrânio Peixoto[60].

Mas ainda há mais, amiga paciente. A imoralidade dos atos e casos que já expus, refleti muito sobre eles, os trabalhei artisticamente e se os dei a público foi porque senti a necessidade essencial deles. Necessidade minha, pessoal e necessidade humana, dos outros. Aqui você ainda poderá concordar comigo no caso do *Macunaíma* que é uma sátira, uma crítica, e cujo herói eu castigo e

---

59. François Mauriac (1885-1970). Escritor francês, pertencente à corrente de escritores católicos. Sua obra se caracteriza pelo drama do homem dividido entre as paixões e a procura de Deus. Dentre os mais importantes livros, citem-se: *O Ninho de Vespas* (1932) e *Thérèse Desqueyroux* (1927). Em 1943, Drummond traduz este livro, dando-lhe o título de *Uma Gota de Veneno*.
60. Afrânio Peixoto (1876-1947). Médico, legista, professor, romancista e ensaísta brasileiro. Autor da frase "A literatura é o sorriso da sociedade", alusão feita por MA sobre a relação entre o escritor e as *belles-lettres*, concepção mundana e superficial da literatura. Autor, entre vários títulos, de *Rosa Mística* (1900), *Dicionário dos Lusíadas* (1924) e *História da Literatura Brasileira* (1931).

advirto no final, fazendo ele ir viver, por incapaz de uma vida fecunda, o brilho inútil das estrelas[61]. Mas: e o caso de "Tabatinguera", tão aparentemente "hedonístico"; e o caso de tantos poemas da "Costela do Grã Cão"?...

A "Tabatinguera" censurada pelo Álvaro Lins[62] é uma bobagem, não tem nada de imoral e muito menos de insocial[63]. Levado pelo automatismo psíquico com que, naquela fase, eu pesquisei construir vários poemas pelo princípio psicológico chamado da "constelação" de imagens e ideias, eu botei no fim (sem nenhuma coação) um elemento corrosivo caçoísta que aliás nunca foi considerado propriamente imoral. O poema não tem importância imprescindível e eu o poderia tirar. Mas achei que era necessário pela importância técnica que representa como experiência de poesia. Junto dos outros que fiz sob idêntico princípio experimental ("Jorobabel" e "Flamingo") ele tem valor comparativo muito. Não quero provar demais: mas não posso deixar de insistir sobre o elemento corrosivo (portanto social) que reside justamente na caçoada final.

Quanto aos poemas da "Costela do Grã Cão" talvez nem eu deva discutir eles: são de uma necessidade imprescindível para a exposição vital de uma biografia poética. Eu sei que pra certos sujeitos de boa formação (burguesa, entenda-se) certas palavras-feias são inadmissíveis. Mas também eu tenho, eu devo me respeitar na minha essencialidade exemplificativa e utilitária para os outros! Eu também tenho otimíssima; respeitabilíssima e etc. formação burguesa. Mas se analiso todos os palavrões e imoralidades do "Canto do Mal de Amor", do "Reconhecimento de Nêmesis" e do "Grã Cão do Outubro", sempre me ficou impossível retirar as palavras-feias e mais impossível retirar os poemas. Engraçado: se há poema terrivelmente "imoral" anti-social, desumano no meu livro é "Danças" que ninguém condena! E se o pus, também pra caracterizar a "selva oscura" em que me perdi, é porque depois o repudiei: "Não danço mais dança-do-ombro, Eu reconheço que sofro".

61. Cf. Carta a Fernando Sabino (16 fev. 1942). MA se refere a Macunaíma: "quando no fim Macunaíma no ponto de se regenerar, fraqueja mais uma vez e prefere ir viver com o brilho 'inútil' das estrelas, meus olhos se encheram de lágrimas. Se encheram e se encherão sempre". Na carta a Fernando Sabino, MA não "castiga e adverte" o seu herói sem nenhum caráter. Mostra é como sofreu a falta de organização moral dele e reprova o que estava fazendo "contra a minha vontade" (!). Por isso o escritor chora ao ver a escolha de Macunaíma.
62. Álvaro de Barros Lins (1912-1975). Professor, jornalista, crítico literário, ensaísta e diplomata. Entre seus livros, citem-se: *História Literária de Eça de Queiroz* (1939); *Jornal de Crítica*, Primeira série (1943); *Jornal de Crítica*, Segunda série (1944); *Jornal de Crítica*, Sétima série (1963); *Os Mortos de Sobrecasaca* (1963); *Literatura e Vida Literária* (1963).
63. Álvaro Lins escreve, no *Correio da Manhã*, em 24 mar. 1942, o artigo que seria incluído em *Mortos de Sobrecasaca*, de 1963. Cf. Marco Morel & José César Borba (orgs.), *Cartas de Mário de Andrade a Álvaro Lins*, ed. cit., p. 46.

Mas "Danças", poema que não trabalhei, que saiu assim mesmo tecnicamente virtuosístico como está, me desagrada e me apequena.

Não é possível, Henriqueta minha, e aliás não estou discutindo aqui propriamente com você. Mas não é possível ao artista verdadeiro se preocupar com problemas pedagógicos de "boa formação" (Burguesa?). É certo que muitos livros meus não podem cair em mãos que não tenham o que exatamente se chamaria de "boa formação" tanto moral como intelectual. Não é questão de virgindade nem de pouca idade. Tenho visto velhos que se esparramam gozadíssimos e indecentes na leitura, até decorada!, do *Macunaíma* que eles não compreendem nem querem sofrer. Mas eu sofri e sofro o meu livro. Mas esses velhos, como pessoas de qualquer idade, me repugnam[64].

O destino do artista é qualquer coisa maior, mais inflexível, mais fatal, mais trágico. E por certo a justiça de Deus será diferentíssima da justiça dos homens, você não acha também? Eu jamais "cantei" nos meus versos toda a sordidez do meu ser, do que eu seria capaz, do que será possível. Se contei, destruí. E esta destruição foi também Arte.

Assim: eu desejo que você esclareça bem em você porque eu insisti na minha carta sobre o problema da nenhuma coação. Ele nada tem que ver com o fenômeno integral da arte. Ele só incide e é exigência desse momento, superior a nós, independente de nós, que é a criação artística, a invenção artística primeira. O resto é raciocínio, é grandeza integral do homem consciente. E se eu for considerado imoral ou desmoral pelos homens, eu quero ser culpado disso.

Carta grande... E tinha tanto que lhe confessar sobre estes meus dias sofridos e insofridos... Mas não posso mais. Não quero mais. Mas ando cruel comigo mesmo, coisa que esta carta não demonstra. Talvez aqui eu tenha sido complacente por demais... Quem sabe? O que sei eu! Quem saberá nunca!... E esta guerra, esses crimes...

Minha Henriqueta querida.

Mário

Carta assinada: "Mário"; datada: "S. Paulo, 16-VI-42"; autógrafo a tinta preta; papel creme; 3 folhas; 26,1 x 20,4 cm.

64. Em carta a Álvaro Lins, MA expressa seu desencantamento com a recepção equivocada de *Macunaíma*: "Mas a verdade é que eu fracassei. Se o livro é todo ele uma sátira, um não conformismo revoltado sobre o que é, o que sinto e vejo que é o brasileiro, o aspecto 'gozado' prevaleceu. É certo que eu fracassei. Porque não me satisfaz botar a culpa nos brasileiros, a culpa tem de ser minha, porque quem escreveu o livro fui eu". Marco Morel & José César Borba (orgs.), *Cartas de Mário de Andrade a Álvaro Lins*, ed. cit., pp. 65-66.

55   (HL)

Rio de Janeiro, 1 de julho de 1942.

ESTOU NO RIO HÁ DIAS PONTO RECEBI GRANDE CARTA RESPONDEREI MELHOR DE VOLTA PONTO GABRIELA[65] EU FALAMOS IMENSAMENTE VOCE

HENRIQUETA CT 546

*Telegrama assinado a máquina: "Henriqueta"; impresso "*DEPARTAMENTO DOS CORREIOS E TELÉGRAFOS*"; 16,5 x 22,0 cm; borda superior irregular; rasgamento na borda direita; carimbo. Postagem: Rio de Janeiro, 1 de julho de 1942; 20:45h; Recebimento: São Paulo, 1 julho de 1942; 21:20h.*

56   (HL)

Belo Horizonte, 16 de julho de 1942.

Mário,

tenho duas cartas suas: a primeira me causou um pesar – um pesar que só desaparecerá quando você vier mesmo a Belo Horizonte jantar mineiro comigo. Saiba que não há licença para São Sebastião do Paraíso nem lugar nenhum antes!

A outra carta me fez um bem – um bem infinito. Ainda que ninguém mais reconheça o que há de amor no meu livro infantil, o desvelo de que você o cercou é bastante para me fazer gloriosa, a unção com que o enalteceu é mais do que eu sonhava! Meu querido Mário! O *Menino Poeta* (uma criança brincando com a poesia) não será título melhor, com o poema desse nome à frente? Eu retirara "Mamãezinha" porque você o achara banal à 1ª leitura. Agora estou em dúvida. Mandar-lhe-ei brevemente o índice com o complemento – pouco mais[66].

O outro assunto nosso – a questão de moral em arte – acho-o lancinante, sinto-me às vezes covarde diante dele, sem esperança de chegar a uma conclusão também. Sendo, antes de tudo, uma questão de consciência, nunca

---

65. Gabriela Mistral.
66. O poema foi conservado, com algumas alterações, conforme HL afirma em carta posterior.

poderemos ter um critério definitivo a respeito. E eu tenho dificuldade para pensar esse problema em virtude das minhas condições de vida.

Contudo, uma cousa lhe digo: nunca deixei de fazer justiça a você no meu coração, Mário. Algumas vezes me escandalizei com as suas expressões bastante fortes, com o realismo bastante denso da sua obra. Mas o que percebi também, o que guardei, é o que há de doloroso e de trágico nessa força e nessa densidão. "Lágrima que não pude sem chorar" é um símbolo de inestimável valor. É estranho: tenho a impressão de que você está sempre acima de si próprio ao passo que, por exemplo, Mauriac (romancista católico, céus!) me parece que tem pacto com o demônio naquela sedução com que procura desligar-se do pecado. Para melhor comparar, acho o próprio Manuel Bandeira, menos primitivo que você, mais sorrateiramente malicioso em sua poesia.

Por meu lado, o que tenho procurado evitar é que a minha arte possa ferir injustamente, arrastar à amargura, ou à revolta que por vezes me toma. Não sei se a tenho prejudicado com isso. Mas sei que por vezes me tenho aprofundado em verdade, reconhecendo o efêmero dessa amargura ou dessa revolta. Querer dar à poesia um sentido de perpetuidade será orgulho, Mário, ou apenas instinto de conservação quando nos sentimos fugir – para sempre?

E agora, às novidades: Gabriela Mistral, de quem lhe dei notícias do Rio (recebeu meu telegrama?) vem à capital de Minas, provavelmente em agosto, fazer duas conferências. Imagine que uma versará (foi o que ela me disse) sobre a poesia de H.L.!

Ainda bastante surpreendida, estou providenciando com o maior carinho para que a recepção seja digna daquele grande espírito. – O Rio esteve bom, *L' annonce faite à Marie*[67] foi um espetáculo impressionante, e o Ministério de Educação me prendeu muito sem resolver um caso de colégio aqui. Agora estou com a inspeção de dois ginásios (provisoriamente), menos tempo de estudar e rabiscar o que é meu e os mesmos 900$ mensais. – Outra novidade, esta privilégio de Belo Horizonte: Portinari fez um quadro grande para o cassino da Pampulha[68] há pouco inaugurado aqui nos arredores. O cassino está um sonho – lindo! – mas o quadro desapareceu. Tal foi a algazarra dos primeiros dias, apostas de que a tela estava de cabeça para baixo e outras

---

67. Peça de Paul Claudel (1868-1955). Escritor e autor dramático francês de inspiração católica, finalizada definitivamente em 1948. Ilustra o poder da oração e a revitalização da força sobrenatural. A primeira encenação no Brasil foi realizada em 1940, no Rio de Janeiro.
68. O Cassino da Pampulha, que compõe o projeto arquitetônico da Pampulha, foi inaugurado em 1942, sendo a primeira obra de Niemeyer a ficar pronta. Foi fechado em 1946, por ordem do presidente Eurico Gaspar Dutra (1946-1950), proibindo a exploração de cassinos. Volta a funcionar em 1957 como Museu de Arte da Pampulha.

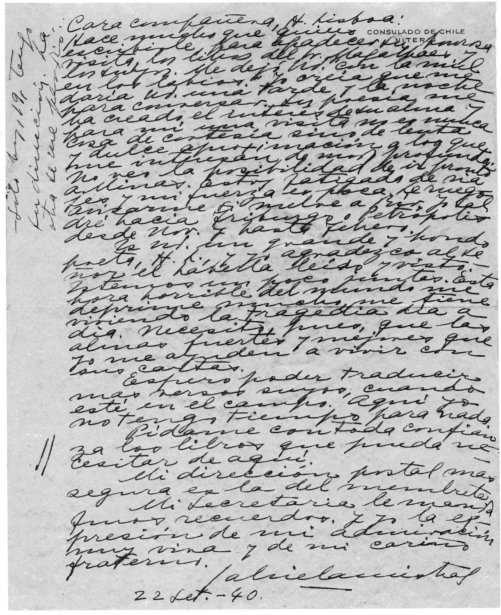

Carta de Gabriela Mistral a Henriqueta Lisboa. 22 setembro de 1940. Arquivo HL, AEM/CEL/UFMG.

risonhas indignidades burguesas, que o quadro teve que desaparecer. Obra de arte em cassino – para cassino – erro fundamental!

Mário, penso em você constantemente.

Henriqueta

Carta assinada: "Henriqueta"; datada: "Belo Horizonte, 16 de julho de 1942"; autógrafo a tinta preta; papel cinza; 2 folhas; 18,0x17,3 cm. Nota MA: trecho grifado: "Querer dar à poesia um sentido de perpetuidade será orgulho, Mário, ou apenas instinto de conservação quando nos sentimos fugir para sempre?".

57 (HL)

Belo Horizonte, 18 de julho de 1942.

Mário,

na minha última carta, no lugar de "perpetuidade" eu queria dizer "estabilidade, continuidade, constância". Percebi isso na volta do correio[69]. Muitas lembranças mais.

Henriqueta

Bilhete assinado: "Henriqueta"; datado: "B. Hte., 18-7-42"; autógrafo a tinta preta; cartão de visita, papel branco; 4,9x8,5 cm.

58 (MA)

São Paulo, 8 de agosto de 1942.

Henriqueta.

sua carta me deixou num desejo pavoroso de ir a Belo Horizonte pra estar com você e ouvir a conferência da Mistral[70] sobre você. Gozei, mas estou gozando horrenderrimamente com a compensação. Assim é um dos mais

---

69. Retificação do termo "perpetuidade", usado na carta de 6 de julho de 1942.
70. Gabriela Mistral.

Gabriela Mistral e Henriqueta Lisboa. Conferência de Gabriela Mistral em Belo Horizonte, 1943. Arquivo HL, AEM/CEL/UFMG.

altos espíritos da América que escolhe e dedica uma conferência inteira a você. Estou feliz mas feliz completamente. E também com uma vaidade gorda, rechonchuda da companhia boa. Já somos pois "em" dois a gostar da sua poesia e colocá-la no plano em que merece estar.

Mas infelizmente não posso mesmo sair daqui que não seja por dois dias imprescindíveis em setembro. Assim mesmo não sei se não roerei a corda. Já lhe falei que estou de novo no Conservatório[71] onde encontrei, apesar das mudanças da reforma, pelo padrão oficial, um nível mais baixo que o deixado em 1935, parece absurdo. Estou desesperado mas apaixonado, era fatal. Rouco e impossível de curar a rouquidão antes das férias de dezembro, pois o médico exige tratamento de escritório diário e emudecer. Ora eu não posso nem uma coisa nem outra: falo três horas seguidas quatro vezes por semana e não tenho tempo pra perder em escritórios de médico. Ainda se isto só bastasse mas exige me calar pra ter efeito. E imagina só eu calado! este nordestino...

Estou numa fase de bastante produção. Acabei um conto, fiz a versão definitiva de outro, e a primeira de outro. Esta saiu pavorosa, mas sou sempre

---

71. Conservatório Dramático e Musical de São Paulo, a que MA se referirá, por exemplo, na carta de 25 out. 1944, como "o Conserva". (plp)

assim e agora ainda ando pior. Tudo sai péssimo, porém algumas coisas consigo melhorar ao menos pra mim, satisfatoriamente. Vamos a ver com este. Joguei ele numa gaveta de pouco acesso. Lá por novembro pego e leio esse conto de outro autor e vejo se vale a pena melhorar. E será o trabalho. Este mês quero ver se faço a Introdução para a parte de Folclore do futuro *Handbook of Brazilian Studies*, e planejo um livro pros States que aliás pretendo escrever + ou – com a mão do gato. Farei tudo plano, capitulação, sumário de capítulos, cedo meus fichários a respeito, e a redação definitiva. Só a primeira redação será feita por uma amiga minha daqui, formada em sociologia. O título é *A Folkloric Portrait of Brazilian People*[72], com ilustrações provavelmente do Santa Rosa[73]. Mas peço a você segredo absoluto sobre isto. No Brasil e com os inimigos que tenho pode estourar alguma delação impressa desagradável. E pouca gente entende esta funcionalidade de secretários.

Fiquei desesperado (meu Deus! quanto exagero) por você me contar que retirara a "Mamãezinha" porque eu achara banal[74]. Não faça coisa dessa, Henriqueta! Agora não vou retirar o poema e os outros onde estão guardados, nem sei se na segunda carta perguntei apenas pela não inclusão dele ou se o li e elogiei. Mas lhe peço por favor quando retirar ou consertar alguma coisa, fazer sempre isso por sua exclusiva vontade e responsabilidade. Está claro: não tem nada como um amigo certo, que vê as coisas da gente com carinho mas severidade, pra abrir os olhos da gente e repor nossas coisas na mesa da <u>nossa</u> discussão interior. Mas guarde sua liberdade inteira, por favor! Se concordar, muito que bem: jogue fora, conserte. Mas se não concordar, sustente. Só assim terei facilidade e despreocupação. Senão, ficarei numa dificuldade tamanha, medo de errar, medo de responsabilidade, medo de não ter pensado suficientemente que o mais certo será dar um tiro no ouvido com mentira e tudo. Mas é verdade: não se esqueça nunca que os seus versos e livros são exclusivamente de você. Muitas vezes um estado de ideias em que a gente está com paixão, um exemplo mau, um estado de sensibilidade, uma fadiga momentânea, até um calo doendo, pode me levar a um erro, a uma leviandade. Mas aí está você pra controlar tudo isto, porque

---

72. "*O Folclore no Brasil* (out.1942) foi publicado nos Estados Unidos, por intermédio de Rubens Borba de Moraes e William Berrien, com cortes feitos pelo próprio MA. Há uma edição nacional no *Manual Bibliográfico de Estudos Brasileiros*, Rio de Janeiro, 1949". Cf. Raúl Antelo (org.), *Cartas a Murilo Miranda: 1934/1945*, Rio de Janeiro, Nova Fronteira, 1981, nota 92, p. 125.
73. Tomás Santa Rosa Filho (1909-1956). Pintor, decorador, ilustrador, artista gráfico, professor e crítico de arte. Trabalhou na Livraria José Olympio Editora onde fez, entre outras, as capas de *Cacau*, de Jorge Amado, em 1933 e de *Macunaíma*, de Mário de Andrade, na 2ª edição, em 1937. Foi também cenógrafo.
74. Cf. as cartas de 6 jan. 1942 e 16 jun. 1942. (plp)

você, o livro sendo seu, é que não pode ter fadiga, nem paixão de momento, nem dor de calo, nem nada[75].

Quanto aos nossos assuntos nossos o que me importa mais nesta sua última carta é aquela pergunta desastrosa que me repôs no talvez maior sofrimento de artista da minha vida. "Querer dar à poesia um sentido de perpetuidade será orgulho ou apenas instinto de conservação quando nos sentimos fugir – para sempre"?...

(Dia 11) Aliás reparo agora, relendo a sua pergunta que ela, sem querer, joga com "perpetuidade" num duplo sentido. Porque "pretender dar à poesia um sentido de perpetuidade" parece que você quer dizer com isso buscar livrá-la de toda a contingência, dos elementos transitórios, tudo transferindo para os "valores eternos". Porém se você pergunta se essa perpetuidade não é um legítimo instinto de conservação, você parece mais estar preocupada com o valor de eternidade do artista e da obra-de-arte, naquilo em que pela sublimidade desta, ela determina a perpetuidade do criador dela. Embora os dois sentidos mais ou menos possam se fundir, há uma nuança que não deve admitir a confusão deles. Porque me parecerá sempre um pouco de exagero a gente elevar a "valores eternos", sofrimento, amor, Deus, morte, o "Tanto gentile" de Dante[76], como o *Fuzilamento* de Goya[77], a procissão das *Panateneias* de Fídias[78], ou o *Duplo* de Dostoiévski[79]. A não ser naquela circunstância necessária e imprescindível da arte, em que ela é sempre uma "nova síntese" e uma definição, um processo de conhecimento, digamos, amoroso. Mas na verdade, eu tenho a certeza absoluta que esses gênios

---

75. À dor de calo, MA acrescentou, na carta de 21 mar. 1942, a Fernando Sabino (p. 42) a "dor de-corno" e também "uma pena engasgante", "um quase desastre de automóvel, quinze minutos antes" ou "um submarino do Eixo", como coisas "que me fazem forçar a nota ou até mudar de opinião, tanto como um raciocínio novo ou uma atitude social". Por isso, pedia aos seus correspondentes que assumissem suas sugestões somente se as fizessem suas. (plp)
76. "Tanto gentile", está no primeiro verso do soneto de Dante Alighieri na *Vita Nuova*, obra em homenagem à mulher amada, Beatriz.
77. Francisco de Goya y Lucientes (1746-1828). Pintor e gravador espanhol, com El Greco e Velazques, um dos maiores artistas de seu país. *Três de Maio* (1814), é o nome da tela sobre o fuzilamento de suspeitos da insurreição de 3 de maio de 1808, revolta contra a ocupação napoleônica na Espanha.
78. *Panateneias*, obra que celebra, no Partenon, o ritual do mesmo nome, dedicado à deusa Atena.
79. O *Duplo* (1846) de Fiodor Mikhailovitch Dostoiévski (1821-1881), novela cujo tema se constroi a partir da imagem de um funcionário público que se vê reduplicado em outra personagem. MA rebate a opinião de HL sobre o caráter perene e eterno da arte, desprovido de contextualização. A grandiosidade dos exemplos mencionados pelo escritor refere-se à tendência da literatura em valorizar as obras-primas da tradição artística, convertidas em lugares-comuns. Essa posição contrariava os princípios estéticos do modernismo.

quando fizeram essas obras-primas não tiveram a mesma visível atitude <u>preliminar</u> de um Murilo Mendes, um Augusto Frederico Schmidt, um Jorge de Lima, "essencialistas" e coisa parecida, que parecem (pouco importa façam obras-primas também) sentar na escrivaninha e dizer consigo: Bom, <u>tenho</u> que fazer um poema sobre qualquer dos valores eternos. Foi essa também a atitude de Graça Aranha quando <u>teve</u> que escrever a *Viagem Maravilhosa*[80]. Nunca pude me esquecer do sentimento de repulsa, mais, de repugnância, quando à saída do romance, uma revista do Rio publicou uma fotografia do Graça de pijama, na secretária, a pena na mão, com um título como este "Graça Aranha no momento em que principiou a escrever a *Viagem Maravilhosa*". O texto pode não ser este exatamente, mas o sentido era exatamente esse[81].

Ora, minha amiga, eu creio que como elemento inicial da criação toda obra-de-arte é "poema de circunstância". Tanto é poema de circunstância uma quadrinha mandando flores num aniversário, como já nem digo a *Divina Comédia* de fato lidando com tantos elementos transitórios, homens, políticos que desapareceram, como... já nem digo também os *Os Lusíadas*, qualquer arquitetura, como... (o difícil está em achar o que não seja poema de circunstância!) como, enfim, aceitemos, a *Ifigênia* de Goethe ou o *Quarteto* de Debussy.

Quer ver uma observação curiosa e muito comprovatória? Observe a palavra "mensagem", com que hoje tanto buscamos salientar <u>o que há de bom, de verdadeiro</u> (em geral, nunca <u>de belo</u>) num artista. A "mensagem" do artista isto é, o em que ele importa realmente é justo o que é mais pessoalmente dele, o em que ele é inconfundível, a sua diferença. Isto é, justo aquilo em que ele não é, não implica nenhuma <u>perpetuidade</u> humana, mas é apenas o indivíduo transitório! E o sutil desta contradição aparente é que ela está profundamente certa. Porque a "mensagem" do artista, aquilo em que ele se confrange em sua originalidade mais inconfundível, transitória e só dele, é exatamente aquilo em que ele nos alarga e enriquece em nós. É a definição. É a síntese. É a intuição divinatória. Absolutamente não <u>mais perpétuas</u>, mas, como um ovo, um bife, um tomate, uma ginástica, uma noite dormida, <u>mais concorrentes em nossa diuturnidade</u>, que quando física (ovo, sono) é imediata, sendo espiritual (Belo, Verdade) é mediata. Mediata mas tão imprescindível como respirar.

80. *A Viagem Maravilhosa* é o romance que Graça Aranha (1868-1931) publicou no Rio de Janeiro em 1929.
81. O comentário sobre a foto de Graça Aranha reapareceu na carta de 24 ago. 1944 a Drummond, mas, em defesa da liberdade e da sinceridade. Cf. *A Lição do Amigo*, *op. cit.*, pp. 132-133. (plp)

Não nego que a Verdade, o Bem, sejam elementos de eternidade, de perpetuidade como você diz. E aqui começam os dramas misteriosos da arte. É que a arte, como qualquer outro, absolutamente qualquer, cafiaspirina, código civil, astronomia, restaurante, automóvel, é um objeto de servir à vida. A arte não só "tem de servir", o que já é doutrina e ideologia, mas serve mesmo, sempre e de qualquer forma. Quando não serve pra bem, serve mal e serve o mal, o erro. Daí estar na origem mesma (pouco importa por que hipótese) e na base da arte ela, que não é imediata, se servir da Verdade e do Bem, do Erro e do Mal, na sua pesquisa e ofício de dar definição, de ser uma força de conhecimento. Ora o Bem e a Verdade são valores eternos. Porém deriva da própria técnica da própria essência da Arte ela não ficar neles, como a ciência e a moral. Da técnica e da essência destas deriva o <u>aperfeiçoamento</u> delas, pelo qual elas buscam se tornar o mais certo possível e o mais útil. Ao passo que a arte desvia, ou melhor, transfere o seu destino primeiro, buscando se tornar mais agradável. O belo que é uma consequência natural da técnica do objeto (vaso, retrato, canto ou dança religiosa, sexual etc.) se torna de consequência em elemento necessário da arte – pra não dizer sua finalidade. Ora o belo é <u>mais</u> um elemento de perpetuidade, o terceiro e último justamente. O único gratuito. O elemento do nosso martírio e da nossa amargura. A arte é, talvez seja mais ambiciosa que a ciência e a moral. Não será mais nobre que as outras mas é por certo a mais "divina", no sentido de mais completa, mais total, reunindo a Beleza ao Bem e à Verdade.

E o nosso castigo, a nossa mesquinhez de sofrimento não virá justo daí? Repare como parecem muito mais nobres, muito mais generosos, humanos, justos o sofrimento do cientista, do santo, do herói, só porque querem exclusivamente atingir o útil humano. Por isso a Divindade não os castiga. Mas o artista, se quer mais completo, e quer atingir a totalidade divina. Diariamente, sem descanso, sem se aproveitar de sua própria experiência e seu castigo, diariamente ele morde a maçã que o vai fazer igual a Deus. E diariamente ele é expulso do seu paraíso.

Você me pergunta se a ambição da perpetuidade não é orgulho ou apenas instinto de conservação. É tudo isso, Henriqueta. É mais: é vaidade, é dever, é inconstância mas é desapoderado amor. É sobretudo insolubilidade. Mas isso não deverá nos preocupar. Dar qualquer intenção definida não será lançar mais um manifesto, não será virar escravo de um patrão falso, ficar doente dos nossos próprios micróbios?

Eu nem gosto de pensar nestas coisas porque me bate uma amargura danada lembrando tudo o que eu não fui, tudo o de que desisti... Mas vamos abandonar em nossa consciência a assombração da perpetuidade. Há outra imagem que me parece mais perfeita, mais generosa, mais humilde:

a da honestidade artística. Sua companhia não evitará nossas amarguras. Mas a perpetuidade as aumenta creio que inutilmente. E não me parece covardia botar de parte o sofrimento insolúvel, antes é coragem. A dor é suficientemente irrespirável nesse mundo, pra que nos esperdicemos no cultivo da dor.

Este vosso

Mário

Dia 15 – Guardei esta carta porque não gostei dela, o comentário está grotesco, meio professoral e dogmático. E sobretudo sem uma análise psicológica mais vertical da luta do artista entre o seu "ideal" de perpetuidade e o lado "poema-de-circunstância" da criação. Mas não tenho coragem de rasgar e me ocupar mais uma hora com o problema neste dias próximos. Ainda chegou mais ocupação pra estes dias! Rapazes da Filosofia e Sociologia que vieram me pedir que os orientasse na experiência de um teatro de estudantes. E me afoguei mais nisso também. Adeus.

M.

<small>Carta assinada: "Mário." e "M."; datada: "S. Paulo, 8-VII-42"; autógrafo a tinta preta; papel creme; 3 folhas; 26,5 x 20,6 cm.</small>

---

59   (HL)

Belo Horizonte, 7 de setembro de 1942.

Mário,

tantas cousas horríveis estão sucedendo que nem sei como abordar você. Tudo é tão espesso em torno, a dois passos a escuridão é tanta, que chega a ser difícil caminhar. Estou aqui numa campanha pela aviação, é a única cousa que posso fazer mas desanimo logo, quando falo no rádio tenho a impressão de que ninguém ouve e agora, escrevendo, não sei se minhas letras chegarão intactas a você...

Calculo o tumulto desse coração grande nessa hora de amargura e insegurança para o Brasil. Como o Brasil está em você, Mário!

Senti isso uma vez mais lendo O *Movimento Modernista*[82], que recebi com orgulho. É um documento de excepcional valor. Você pensa e escreve com todas as faculdades humanas, como queria Unamuno[83], e não só com o cérebro. Você transforma, com uma simplicidade única, as mais áridas abstrações em coisa sensível, suas ideias são seres, existem! O que mais me admira é verificar a raridade desse fenômeno. Mas acho-o muito pessimista nessa obra, não posso aceitar a sua desilusão do modernismo, de cujas conquistas se beneficiam todos aqueles que escrevem hoje – vivos. Há naturalmente, como em todos os tempos, os que escrevem mortos – a maioria.

A propósito daquele poemazinho, fique tranquilo: quando percebi que você não gostara, encontrei nele duas expressões que me desagradam a mim e que procurarei mudar antes da impressão do livro. Aliás, sei o que faço quando concordo com você. Ainda não percebi nenhum engano, nenhuma incompreensão, nenhum descaso de sua parte no decorrer desses longos anos em que tenho estudado e aprendido com você o julgamento artístico. Percebo a sua insatisfação em relação ao movimento modernista mas, aí o caso é outro, porque se trata do que lhe pertence.

Escrevi oferecendo o livro infantil ao departamento editorial da Nacional e combinei as ilustrações com o Santa Rosa que aqui esteve[84].

Mas agora creio que nada é possível, que nada interessa. O momento não é mais do menino poeta. – O que eu queria dizer quando me ofuscou a palavra perpetuidade (conscientemente não me preocupa essa projeção no futuro, acho mesmo um tanto risível isso em relação a mim...) é que gosto de dar à minha arte um sentido de constância do meu próprio ser, de permanência ou, seja, de retorno a mim mesma depois dos altos e baixos fugidios.

E agora quero agradecer sua carta, a aurora que você me deu falando de seu desejo de vir, quase prometendo vir. Gabriela[85] chegará a 14, fará a 18 a

---

82. Brochura editada pela Casa do Estudante do Brasil, contendo a conferência comemorativa do 20º aniversário da Semana de Arte Moderna, lida no salão de conferências do Ministério das Relações Exteriores. Em carta a MA, datada de 23 de julho de 1942, Drummond assim se manifesta: "Recebi o *Movimento Modernista*. Obrigado, mas que melancolia!"; Silviano Santiago & Lélia Coelho Frota (orgs.), *Carlos & Mário, op. cit.*, p. 478.
83. Miguel de Unamuno (1864-1936). Filósofo, poeta e dramaturgo espanhol. Autor de *Sentimento Trágico da Vida* (1912). Homem de paixões e contradições, representa a imagem da Espanha de seu tempo.
84. O livro *O Menino Poeta* é publicado em 1943, pela Editora Bedeschi, do Rio de Janeiro, sem ilustrações de Santa Rosa.
85. Gabriela Mistral. Reproduzo parte do texto de Reinaldo Marques sobre a estada de Gabriela Mistral em Belo Horizonte: "Belo Horizonte, setembro de 1942. [...] São onze dias de festa para o mundo intelectual, artístico e pedagógico de Belo Horizonte, confessa Henriqueta em depoimento contido em antologia de poemas de Gabriela Mistral por ela traduzidos (Mistral, 1969). Gabriela pronuncia duas

1ª conferência e a 20 – domingo – a 2ª– sobre a minha poesia. Tenho pouca esperança de que você possa vir, de tão longe, num momento desses, e sem trens noturnos, e com a saúde abalada com a rouquidão de que não busca tratar-se – meu Deus!

Assim mesmo ando sonhando com a sua presença.

Henriqueta

Carta assinada: "Henriqueta"; datada: "Belo Horizonte, 7-9-1942"; autógrafo a tinta preta; papel cinza; 2 folhas; 18,0 x 17,3 cm. Nota MA a lápis vermelho: traço à margem de trecho sobre as conquistas do modernismo: "pessimista [...] como."

60   (HL)

Belo Horizonte, 23 de setembro de 1942.

Mário,

fiquei contentíssima com a conferência. Gabriela pretende publicá-la em *La Nación*[86], mais tarde no Rio. Só depois que ela se for, poderei escrever a você como quero.

Obrigada pelo telegrama, que me consolou um pouco da ausência.
Dê-me notícias de sua saúde, por favor.

Henriqueta

Bilhete assinado: "Henriqueta"; datado: "B. Hte., 23-IX-42"; autógrafo a tinta preta; cartão de visita, papel branco; 6,0 x 10,0 cm.

conferências no Instituto de Educação: uma sobre o Chile e a outra sobre *O Menino Poeta*, livro de Henriqueta ainda no prelo. Rodeada de poetas e professores, ela conhece a Pampulha recém inaugurada e aprecia suas obras de arte. Uma noite visita o cassino, mas sem entrar na sala de jogos. A convite de Aires da Mata Machado Filho, vai ao alto do Cruzeiro, de onde pôde apreciar uma maravilhosa vista da cidade, marco da modernidade em Minas. Não sem antes relutar contra o desperdício de gasolina, então racionada". Reinaldo Marques, "Henriqueta Lisboa: Tradução e Mediação Cultural", *Revista Scripta*. Belo Horizonte, vol. 8, nº 15, p. 205. 2º sem. 2004.
86. Gabriela Mistral, "A Poesia Infantil de Henriqueta Lisboa", *A Manhã*. Rio de Janeiro, 26 mar. 1944, pp. 39-47.

61   (HL)

Belo Horizonte, 8 de outubro de 1942.

DEUS PERMITA SUA CONSTANTE FELICIDADE E CONSERVE EXISTÊNCIA TÃO CARA HENRIQUETA CT 546

Telegrama assinado a máquina: "Henriqueta"; impresso "DEPARTAMENTO DOS CORREIOS E TELÉGRAFOS"; 16,4x21,5 cm; carimbo. Postagem: Belo Horizonte, 8 de outubro de 1942; 20:00h. Recebimento: São Paulo, 9 de outubro de 1942; 24:00h.

62   (MA)

São Paulo, 17 de outubro de 1942[87].

[...] Dinamarca, Holanda e Bélgica, Hitler foi assassinado, milhões de fogos-de-artifício...[88]

No princípio de setembro não aguentei mais, caí de cama. Era uma dor incerta, profunda, vaga mas insuportável. Só na cama eu tinha algum alívio. Vinha às vezes nítida no fígado, outras vezes nos rins, outras no apêndice e me reumatizava dolorosamente a perna direita, outras era no peito, tomava o peito inteirinho. E a cabeça pesada, doendo enfumaçado e a mornidão suja do corpo todo. Mas me batia aquela birra desanimada de não chamar médico e não chamava. Fazia regimes por mim. Tomava remédios de conselho de porta de rua, abandonava tudo em meio. Afinal outro dia o quê que me bateu no desejo! um desejo de ajudar a doença pra ver onde ela chegava. E só isso: uma curiosidade de ajudar porque nem desejo de acabar eu tenho. Fiz tudo o que devia ser proibido pra qualquer das doenças possíveis e, está claro, muito álcool, excesso de álcool por vários dias seguidos, friamente, gostadamente. (Não se assuste, nada de bebedeira de perder sentidos nem pegar frango.) A doença desapareceu! Não tenho mais nada!

87. A recuperação da data indicada no final da carta se deve a HL, após ter suprimido as duas páginas iniciais.
88. É impossível emitir qualquer argumento sobre as razões da rasura, observando-se apenas que o restante do texto demonstra o estado de pessimismo de Mário causado por sua saúde precária, pelos contratos de publicação no estrangeiro. Com base nesse fragmento, o que se pode deduzir refere-se ao relato de algum sonho ou desejo do escritor em sua crítica à guerra e ao nazismo.

Estou passando otimamente e este mês de outubro tenho trabalhado enormemente. Fiz uma (bem regular) Introdução pra parte de bibliografia de Folclore, pro *Handbook of Brazilian Studies*, e ando fazendo uma ópera coral. Já delineei todo o plano, que é uma coisa absolutamente nova no teatro cantado. Se chama *Café*[89], e parte do princípio de que desque uma fonte de riqueza deperece, se dá insatisfação pública e vem a revolução social que muda o regime político. O plano, sem modéstia, me agrada mas muito e os poucos que o conhecem ficaram entusiasmadíssimos. É muito longo pra lhe contar agora. Quando a coisa ficar definitiva lhe mandarei cópia. Não tem dúvida que até a criação de tudo e os momentos sublimes de força criadora que estou vivendo neste outubro, derivam dessa guerra... Agora estou escrevendo os textos. Parece que a força criadora, embora ainda muito ativa, está já deperecendo. Também isto dura desde o dia dois! Os textos vão saindo com mais dificuldade, embora tenham necessidade de menor perfeição e interesse que o plano. Realmente os textos são de valor secundário num drama cantado, tanto mais exclusivamente coral. O que vale mesmo é a concepção e o planejamento completo da concepção, e depois a música. Que será do Mignone.

Agora só falta lhe confessar a safadeza. É qualquer coisa assim como ter faltado à minha palavra. Não chego a me analisar bem, a coisa é tão tumultuária, me moveram tantos sentimentos, tantos afetos, e depois tanta certeza do mau procedimento alheio, que sem chegar nunca a ter certeza que fiz bem, não chego também nunca à certeza de desonra. Mas a coisa me soa, me cheira positivamente a safadez minha e isso tem me amolado que você nem imagina. O caso foi a tal Blanche Knoff, co-proprietária daquela grande casa editora americana que chegou aqui, meu Deus que velha deliciosa! mandou me chamar, acabou me encomendando um livro, deu as condições principais do contrato e eu aceitei. Tudo, fora está claro, a porcentagem da venda do livro (*A Folklore Portrait of the Brazilian People*) por trezentos dólares de *royalties*, donde eu pessoalmente tinha que tirar o pagamento

---

89. Em artigo sobre *Café*, Marcos Antonio de Moraes e Flávia Camargo Toni registram: "Data de 1933 o primeiro esboço da Ópera *Café* e a poesia de *A Costela do Grã Cão*, quando cresce a voz do poeta profeta, demolindo ilusões e clamando por um tempo novo. O texto de *Café* passará por várias redações, sendo a última de dezembro de 1942. Em 1939, vivendo no Rio de Janeiro, Mário acha o parceiro musical no amigo e compositor Francisco Mignone. O projeto, todavia, não se completará musicalmente. Dividido em "Concepção Melodramática" e "Tragédia Secular" (o poema), *Café*, dedicado a Liddy Chiafarelli, mulher de Mignone, aparecerá em *Poesias Completas* em 1955, dez anos depois da morte de Mário de Andrade". "Mário de Andrade no Café", *Estudos Avançados*, Universidade de São Paulo, vol. 13, nº 37, São Paulo, set.-dez. 1999, p. 261.

do ilustrador (escolha dela: o Santa Rosa) em 5 desenhos coloridos e 25 em branco e preto. Mas o fato é que aceitei, porque aceitei? Aqui não tem dúvida nenhuma que foi porque sou brasileiro, este coração mole. Percebia que a proposta era péssima, percebia que era safadez uma comerciante que estava viajando pela América toda encomendando livros não ter trazido a amostra do contrato todo pra gente saber bem o que aceitava, percebia que estava me entalando, mas a velhinha era tão gostosa, tinha um ar raçado tão lindo na feiura bem paulista dela, estava sofrendo tanto com um filho na guerra que aceitei. Eu dizia naquele almoço danado, eu me estrago, estou fazendo uma estupidez, mas negar qualquer coisa pra esta velha, isso não faço, não posso, não sou capaz. E aceitei.

Bom ela partiu no dia seguinte e longe dos olhos caí em mim. Cheguei a ficar com ódio daquela velha danada e tomara que o filho dela morresse na guerra. Mas aí eu ajuntava: Deus me livre de desejar isto e não desejava um isto. Mas começou chovendo coisa pra cima de mim, veio cartinha dela, veio o contrato, veio uma batelada de livros por avião (!) (gastou um dinheirão, é milionária) depois mais livros por navio, e agora terceira remessa por navio. E eu quem disse de ter coragem pra assinar aquele contrato maldito! Afinal veio, fim de setembro, o telegrama perguntando se eu não recebera o contrato. Mas, então, não estou pedindo nada, uma editora me tira das minhas ocupações, me escolhe, me encomenda um livro que eu avisara ela, dado o plano, que era dificílimo e me exigia pelo menos seis meses de trabalho, me obriga a um livro de vulgarização que podia me prejudicar no pequeno meio científico ianque onde tenho alguns amigos que me estimam (e fiz ver isto a ela), me obriga a um livro de saída mais que incerta, afinal, e me dá trezentos dólares em duas prestações, seis contos donde tenho que tirar o pagamento do ilustrador! Eu odiava. E estava de cama. E o Brasil entrara na guerra. Escrevi dizendo que não podia assinar nenhum contrato por agora, porque estava com a decisão de dar toda a minha atividade presente a qualquer trabalho prático de combate ao Nazismo e de cooperação ao meu país. É verdade. Mas é recusa de uma coisa que aceitei. A estas horas a carta já está lá, foi de avião. Talvez a resposta já esteja nos ares ou não venha nunca. E é mais uma ianque que vai falar por aí que brasileiro não tem palavra. E não posso me livrar desta consciência embrulhada de que não tenho palavra.

Você ficou de me escrever longo sobre a estadia da Mistral aí, fiquei esperando. Muito obrigado por sua carta sobre o *Movimento Modernista*. Não me consola do que eu não fiz; não poderia disfarçar a indecisão interrogativa em que estou do que ainda possa fazer: mas é o seu carinho que me vem, seu coração compreensivo, seus ombros piedosos que impiedosamente escolhi pra descansar. Henriqueta boa que procura animar o menino poeta. E anima.

Deus te abençoe em todos os instantes em que me lembro de você, preciso de você e queria você junto de mim.

Mário

Carta assinada: "Mário"; datada: "17-X-42", inserida por HL no final da carta: autógrafo a tinta preta; papel creme; 2 folhas; 26,2x20,6cm. Nota da pesquisa: HL não conservou a primeira folha desta carta.

63 (HL)

Belo Horizonte, 1º de novembro de 1942.

Mário,

você me escreveu uma carta difícil. De ler, de sentir, de responder. Que mistura grande de cousas boas e más! Nem pude alegrar-me deveras com a sua volta à saúde por causa das imprudências. O que tive foi medo. Amanhã você é capaz de repeti-las e o anjo da guarda pode estar cochilando, olhe que ele tem se desdobrado com você! – A história do livro para a América do Norte é também complicada. Porém não me parece que você tenha agido mal. Primeiramente porque teve sincera intenção de realizar o trabalho, conforme o que me dissera, até com bastante interesse na carta anterior. – Quanto à outra notícia sobre sua Mãe, que está quase a deixar-nos, que pena me trouxe, Mário! É mais que provável que nunca me seja dado ver essa velhinha cuja evocação me enternece. Um dia em que vocês dois estiverem a sós e em que ela não esteja sofrendo muito, beije as mãos dela por mim, diga-lhe alguma cousa por mim. Mas se acha que ela estranharia, não diga nada, fique apenas a carícia. Você deve estar sofrendo muito para dizer as cousas cruéis que disse. Eu sei o que está guardado dentro das suas palavras, mas me atormenta pensar que os outros poderão julgá-lo pelo que essas palavras carregam de lastro à superfície. Quando há tempos encontrei Emerson[90] dizendo mais ou menos isso – que o estilo é a metade do homem, achei-o exagerado. Em verdade é parcimônia a fração. Mas o estilo, definido por

---

90. Ralph Waldo Emerson (1856-1936). Ensaísta, filósofo e poeta estadunidense, fundador do *transcendentalismo*. Por seu idealismo, essa doutrina se opunha às concepções materialistas da vida. Foi acusado de pregar a independência e a experiência intuitiva. Escreveu, entre várias obras, *Ensaios* (1841 e 1844).

você, deve ser o homem com a sua coorte de sombras: as que se arrastam no chão, as que sobem paredes, as que pendem do teto, quase todas disformes, e muito mais de trezentas, incontáveis! Falar nisso, e a sua ópera coral? Estou num contentamento, numa ansiedade, numa curiosidade! Tão de repente, e você falando com satisfação do seu próprio trabalho, é a 1ª vez que o vejo assim, deve ser uma cousa enorme! Deus permita que a força criadora tenha se conservado até o ponto final. E que eu possa assistir à estreia. Mande a cópia sem demora. – Veja se tem tempo de ler esses poemas, alguns ainda são do menino poeta, ele continua. Envio-lhe também uns trechos destacados da conferência de Gabriela, que comentou as poesias quase todas, uma a uma. Belo Horizonte se iluminou com a presença dela, foi uma prodigiosa irradiação de simpatia humana – recíproca. Talvez caso ela se demore no Brasil, talvez ela ainda venha residir aqui. É hoje uma pessoa da família mineira e, particularmente, da minha família. Desde Papai e Mamãe até o sobrinhozinho de "ojos de lucero," todos dizem: Gabriela. Falamos muito a seu respeito e me comprometi fazer para ela um estudo da sua poesia. "Mário vale mais do que todos" foi o que me disse. Mas ainda encontra dificuldade na interpretação da sua poesia. – Não lhe escrevi antes porque também estive doente, muitos dias. Parece que foi uma nova crise de apendicite. É detestável ter que encarar essa hipótese, detestável! Outra notícia – melhor: fui convidada para catedrática de literatura hispano-americana da Faculdade Católica de Filosofia que acaba de ser criada aqui[91]. Darei conta do recado? Quero dizer-lhe ainda uma cousa importante, muito mais importante: Serei feliz enquanto me lembrar que um dia Mário me escreveu docemente: "queria você junto de mim".

Guarde sempre o coração de

Henriqueta

Carta assinada: "Henriqueta"; datada: "Belo Horizonte, 1º de novembro de 1942"; autógrafo a tinta preta; papel cinza; 2 folhas; 18,0 x 17,3 cm.

---

91. A Faculdade de Filosofia, Ciências e Letras Santa Maria, de Belo Horizonte, foi fundada em 1945, graças à vitalidade educacional do Colégio Santa Maria, primeiro Colégio da Capital, criado pelas irmãs dominicanas francesas, em 1903. Em 1958 foi criada a Universidade Católica de Minas Gerais, durante a gestão do presidente Juscelino Kubitschek e do ministro de Educação e Cultura Clóvis Salgado.

64 (MA)

São Paulo, 7 de dezembro de 1942.

Henriqueta.

Não tenho me esquecido de você, mas andei não escrevendo cartas um tempo. E quantas coisas pra falar. Fiquei ótimo sabendo você aí na Faculdade Católica. Fiquei péssimo com essa coisa da apendicite, precisa fazer operação? Eu andei meio doente por novembro: doença de corpo, gripe via sinusite; doença de vida, exames no Conservatório; e doença de alma com os resultados da minha ópera coral. A coisa me desgosta muito, principalmente os poemas do texto, verso muito rúim. Isso enquanto a minha Henriqueta está cada vez mais de cristal nestes últimos versos. Mas não tenho ciúme não, fico glorioso. Não quero detalhar agora. Ando carecendo de pegar de novo em todos os seus versos inéditos e estudá-los com vagar. Mas quê-de tempo! quê-de sossego! Mas é possível que algum dia desses, neste mês ou por janeiro, me dê folga de vida por um dia inteirinho pra passar lendo você.

Tenho trabalhado muito e ando com declaradíssima fadiga intelectual. Então isso de trocar letra, escrevendo, está um descalabro verdadeiro. Sei que uns quinze dias de descanso consertam isso, mas é pau escrever assim tão errado. Fico irritado. E não sei se devo descansar. Acho graça em mim. Sou bastante metódico dentro da barafunda da minha vida. Mas é sempre por janeiro que principio a viver direitinho. E então quando novembro chega, não sei se os músculos morais ficam fatigados, todas as minhas presilhas se desprendem e são dois meses bastante desvividos. Mas este ano não está se dando isso não. Pelo contrário: ando muito controlado moralmente, ando "direitinho" de assombrar, e em vez de vadiagem, é aquela trabalhação afobada e produtiva. Este ano não vou carecer de exame de consciência amargo nem de tomar disposições pro ano seguinte. Aliás este foi um ano muito completado, dos mais equilibrados dos que já vivi. Vivi prodigiosamente, com riqueza vasta, intensidade, variedade. Me sinto satisfeito de mim e com a consciência em dia.

Eu sou muito infantil... Não há dúvida nenhuma que o caso de tomar nota diariamente do que faço e do que preciso fazer e ainda por cima me atribuir ao dia uma nota de aprovação vital, contribuiu decisoriamente pra eu me enriquecer assim de... de vivência (!). No começo me diverti muito, vendo que andava direito e me variava ricamente, escravizado à nota que eu me dava. Tinha vergonha de tomar com um sete ou um seis. O oito e o nove me irritavam por insossos e pouco significativos. Daí o esforço pra obter um dez da distinção. Depois deixei de me divertir e de me analisar, mas a coisa ficou como um hábito. Não abandono mais este meu diário. Só que, pro ano que vem, ainda vou usar maior número de símbolos secretos, pra que a coisa, se eu morrer de repente, não possa ser lida por ninguém[92].

Minha velha vai melhorzinha, graças a Deus. Sucedeu uma coisa extraordinária. Temos um primo que mora aqui em casa e que Mamãe adora como ninguém. Pois ele agora se formou em Medicina, bateu a alegria em Mamãe, ela se revigorou milagrosamente. As forças vitais voltaram muito e eu creio que qualquer perigo imediato ficou afastado[93].

Eu sei, Henriqueta, que lhe escrevi uma carta rúim, me perdoe. Estava tão desgostoso com a parte vil do meu ser, quis estadeá-la, decerto pra me libertar dela. Eu sabia que eu não era aqueles pensamentos torpes em que me esfrangalhava. Ou, por outra, e é melhor: eu sabia que não queria ser aqueles pensamentos torpes de egoísmo. Que coisa dolorosamente grave, em mim, esse indivíduo infame, diabólico, que eu carrego toda a vida comigo. E que eu, nem só "não quero", mas me seria impossível ser. Desde criança, que coisa desagradável, instintivamente desagradável, esse qualquer pensamento infame que me batia de supetão inteirinho feito. Mas não carecia de nenhuma reação dirigida, nenhum pensamento raciocinado, pra afastar o tal. A reação era instintiva. Era física. E a ideia má era afastada num átimo. Mas desta vez ela voltava, insistia, e o que é pior, principiei raciocinando sobre ela, lhe pesando os valores. Foi aí que fiquei horrorizado comigo e lhe escrevi, menos pra lhe contar o que eu não posso ser, do que pra me libertar de mim. E me libertei de fato. Voltei a ser <u>apenas</u> trezentos e cinquenta mários, repudiado duma vez o trezentos e cinquenta e um[94].

    92. "Mário de Andrade, segundo se depreende de depoimentos seus em cartas, esboçou, em alguns momentos de sua vida, a escrita de 'diários', sob a forma de livretos de anotações e 'diários de trabalhos'. Em 1937, escrevendo ao ficcionista Amando Fontes, lembra-se de uma frase que encontrara, casualmente, em um de seus 'cadernos de notas'. Trata-se, certamente, nesse caso, dos muitos caderninhos de anotações ou pequenas agendas, com milietas de *insights*, dados de pesquisa tomados *sur le vif* ou ideações literárias, cadernetinhas de que ainda hoje restam exemplares em seu arquivo. [...] Essas formas do discurso autobiográfico, documental, não seduziram Mário de Andrade, pois se ele interrompeu o diário nesse ano paroxístico de doenças [1943], não deixou de escrever cartas – ofício vital –, ainda que em muitas delas o assunto doença figurasse como um *Leitmotiv*." Marcos Antonio de Moraes, *Orgulho de Jamais Aconselhar. A Epistolografia de Mário de Andrade*, op. cit., pp. 116-117. Cf. carta de MA a HL, de 12 set. 1943.
    93. Trata-se de Carlos Eduardo, primo de MA, irmão de Gilda de Moraes Rocha (Mello e Souza, sobrenome adquirido pelo seu casamento com Antonio Candido de Mello e Souza).
    94. "Eu sou Trezentos...". (7 jun. 1929) é o primeiro poema de *Remate de Males* (São Paulo, 1930). (plp)

Ah, Henriqueta, eu me dou por feliz, tenho bancado o feliz, tenho me realizado às vezes com audácias formidáveis com muito heroísmo constante para certas particularidades do meu ser, mas puxa que vida penosa interior tem sido esta minha! Não tenho a menor intenção de me dizer mais sofrido do que qualquer outro. Mas não posso viver o sofrimento alheio, pra comparar. Mas se penso em mim, fico tonto. Que mentiras formidáveis eu tenho sido! mentiras nobres. Energias, paciências, humildades, continuidade, dignidade, força de caráter, tudo mentira, mentira, tudo calculado, tudo o Outro. Das qualidades morais do ser só tenho instintivamente uma: a bondade. Sou naturalmente bom, não sei odiar, não posso desejar mal a ninguém. E com isso a ideia, o sentimento do mal me persegue, pior: vive em mim, obscuramente, numa briguinha vil, escusa, de todo instante. Não se trata não de um desejo do mal, de um convite para o mal, surgido claro e que a gente afasta ou não afasta. Pelo contrário: sou pouco useiro do fenômeno da "tentação". O meu rúim não tem essa exterioridade da "tentação". Parece que ele sabe que é inútil ele aparecer assim nitidamente e vir dos elementos externos ao meu ser. Quando ele aparece assim, nas menos frequentes vezes em que aparece, é porque eu não estou mais em condição de o repelir. Não se trata disso não. O ser detestável em mim é uma coisa mais íntima, profundíssima, que eu mais sinto, mais pressinto do que tenho consciência dele. E esse maldito, não rói, mas briga, briga, briga sem parada a todo instante. De forma que as minhas forças quando atingem os limiares da vontade, já me chegam fatigadas da luta, da briguinha, exatamente, que tiveram e que venceram. Vitoriosas, não tem dúvida, e sou eu. Mas fatigadas, fatigadíssimas. A minha possível grandeza do ser é uma grandeza exausta! É horrível, Henriqueta, é horroroso, acredite. E às vezes em que, num esforço de nitidez, consigo "realizar" essa luta subterrânea que se processa em mim e a falsidade, a má-vontade mesmo, do que há de nobre e digno no meu ser, no ser que eu me quero e só posso me dar: não é tristeza apenas o que eu sinto, é sobretudo assombro do que eu venho curtindo desde sempre. E então eu tenho a certeza: eu só não sou péssimo, porque sou falso.

Eu não estou esquecendo que há uma grandeza legítima nesta falsificação, já falei em heroísmo atrás. E é heroísmo. Mas é a noção do "falso" que me desespera. Às vezes eu me pergunto saudoso se não teria sido preferível, na mocidade, eu ter seguido o caminho do rúim instintivo e mais profundo que eu sou. Eu não sou nada burro, tenho a quase certeza. E eu me pergunto se pela força da inteligência que Deus me deu e pela experiência do péssimo completo, eu não chegaria ao bom por redenção. Em vez: por família, por educação e também, não sei se hereditariamente, por instinto, por amor ao Bem, eu me falsifiquei. Desde o princípio. Sou nobre, sou enérgico, sou isto, sou aquilo. Mas eu sei que nada é conquistado. Nada é fruto de uma vitória completa. Nada é de dentro pra fora. Tudo é apenas casca, casquinha, epiderme. Tudo é uma hipocrisia cruel.

E é curioso, Henriqueta, observar, eu me observar certos aspectos da minha obra. É sobretudo convincente a noção de culpa que atravessa ela inteira. Sobretudo em meus versos muitas vezes eu demonstro clara ou escusamente carregar a noção de uma culpa enorme. "Há um arrependimento vasto em mim"[95]. Oh Henriqueta, nunca eu desejaria a ninguém viver o momento em que esse verso explodiu. E é sempre terrível eu me lembrar desse verso. Ressurge o estado de sensibilidade que o ditou, vem uma angústia mas tão aguda, tão intensa que às vezes até eu tonteio.

Mas às vezes eu mais sinto que percebo que a minha obra toda destila um veneno subreptício, de gotinhas imperceptíveis, que desgraça os outros. Não é questão de imoralidade não, creio que até já lhe falei nisto. Não é imoralidade não, é um veneno que não chego bem a discriminar. Tanto mais que penso pouco nisso, com medo de me entregar a qualquer cultivo fictício da dor. Será que esse veneno existe? Não chego a saber com consciência.

E tem as coisas anedóticas... Eu tenho já uns quatro contos e pretendo fazer mais, de aspecto autobiográfico. Isso aliás é um problema danado desses contos porque embora quase sempre baseados em casos de minha vida, nem sequer estão paralelos à autobiografia. Um dos personagens, que deu origem a um conto completo, é totalmente inventado, jamais existiu nem como base. É uma colcha-de-retalho inextricável. Outro dia estava lendo esses contos pra corrigir coisinhas e de repente me surpreendi. O que há de anedótico neles é uma incongruência pueril que a ninguém escaparia. É que em todos os contos eu insisto muito em me garantir rúim, perverso, cheio de vícios, baixo, vil, e no entanto, os casos que sucedem não provam isso, mas sim que sou um sujeito bom, moralmente sadio, cheio do caráter, digno e enérgico! Achei isso esplêndido como retrato de mim, e saído assim, inconsciente como saiu, vale mais que uma confissão. Me diverti muito vendo isso e fiquei indeciso sem saber se deixo assim ou não. Artisticamente não passará nunca de uma incongruência. Talvez melhore a coisa, tire algumas frases muito afirmativas da minha ruindade. Que não existe!

Arre que carta imensa e ainda sempre infeliz. Desta vez tive a intenção de fazer uma carta que lhe deixasse algum riso no peito, mas vejo que não consegui. Se esqueça do homem rúim. Vamos matar pra sempre o trezentos

---

[95]. O verso é do poema "Pela Noite de Barulhos Espaçados..." (escrito em junho de 1929), da parte "Marco de Viração", presente em *Remate de Males* (São Paulo, 1930). Cf. *Poesias Completas*, p. 206. (plp)

e cinquenta e um. Pois não bastam os sofrimentos, as hesitações, as angústias do resto da tropilha!

Com o abraço carinhoso deste

Mário, o Bom.

Carta assinada: "Mário, o Bom"; datada: "S.Paulo, 7-XII-42"; autógrafo a tinta preta; papel creme; 3 folhas; 26,1x20,5cm.

65   (HL)

Belo Horizonte, 30 de dezembro de 1942.

Mário,

não quero acabar o ano sem um sinal de carinho para você. E tenho uma carta sua, desta vez muito ponderada e, de certo modo, confortadora. Conforto um tanto triste, esse, ver, sentir que a vitória do bem lhe custa, mas conforto por isso mesmo. Onde se acha o valor senão no esforço? Entretanto, por mais complexo que seja o seu mundo interior, fico teimando em que o mal não participa do seu ser em essência. Família, educação podem ser freios, mas o amor ao bem é impulso, Mário. E basta esse amor, que você confessa, para purificar e redimir todo o seu mundo. Não bastará para pacificá-lo porque não há paz na terra, talvez nem para os santos. Eles conhecerão a harmonia, tantas vezes intensa e dolorida. Quem nos dirá se não são eles – mais profundos que os artistas – os que menos paz desfrutam intimamente? Não me refiro aos que nasceram santos, sopros de vida, adoráveis na sua candidez, Luís de Gonzaga[96] ou Teresinha[97]; mas aos que passaram pelo fogo, toda a linhagem de Paulo[98] ou de Agostinho. Sempre me pareceu que existe, no fundo da vocação do artista, uma tendência para a santidade. No fundo da vocação do santo é provável que exista uma qualquer fascinação demoníaca. Não será feita a natureza humana de camadas sobrepostas:

---

96. São Luís Gonzaga (1568-1591). Religioso italiano e santo da Igreja Católica, considerado Patrono da Juventude.
97. Teresinha (Santa Teresa do Menino Jesus e da Sagrada Face), Santa Teresa de Lisieux ou apenas Santa Teresinha (1873-1897). No final de 1887, entrou para o convento das carmelitas, em Lisieux, França.
98. Paulo de Tarso ou São Paulo (c.3-c.66) ocupa entre os apóstolos o segundo lugar em importância. Homem culto, destaca-se dos outros apóstolos por essa qualidade.

Colégio Sion de Campanha, s/d. Arquivo HL, AEM/CEL/UFMG.

forças do bem, forças do mal? E não se condicionarão essas forças ao meio que habitam? Assim como os pequenos peixes vivem nos rios e os grandes nos mares, onde há até baleias – que nem são peixes?... Para os seres apoucados o próprio mal é curto, com limites certos. Para você, Mário grande...

Mas foi esplêndido você me contar a história do seu diário... com notas! Esse menino poeta!

Lembro-me do Sion[99] quando, toda manhã, cada aluna devia dar a sua própria nota da véspera. Mas era em voz alta, diante da classe, consciência em voz alta, veja que dificuldade! Às vezes me escandalizava com as outras que se atribuíam notas imerecidas, às vezes com o som da minha própria voz. Hoje percebo o quanto era exagerada de escrúpulos. Naquele tempo eu merecia sempre a nota máxima. Agora estou cansada, medíocre.

Você me fala em hereditariedade como elemento de defesa contra o mal. Acha que ela aumenta, estimula a sua responsabilidade individual, ou o protege naturalmente? Não saberia explicar isso na minha formação mesma. Sinto que recebi qualquer cousa, não sei se do sangue ou do espírito – que neste caso teria vindo pelo exemplo. Minha mãe é a encarnação exaltada das três virtudes teologais: fé, esperança e caridade. Meu pai é o culto silencioso das quatro cardiais: prudência, justiça, temperança e fortaleza. O que eu deveria ser! Esquisito e incômodo é, para mim, percebê-los tão

---

99. HL teve sua formação escolar no Colégio Sion de Campanha (1903-1965), em Minas Gerais, graduando-se normalista em 1924. É importante ressaltar a formação de HL, educada segundo a tradição católica e a cultura francesa.

Correspondência

Henriqueta Lisboa. Desenho/aquarela, s/d. Pintura feita por HL no Colégio Sion. Arquivo HL, AEM/CEL/UFMG.

diferentes dentro em meu ser, pensar como Papai e sentir como Mamãe. Não virá daí a minha determinação de equilíbrio poético? – E agora, querido Mário, você vai ter a paciência de examinar mais esses últimos poemas de livro infantil. "Madalena" será substituído por outro, a sua observação foi, como sempre, exata, parece até que eu já a adivinhara[100]. Veja também o comentário do Aires[101], que cousa rara: fina e séria. Vou assinar contrato com a Noite Editora por esses dias. Se não me agradar a oferta, farei a edição por minha conta: guardei três contos para isso, trabalho deste ano. – A Faculdade Santa Maria está perfeitamente organizada, à espera do decreto presidencial. Preciso sistematizar os estudinhos. A saúde vai indo sofrivelmente. Os médicos aconselham operação de apendicite – e não é de hoje. "Prometo pensar e fica nisso".

E *Café* como vai? E o descanso de que você precisava, Mário? Que Deus o conserve, em 1943, genial e bom. E que o faça feliz, feliz.

Henriqueta

Carta assinada: "Henriqueta"; datada: "Belo Horizonte, 30-12-1942"; autógrafo a tinta preta; papel cinza; 2 folhas; 18,0x17,3 cm.

100. O poema "Madalena", retirado do livro.
101. Aires da Mata Machado Filho.

1943

66   (MA)
―――――――――――

São Paulo, 22 de janeiro de 1943.

Henriqueta.

Decerto eu não devia lhe escrever hoje, nem sei porque estou insistindo. Cheguei da noite, pretendia escrever a outro amigo porém achei a carta de você antes da dele e resolvi escrever a você. Reli sua carta e os versos, fiquei desanimado, a carta, o assunto mais importante dela é tão difícil, o desejo do bem, a hereditariedade do bem, as qualidades dos pais... Talvez não deva lhe escrever sobre estas coisas, talvez nem deva pensar! Fiquei assombrado, fiquei desta vez francamente invejoso vendo você enumerar as qualidades boas de seus pais. E Deus me livre duvidar delas, Henriqueta, como você não duvidaria nunca das qualidades de minha mãe, se a visse. Mas o que se passa comigo chega a ser difícil de analisar. Porque esta clarividência gelada com que eu me permito ver dentro de mim os defeitinhos dos meus pais! Porque esta tendência mesmo pra exagerar esses defeitos, se eu sofro tanto com eles! No entanto eu sou suficientemente realista pra compreender e aceitar a fragilidade dos seres humanos. Talvez seja um caso errado de adoração, eu seja um idólatra de pais ideais. Meu pai foi positivamente um homem estupendo, chegando mesmo a uma excepcionalidade do ser que, por exemplo, minha mãe não tem. Mas é estranhíssimo: eu nunca pude "perdoar" (é bem o termo!) meu pai! E não se trata não de nenhum complexo de Édipo, sobre isto tenho mais que me analisado. Jamais senti por minha mãe nenhum amor confusionista, nem mesmo fui filho mimado. Desde muito cedo minha mãe e eu nos tornamos muito amigos, muito camaradas um do outro, e jamais sequer a imagem dela veio me perturbar em meus erros, em meus amores, nada. É uma companheira excelente, uma companheira maternal. Nunca a fiz sofrer demasiado, às vezes lhe conto meus casos horríveis, mas sem nenhum sadismo, pois que outras vezes a poupo e, sem mentir, oculto pela sem-razão de revelar. Não. Se eu não posso "perdoar" meu pai é nele mesmo e por mim. A raiva que eu tenho dele sem querer deriva em grande parte do excesso de dignidade em que ele me respeitou. Meu pai deve ter sofrido muito, principalmente com o seu complexo de inferioridade. Mas foi de uma honestidade, de uma bondade, de uma dignidade, de uma sobriedade admiráveis. Mas, você quer imaginar incongruência maior! As memórias vão se deformando, vão se falsificando e de repente quando ponho reparo em mim porque me sinto em plena infância, o pai que eu estou me acreditando ter tido é pouco menos que um monstro! Não custa nada, um segundo de consciência alertada põe de novo tudo em seu justo lugar, mas é inútil. Pouco tempo depois a deformação "idealista" (é bem um "ideal" de pai defeituoso que eu me criei...) a deformação idealista recomeça até chegar aos poucos a um novo paroxismo que me reconduz à verdade! Como se eu não aspirasse ao conhecimento mas justo ao desconhecimento! E não é tudo. O mais assustador é que, com frequência, sobretudo nuns contos na primeira pessoa que ando fazendo ultimamente, eu boto pedaços de meu pai no reconto. Isto é: pretendo, no ato da criação, estar me utilizando de dados me fornecidos pela psicologia de meu pai. Pois é tudo mentira, Henriqueta, nenhum daqueles elementos e casos são tirados da vida de meu pai tal qual ele e ela foram, mas exclusivamente de mim.

Aliás esta deformação involuntária só principiou depois da morte dele, depois que ele não estava mais presente pra se defender. Enquanto ele era vivo não sucedia isso. Eu apenas tinha pra com ele a mesma falsa clarividência exacerbada que tenho diante de minha mãe. Minha mãe é uma muito boa senhora e maravilhosa mãe. Destas nossas mães ainda pouco clarividentes a respeito da educação de filhos e netos mas inteiramente devotada a eles e que numa vida inteira de sacrifícios e preocupações jamais sequer esboçou um gesto de impaciência. Tem seus defeitozinhos, está claro, é um bocado rabugenta, tem a mania de antipatizar com certas pessoas e se utiliza de uma justiça por decretos-leis que jamais teve a menor parecença com a justiça. Embora possa coincidir com esta. Mas tudo isto não tem a menor importância e jamais com isso ela fez mal a ninguém. É aliás o que tem de mais grande nela. É que se houvesse a possibilidade do mal, ela seria compelida <u>fatalmente</u>, questão do Bem inato, a agir contra seu gosto e a praticar o bem. Então, por que horrível consciência maléfica, apenas porque ela implica com a mana, se minha boca ri, mais: se estou me divertindo com as minhas duas velhas, no entanto e com exagero de rispidez, eu sei que por dentro estou me dizendo: Minha mãe é injusta, ou Minha mãe está praticando uma maledicência! Mas não consigo me vencer e agora sou eu que decreto e o meu decreto me queima como a própria infelicidade e fico infeliz.

Desculpe, Henriqueta, eu estar me confessando assim diante de você, mas eu creio que já lhe falei uma feita que a minha amizade não tem nada de confortável. Às vezes eu me aproveito dos meus amigos pra pôr certas coisas bem a limpo, porque escrevendo eu parece que consigo penetrar mais fundo em mim. A escrita visual me obriga a uma lógica mais inflexível. Pelo menos mais nítida. Você deve estar muito machucada com esta carta mas pra mim foi bom. Estou quase convencido que a minha impiedade pra com os meus pais deriva de uma idolatria que tende a idealizar os seres. Decerto eu não amo os meus pais com verdadeiro amor filial. Este amor tem de ser outra coisa: tem de não ver, tem de especialmente não ver porque deve fazer parte da sua dignidade não se arrogar sequer o direito de perdoar nem de esquecer. De fato pra amar um pai não é preciso perdoar um ou outro defeito que ele tenha. O que não deve haver é atributo de poder perdoar, de poder esquecer. Eu disse que o filho tem de "não ver" mas creio que me enganei. Talvez ainda seja mais filial atingir o ver incognoscível. Uma espécie desse ver as coisas que estão ao lado daquilo que a gente está olhando. Tenho observado filhos assim e sempre senti uma recusada inveja deles. Agora não posso mais me negar esta inveja – porque estou no ponto de reconhecer que nunca soube amar meus pais. É doloroso[1].

Estou fatigadíssimo e vou parar, já trabalhei muito hoje. Tinha tanto o que lhe contar. Trabalhos entusiásticos, doenças quebrando os entusiasmos pelo meio. Em geral vou indo muito bem, tanto moralmente como na produção. E quero falar dos seus versos. Talvez estes não sejam dos melhores do livro, mas não prejudicam. Isto é, a malícia me fez enticar com o "Sabedoria". Repare: o seu *Menino Poeta* é um dos livros mais difíceis de, não digo "classificar", mas mesmo "dirigir". Sou incapaz de decidir se é livro infantil, embora, se eu fosse imperador, decretasse imediatamente que ficavam abolidos todos os livros nacionais de poesia infantil, só sendo permitido o de você. Mas antes de mais nada eu creio que você é que se sentiu menina pra escrever esses versos. E este é talvez o melhor segredo do seu livro, porque você não é menina mais, mas mulher. De forma que o que você botou de milagroso no seu livro não é do menino exatamente, mas tudo aquilo em que você, mulher, coincidia com a imagem ideal da infância: pureza, cristalinidade, alegria, encantamento da vida, melancolia leve, graça, leveza. E sonho acordado. E como tudo isso é lindo. Ainda nestes poemas: "As Madrugadas", "Laços", "Floripa" e mesmo "Nauta" são ótimos, cem por cento. Os outros gosto menos. Em "Laços" a quadrinha principiando por "Dos dois extremos", se o livro não é diretamente dirigido a crianças, talvez diga um bocado demais. Todo o resto é tão tênue, tão evasivamente delicado![2]

    1. O pai de MA é transfigurado pelo eu lírico no poema "A Escrivaninha" (*Losango Cáqui*, XXIV; cf. *Poesias Completas, op. cit.*, pp. 86-87). (plp)
    2. Os poemas foram acrescentados às remessas anteriores e fariam parte de O *Menino Poeta* (1943)."Sabedoria" HL suprimiu, pelos escrúpulos que MA lhe sugeriu. (plp)

Mas como eu ia dizendo, impliquei com "Sabedoria" e talvez a malícia positivamente diabólica que me surgiu, vá surgir em numerosos outros. Repare: Você diz que no primeiro dia Jesus só perguntou e os doutores é que falaram. No segundo dia houve empate: todos falaram igualmente. Mas no terceiro dia só Jesus é que falou, os sábios se calaram maravilhados. Imagine que alguém murmure, depois de ouvir o poema: "Falar é prata, calar é ouro?" Não estou discutindo a sua intenção, é claro, mas me prevenindo contra a malícia alheia. Quando li, logo a primeira vez, me surgiu tão espontânea a prova da sabedoria dos doutores, que isso é capaz de surgir a muita outra gente também. Mas por outro lado eu me pergunto se o poeta deve se prevenir contra a malícia alheia! Acho que não. Mas não deixa de ser menos verdade que, por malícia, fiquei insensível, tímido, inquieto. Esse poema eu não posso ler nunca mais, porque não fui bastante puro. Me perdoe.

Me escreva sempre por favor, não me abandone. Mas não responda a esta carta. Venha falando noutra coisa. Creio que acabei o *Café*. Mais uns retoques e a coisa fica o que eu posso. Com um abraço carinhoso do

Mário

Carta assinada: "Mário"; datada: "S. Paulo, 22-I-43"; autógrafo a tinta preta; papel creme; 3 folhas; 25,8 x 20,3 cm.

67   (HL)

Belo Horizonte, 12 de fevereiro de 1943.

Mário,

depois de intermináveis dias de chuva, temos tido agora um céu de maravilhoso azul enervante, como se fosse de aço. Não sei que mal me faz esse azul, a cor que eu queria para a minha poesia. Estou agora atacando o novíssimo livro com angustiosas perguntas sobre a realidade poética[3]. Num momento de grande humildade e audácia não experimentada. Procurando conciliar uma e outra cousa. Momento de aceitação e rebeldia. Rebeldia que me impele a focalizar o que está fora do nosso alcance, aceitação que me propõe um trabalho de acabamento, purificação e transfiguração do real. Aceitação que, sobretudo, me fala da ineficácia dessa rebeldia em que se

3. *A Face Lívida*, publicada em 1945, pela Imprensa Oficial de Belo Horizonte.

têm perdido tantos poetas, descaminhados na estratosfera da filosofia... Essa pretensão é quase sempre fatal ao poeta, representa, não há dúvida, o nosso espírito, a nossa superioridade, mas oferece à poesia um dos maiores perigos, agora é que eu vejo bem. Você me fez ver isso, que a maioria dos nossos poetas não vê. E que alguns veem demasiadamente: os que apenas acabam, purificam e transfiguram o real, mas não se completam a si mesmos. Eu não queria desgostar você dizendo – e tomo o exemplo mais alto – que Manuel Bandeira é o poeta que não se completou a si mesmo. A ninguém mais o diria, porque me parece uma injustiça ferir exatamente aquele que tanto nos tem dado. – Por outro lado, aqueles que querem transcender a si próprios nos reinos filosóficos perdem contato com a substância artística: Tasso da Silveira[4], tipo clássico, só permitindo certa beleza ideal, Murilo Mendes ultramoderno, querendo emprestar aos sentidos uma função sobrenatural, Alphonsus Filho arrastado pela força de uma inspiração que ele não sabe deter, tantos outros! Foge a essas observações a poesia do Schmidt que é geralmente pura mas que se prejudica pela abundância; a origem é pura – vinho doce – mas vem muitas vezes misturado com água esse vinho.

Desculpe, Mário, a discípula está hoje um bocado linguaruda. Vamos falar bem de algumas pessoas. De você, de Carlos Drummond, de Cecília[5]: ela é maravilhosa, embora tenha os seus excessos bem gongorianos:
"cuando pitos flautas
cuando flautas pitos"[6]...

Voltando ao meu pensamento inicial: a sua "Melodia Moura" é um documento de aceitação, no qual se acaba, purifica e transfigura – de maneira peculiar – certo aspecto do comodismo, do cinismo nacional. O poema "A adivinha" já pertence à fase de rebeldia, tem um cunho de inquietude mística profundamente impressionante e revelador do que há de sutil, de inefável, no humano. Direi melhor: de religioso. Só esse desespero sagrado – quando não

---

4. Tasso Azevedo da Silveira (1895-1968). Formou-se bacharel em Direito pela Faculdade de Ciências Jurídicas e Sociais, no Rio de Janeiro, em 1918. No ano seguinte, fundou e tornou-se diretor das revistas Os *Novos*, *Árvore Nova*, *Terra do Sol*, com Álvaro Pinto; *América Latina*, com Andrade Muricy e *Cadernos da Hora Presente*, com Rui de Arruda. Colaborou nos jornais *O Momento*, *Rio-Jornal*, *A Manhã*, e na *Revista Sul-americana*. Em 1927 fundou a revista *Festa*, com Andrade Muricy, Jackson Figueiredo e Murilo Araújo. É interrompida em 1929 e retomada, na segunda fase, em 1934 e 1935. Cecília Meireles e Adonias Filho (1915-1990) participam também de *Festa*.
5. Cecília Meireles.
6. Luis de Góngora y Argote (1561-1627). Poeta lírico e autor dramático espanhol. Autor de *Fábula de Polifeno e Galateia* e de *Solitudes* (1613-1614). Estes versos são o refrão do poema "Cuando Pitos Flautas", de *Poemas da Alma*. Luis de Góngora y Argote, *Poesia Selecta*, edicción y textos de Pedro C. Cemillo, México, Miguel Angel Perrúa, 2004, p. 70.

a plenitude dos místicos – nos revela integralmente. Mas que cousa estranha! Esses poemas de aceitação se ajustam aos que você chama "de circunstância"; os de rebeldia, aos que você chama "valores eternos". E agora? Discordará você das minhas conclusões? Mas poesia rebelde ou de valores eternos eu a quero com caráter, como o exemplo que citei de "A Adivinha"[7]. É mensagem e é única, porque o poeta é único e não teve determinação de fazer mensagem. Arte, amor: segredo de esquecer, segredo de lembrar.

E já sou catedrática da Faculdade, sabe?[8] Meio contente, meio preocupada, estudando como posso, com interrupções mortificantes – ah! Se eu tivesse um refúgio de silêncio! – preparando-me para transmitir um conceito sadio de literatura, o que é difícil...

E a minha expressão, que é tão fugidia?...

Como vai você, meu querido Mário? Estou sempre pensando em você, nos seus trabalhos, na sua vida. Encontrei um dia desses um retrato seu – minúsculo – num grupo de despedida paulista. Era um grupo numeroso. Olhei indiferente todas aquelas fisionomias desconhecidas e guardei aquela sua expressão de um momento – Moisés, salvo das águas pelo milagre do meu carinho.

Henriqueta

Carta assinada: "Henriqueta"; datada: "Belo Horizonte, 12 de fevereiro de 1943"; autógrafo a tinta preta; papel cinza; 2 folhas; 18,0x17,3 cm.

68   (HL)

Belo Horizonte, 7 de março de 1943.

Mário,

um grande abraço pelo livro[9], que estou acabando de ler.

Henriqueta Lisboa

Bilhete assinado: "Henriqueta"; datado: "B. Horizonte, 7-3-43"; autógrafo a tinta preta; cartão de visita, papel branco; 6,0x10,0 cm; perfuração de traça.

   7. Os poemas citados pertencem à seleção feita por MA para a edição de *Poesias*, de 1941, livro publicado pela Editora Martins.
   8. HL torna-se professora catedrática da Faculdade de Ciências e Letras Santa Maria, da Universidade Católica de Minas Gerais, lecionando Literatura Hispanoamericana e Literatura Brasileira.
   9. Trata-se de *Aspectos da Literatura Brasileira*.

69 (MA)

São Paulo, 10 de março de 1943.

Henriqueta.

Meu papel de carta acabou. Andei querendo principiar minha atividade hoje mas só pude escrever umas cartas mais ou menos necessárias. Ontem escrevi uma, por escolha espontânea, respondendo a uma do Wilson[10] datada de 5 de janeiro. A sua é de 12 de fevereiro e teve que esperar aqui alguns dias até que eu voltasse duma fazenda amiga.

Eu tenho um companheiro aqui que usa o verbo "esbrodolar" pra dizer que uma coisa levou + ou − a breca e está sem eira nem beira. Pois é: minha vida se esbrodolou completamente. Nem vale a pena contar por detalhe. Nos princípios de janeiro caí doente, em principal dores-de-cabeça terríveis e várias coisinhas mais. Já quatro médicos me examinaram, não há exame que eu não tenha feito, pouco mais que quatro contos de despesas e o mistério continua indevassável. A fazenda não valeu de nada. Na semana que passou principiei me sentindo melhor. Não sei se isto é convalescença e se a doença resolveu ir-se embora, mas jamais me senti assim tão desoladamente irresoluto, física e moralmente irresoluto. Ainda estou incapaz de qualquer trabalho propriamente meu. Uma fadiga estranha que faz eu me sentir fatigadíssimo antes de principiar um trabalho. A só coisa que faço é dar aulas no Conservatório, pura perfumaria[11]. Só me sinto bem deitado e na entre-sombra. A escuridão noturna me irrita, me deixa fatigadíssimo e me constrange a matutar. Na entre-sombra diurna das venezianas é só como me sinto bem. Mesmo de olhos fechados, um segundo que os abra, uma forma, um ruído familiar me levam pra associações descansadas e sem perigo, e me sinto bem, numa espécie de mansidão.

Mas lhe confesso, Henriqueta, que me senti prodigiosamente desolado e não sei como vai ser. Talvez eu me engane e tudo seja efeito passageiro da doença mas desta vez me parece que a coisa é diferente. Eu me sinto melhor mas não tenho nenhum dos "sintomas" da convalescença. O que há de

---

10. Wilson Figueiredo (1924). Jornalista, escritor. Participou do grupo formado por Hélio Pellegrino, Autran Dourado, Fernando Sabino, Otto Lara Resende e Paulo Mendes Campos, na cidade de Belo Horizonte na década de 1940.
11. MA, em 1918, é nomeado professor no Conservatório Dramático e Musical de São Paulo; em 1921, torna-se professor de História da Arte no mesmo Conservatório; em 1922, professor catedrático de História da Música e Estética. Permanece como funcionário da instituição até 1936, quando é nomeado Diretor do Departamento de Cultura da Prefeitura de São Paulo. Reassume o cargo em 1942.

realmente mais assustador pra um indivíduo tão sensualmente gostador da vida feito eu, é que não sinto aquela espera meio impaciente, meio gozada, do prazer da vida que sempre as convalescenças me dão. O que eu sinto no mais profundo de mim é uma recusa, um "não quero" preliminar e preliminarmente irresistível e invencível, porque não é, não deriva da consciência. Vem de mais longe, de umas profundezas indevassáveis. Parece que o meu ser desistiu não apenas dos prazeres exteriores e da alegria, como desta espécie de prazer, enfim, que tiramos do fato da nossa existência. Prazer que é intensamente grave e nobre – existir. E eu tenho a sensação bastante vaga, nevoenta, esgarçada mas que sou incapaz de afastar, de que a essa nobreza é que o meu ser se recusa.

Francamente não sei como fazer. Talvez o mais legítimo fosse eu tomar uns dois meses de férias e viajar. Mas além das dificuldades que isso acarretava agora para a minha vida prática e condições financeiras, o pior é que todo o meu ser se recusa a qualquer espécie de viagem, repudia mesmo a simples ideia de viajar. A simples decisão de ir daqui a Araraquara[12] e ficar lá treze dias, me tomou vários dias de angústia mas tão aflitiva que talvez tenha sido isto que tombou comigo na cama lá, mais doente do que partira daqui. Tudo me horroriza na viagem, se trata duma fobia verdadeira que cada vez se acentua mais. Eu não quero viajar.

E eu não quero trabalhar, coisa que sempre foi prazer pra mim. Eu vou experimentar de amanhã em diante retomar aos poucos o trabalho, mesmo sem prazer, mecanicamente, poucas horas espaçadas por enquanto. Talvez isso me converta aos meus hábitos antigos e ao desejo de ser. Mas estou pesado de melanconia – não a nossa meiga malinconia brasileira, feita de preguiça e de saudade – mas aquela que Durer[13] desenhou, pesada, de olho mau.

Recebi também o cartão que você me mandou no outro dia. Quando eu tinha saúde mental, ou tinha mocidade, nem sei! eu sempre fui muito insensível a esses artiguetes efusivos de admiração com que os rapazes, na verdade, mais exercem a glória de ser do que nos compreendem. Mas ultimamente dei pra me comover com essas manifestações felizes. É generoso, é abastança, é força da vida, é mocidade, é principalmente mágico. Talvez nada exista de mais sublimemente trágico nas relações do homem para com

---

12. Em Araraquara morava o parente de MA, Pio Lourenço Corrêa, por ele denominado de "Tio Pio". A chácara foi o lugar escolhido por MA para escrever a primeira versão de *Macunaíma*, em dezembro de 1926.
13. Albrecht Durer (1471-1528). Artista e teórico da arte alemã do Renascimento. A melancolia constitui a renovação humanista da vaidade cristã. *Melancolia I* é de 1514. Gravura em cobre, do museu Jenisch, Vevey (Suíça), a obra é emblemática para a caracterização da melancolia criadora do artista, em busca de um ideal inacessível.

a Divindade do que esse rito da magia como que o homem constrange o Deus e O obriga a praticar o que o homem quer. Tem muito dessa magia a admiração desses rapazes e no rito dos seus escritos explosivos eles nos convertem muito à sua imagem e semelhança.

Aqui lhe mando um dos meus escritos mais "torvos", como já falei a um outro amigo. Talvez tenha sido bom você ter comprado os *Aspectos*[14], sem esperar o volume que a minha amizade fatalmente me obrigaria a lhe mandar. É que talvez desta vez a amizade e a fatalidade falhassem. É natural isso da gente cair num abatimento desiludido cada vez que publica um livro, eu sempre fico desolado quando enfim uma obra minha se converte a essa realidade brutal e castigadora de letra-de-forma. Porém desta vez o caso é mais grave. Foram vaidades, foram impaciências intempestivas, naturalmente se servindo da pressão dos amigos, que me levaram ao compromisso de publicar esse livro e mais dois que estão pra sair. Não é que os considere ruins, não é que apenas eles me desiludam, agora eles me repugnam pelo intempestivo da época em que saem. São livros de paz, não têm nada que ver com a "minha" realidade atual do mundo. E se disse "minha" é porque exclusivamente minha mesmo, pois não tenho esta sensação com os livros dos outros e, de certo modo, a vida continua. Mas na "minha" realidade do mundo, você não imagina, Henriqueta, como estas minhas obras me insultam como se fossem uma legítima desfaçatez! Outro dia pretendi corrigir provas do meu livro de crônicas, mas fiquei tão horrorizado que não pude continuar. A editora já me mandou os volumes dos *Aspectos* a que tenho direito, isso faz por certo duas semanas. Até agora só dei dois volumes, por obrigação. Penso em dedicar, penso em dar os volumes, mas vem um desânimo tamanho que não é isento de vergonha. E é impagável, é de dar gargalhada: porque eu sinto que se trata daquela mesma vergonha, aquela mesma noção de crime e consciência da minha inutilidade com que, rapaz, eu escondia os primeiros versos sérios que perpetrava.

Mas esta torva "Atualidade de Chopin" que um amigo já falou com muita graça que é uma bela conferência de Chopin sobre Mário de Andrade, eu sei que é uma página rúim, das menos claras, das mais difíceis que já escrevi, mas me agrada. Não me satisfaz, me agrada. Leia com paciência e ausculte o inacabado do meu ser[15].

14. *Aspectos da Literatura Brasileira* (1946). MA reuniu vários artigos nesta edição, destacando-se, entre,eles, "A Volta do Condor" e "A Elegia de Abril".
15. "Atualidade de Chopin" foi a conferência proferida no Conservatório, em 1942, ao reassumir MA a cátedra de História da Música. Em carta a Carlos Lacerda, de 5 abr. 1944, o escritor revela serem as conferências "O Movimento Modernista", "Atualidade de Chopin" e o prefácio ao livro de José Otávio de Freitas Júnior,

Era este o assunto da sua carta, afinal. Carta a que não posso responder mais, me sinto bem cansado e uma dorzinha de cabeça está chegando. Eu vejo que você se inquieta um pouco com a <u>direção</u> que estão tomando os seus poemas novos, a sua ansiedade pelos "valores eternos" que – é a "venalidade" do artista – talvez deixem os que amam a sua poesia um pouco longínquos, um pouco afastados de você. Não se inquiete. Fique sozinha se for preciso mas fique com a sua "necessidade" poética. Eu sei que nesta comunhão feliz em que nós dois vivemos, nós nos prefeririamos um pouco mais de mãos, não dadas, mas atadas, você se deixando brutalizar pela vida como eu, ou eu me elevando com mais frequência para as "Adivinhas". Nada impede, Henriqueta, nada impedirá mais aquela atração divinatória, aquela escolha muito pouco livre com que nós nos encontramos. E você me perdoou e eu adorei você – e hoje nós nos amamos com a maior densidade e a maior gratuidade do favor de amigos. Hoje eu sinto que os meus "Poemas da Amiga" feitos antes de conhecer você, nascidos de experiências com amigas várias, amizades de menor consistência e por vezes intuições de experiências que não existiram, hoje eu sinto que eles são exclusivamente seus e eles foram escritos para você[16]. Eu não creio mais que mesmo uma exclusividade mística da sua poesia nova possa ser entre nós um motivo sequer de afastamento leve. Nem meu nem sequer dos que já tiveram força bastante para "escolher" a sua poesia.

Aliás isso me agrada, que a sua poesia se eleve cada vez mais como escolha de sentimento e pensamento. Eu ando horrorizado de um ano pra cá com a baixeza, o vil, o cafajestismo do pensamento nacional. Já disse mesmo, em rodas de amigos, que tinha o desejo de escrever um ensaio longo sobre o cafajestismo brasileiro. Aliás o verso, a poesia se presta menos à observação, embora eu possa tirar milietas de exemplos dela, a principiar pelo sr. Mário de Andrade... Mas a prosa é que assombra – uma prosa que até em muitos críticos e vários filosofantes é uma projeção indiscreta e abusiva da temática e do espírito do samba carioca. Que como samba está bem, é caráter, é originalidade e expressão de uma realidade profunda. Mas o que assusta, o que envergonha e desespera a gente é observar os romancistas, os cronistas, os contistas, a crítica de arte, é tudo samba. Um pensamento vil, rasteiro, que só se acomoda com temas de sexualidade grosseira e interesses

marcos de sua "fase reconstrutiva": "E depois. Depois dessa fase 'purgatória', veio a fase reconstrutiva, principalmente por aquela 'Oração do Paraninfo', que você gosta. E eu gosto, apesar de muito verbosa". Pensa que esses textos lhe teriam possibilitado "chegar à compreensão do 'Carro da Miséria'". Mário de Andrade. Carta de 5 abr. 1944 a Carlos Lacerda, *Revista Memória*, Academia Brasileira de Letras, nº 39, pp. 278-279.

16. Esta série de poemas, escrita nos anos 1930, foi dedicada a Jorge de Lima.

externos, de uma pobreza de temática e de espírito, que prova muito menos uma realidade da sociedade brasileira que o cafajestismo da Inteligentzia nacional. Não é só o assunto que é baixo, que é cafajeste, é o espírito, a maneira com que o assunto é tratado. Ontem estive lendo *Og* que Adalgisa Néri me mandou e escrevi uma carta destemperada de elogio a ela. O livro será fraco, embora "Duas Mulheres e Ágata" seja um grande conto, bastante desaproveitado[17]. Mas enfim você encontra um livro cujo pensamento não é cafajeste e aspira às realidades mais elevadas do ser.

Basta de escrever! Me escreva logo e carinhosamente. Mas por favor, não me pergunte da minha saúde nem me deseje melhoras – não há nada que me enquisile mais. As melhoras eu sei que você exige, você "obriga" Deus a me conceder e a saúde, se houver motivo pra tanto, lhe contarei nas minhas cartas como vai.

Com o melhor abraço do

Mário

Carta assinada: "Mário"; datada: "S. Paulo, 10-III-43"; autógrafo a tinta preta; papel creme; 3 folhas; 32,0x21,6cm; carta com leve rasgo.

70   (HL)

Belo Horizonte, 30 de março de 1943.

Mário,

trabalhando, dando aula, vivendo simples o cotidiano, tenho estado num grande silêncio, num grande recolhimento depois de sua última carta. Quanta cousa me disse você! Que cuidado me inspira a sua saúde! Que enlevo me causa a oferenda, e a releitura dos "Poemas da Amiga" – e eu sem saber explicar a minha confusão diante desse delicado espelho no qual já havia buscado e pressentido, entre ciumenta e vaidosa, reflexos da minha própria imagem! 1929-1930 foi tempo de provação para mim, para toda minha família. Desengano do coração, doenças, a queda política de meu pai, dificuldades financeiras, mudança de casa no Rio, procura de trabalho remunerado para mim, um ano de magistério em cidadezinha de interior, perspectiva de

---

17. *Og*, Contos, 1943.

ter que morar lá! E depois a morte de minha irmã...[18] Em 1935 estávamos afinal em Belo Horizonte: tudo melhorara, eu tinha uma colocação relativamente boa. Aqui me sentia capaz de viver, principalmente diante de uma janela bem aberta, entre os meus livros e rabiscos. Mas as cousas passadas redundaram para mim em consciência da própria dignidade, resistência, capacidade de compreensão e de escolha, dom de amizade, de amor. Para que nos pudéssemos reconhecer um ao outro. Vivendo neste mesmo Brasil, neste mesmo século vinte, nesta mesma tribulação pelas cousas ideais. Poder misterioso de Deus! Por nós dois.

Mário, você devia sentir-se alado com a publicação de *Aspectos da Literatura!* Você acaba de atirar aos ventos um peso secular que trazia nas costas, num que bem me importa prodigioso de lucidez e de acerto! É o mesmo revolucionário de há vinte anos, quebrador de estátuas, pagador soberbo das estátuas que quebra. A severidade, a probidade desses estudos, como as pôde conciliar com esse estilo que é uma delícia de fluidez e imprevisto? Para que perguntar, se eu sei: a repleta presença da humanidade de Mário é o segredo de sua obra. Você vive a sua obra, eis aí. "Atualidade de Chopin" me fala dessa presença com tonalidade mais íntima. "A arte é um elemento de vida, não de sobrevivência". E é neste sofrear, neste delimitar de aspirações que vamos ter com a grandeza do artista – que é o místico da realidade quando reage contra a bruma acomodatícia do inacabado, místico à maneira moral de Gandhi: "Se queres ser grande, limita-te"[19].

A direção da minha nova poesia? Talvez nem haja mudança de direção em sentido essencial, para a realização do poema que estou sentindo com densidão mas que ainda não comecei a escrever. Os versos que lhe envio pertencem à última fase, ao livro, quase pronto, das definições antifilosóficas. Agora sonho um poema grande e unido, em várias estâncias, através do qual eu possa – *excusez du peu!*[20] – manusear os valores eternos. São João da Cruz[21] elevou a poesia humana a uma esfera de divina quietação. Dante

---

18. HL nasceu em Lambari, em 1901, filha de Maria Rita Vilhena Lisboa e João de Almeida Lisboa, farmacêutico e político. Teve como irmãos, João, Maria, José Carlos, Alaíde, Oswaldo, Abigail, Waldyr e Pedro. Em 1924, a família muda-se para o Rio de Janeiro, por ter sido o pai eleito deputado federal. Em 1935, transferem-se para Belo Horizonte, sendo o pai membro da Constituinte Mineira. HL está se referindo à irmã Abigail, morta em 1933.
19. Mahatma Gandhi (1869-1948). Líder pacifista indiano.
20. *Excusez-du-peu:* desculpe a pretensão.
21. São João da Cruz (1542-1591). Sacerdote espanhol e doutor da Igreja. Fundador da Ordem Carmelita descalça. Autor de poemas espirituais, destacando-se, entre seus livros: *Subida ao Monte Carmelo* e *Chama Viva de Amor* (1585-1587). HL revela os autores que são importantes para a caracterização de sua poética espiritualista e religiosa.

Gabriel Rossetti[22] humanizou pela ausência, o que teria sido divino. Eu – imagine! – quisera fundir, por um sentimento de presença com simplicidade e pureza, o perene e o transitório. "Cantarei a noite e o mar" (de outra remessa) que contém, aliás, uma observação a certo crítico que me impugnou o tratar de temas de determinado poeta, explica meu pensamento.

Não vejo necessidade alguma de distanciar-me de você para ficar coerente com essa poesia, ao contrário. Aí é que está a maquinação. Daí é que virá o milagre – se vier. O sentimento abrindo caminho para a inteligência criadora.

Obrigada pelos recortes do *Estado*[23]. *Velário* reflete certa depressão de espírito, é um livro de que tenho sempre receio de ouvir falar. Mas como sabe ser generoso, que bons olhos tem para a poesia, Carlos Burlamaqui![24] Vou escrever-lhe para o jornal. Acha que receberá?

Perdoe o meu carinho, Mário, não posso deixar de perguntar se você já consultou um oculista, para verificar se as lentes que usa não são fortes demais. Não suporto a ideia dessa dor de cabeça.

Quando terei notícias suas? Fique com Deus, Deus o proteja.

Henriqueta

Carta assinada: "Henriqueta"; datada: "Belo Horizonte, 30-3-1943"; autógrafo a tinta preta; papel creme, bordas irregulares; 2 folhas; 19,6 x 16,2 cm.

71 (MA)

São Paulo, 19 de maio de 1943.

Henriqueta.

Ando querendo lhe escrever mas a mão cai. Lhe escrever só doença, melancolia, desânimo. Ainda agora quis reler os versos que você me mandou na última carta pra lhe falar neles, é, foi impossível. O espírito está alheio,

---

22. Dante Gabriel Rossetti (1828-1882). Poeta e pintor britânico, um dos fundadores da Companhia dos pré-rafaelistas, em 1848. Por essa razão, privilegia a representação de cenas de inspiração medieval. Pintou o *Roman de la Rose*, tela inspirada no célebre romance alegórico do século XIII.
23. Trata-se provavelmente de artigos de MA escritos em O *Estado de S. Paulo*.
24. Carlos Burlamaqui Kopke (1916-) Crítico literário. Dentre suas obras, *Antologia da Poesia Brasileira* – 1922-1947, São Paulo, Clube da Poesia de São Paulo, 1953. O artigo intitula-se "Em Louvor de Henriqueta Lisboa" (*Correio Paulistano*, São Paulo, 10 out. 1943).

pesa a cabeça por demais, não tenho nenhum gosto pra ler poesia. Coisa estranhíssima: acho que vou reler Baudelaire[25] e gostar muito. É que hoje, por consulta de uma cantora daqui, Madalena Lébeis[26], fui obrigado a ler o soneto da "Vie antérieure" e gostei mas foi demais. Tive uma iluminação[27].

Eu tenho uma espécie de ojeriza pela poesia francesa em geral. De Baudelaire, está claro que o "modernista" gostava muito, se não gostasse não era modernista. Uma vez, numa convalescença de gripe (as convalescenças são muito propícias às revisões de valores) fui reler Baudelaire, li todo, re-reli tudo me arrebentando de paulificação. Achei quase tudo falso, artificial, forçado, sem poesia, sem lirismo, escolástico, um academismo anti-acadêmico. Faz isso uns dez anos, nem sei. E nunca mais reli Baudelaire. Tinha medo que se confirmasse a sensação desagradável do gripado e só mesmo por obrigação é que peguei hoje na "Vie antérieure". Fiquei mais animado a ler de novo o poeta.

Mas não sei se leio, tenho tanto o que fazer! Afinal das contas estamos em meados de maio e desde janeiro não trabalhei, não estudei, não escrevi um centímetro de vida com este peso na cabeça que não me larga. Largou uns seis dias que passei agora no Rio e nem eu pensava mais nela, mas bastou descer no aeroporto e parar a barulheira do avião, senti uma dorzinha na cabeça. Foi aumentando, uma hora depois era este peso que não me larga, este peso feroz que desanima, que melancoliza, que abate, quebra, este peso que já tem cinco meses de duração. E desde a chegada, anteontem, eu tou sempre assim.

Confesso que me tomou um desespero tamanho que nem sei. E não é possível continuar na vadiagem, tenho que trabalhar. Mas estou completamente impaciente e perverso por dentro, enquanto o corpo só faz gestos lerdos. Se não, dói. Eu não sei ficar doente destas doenças longas requerendo paciência e dietas. Não sei como vai ser e pelo amor de Deus, Henriqueta, não venha argumentando contra mim, me aconselhando, fico desesperado. Basta dizer que ando até com ódio de vários amigos, não saio, não vejo ninguém. É inútil argumentar.

Não sei quem é Carlos Burlamaqui nem sei se receberá sua carta.

Parece que estou neurastênico ou misantropo, não sei se estou. Mas ando gostando só de muito poucas pessoas, principalmente das que não me falam de mim nem dos meus livros. Estes então me dão nojo, lhe juro, principalmente Os Filhos da Candinha que lhe mandarei de certo o mês que vem,

---

25. Charles Baudelaire (1821-1867). Poeta e crítico francês. Com a obra *Flores do Mal*, de 1857, inaugura a modernidade literária.
26. Madalena Lébeis, cantora paulista.
27. MA se refere ao livro de poemas em prosa de Arthur Rimbaud (1854-1891) *Les Illuminations*, de 1886, inspirados em Baudelaire.

quando saírem[28]. Noutra época do mundo e da minha vida eu sei que eles não me desagradariam assim, mas o erro foi ter lançado tudo isso agora. Não posso nem pensar, fico irritado, me meto na cama, no escuro, e principio querendo pensar noutra coisa e não posso. Estou horrível, Henriqueta, no Rio fiz malcriações de toda espécie e estou incapaz de me arrepender. Fico por aqui.

Me escreva mas falando Minas, mundo, seus versos com você. O abraço fiel do

Mário

Carta assinada: "Mário"; datada: "S.Paulo, 19-V-43"; autógrafo a tinta preta; papel creme; 1 folha; 25,8x20,2 cm; carta com pequeno furo.

---

72   (HL)

Belo Horizonte, 28 de maio de 1943.

Mário,

tenho um convite para fazer duas conferências aqui na Escola de Aperfeiçoamento de Professoras[29]. Uma das conferências era para "explicar" *O Menino Poeta*, não vou fazer isso. Aceitei falar sobre poesia. Quero ver se exponho algumas ideias, ainda um tanto obscuras em mim mesma. Quando pensei que já podia escrever, acudiram-me de repente à lembrança umas palavras de García Lorca em ocasião semelhante: – "Aquí está: mira. Yo tengo el fuego en mis manos. Yo lo entiendo y trabajo con él perfectamente, pero no puedo hablar de él sin literatura"[30]. Estou achando difícil também pelo meio: essas professoras fazem estudos avançados de pedagogia, metodologia etc.; têm uma notável orientadora de psicologia – Hélène Antipoff, mas... em matéria de letras e artes são absolutamente incultas. Uma das mestras me dizia – que algumas noções teóricas elas conhecem; a prática é que é uma lástima.

28. Trata-se do livro de crônicas *Os Filhos da Candinha*, São Paulo, Martins, 1943.
29. A Escola de Aperfeiçoamento foi criada em Minas Gerais, em 1929, por Hélène Antipoff (1892-1974). Psicóloga e educadora de origem russa, desempenhou papel importante na educação brasileira, com a criação de escolas de aperfeiçoamento para deficientes físicos, como a Sociedade Pestalozzi de Minas Gerais.
30. Federico García Lorca (1898-1936). Poeta e dramaturgo espanhol, fuzilado durante a Guerra Civil Espanhola. Autor, entre outras obras, de *Livro de Poemas* (1921), *Romanceiro Gitano* (1928), *Bodas de Sangue* (1935), *A Casa de Bernarda Alba* (1945), *Poeta em Nova York* (1940).

Culpa das nossas deficiências de ambiente, do descaso das "autoridades" para com a arte, da nenhuma atenção até hoje dada – não sei se apenas no nosso país ou no mundo – à educação estética. Diante desse livro poderoso que é a *Educação Estética do Homem* – de Schiller, que acabo de ler e que me revelou desejados horizontes (creio que as ideias que recebemos são as que coincidem conosco e que nós não tínhamos força para desenraizar nem capacidade para dirigir) penso loucamente na renovação do mundo pela beleza![31] Que cousa maravilhosa, passar o mundo da vida dos sentidos para a vida moral através da educação estética!

A beleza suavizaria e alentaria infinitamente essa caminhada e até pelo perigo que oferece – de liberdade – deveria ser uma das condições da dignidade humana. Imagino o bem que poderia fazer um pouco de beleza a essas pobres professoras primárias – classe sacrificada, com vencimentos míticos, quase sempre composta de moças solteiras que sustentam família, mãe viúva, irmãos menores, moças acabadas prematuramente, que lutam pelo casamento e que lutam, mais numerosamente, se porventura se casam. Essas do grupo a que me refiro vêm quase todas do interior: a que teatro, a que concerto assistiram, que pintura ou escultura contemplaram, que livros possuem? E mesmo as da capital, que convívio têm com a arte, que literatura frequentam? Eu pensaria em promover um entendimento com a Cultura Artística se encontrasse três, duas pessoas dispostas realmente a trabalhar comigo pela causa. Você sabe que nem temos uma casa de teatro? O antigo Municipal foi vendido e transformado em cinema, o novo – invadindo o Parque! – ficará pronto daqui a alguns anos...[32]

Parece que encontrei o título do meu livro: *Paz na Terra*. Como eu queria: longinquamente irônico, um bocado amargo de perto, consolador para os de boa vontade. Terei acertado?[33]

---

31. Johann Christoph Friedrich von Schiller (1759-1805). Poeta e dramaturgo alemão, dentre suas obras, citem-se *Ode à Alegria* (1785), *Sobre a Arte Épica e Trágica* (1797), *O Ideal e a Vida* (1796). *A Educação Estética do Homem* (1795) é um ensaio reflexivo que prega a revalorização da poesia e da beleza como elementos imprescindíveis de realização do indivíduo. Segundo Celestin Deliege, é no sentido de belo natural que nasce e se desenvolve, para Schiller, o sentido estético. A disposição estética seria um presente da natureza capaz de socializar o homem quando este vive em condições privilegiadas de "grande paz". Celestin Deliege, "De la Substance à l'Apparence de l'Oeuvre Musicale", *Essai de stylistique*. www. Entretemp. asso.fr.Deliege/Celestin/Textes/Substances/html. Acessado em 23 jun. 2006.
32. Juscelino Kubitschek, então prefeito nomeado de Belo Horizonte (1940-1945), é responsável pela transformação do Teatro Municipal no Cinema Metrópole, o que provocou grande reação por parte dos habitantes da cidade. O Palácio das Artes, construído na década de 1970, estava projetado para ser teatro desde aquela época. Como era previsto, o prédio foi construído no terreno do Parque Municipal.
33. O livro receberá o título de *A Face Lívida*, publicado em 1945.

Aí tem o que você queria: Minas, mundo, a poesia comigo. Compreendo você, Mário meu.
Agora não me deixe sem notícias por tanto tempo.

Henriqueta

Carta assinada: "Henriqueta"; datada: "Belo Horizonte, 28 de maio de 1943"; autógrafo a tinta preta; papel creme, bordas irregulares; 2 folhas; 19,6 x 16,1 cm.

73   (MA)

São Paulo, 30 de maio de 1943.

Henriqueta.

Estou lhe escrevendo menos pra agradecer o carinho do telegrama que cruzou no ar com uma carta minha. Este bilhete é mais pra lhe dizer que gostei muito dos seus poemas publicados na *Manhã*, mas "Imagem" que é o melhor dos dois, ficou me doendo no coração, na música, no pensamento, no ritmo, não sei onde. Questão dos dois últimos versos
"Flor azul
De que sou apenas a imagem". Essa "explicação" me doeu muito. Ficou reflexivo, didático, explicativo, "aponta-m'a no mapa", me prejudicou muito o encanto em que estava. E cada vez que o releio a sensação é a mesma. Por favor, arrange isso. (Como é que se escreve "arrange"? arranje? acho que é). Falo de "arranjar" porque tirar só, não sei, fica muito melhor, já fica ótimo mesmo, mas creio que um dístico bem alado, bem êxtase que não explique nada, principiando mesmo como princípio, "Flor azul" deixará a coisa perfeita[34].
Engraçado, ontem estive pensando: não é que não possa haver reflexivos, e explicativos em poesia, até que pode. Estou cada vez mais livre de regras e de normas. Parece que tudo tem de ser resolvido caso por caso... Não acha? Te abraço

Mário

Carta assinada: "Mário"; datada: "S. Paulo, 30-V-43"; autógrafo a tinta preta; papel creme; 1 folha; 18,5 x 16,1 cm.

34. HL suprimiu essa "explicação" reflexiva, didática e "explicativa"... Cf. *Poesia Geral, op. cit.*, pp. 132-33 (integrante de *A Face Lívida*).(plp)

74 (MA)

São Paulo, 15 de junho de 1943.

Henriqueta.

Lhe escrevo de chapéu na cabeça que dentro de uma hora tenho exames no Conserva. E de malas prontas que dentro de seis dias vou pra fazenda. Quero ver se morro bem desta vez, não trabalho, não penso (!) nada. Aliás vou melhor.

Você na sua carta me falando dessas professoras primárias que não sabem nada de arte, vem com umas frases que sempre me preocuparam muito: "renovação do mundo pela beleza", "passar o mundo da vida dos sentidos para a vida moral através da educação estética"...

Meu Deus! são coisas que acredito possíveis também, mas às vezes desanimo, não acredito mais, coisas que sonhei pôr em prática, que pus em prática pra mim só, que projetei no Departamento, e que enfim, como que à minha revelia, vão se praticando em mim sem que eu pretendesse praticar. Isto é o mais admirável.

E é verdade. Toda a minha luta, toda a minha sublime infelicidade desde o curso que fiz na Universidade do Distrito Federal, não é senão isso: uma moralização alta do indivíduo através das exigências estéticas. Mais que "estéticas", exatamente artísticas, que é fenômeno de relação entre os homens. Moral estética eu já pratiquei muito antes, quando reunia uns pedaços de Epicuro[35] com as doutrinas estético-morais dos Mestres-do-Chá e conquistei "minha" felicidade. Mas isso esteriliza muito o homem, o individualiza por demais e meu soluço de desilusão ficou principalmente na "Oração de Paraninfo".

Moral artística é o que interessa, o que fecunda e eleva generosamente porque se na moral "estética" você não perde nunca de vista a Beleza mas quase que fatalmente perde de vista os outros homens, na moral artística, moral do Fazer, moral que exige o instrumento (obra-de-arte) você jamais pode perder de vista os outros homens e também necessariamente se utiliza da beleza.

Foi o que veio se dando em mim, se processando sem que eu me apercebesse, nestes anos de luta desesperada comigo, de sofrimentos horríveis.

---

35. Epicuro (341-270 a.C.) filósofo grego, fundador da "Escola do Jardim", mais tarde denominada de epicurismo. A doutrina ética ensinada por Epicuro prega a conquista da felicidade, à qual pode se aceder, é possível alcançar pela valorização das qualidades morais, como a amizade e a ajuda mútua.

Mas tudo foi tão sublime, está sendo tão sublime. Repare, mais por experiência na carne que por análise profunda do fenômeno, já na Aula Inaugural da Universidade eu afirmava a influência moralizadora do artesanato, da técnica no grande sentido. E foi a declaração de guerra que produziu, pra encurtar e ocultar as sujidades íntimas, produziu o "Movimento Modernista", a "Elegia de Abril", a "Atualidade de Chopin" e enfim explodiu no *Café* como criação, e na doença como carne. E foi neste último momento de criação, de outubro a dezembro passado, talvez o momento mais dramaticamente feliz de toda a minha vida, que eu percebi. Como eu atingira uma elevada moralidade de mim! como eu estava (como homem) grande! como eu me purificara em Homo! Havia uma exigência extrínseca sublime de aperfeiçoamento do ser, que não nascia de dentro pra fora, mas me vinha da obra-de-arte. Ela é que exigia de mim que eu me tornasse moral, digno, viril, bom, verdadeiro. Eu sabia que se não conseguisse tudo isto, a obra-de-arte se recusava, fugiria de mim sem ser feita. Que meses foram aqueles, que luta, que fome! Mas pelo menos a obra-de-arte eu conquistei. Hoje, acalmados os ânimos, eu a sinto muito imperfeita, tem cem coisas nela que não me satisfazem mas que eu não sei como fazer, não consigo fazer melhor. Mas a obra-de-arte imperfeita sempre mas conquistada me botou numa espécie de perfeição. A doença e seus recatos vai se incumbindo de me aplainar o caminho, não sei. Mas a verdade é que eu me sinto prodigiosamente diverso e mais elevado. Se deu como que uma depuração de humanidade em mim[36].

É possível que isto não se reflita ainda muito no que eu faço (uso do cachimbo...) agora – aliás tão pouco e nada! – mas que diferença do antigo mestre-de-chá ferozmente personalista de dantes, com tamanha e tão desligada felicidade que por momentos eu tinha vontade de gritar, dar aquele grito de plenitude que fiz Fräulein[37] dar na gruta da Imprensa. Hoje eu não sou mais feliz mas sei que estou muito melhor. É estranho como se modificaram as minhas relações com as minhas obras-de-arte, nem consegui ainda bem me analisar nessas relações, é tudo tão profundo e tão complexo. Mas dantes eu olhava pra elas com complacência, se posso dizer. Porque as sabendo imperfeitas, jamais satisfeito com elas, eu cedia elas ao meu

---

36. Em carta a Fernando Sabino de 22 set. 1943, MA se qualificou de "conscientemente besta", nas páginas que considera "sofridas" que estão em "Cultura Musical", na "Elegia de Abril", no "Movimento Modernista", na "Atualidade de Chopin", "nas crônicas musicais de agora e enfim no prefácio do Otávio". Cf. Fernando Sabino (org.), *Cartas a um Jovem Escritor, op. cit.* Otávio de Freitas Júnior, mencionado a HL na carta de 25 out. 1944, escreveu *Ensaios do nosso Tempo*, publicado em 1943. (plp).
37. Trata-se da personagem Fräulein de *Amar, Verbo Intransitivo* (1927).

público, cheio da paciência e consciente que era *maior* que elas. Elas eram apenas um reflexo de mim. Por mais que as amasse, tinha como que um desprezo, não é bem desprezo, um despeito que as tornava infecundas pra mim. Hoje eu olho pras minhas obras de agora com um respeito adorante, elas não nascem de mim, elas vêm lá de fora. Não sou eu que cedo elas aos outros, como que elas é que vêm me contar como é o mundo dos outros, não sei bem, não consigo me analisar. Sei que faço elas como se elas não me pertencessem, não fossem minhas, há um temor novo em mim. E assim as obras-de-arte minhas são o que mais me moraliza, mais me eleva e fico terrivelmente inquieto quando eles se destacam de mim pela publicidade e tenho um medo feroz do que elas virão me contar, assim livres e publicadas. Jamais me li, publicado, com tamanho interesse e temor. E jamais a incompreensão alheia (não o "não gosto" mas exatamente a interpretação errada ou falseadora) me deixou mais desesperado, mais horrorizado, mais desgraçado. Em mim, é impossível. Desgraçado na obra-de-arte. E isto me apura mas me hipersensibiliza em mim cada vez mais. Estou que sou uma carne-viva.

Não posso mais, só tenho tempo pra voar ao Conservatório. Adeus Henriqueta querida. O abraço fiel do

Mário

Carta assinada: "Mário"; datada: "S. Paulo, 15-XI-43"; autógrafo a tinta preta; papel creme; 3 folhas; 25,6x20,2 cm.

75   (HL)

Belo Horizonte, 24 de Julho de 1943.

Mário,

dei um largo mês preguiçoso para você se deixar ficar na fazenda, agora você já deve estar aí no seu posto, ressuscitado e grande como quero, como é preciso.

Eu não saí nestas férias, aliás não tive férias integrais: as da Faculdade não coincidem com as do Colégio. Sinto necessidade de respirar um ar diferente mas estou deixando para ir ao Rio por ocasião da entrega de O *Menino Poeta*, que está sendo impresso na Oficina Industrial Gráfica; nem a conheço mas um parente meu, – Rodolfo Vilhena de Morais – boníssimo, se encarregou de dirigir os trabalhos; eu estava desanimada, a Noite Editora havia perdido os originais numa deselegância única.

Tenho escrito pouco e estudado bastante, principalmente literatura hispano-americana para as minhas aulas: estou verdadeiramente interessada na matéria e no ensino. Este exige como condição essencial, estou certa: que o professor seja literato (mas que palavra antipática, então no feminino!), do contrário não haverá comunicação. Eu pensava que era difícil lecionar literatura; quando me impingiram no colégio, um amontoado de datas e de nomes, quase ia tomando horror daquilo que tanto me atraía desde criança. Esta lembrança tem me servido.

Antes que eu me esqueça: o final de "Imagem" será este: –
"Flor azul
De que ninguém conhece a Imagem". Assim permanecerei fiel ao pensamento primeiro da poesia. E dos outros poemas que me diz? Esses dois – "Inocência" e "Imagem"[38] – foram no meio da última remessa, antes da publicação, não se lembra? Receio que alguns dos últimos estejam muito enxutos, sinto cada palavra isoladamente, tenho a impressão de que experimento a palavra na ponta dos dedos como um tecido. Não redundará isso em perda de espiritualidade?

Leio e releio com infinito carinho o seu grande *Baile das Quatro Artes*[39], livro que devo agradecer-lhe por todos os que foram chamados à obra de arte. Entre esses, escolhidos serão os que seguirem o seu exemplo de pesquisador tenaz e leal. – Achei sua última carta ainda um pouco triste porém tocada de serenidade, iluminada do alto, bela e profunda na sua desordem aparente. O que você me diz das conquistas morais através da arte eu também tenho experimentado, não somente através do esforço pela realização artística mas igualmente através do esforço pela compreensão da obra alheia.

Nesse ponto creio que a educação estética nos aproxima ainda mais da humanidade. Nossa purificação interior vem muito dessa procura, dessa exigência de pureza na obra alheia. Por mim, posso me sentir mais vaidosa mas não me sinto mais orgulhosa da minha arte, do que de ter chegado a compreender a arte alheia. A caminhada me parece mais árdua neste sentido pois não há alimentação de egoísmo. Veja se as suas melhores conquistas morais não vieram antes da crítica do que da criação. Então a sua crítica

---

38. Poemas que constam do livro *A Face Lívida*.
39. O *Baile das Quatro Artes*, publicado em 1942, pela Livraria Martins Editora, contém artigos relativos a artes plásticas ("Candido Portinari"), música ("Romantismo Musical"), folclore ("Romanceiro de Lampeão"), cinema ("*Fantasia* de Walt Disney"), entre outros.

prodigiosamente compreensiva, de uma paciência angélica no dissecar e recompor! O seu estudo sobre Portinari![40] Falar nisto, há uma conversa "no ar" da prefeitura a respeito de trazer a Belo Horizonte a grande exposição – quem sabe? O quadro de que uma vez lhe falei reapareceu agora no Iate Club, espaventando meio mundo[41]. Deixe lá que é danado de difícil!

40. Carlos Drummond de Andrade registra na edição das cartas de MA (*A Lição do Amigo*), o drama vivido pelo escritor para escrever o artigo sobre Portinari, reproduzindo textos de cartas a Newton Freitas: "A Editora Losada, de Buenos Aires, encomendou a MA um estudo sobre o pintor Candido Portinari. A encomenda foi feita por intermédio do escritor espanhol Guillermo de Torre, exilado na capital argentina, onde trabalhava para aquela editora. Em carta de 20 ago. 1944 ao escritor Newton Freitas, então morador em Buenos Aires, e a quem atribuía a sugestão feita a Losada ('estou vendo a mão de você nisso'), MA escrevia: '[...] O Guillermo de Torre está esperando o meu trabalho sobre Portinari. Pode pois avisar a ele que o trabalho irá garantido até fins de dezembro'. Newton Freitas (org.), "Correspondência de Mário de Andrade dirigida a Newton Freitas", *Revista do Instituto de Estudos Brasileiros*, São Paulo, n°17, 1975 p. 116. [...] Por último, surpreendentemente, ainda em carta ao mesmo, de 15 fev. 1945, dez dias antes de morrer: 'Agora uma chateação nova, da qual você tem de me salvar, aguente: No fundo é só telefonar ao Guillermo de Torre, dizendo que estou muito doente, proibido de escrever, que foi impossível escrever o livro pra Losada e que desisto definitivamente disso. [...] Cá pra nós, escrevi o livro como prometi e acabei ele como prometi em novembro. Saiu péssimo, eu mesmo reconheço. E o Portinari, com muita razão, recusou que se publicasse aquilo sobre ele. Reconheço que ele tem razão e dou a mão à palmatória. Aliás não fomos só nós dois a ter essa péssima opinião sobre o livro, o Manuel Bandeira e mais uns poucos que leram acharam a mesma coisa. Saiu um livro polêmico! Agressivo, justificando certos aspectos da obra de Portinari que muita gente não quer compreender. E o que é pior, nada expositivo nem descritivo nem sequer interpretativo como devia ser, mas particularista, tratando de três ou quatro casos especiais. Além de confuso. Eu sei muito bem porque sucedeu isso. Sou um sentimental, sou, sei que sou, ando muito ferido por dentro com coisas que sucederam aqui, e escrevi sem vontade, sem entusiasmo, sem amor'(p. 120)". Silviano Santiago & Lélia Coelho Frota, *Carlos & Mário. Correspondência Completa entre Carlos Drummond de Andrade e Mário de Andrade*, op. cit., pp. 528-529. Em carta a Portinari, de 25 dez. 1944, MA ainda não havia desistido de publicar o texto. Confessa, no entanto, a insatisfação relativa ao ensaio: "As mudanças que você julga necessárias, será que você mesmo não pode fazê-las aí, nos originais mandados, pra que tudo siga logo pra Losada? [...] Se quiser desistir, eu desisto junto, que já disse e repito: acho o meu escrito infecto. Só me consola saber que não é culpa minha. Tudo o que fiz nestes últimos seis meses saiu infecto. Vamos desistir, meu velho amigo, e tudo fica na mesma. Algum dia pegarei nisso e verei se dou um jeito. Ou aproveitarei pedaços em artigos, que é melhor". Annateresa Fabris, *Portinari, Amico Mio. Cartas de Mário de Andradè a Candido Portinari*, op. cit., pp. 153-154. Segundo Fabris, MA publicou, na *Folha da Manhã*, com algumas alterações, as últimas páginas do ensaio para a Losada. Em 1984, o artigo saiu na íntegra na *Revista do Patrimônio Histórico e Artístico Nacional*, Rio de Janeiro, n°20, pp. 64-93, 1984.
41. Não foi possível identificar o quadro de Portinari que foi roubado no Iate Club.

Portinari. Série bíblica. A Ressurreição de Lázaro. Painel a têmpera sobre tela. 154x301 cm, 1944. Acervo Masp, São Paulo.

Achei magníficas, assombrosas – e só as vi em fotos de revista – as telas bíblicas da Tupi de São Paulo: arte para arrebatar a gente, parece o carro de fogo de Elias[42].

É isso, querido Mário, agora escreva à doce amiga.

Henriqueta

P.S. José Carlos[43] está de partida para o Rio, vai exercer novas atividades; que se há de fazer?

Carta assinada: "Henriqueta"; datada: "Belo Horizonte, 24 de julho de 1943"; autógrafo a tinta preta; papel creme, bordas irregulares; 2 folhas; 19,5x16,2 cm.

42. Em 1943, Portinari pinta a *Série Bíblica*, composta das seguintes telas: O *Massacre dos Inocentes* (149x149 cm), 1943; O *Sacrifício de Abrahão* (201x151 cm), 1943; *As Trombetas de Jericó* (180x191 cm), 1943; *A Justiça de Salomão* (179x191 cm), 1943. Na lista das obras que compõem a *Série Bíblica*, duas telas de 1944 foram incluídas: *A Ressurreição de Lázaro* (154x301 cm) e *Eremita Penitente*, ou O *Profeta* (215x176 cm). Pertencem à fase em que a denúncia social marcou a pintura de Portinari, em virtude da precariedade da situação social brasileira e das calamidades provocadas pela guerra europeia. Essas telas pertencem ao acervo do Museu de Arte de São Paulo – Masp, tendo sido encomendadas por Assis Chateaubriand ao pintor, inicialmente para a sede da então Rádio Tupi, em São Paulo.
43. José Carlos Lisboa, irmão de HL, assume o cargo de professor de Língua e Literatura Espanhola na Faculdade de Filosofia da Universidade do Brasil, no Rio de Janeiro.

76   (HL)

Belo Horizonte, 12 de agosto de 1943.

Mário,

estou convalescendo de gripe.
Mesmo com ela, tive gosto em mandar-lhe o livro que você queria.
Pouco antes de receber o cartão de José Bento[44], havia mandado a você uma expressa.
Agora vou recomeçar – aborrecidamente – o trabalho e o mais. Meu livro deve sair em setembro. Para quê?! Dei para sentir a inutilidade de tudo. Deus me perdoe. E você também, querido Mário.
Com o carinho de sempre.

Henriqueta

Bilhete assinado: "Henriqueta"; datado: "Belo Horizonte, 12-8-1943"; impresso, autógrafo a tinta preta; cartão de visita, papel branco; 6,0 x 10,0 cm.

77   (HL)

Belo Horizonte, 18 de agosto de 1943.

Mário,

o outro cartão estava aqui, vai, não vai: eu queria escrever melhor a você, estava me sentindo melhor, quando recebo a pavorosa notícia do suicídio do sobrinho de Gabriela Mistral. Acho que não há palavras nem mesmo lágrimas para isso[45].

44. José Bento Faria Ferraz (1912-2005). Foi aluno de MA no Conservatório Dramático e Musical de São Paulo; secretário particular do escritor por onze anos (1934-1945), catalogando e classificando sua biblioteca. Trabalhou com o escritor no Departamento de Cultura da Prefeitura do Município de São Paulo e no Serviço do Patrimônio Histórico e Artístico Nacional. Em 1945, foi nomeado arquivista da seção de Patrimônio.
45. O sobrinho de Gabriela Mistral, Juan Miguel Godoy Mendoza, suicidou-se em Petrópolis em 1943. Em 2005, de acordo com desejo manifestado por ela, os restos mortais foram trasladados para o Chile, através de iniciativa do governo desse país. Segundo informações prestadas por Ana Pizarro, no livro *Gabriela Mistral: El Projecto de Lucila*, o rapaz era, na realidade, filho da escritora. Ana Pizarro, *Gabriela Mistral: El Projecto de Lucila*, Santiago, Editorial LOM, 2006.

Estava lendo o seu livro chegado há pouco, sem carta. Tenho que esperar pelo menos um pouco de calma para terminar a leitura.

Oscar Mendes[46] me deu algumas notícias de você. Eu queria mais. Uma saudade grande.

Henriqueta

Bilhete assinado: "Henriqueta"; datado: "Belo Horizonte, 18-8-1943"; impresso, autógrafo a tinta preta; cartão de visita, papel branco; 6,0 x 10,0 cm. Papel branco, 16,5 x 10,2 cm, envolvendo o cartão.

78   (MA)

São Paulo, 12 de setembro de 1943.

Henriqueta.

Me nasceu de repente uma vontade de lhe escrever, de ter você aqui a meu lado, de lhe pedir que me tire esta dor-de-cabeça, lhe chamando de irmãzinha. Pelo amor de Deus, Irmãzinha, me tira esta dor-de-cabeça que eu não aguento mais!...

Pois é, minha irmã, como há de ser! Estive no Rio, consultei o Pedro Nava[47] e agora vou principiar um tratamento novo. Não é novo, é mais enérgico e parece mais leal, com menos preconceitos e superstições médicas. Mas não tenho nenhuma esperança, nenhuma vontade de começar o tratamento,

---

46. Oscar Mendes (1902-1983). Ensaísta, crítico literário, jornalista, professor e tradutor. Membro da Academia Mineira de Letras. Dentre suas obras, destacam-se: *Papini, Pirandello e Outros* (1941), *Poetas de Minas* (1970). Em 1944, MA, em visita à sede de O *Diário Católico*, em Belo Horizonte, é fotografado junto de Oscar Mendes, Hélio Pellegrino, João Etienne Filho, Otto Lara Resende, entre outros.
47. Pedro Nava (1903-1984). Memorialista, poeta, professor e médico, foi membro dos grupos *A Revista* e *Verde*, do modernismo de Minas Gerais. Poeta bissexto, Nava publica suas *Memórias* entre 1972 e 1983. Foi médico de MA durante a estada deste no Rio de Janeiro. Na carta de 11 mar. 1944, a ele endereçada, o poeta retoma sugestão que lhe fizera de estudar "o valor analgésico do gemido": "Naquele tempo eu era literato, você sabe, e me veio a ideia de fazer uma análise proustiana da dor física. Peguei um caderninho de notas, um lápis e escrevi páginas e páginas. [...] Naquele tempo eu não teria e não tinha possibilidades de leitura pra saber que a dor tem sim cor, som, velocidade etc. mas muito mais por sensações similares, que por sentimentos mesmos". Fernando da Rocha Peres (org.), *Correspondente Contumaz: Cartas a Pedro Nava (1925-1944)*, Rio de Janeiro, Nova Fronteira, 1982, pp. 120-121.

estou completamente desanimado outra vez. Estou mais ou menos convencido que o que deviam fazer era pegar em mim, botar num desses sanatórios de loucos mansos, "superiores" como diz Max Jacob[48], e não deixar eu ler, nem fumar, nem escrever, nem pensar por uns seis meses. Daí talvez eu sarasse... Acho que antes de experimentar o tratamento do Nava, sem ninguém saber, vou procurar a homeopatia por umas semanas, quem sabe!

Mas palavra, Henriqueta, que tem momentos em que já principio perdendo por completo o controle de mim, fico tão desesperado!... Esta dor que tem mil e um aspectos, mil e uma formas, que não passa mais, está de novo como nos primeiros meses do ano, só que mais variada e menos vezes com aquela violência que me paralisava morto na cama, às vezes três dias seguidos. Eu creio que agora é pior, é mais martirizante, porque você não imagina o que é, de repente, chegado na noite, dez horas, e você pensa que trabalhou oito, nove horas com dor-de-cabeça. Vem uma dor ajuntada, dor irrefreável de desespero que cega você. Só prisão de sanatório. Porque de todos os meus vícios, o pior imagino que é o trabalho. Dantes com fígado e o mais o abatimento físico era tamanho que eu podia ficar não trabalhando dias. Mas agora, embora já não esteja tão bem disposto como quando vim da fazenda, me sinto capaz, com vontade de ler, de trabalhar e nem pensasse em ficar inativo, é impossível. E trabalho com a dor aqui.

Trabalho... até às vezes me rio, nem sei se deva lhe contar, você era capaz que não me mandasse mais suas poesias inéditas pra eu ler. Mas se você é das que mais eu tenho maltratado com uma indiferença que me irrita!

Este ano abandonei meu diário de trabalho, por causa da doença que deixava semanas inteiras vazias e me punha numa angústia irrespirável[49]. Mas o ano passado, uma vez, relendo uma semana de trabalho, pra dar nota, vi que tinha trabalhado tanto noutras coisas que me nasceu uma curiosidade não sei se vaidosa, decerto era vaidosa sim. Me pus grifando em vermelho tudo quanto era trabalho pros outros e o diário se roseou todinho, ficou até divertido.

Pois não deixa de ser bastante melancólico, embora seja humano profundamente e glorioso mais que tudo, e é mesmo a resultante fatal do destino que me dei como artista. Do dia 15 de julho deste ano até agora, Henriqueta, já escrevi um prefácio pra um livro de moço, já li e discuti um romance inédito, e uma novela do Fernando, que isto foi uma felicidade, trabalho

---

48. Max Jacob (1876-1944). Pintor, poeta, crítico e escritor francês, cuja obra, caracterizada tanto pela vertente humorística quanto mística, foi saudada pelos surrealistas. Em 1921 decide se isolar na abadia de Saint-Benoît-sur-Loire e durante a Segunda Guerra é preso e enviado ao campo de Drancy. Sua poesia se nutre do fervor religioso, destacando-se *Visions Infernales* (1924) e *Fond de l'Eau* (1927).
49. Cf. nota 92, referente à carta de MA a HL, de 7 de dezembro de 1942.

quase perfeito, uma espécie de obra-prima![50] E um trabalho sobre música de feitiçaria[51], técnico, seco, difícil, mais uma comunicação de ordem estatística sobre os trabalhos da Discoteca, e mais um estudo folclórico sobre ex-votos esculpidos nordestinos e agora estou aqui terminando a leitura de um estudo longo e perigoso sobre a linguagem de Goiás!!!

Não creio que seja vaidade lhe contar isto tudo, mas não deixa de ser melancólico por mais que eu reconheça que isso é uma derivação fatal e necessária do destino que me dei e que era de fato tão certo, que eu venho realizando ele integralmente. Até nisso!

Andei por necessidades provocadas por outros, relendo trabalhos meus antigos, sobretudo escritos de jornal. Meu Deus! como meu espírito foi lento a se desenvolver! chega a ser absurdo! Num raríssimo artigo o pensamento até vai indo bem direitinho, mas de repente encontro cada descaída, cada burrice, cada tolice que me sinto enrubescer lendo essas coisas. Na verdade o meu espírito só principia demonstrando algum (apenas "algum") equilíbrio de maturidade ali por 1926, 27. E só já não tem mais propriamente razão pra se envergonhar de si, e das burradas que faz (burradas, mas já harmoniosas) depois de 1932. E eu tinha então 39 anos! não é assombroso?

Não pense que estou sendo pessimista não, nem humilde nem nada. É a verdade verdadeira. E eu desautorizo tudo quanto seja página de pensamento escrita em jornal por mim, antes dos quarenta anos! Não é que não haja antes coisas argutas, coisas que sustento, coisas até que imagino bem pensadas e bem desenvolvidas, o que me assombra e envergonha são as descaídas. Vou

50. Fernando Sabino publicará, em 1944, seu primeiro romance, *A Marca*. Os dois escritores tornaram-se grandes amigos através da correspondência mantida entre 1942 e 1945. Em carta de 24 ago. 1943, MA refere-se ao texto ficcional nos seguintes termos: "A novela, é assombroso como você está escrevendo bem a prosa de ficção. É uma coisa admirável a sua linguagem e o seu estilo. Você está escrevendo tão bem como Machado de Assis![...] Mas eu sinto que há qualquer coisa de dissolvente, de inútil, inútil não posso dizer, mas de hedonístico, de arte pela arte na sua novela, que não me entristece, mas me preocupa. Afinal das contas você tem vinte anos, você está adquirindo o seu instrumento de trabalho, você também vem 'marcado' pelas leituras, e muito principalmente por tradição, família, situação. Mas como é difícil desenvolver este assunto! Não pense, por favor, que quero literatura 'social', no sentido em que fazem por aí". Fernando Sabino, *Cartas a um Jovem Escritor. De Mário de Andrade a Fernando Sabino*, Rio de Janeiro, Record, 1981, pp. 80-82.
51. "Música de Feitiçaria no Brasil" é o texto da conferência de MA, proferida em vários lugares, sendo o primeiro, a Escola Nacional de Música do Rio de Janeiro, em 1933. Em 1939, a convite de estudantes de Direito, a conferência é repetida em Belo Horizonte. Após a morte do escritor, em 1945, Oneida Alvarenga, cumprindo o desejo dele, concretiza-lhe o projeto. Vincula a última versão do texto aos documentos da pesquisa por ele realizada em sua viagem de Turista Aprendiz ao Nordeste, entre dezembro de 1928 e fevereiro de 1929, e publica, nas *Obras Completas*, *Música de Feitiçaria no Brasil* (São Paulo, Martins, 1963).

pensando normalmente como um homem, de repente vem um pensamento, uma ideia, um jeito de pensar de menino iniciando ginásio!

E então eu penso: pois é, se na minha mocidade houvesse esse intercâmbio de inéditos entre moços e maduros que existe agora, quanta descaída, quanta cafajestagem, quanta tolice, infantilidade, erro, burrice eu tinha evitado. Aliás intercâmbio não só de moços com velhos, mas entre amigos da mesma idade. Manuel Bandeira, eu, o Drummond sempre trocamos os nossos inéditos e opiniões e censuras sobre eles. Mas isso antes, até isso era raro... É verdade que dantes o escritor, tivesse a idade que tivesse era obrigatoriamente "bem-pensante", e o coturno e a sobrecasaca da frase ao menos dava uma aparência à burrice.

Mas com o Modernismo, jogados fora coturno e sobrecasaca, a burrice, a tolice ficou nua. E eu nunca tive ninguém que me evitasse as descaídas, minha obra de revista e de jornal é péssima. Só toma um ritmo normal de dignidade de pensamento depois de 32.

Bem, mas e o que foi que eu fiz de meu neste mês e meio de trabalho com dor-de-cabeça? Absolutamente nada de nada. Queria tentar uma redação nova do *Café*[52] pra unificar num escrito só e corrente as três partes em que está disperso, nem sonhei. Tenho uns contos pra consertar, nem sonhei. Tenho a monografia sobre Portinari pra Argentina que estão reclamando de lá, resolvi agora montar friamente nos meus escritos sobre ele e me plagiar, em vez de fazer coisa nova – pra ver se sai este mês. Tenho... tenho tanta coisa, meu Deus! e tanta coisa pra ler, que não leio...

Estou cansado, vou acabar assim no ar. Me escreva, Henriqueta; quando sai seu livro? Esta eu não releio, nem vale a pena. O vosso

Mário

Carta assinada: "Mário"; datado: "S. Paulo, 12-IX-43"; autógrafo a tinta preta; papel creme; 3 folhas; 25,4 x 20,3 cm.

52. Em carta de 3 mar. 1943, a Carlos Drummond de Andrade, MA comenta com mais detalhes a escrita de *Café:* "As primeiras ideias disso me vieram por 33 ou 34, que eu andava preocupado com o problema do teatro cantado e da ópera. Todo o grande teatro social da antiguidade, das grandes civilizações asiáticas, do Cristianismo religioso, e todo o teatro folclórico, realmente do *povo*, sempre cantado. [...] Então me veio a ideia vaga de um drama cantado mais diretamente baseado nas forças da vida coletiva e como então andava escrevendo o meu ex-romance *Café*, me lembrei do mesmo *Café* com base, mas com assunto que nada tem a ver com o romance. E logo, a ideia de tocar um assunto de vida coletiva é que me deu a ideia, que, esta sim, me parece uma invenção minha e de certa importância: fazer uma ópera inteiramente coral. Em vez de personagens-solistas, personagens massas". Silviano Santiago & Lélia Coelho Frota (orgs.), *Carlos & Mário, ed. cit.*, pp. 485-486.

79   (HL)

Belo Horizonte, 5 de outubro de 1943.

Mário,

a proximidade do dia 9 me enternece profundamente. Eu queria vê-lo nesse dia ainda que fosse por momentos, abraçá-lo como os seus amigos mais fiéis, participar ao menos da multidão admiradora que vai – de certo – festejar você pelos seus cinquenta anos.

Com o meu grande carinho, vai um pequeno poema que é a minha colaboração à homenagem de Minas[53].

Obrigada, querido Mário, por tudo o que você tem feito de bom e de belo na sua vida.

Henriqueta

<small>Bilhete assinado: "Henriqueta"; datado: "Belo Horizonte, 5 de outubro de 1943"; impresso, autógrafo a tinta preta; cartão de visita, papel de visita, papel branco; 6,0 x 10,0 cm.</small>

80   (MA)

São Paulo, 26 de outubro de 1943.

Minha querida Henriqueta.

Não posso mais sem lhe escrever, vivo dia por dia com o meu pensamento todo envolto em carinhos para você. Mas não posso escrever muito que agora os médicos tomaram conta de mim e não querem. E eu estou obedecendo porque enfim me bateu uma vontade de sarar. Imagine minha amiga que vieram mais complicações que me obrigaram a chamar mais um médico novo. Ele se assustou com o meu estado geral, principiou me botando imóvel numa cama e exigiu uma conferência. Ficou decidido que não havia gravidade próxima mas que eu chegara a um estado de penúria orgânica extrema. Faz mais de um mês que abandonei tudo, me sujeitando a um tratamento intensivo penoso, a que enfim desde meados da semana passada o organismo principiou

---

53. Trata-se de "Poesia de Mário de Andrade". Cf. nota seguinte.

reagindo. Deixei o Conservatório até o fim do ano, e só sustento um rodapé musical porque não pede quase nenhum esforço mental, alinhavado com as muitas notas que tenho aqui em cadernos, fichas e papéis soltos.

Mas como eu fiquei feliz com o seu poema, isso é inimaginável. Foi um prêmio tão grande que você me deu, Henriqueta, tudo o que me viesse de você me faria feliz, mas o poema é de fato extraordinariamente lindo[54]. Pretendia passar em carta as notas que tomei das minhas duas discordâncias, mas vão as notas mesmo, pra eu não escrever muito. Já andei alinhavando um rodapé hoje. E os dois ou três amigos a quem mostrei o poema, concordaram comigo sobre a extraordinária beleza e elevação dele. Ah, Henriqueta, você não pode imaginar o bem que você me faz com você. Eu lastimo e não digo isso a ninguém senão aqui a você: eu admiro, respeito até certo ponto e quero bem Tristão de Ataíde, mas ainda mais que os livros dele, as cartas dele têm o dom de me atirar nos braços do Diabo, é horrível. Ao passo que você é uma asa que me voa para Deus. Tudo de você me cristaliza no Bem, a sua humanidade, o seu esquecimento, os seus poemas, as suas cartas, e agora este meu poema e esta antologia dos místicos espanhóis[55]. Nem pretendo agradecer, é mesquinho, mas deixe que eu lhe conte, minha amiga, que você é pra mim uma felicidade.

Mário

Carta assinada: "Mário"; datada: "S. Paulo, 26-X-43"; autógrafo a tinta preta; papel creme; 1 folha; 25,3 x 20,2 cm; carta com leve rasgo.

81 (MA)

[São Paulo, outubro de 1943]

Henriqueta.

Só não gosto de uma palavra e do dístico final, porque transformam a exata atitude livremente lírica em que você está, numa atitude crítica.

A palavra é "vitaminoso" ainda demasiado científica, palavra de ordem intelectual (portanto crítica), ao passo que todas as outras palavras do poema

---

54. O poema enviado para o aniversário de MA (9 de outubro) é comentado no bilhete sem data que dá sequência a esta carta.
55. Não foi possível encontrar a referência da Antologia.

são de ordem... de que ordem meu Deus! não é de ordem sentimental, mas de ordem... enfim: de ordem transubstanciada, de ordem intuitiva (achei!) são uma intuição divinatória, que é exatamente a ordem poética.

Quanto ao dístico, me envaideço demais do último verso, eu também, Deus me perdoe. Acho que minha poesia tem corpo e alma. Aliás não num sentido vaidoso de equilíbrio, de integridade, que, nisto, eu juro que acho muito mais alma e corpò na poesia de você, na do Manuel[56], na da Cecília[57]. Me definindo "corpo e alma" me soa justo no sentido de desequilíbrio, de luta, é uma definição-ameaça, ou pelo menos aviso. E sinto o meu corpo entrando esbarrondante pela minha poesia adentro, num excesso de peso da terra, que é terrível, mas que é bom.

Na verdade o que desagrada é o verso anterior "Poesia de Mário de Andrade", que é indiscreto. Tire isso, irmãzinha. Meu nome já ficou no título e é recompensa enorme. Dentro da poesia ele fere como uma definição crítica, um valor negativo de poesia. No caso: estraga a poesia. Deixe o último verso sozinho, vibrando sozinho, vibrando pra cada um como cada um sentir vibrar. Sozinho ele é som pra todas as ressonâncias. Mas o dístico com o meu nome, desaltiva (!) a liberdade e a pureza da sua poesia, parece anúncio de jornal.

Mário

Querida Henriqueta. Cartas de Mário de Andrade a Henriqueta Lisboa, *pp. 178-179*.

82   (HL)

Belo Horizonte, 15 de novembro 1943.

Querido Mário,

há quanto tempo não lhe escrevo uma carta grande como há de ser a de hoje! Uma série de cousas, preocupações e trabalhos, me tem impedido de escrever porém não de pensar em você. Exatamente no período agudo de sua doença, lutávamos aqui também com médicos, remédios, casa de saúde, operação: minha sobrinha Maria Antônia[58], que Mamãe e

---

56. Manuel Bandeira.
57. Cecília Meireles.
58. Maria Antônia Valadão Pires é o nome da sobrinha de HL que morou na casa dos pais da escritora.

eu criamos (filha de Abigail) esteve em estado gravíssimo, com apendicite cheio de complicações. A menina, que é linda e meiga (não se lembra de ter visto "olhos azuis" aqui em casa?) ficou translúcida, parece um sopro ou um sonho, mas aqui a temos graças a Deus! Graças a Deus por você também, Mário quero crer que agora tudo irá bem, desde que você resolveu atender ao tratamento. Espero que se mostre constante, peço-lhe isto encarecidamente. Se você quisesse variar de clima e vir repousar em Belo Horizonte! Ouço falar nisto mas não acredito ainda. Em todo caso, quero pedir-lhe que não venha entre 22, 23 de dezembro e 7 de janeiro, porque estarei ausente. Imagine que festejaremos a 27 de dezembro as bodas de ouro de Papai e Mamãe, não aqui mas em Lambari, onde se realizou o casamento, onde nasceram todos os filhos do casal e residem muitos membros da família. Somos oito filhos vivos, e são vinte netos barulhentos, santo Deus! Depois é que virei descansar das atividades letivas que culminam agora na quinzena vindoura, avançando ameaçadora: este ano, além da aborrecida inspetoria, tenho a Faculdade que me interessa muito mas que me obriga a esforços, por falha de biblioteca; inclusive o de emprestar livros às alunas, eu que sou tão ciumenta dos meus livros...

Você sabe, Mário, que está se estendendo a minha amizade com São Paulo? Tenho recebido cartas e livros aí de sua terra. Só não fiquei contente com a despedida que me enviou Fidelino de Figueiredo, de partida para Portugal[59]. Porque o deixam ir? Eu tinha a ambição de trazê-lo a Belo Horizonte, chegamos a combinar isto, aqui. Guardo com apreço, entre outras cartas dele, uma em que discorda inteiramente da crítica de A. Lins à *Prisioneira*[60]. Falar nisto, não sei se devo mandar a este escritor o meu novo livro. Tenho dúvidas sobre o seu discernimento poético, embora não o recrimine muito: acertar no pássaro voando não é tão fácil como acertar no que já se agasalhou nas árvores... (Digo estas cousas somente a você que tudo compreende e sabe que não se trata apenas de vaidade pessoal) Mas como ele é acatado

---

59. Fidelino de Figueiredo (1888-1967). Crítico e historiador português, contratado, em 1938, para ministrar cursos na USP; colaborou na fundação da Universidade do Brasil, no Rio de Janeiro, em 1941, e organizou o curso de Literatura Portuguesa na Faculdade Nacional de Filosofia, hoje, UFRJ. Foi ainda responsável pela criação do Centro de Estudos Portugueses na USP, inspirando sua proliferação nas universidades brasileiras.
60. A carta de Fidelino de Figueiredo a HL, datada de São Paulo, 5 de dezembro de 1941, registrada no Arquivo Henriqueta Lisboa, no ACM/FALE/UFMG, comenta o artigo de Álvaro Lins: "Minha senhora: li a apreciação que do seu livro fez o sr. Álvaro Lins num de seus folhetins críticos do *Correio da Manhã*. Achei-a apressada e nada certeira na sua caracterização. Lins tem merecimento, mas é ainda rapaz, sofre de certo dogmatismo confiado, que o leva, de boa fé, sem dúvida, a julgar com pressa o trabalho alheio".

pela maioria, pergunto se não existirá uma ética do criador para com a crítica ou, melhor, do criador para com o mundo através da crítica?[61]

Isto, é claro, na suposição de que o crítico tenha também uma ética, o que torna mais complexo este problema ou, antes, menos complexo.

Agora falemos de sua carta linda e boa, de seu delicioso telegrama festejando O Menino Poeta. A carta, eu a agradeci aos céus, pedindo aos céus que nos seja permitido conservar esta amizade boa e linda. É milagroso a gente se compreender assim, é maravilhoso, para mim, saber que você existe, Mário, e é maravilhoso saber – através de suas palavras – alguma cousa do seu coração.

Henriqueta

Carta assinada: "Henriqueta"; datada: "Belo Horizonte, 15 de novembro de 1943"; autógrafo a tinta preta; papel creme, bordas irregulares; 2 folhas; 19,6 x 16,2 cm.

83 (MA)

São Paulo, 5 de dezembro de 1943.

Henriqueta.

Só um recado. Seu livro está uma delícia absoluta mas não posso lhe escrever sobre ele ainda. Só quero lhe dizer sobre a consulta se deve ou não mandar o livro ao Álvaro Lins. Eu mandava, se fosse meu, embora não veja

61. Álvaro Lins, no artigo "Problemas e Figuras na Poesia Moderna", publicado no *Correio da Manhã* em 1941, entre elogios e crítica, é bastante severo com a *Prisioneira da Noite*: "Logo no primeiro poema do livro mais recente da sra. Henriqueta Lisboa [*Prisioneira da Noite*, São Paulo, 1941], quando ela exclama: 'Quero os caminhos da madrugada e estou presa,/ Quero fugir aos braços da noite e estou perdida'. – logo sentimos quanto a poeta está sugestionada pela obra do sr. Augusto Frederico Schmidt. Não somente os seus temas prediletos – a noite, o mar, a morte – são todos schmidtianos, mas também a maneira de os desenvolver e o ritmo da realização poética. [...]. Alguns poemas desse *Prisioneira da Noite* – como, por exemplo, o 'Pastor', com seus ritmos largos e sonoros – deixam uma agradável e simpática impressão. Mas há certos versos verdadeiramente detestáveis como este 'Por desesperação de salvação' ou como estes que são inacreditáveis: 'E ao peso das estalactites negras/ o coração/ derreou.' Da mesma espécie é o poema 'Noturno', enquanto 'Doce momento' e 'Desterro' representam um simples jogo de palavras. Para que não se tenha uma esperança excessiva quanto a esta poeta, devo acrescentar que *Prisioneira da Noite* não é um livro de estreia". Álvaro Lins, "Problemas e Figuras na Poesia Moderna", *Jornal de Crítica*: segunda série. Rio de Janeiro, José Olympio, 1943, pp. 59-60.

possibilidade nenhuma do Álvaro Lins gostar desse livro. O Álvaro é um ótimo crítico, ainda ontem li dele a crítica sobre a *Terra do Sem-fim* a que não sei o que falta pra não ser magistral. Mas segue ainda a tradição brasileira de crítica: insensibilidade poética. As críticas dele sobre poesia 90% das vezes são inferiores às sobre prosa. Mas por outro lado parece que fica meio feio não mandar o livro novo só porque ele não gostou do anterior, parece despeito. Eu mandava mais esta vez. Se de novo ele vier com muita incompreensão demais, então não mandava mais.

E vou parar. Arre, não quero contar em pormenor o que está me sucedendo agora. Mais doença, Henriqueta, mais doença que veio atrapalhar tudo. Agora é uma úlcera no duodeno na batata e este regime de imobilidade na cama, leito e leite por um mês! Estou fraquérrimo, você nem imagina, incapaz de nada. Adeus, pro ano que vem. Lá estarei em condições melhores pra lhe escrever sobre O *Menino Poeta*.

Com o carinho maior do

Mário

Carta assinada: "Mário"; datada: "S. Paulo, 5-XII-43"; autógrafo a tinta preta; papel creme; 1 folha; 26,0 x 20,0 cm.

84   (HL)

Lambari, 24 de dezembro de 1943.

Mário,

apesar da balbúrdia em que me vejo, meu pensamento está teimando em ajudar você a sofrer pacientemente este natal.

Não acerto com as palavras mas você sabe o meu carinho, deve saber a minha preocupação.

Aqui estarei até 10 de janeiro. Caso você não possa escrever, peça a José Bento[62] para me dar notícias. O endereço é só isto: Lambari – sul de Minas.

Henriqueta

Cartão postal "Vista central – Lambari"; datado: "Lambari, 24-12-1943"; assinado: "Henriqueta"; autógrafo a tinta preta; 8,7 x 13,9 cm.

62. José Bento Faria Ferraz.

Cartão postal de HL a MA. Lambari, 24.12.1943. Acervo MA, IEB-USP.

85   (MA)

São Paulo, 27 de dezembro de 1943.

Henriqueta.

hoje não posso escrever pra você, mas recebi sua lembrança de Lambari e quero lhe dar imediatamente a novidade que vai lhe agradar, eu sei, estou muito melhor. Parece que enfim os médicos acertaram mesmo. Sobretudo a cabeça leve é que me anima. Vivo num entusiasmo danado, fazendo grandes preparativos de trabalho pro ano que vem, pois enfim! enfim posso ler, posso escrever sem sacrifício. Me sinto, palavra de honra, que egoisticamente feliz. A fraqueza ainda é muito grande e creio que vai durar por mais tempo com este regime, mas isso não tem importância, o importante era a dor-de-cabeça que vinha desde janeiro e me fez perder um ano de vida. E parece que o problema era outro, nem úlcera nem nada, a úlcera era pra atrapalhar e distrair os srs. médicos.

Bom, até janeiro. Ah! engraçado, nestes preparativos em que estou, ontem ainda, ontem mesmo que recebi seus cartões... lambarienses? ou lambarianos? tinha arranjado tudo quanto tenho de versos de você, os inéditos, que agora quero ler com calma, sem afobação, em conjunto pra, em janeiro ou fev. lhe escrever uma longa carta sobre.

E agora um grande abraço muito querido e grato pra você.

Mário

Carta assinada: "Mário"; datada: "S. Paulo, 27-XII-43"; autógrafo a tinta preta; papel creme; 1 folha; 19,0x15,6cm.

1944

86 (MA)

São Paulo, 28 de janeiro de 1944.

Henriqueta.

estou danado, este papel de carta é péssimo, escrevendo manuscrito, não se pode escrever direito dos dois lados da folha, e as cartas ficam grossas, enormes, fico com raiva de estar chateando os outros... Também felizmente já está no segundo bloco que o meu secretário, dono das minhas economias, que economiza por mim (ele é muito pobrezinho, luta muito e economiza também pra mim! às vezes fico desesperado porque ele economiza nas coisas que economia atrapalha só, não adianta) e amanhã mesmo vou de-manhã na cidade e compro uma batelada do melhor papel de bloco que exista na cidade, parece que não há mais do bom, não sei como vai ser, mas sempre melhor que este hei de comprar. Bom, mas não posso esperar pra amanhã pra lhe escrever, tem de ser nesta última espera da noite.

Andei relendo as suas poesias inéditas pra lhe escrever sobre elas. Mas repare: vou ser advogado do diabo, como se diz, ser severíssimo. Na verdade você está na plenitude agora. Já o *Menino Poeta* pertence a essa plenitude, é minha opinião. Coisas admiráveis de concisão, densidade, e ótimo legítimo estado-de-poesia. E, o que é mais importante, estado de poesia que interessa muito, que prende a gente e me encanta. (Já estou falando em principal das poesias inéditas.) Vou mandar com esta carta todas as suas poesias inéditas que tenho aqui. Tomei notas sobre elas, notas que ficava muito longo copiar aqui. É verdade que aqui eu comentava elas, não iriam tão secas e ásperas como vão, mas, meu Deus! entre nós dois irmãzinha querida, me deixe tomar estas liberdades de mano bruto, me chame "Mano bruto!", sorrindo e me perdoe[1].

Mas não é só como estado de poesia, concisão, densidade lírica, interioridade, riqueza de simbologia, vocabulário pessoal, que você atinge a plenitude agora. Já lhe falei em carta, a técnica também me parece que atingiu essa

---

1. As poesias inéditas com comentários de MA (34) estão no Arquivo Henriqueta Lisboa. A reprodução, em fac-símile, de algumas delas, encontra-se no Dossiê.

plenitude. O valor da palavra, o valor dos ritmos está tudo utilizado também com uma precisão admirável, já falei, é cristal. Sobretudo nos versos curtos, de poucas sílabas, medidas ou não. Você tem até um jeito de ir medindo, medindo, e de repente concluir com um verso fora do ritmo e menor que os outros, que acho uma verdadeira delícia rítmica.

Exemplo:

"Lua acorda,
vamos brincar!
Temos brinquedos
Novos!"[2]
ou:
"Água marinha
cor do céu.
Céu tocado
com as mãos.
Céu duro e pequeno
com brilho efêmero
de joia"[3].

Acho isso uma delícia.

Agora vamos falar em geral. E atacar. Tem em você, na você de agora, depois que se perfez e se libertou da certa impessoalidade a-volta-do-condor[4] que ainda havia em grande parte da *Prisioneira da Noite*, tem em você agora, com certa indecisão, imprecisão de divisão, duas pessoas distintas. Uma delas é o Poeta, e outra é a Professora Católica. Tiremos o "católica" que particulariza demais, e até você, no caso, é menos católica que protestante. Ambas as duas pessoas são igualmente respeitáveis, está claro, mas, está claro também que a professora "religiosa", quando se intromete, se às vezes ainda consegue fazer coisas integrais de poesia, com mais frequência, estraga bem a coerência lírica da poesia. Repare, pelas notas que escrevi na beirada dos poemas, andei, sem método distinguindo uma poesia livre, lírica, pura, integralmente poética, e uma outra que chamei em certas notas, como obediente ao estilo

---

2. Do poema "Ronda de Estrelas", de O *Menino Poeta*, p. 59, que já havia sido publicado em 1943. (plp)
3. Fragmento do poema "Água Marinha", que integrou *A Face Lívida*, publicado em 1945. Cf. *Poesia Geral*, p. 147. (plp)
4. Trata-se do artigo de MA sobre os poetas que ainda persistiam no culto da poesia condoreira, como Alphonsus de Guimaraens Filho, Augusto Frederico Schmidt, entre outros, intitulado "A Volta do Condor".

conceituoso. São certas poesias em que no fim, como se fosse fábula com moralidade, você termina com um conceito ou coisa de alguma forma assimilável a um conceito. Enfim, com uma coisa que mais se assemelha a uma reação intelectual que a um desabafo, a um surto lírico. Isso, meus Deus! existe mesmo, uma ordem fabulística da atitude poética. E rende muito, mas, desculpe, sobretudo quando é contra-conceito, é imoral, é... é errado! Como no Manuel, por exemplo. O "Beco" é também de alguma forma poesia conceituosa, mas é anti-intelectual, é um sentimentalismo (sem sentido pejorativo) que se a Verdade intelectual e lógica se interpusesse, o poeta não diria porque estava errado. Está claro que o mundo importa humanamente muito mais que o beco. A minha "Moda dos Quatro Rapazes" também é tipo integral da poesia conceituosa e fabulística, mas... é imoral![5] Daí a conservação, imagino, da integridade lírica da poesia, a qual, como arte que é, é sempre proposição de verdades, mas verdades anti-lógicas, para-lógicas, supra-verdades, definições intuitivas e não dedutivas. Ora o perigo poético de você, é que como quem interfere na sua conceituosidade é uma professora e uma professora de espírito religioso (e sem misticismo, entenda-se!) sucede com muita frequência que o conceito fica conceito lógico, conclusivo, conselho, moralidade fabulística, e, embora quintessenciado, muito elevado e quase sem ranço, um pouco festinha-de-colégio-conspícuo. É um mal? Não chega a ser um mal, tem coisas desse gênero que, você verá, achei ótimas, mas é um perigo. Quase sempre prejudica a validade lírica e livre da poesia.

É o problema mais importante, sobre o qual lhe proponho pensar um bocado. Não tenho mais nada a dizer e você sabe que é sem a menor condescendência que gosto imenso da sua poesia. E esta tem ainda muita importância como confissão psicológica. E os críticos! o que fazem os senhores críticos que não escrevem sobre você! Está havendo, sem querer, uma verdadeira "conspiração de silêncio" em torno do *Menino Poeta*, pelo menos dos críticos que eu sigo, o Sérgio Milliet[6], o Antonio Candido[7], o Álvaro Lins e o

---

5. "Moda dos Quatro Rapazes", poema dedicado a Couto de Barros, que faz parte do livro *Clã do Jabuti*, de 1927.
6. Sérgio Milliet (1898-1966). Poeta, crítico literário e de arte, ensaísta, cronista, tradutor, jornalista, professor, artista plástico e político. Colaborou nas principais revistas do movimento modernista. Entre 1944 e 1959 publicou a obra *Diário Crítico*, em dez volumes.
7. Antonio Candido de Mello e Souza (1918). Ensaísta, crítico literário e professor. Um dos fundadores da revista *Clima*, cujo primeiro número, em 1941, contou com o ensaio de MA, "A Elegia de Abril". Entre suas obras destacam-se *Introdução ao Método Crítico de Sílvio Romero* (1945); *Formação da Literatura Brasileira* (Momentos Decisivos), de 1959; *Literatura e Sociedade* (1965); *A Educação pela Noite* (1987).

Guilherme de Figueiredo[8]. Mas Henriqueta, eu tenho a certeza que esse silêncio indica muito, estão perplexos, e com mal-estar. Na verdade carece ter uma alma muito, não digo pura, mas doida, solta, indefesa pra gostar, não só de você que é doida, solta e indefesa, mas especialmente do *Menino Poeta*. Eu mesmo que adoro o livro, fico "criticamente" atrapalhado pra falar, não consigo exatamente saber, nessa revoada tão tênue e sutil de lirismo, qual foi sua intenção. E a crítica precisa, olé, explicar as intenções... Eu creio que já falei uma vez pra você, você não é poeta pra ser muito apreciada pela crítica não. A crítica faz questão de ser por demais inteligente, e você não é muito lá fácil de perceber sem uma adesão apaixonada. Apaixonada aqui, não exclui clarividência, pelo contrário, é ela que dá clarividência. Às vezes fico meio irritado por "respeitarem" você e não lhe darem o lugar que você merece, mas logo fico maliciento, com vontade de rir dos outros. Na verdade você não pertence às linhas gerais da crítica de poesia nossa, nem dos seus problemas e intenções, você é um atalho, uma clareira, coisa assim, no caminho. Pra uns fica como pedra no sapato, mas a maioria passa sem pôr reparo. Você, clareira minha, terá decerto que se contentar toda a vida, com os que sabem aproveitar a graça divina das clareiras pra descansar e sabem que é nos atalhos que os passarinhos cantam mais.

Não quero passar desta folha, não quero. E chegou a hora de deitar, que agora deito virtuosamente à meia-noite e durmo bem. Durmo bem. As forças estão voltando. Trabalho, leio, estudo e na ordem destas coisas me sinto feliz. Queria lhe confidenciar tantas coisas, tantas coisas, clareirinha, mas parece que não é tempo de clareira agora... Talvez numa outra carta eu lhe conte minhas inquietações e sofrimentos de agora. Hoje quero só lhe mandar mais este abraço fiel do

Mário
Quero as poesias de volta, que não posso ficar sem elas, não esqueça.

Carta assinada: "Mário"; datada: "S. Paulo, 28-I-44"; datiloscrita; cópia carbono azul; papel creme; 1 folha; 26,5 x 20,5 cm.

---

8. Guilherme de Figueiredo (1915-1997). Escritor, autor teatral e crítico literário. Entre suas obras, citem-se *A Raposa e as Uvas* (1953); *A Bala Perdida. Memórias* (1998). Manteve correspondência com MA de 1937 a 1945. Cf. Guilherme Figueiredo (org.), *A Lição do Guru. Cartas a Guilherme Figueiredo*. (1937-1945).

87   (HL)

Belo Horizonte, 20 de fevereiro de 1944.

Mário,

tenho pensado muito na sua última carta. Com que exatidão você denuncia nos meus poemas – é surpreendente! – aquilo que me causava dúvida ou insatisfação, sem que eu chegasse a saber por quê. Será você anjo, demônio, ou a própria Consciência do Belo!... Guardo apenas umas duas teimosias para ocasião oportuna. E vou copiar as suas notas antes de devolver os poemas. Ou posso fazer justiça de Salomão, recortando <u>para mim os caros rabiscos e para você os versos</u>?[9]

Parece mesmo que os críticos não querem *O Menino Poeta*. Mas também pode ser que algum dia um deles comece a puxar o fio da meada. Nem isso me surpreenderá. Sei que uma cousa é êxito e outra, valor. Só uma graça peço a Deus: que esse silêncio, que eu sinto como aguda ironia, não me atinja o ser moral; que eu possa compreender e admirar sempre mais a obra alheia; que não acuse a ninguém. Deve haver uma explicação natural para isso. Você diz que não pertenço às linhas gerais da crítica da poesia nossa, nem dos seus problemas e intenções. Pois é isso. Os meus problemas são até muito humanos, são meus como de todos aqueles que apelam para as forças morais em face da esfinge, quando não logram decifrá-la. Sinto-me criatura de <u>Deus antes de tudo, muito antes de ser brasileira</u>[10]. E com isso não sei se haverá metal brasileiro na minha poesia – Estarei no meio da raça como estrangeira? Já fiz uma pergunta semelhante, há muito tempo, num poema sobre o Carnaval, que tanto me desgosta; mais tarde voltou a preocupação – ampliada – naquele poema em que me dirijo a Irmãos, meus Irmãos: – "Sou uma de vós, reconhecei-me!" Mas não será por falta de amor que a minha poesia talvez não tenha pátria. – E as minhas intenções? Haverá intenção em arte? É certo que as intenções – boas ou más – que se somam à arte – como ao sentimento – são como lastro pesando no carro para que ele deixe de ser inefável e possa radicar-se ao solo. Se tive alguma intenção ao escrever o livro infantil, não sei. Parece que as nuvens andaram levando o carro... Agora me consolo em recordar as palavras de Cristo: – "Se não vos tornardes simples"... Em verdade, o que procurei foi entrar pela porta do fundo, a porta invisível por onde nos chega o pão e por onde sai a vovozinha para não esbarrar com os

---

9. Nota do destinatário: trecho grifado a lápis vermelho.
10. Nota do destinatário: trecho grifado a lápis vermelho.

falastrões da sala. Você acha que, segundo Schiller, poderemos qualificar de "ingênua" essa atitude? Teria sido esta a minha intenção? Agora uma confissão de outra espécie: <u>não mandei o livro ao Álvaro Lins. Sei que cometi uma falta para com você – isto é que me dói</u>[11]: mas não houve força que me vencesse o constrangimento. Quando consultei você, supus que poderia ouvi-lo. Não queria subterfúgio para esta falta, Mário, mas é certo que encontrei na sua carta mesma o pretexto para cometê-la. Você me dizia – lembra-se? – "Se de novo ele vier com muita incompreensão demais, então não mandava mais". Então eu achei que desde já podia deixar de mandar pois tinha certeza da incompreensão. Você me perdoa, Mário? Já estou bem castigada, com esta confusão, de haver aborrecido você inutilmente. – Em princípio, um crítico sem sensibilidade poética pode ser prejudicial aos inexperientes. Então os poetas, em defesa da causa comum, devem ter o direito de dispensar essa crítica, mesmo quando reconhecerem o valor desse crítico em outros setores. – O mal foi eu ter pensado nisto só depois.

Acho que acabo de escrever uma carta bem tola (eu e mais eu), estou me sentindo desalentada, que fazer? Pensar em voz alta junto de você me ajuda a suportar esta cabeça. Como estará passando você, querido Mário? A notícia de suas melhoras me traz alegria mas não me deixa ainda tranquila. Fale-me só de você numa carta boa e grande. Com o carinho e a gratidão de

Henriqueta

Carta assinada: "Henriqueta"; datada: "Belo Horizonte, 20-2-1944"; autógrafo a tinta preta; papel creme, bordas irregulares; 2 folhas; 19,5 x 16,1 cm.

88   (MA)

São Paulo, 5 de março de 1944.

Henriqueta.

vou principiar lhe escrevendo, não sei se acabo, decerto acabo porque estou com uma hora diante de mim. Sua carta, um pouco amarga demais, me despertou uma vontade danada de lhe escrever imediatamente, mas não fiz porque não podia mesmo. Pensei nela a todo instante uns dois dias e venho pensando. Agora, pra responder, releio ela, mas já não tive a impressão brutal

11. Nota do destinatário: trecho grifado a lápis vermelho.

da primeira vez. Em todo caso, fico triste, Henriqueta, me dói perceber uma bastante grande amargura em você de inquietações desnecessárias com a sua poesia. Principalmente: um jeito que me parece na realidade pouco cristão, pouco Cristo, de se consolar em Cristo e num <u>futuro celestial</u>. Se você observar melhor a lição de Cristo, eu creio que você vai perceber que esse processo de consolo é muito mais político, é muito mais "classe dominante" que exatamente bíblico e especialmente cristão. A visão do futuro não pode consolar a gente do presente, nem mesmo como compensação. Nada compensa nada, e é mesmo este não-conformismo um elemento, uma das forças fundamentais propulsoras da arte, e da arte de você. Isto afinal é uma "tese", reconheço, mas não posso desenvolver. Em todo caso pense por você no problema. A promessa dum futuro melhor não consola nem compensa do presente. E é por isso mesmo que a arte vem, criando já, agora já, em suas obras esse futuro melhor.

Não gosto nada de ver você se consolando assim, se conformando assim. Em vez de amargura íntima eu preferia ver você raivosa e externa. Você não tem do que se amargar exatamente com a incompreensão da crítica, tem que reconhecer apenas que, seguindo a tradição da crítica nacional que nos persegue, ela é muito burra na compreensão da poesia. Desde os primeiros. E aí parece que você não compreendeu direito, ou foi apenas ilação do assunto, o que eu quis falar quando disse pra explicar um tanto a incompreensão, que você estava fora das correntes gerais que interessam atualmente à crítica nacional. Você partiu daí pra se preocupar com o coeficiente de nacionalidade que possa existir na poesia de você e em você. Não foi a isso que eu quis me referir, nem isso é inquietação que deva preocupar você. No caso: você é tão nacional como todos somos nacionais, e basta. Suas condições naturais de educação, de mulher, de profissionalismo público, de concepção muito amadurecida de poesia (e muito legítima) levam você necessariamente (e de católica, me esqueci) a uma universalidade de temática e mesmo de concepção e expressão dessa temática, em que o Brasil objetivamente se reflete pouco. Aliás, bastou a sua temática se voltar pro menino-poeta pra que o Brasil se refletisse objetivamente com insistência na sua poesia. Questão de mais-Brasil menos-Brasil não tem a menor importância num caso como o de você e não se preocupe com isso.

O que eu quis dizer foi outra coisa. Aliás se a crítica nacional se preocupasse com Brasil!... Quando? O Fernando Góes[12] outro dia, aqui, fez até uma

---

12. Fernando Góes (1915-1979). Crítico literário, autor, entre várias obras, de *Panorama da Poesia Brasileira* – o simbolismo (1959); *O Espelho Infiel: Estudos e Notas de Literatura* (1966).

observação num artigo que gostei muito, acusando a crítica nacional de escrever mais sobre escritores estrangeiros. Não sei se escreve "mais", mas é certo que escreve "melhor". Outro dia ainda eu estava lendo, até meio assustado, uma crítica que achei magistral, do Álvaro Lins, sobre Tolstói e Stendhal. Essa já é uma das "correntes" da crítica nacional a que você escapa. Ela escreve, por causa dos modelos bons que a regeneram então, melhor sobre os gênios estrangeiros que sobre os infra gênios nacionais. Mas é o de menos. Das duas bandas, poesia pura e poesia interessada, você está com nenhuma. Você está refletindo em sua poesia mais exclusivamente sua, atual, do *Menino Poeta* pra cá, uma preocupação <u>moral interessada</u>, da vida do ser. Ora a poesia pura, pelo menos como a compreendem e a fazem por aqui, é fundamentalmente <u>amoral</u> e <u>desinteressada</u> nesse sentido. Deriva mais do conceito surrealista que do de "poesia pura" exatamente. Assim, moral, sua poesia é interessada. Mas a corrente interessada da crítica nacional, no que ela aliás também se justifica inteiramente, é interessada num sentido revolucionário social. Que absolutamente não é o de você e que você contraria. E ela teria que, devia mesmo, atacar você. O fato desses críticos mais úteis silenciarem sobre a sua poesia, o Antonio Candido[13] até agora, creio que o Guilherme Figueiredo, soa mais como um elogio, eu imagino. Porque preferem não atacar o que reconhecerão esteticamente bom. Talvez, não sei, nunca falei sobre isso com ninguém.

Foi neste sentido que eu disse você estar muito fora das correntes principais que interessam agora à crítica nacional. O fato de você não mandar o seu livro ao Álvaro Lins, contra a opinião minha, não pense que me contraria. Achei meio engraçado, senti vontade de estar perto de você pra rirmos juntos. Acho que você fez mal, mas não tem a menor importância. E de fato, dá uma raiva imensa na gente quando vê uma obra da gente que nos deu tanto trabalho e preocupação reduzida a uma incompreensão leviana, ou radical. Mas eu queria que você se divertisse mais com isso e não amargasse. Isto é: amarga sim, mas é preferível superar a amargura com *sense of humour*, que com os escravocratas consolos conformistas da religião. Veja bem, Henriquetinha: não estou atacando nem Cristo, nem o Cristianismo, nem o Catolicismo. Estou invocado é com o conformismo político dos consolos. Nós temos que viver a nossa terra redonda, temos que "combater" a nossa terra redonda. O prêmio virá depois mas o combate é aqui e <u>por causa</u> daqui.

Eu já tinha achado meio chato pedir os seus poemas de volta, tão rabiscados nas margens por mim. Faça uma coisa: na fresta entre o trabalho e a janta,

---

13. Antonio Candido publica em São Paulo, na *Folha da Manhã* de 21 de maio de 1944, o artigo sobre HL, "Notas de Crítica Literária-III", o qual seria republicado no *Suplemento Literário de Minas Gerais*, com o título de "O Menino Poeta", vol. 5, nº 183, Belo Horizonte, 8 fev. 1970, p. 8.

ou na hora de deitar, rabisque na máquina, de novo, um cada poema por dia. E vá mandando quando puder, aos poucos. Ficar sem eles, não posso nem quero. Mas prefiro mesmo em cópia limpa, os meus rabiscos me irritam.

Com o abraço mais afetuoso do

Mário

Ah, me esqueci. Vou indo aparentemente bem, mas psicologicamente irritado comigo. Não consegui mesmo me livrar do fumo, e já voltei a ele como dantes. Quando o médico me pergunta se não estou fumando, minto com a maior pureza: Não senhor, não fumo. E fumo do mesmo jeito. Mas fico irritado, pretendo cem vezes por dia diminuir ao menos a fumação, e não consigo. Isso me irrita e prejudica muito. Fico fatigado dessa eterna luta interior em que preliminarmente me sei vencido. Uma estupidez, afinal.

M.

Carta assinada: "Mário."; "M."; datada: 5-III-44"; autógrafo a tinta preta; papel creme; 1 folha; 28,2 x 21,2 cm; carta com leve rasgo no centro.
Nota HL: "Falei de harmonia em mim mesma e não futuro celestial. Mário não me compreendeu desta vez. H."

---

89   (HL)

Belo Horizonte, 12 de abril de 1944.

Mário,

antes desta resposta à sua carta boníssima, desejei poder mudar espontaneamente de assunto. Já posso, mesmo, voltar a ele, sem insistência de tecla. Consegui reagir e até recomecei a escrever depois de longos meses de nenhuma produção. Compreendo melhor, agora, como se processa a cura pelo próprio veneno. Mas até hoje não sei que elementos de consolação celestial pôde você vislumbrar através da minha carta. Não, Mário, eu não podia por lealdade comigo mesma, consolar-me na religião de uma cousa que não tivera intenção religiosa no seu princípio. Se bem que eu procure pautar pelas normas da minha religião tudo o que faço. O desejo que demonstrei de continuar a ser como sou é um desejo de harmonia que teima dentro de mim e com o qual me desforro das contingências como se estas não me atingissem. No entanto você sabe, agora, como elas me atingem, sabe a que ponto o episódico e o supérfluo conseguem sugestionar-me. Você me fala de *sense of humour*. Está aí uma cousa que eu gostaria de possuir. Mas quem nasceu sem este dom não logra vivê-lo; poderia talvez captá-lo como "qualidade literária" ou voz de falsete. Mas quando a gente vê um crítico – positivamente anti-higienista – não permitindo crianças no pomar, aí a cousa se torna de um cômico irresistivelmente comunicativo. Ora já se viu, que moço engraçado!

Agora vamos retornar a conversa partida: seria interessante que a crítica atacasse, na obra de arte, os princípios acusados, quando os tivesse diferentes e, ainda mais, quando os tivesse melhores. O artista gosta de conhecer a verdade, ainda quando tenha de retroceder sobre os seus próprios passos. Mas os que querem a poesia interessada no social não podem recriminar o interesse de um poeta pelo individual, que é o ponto de partida para o social. Os que emprestam à arte um sentido revolucionário de classe devem saber que uma revolução não se faz de fora para dentro mas, sim, de dentro para fora, pela base, partindo de um ponto de apoio, que é, no caso, a consciência humana. Antes de responder, creio que o poeta precisa perguntar se se quer ou não, se se deve ou não transformar o mundo; é o que ele faz quando analisa ou sintetiza reações pessoais. (Não é verdade, Mário?) Não sei exatamente se o poeta terá capacidade para responder mas, pelo menos, é ele quem adianta a questão da direção espiritual, cuja chave talvez pertença aos santos, aos sábios, aos heróis... Está claro que reconheço e respeito a poesia social em casos de intuição extraordinária, porém, desejaria que, mesmo em casos menos raros, ela se firmasse no humano, fosse o complemento do humano. Enquanto não nos definirmos ou não nos determinarmos a nós mesmos, não estaremos aptos para avançar no terreno do social. E não nos adianta restaurar a poesia em Cristo, enquanto não houvermos restaurado a vida em Cristo. Quanto à poesia social contrária – a do desespero – símbolo da terra redonda girando em torno de seu próprio eixo, eu a considero, sem sombra na minha admiração pelo Carlos Drummond, acima do conceito de que se faz porta-voz. Em você, Mário, o que predomina é também a preocupação moral da vida do ser. Não apenas nos seus poemas mais sólidos mas nas suas cartas, nos seus estudos, nas suas obras de ficção, até na volubilidade das suas crônicas – *Os Filhos da Candinha* traem você maravilhosamente! – encontro elementos de interesse moral absorvente lutando – algumas vezes derrotados – contra as barreiras do determinismo. Creio que se acham nesse interesse comum as nossas afinidades melhores. Como seria bom – para mim – conversar de tudo isso com você em pessoa!

Agora uma notícia triste: João Alphonsus[14] tem estado gravemente doente, os médicos não esperam salvá-lo. Fui vê-lo: o espírito pairando acima de tudo, o sorriso bom pedindo desculpas de estar preocupando os amigos. Que belo exemplo recolhi dessa visita penosa! Querido Mário, não me deixe sem boas notícias, conte-me as suas melhoras, os seus trabalhos, os seus pensamentos que me são tão caros.

Henriqueta

Carta assinada: "Henriqueta"; datada: "Belo Horizonte, 12 de abril de 1944"; autógrafo a tinta preta; papel creme, bordas irregulares; 2 folhas; 19,5 x 16,1 cm.

90   (MA)

São Paulo, 27 de maio de 1944.

Henriqueta querida,

que dia me nasceu este de hoje. Logo de manhã a notícia da morte do João Alphonsus me deixou abaladíssimo, não me sai da cabeça e amarga tudo. Mas tenho que lhe escrever esta carta de coisas alegres. Já me decidira mesmo a escrever pra você, não ainda resposta à sua última carta, em que pela ideia já vaga que tenho dela (só a li quando chegou, ainda não reli) me parece que ainda não chegamos a nos entender perfeitamente. Mas não posso escrever sobre ela, não tenho tempo e sobretudo não tenho descanso por enquanto. Afinal das contas minha vida chegou a um tal estado de inutilidade com mil e um trabalhos dispersivos e não meus, que resolvi dar um golpe. Até agosto devo acabar os compromissos que me vêm de fora pra dentro e

14. João Alphonsus de Guimaraens (1901-1944). Poeta, romancista, contista e crítico, além de editor-chefe do *Diário de Minas*, colaborador de *A Revista*, com seus colegas de geração, como Carlos Drummond de Andrade, Emílio Moura, Martins de Almeida e Pedro Nava. Entre seus livros, citem-se: *Galinha Cega* (1931), e os romances *Totonio Pacheco* (1934), *Rola-moça* (1938) e *Eis a Noite* (1943). Pedro Nava, em *Beira-mar*, escreve pequeno esboço biográfico do amigo: "João Alphonsus à época de *A Revista* tinha vinte e quatro anos incompletos. Era um moço de pouca altura, brevilíneo, mais para gordo. [...] Estou aqui a vê-lo de frente numa foto que ele me ofereceu. A testa ampla começando a ser aumentada pela calvície precoce. As sobrancelhas afastadas e levantadas no centro dando-lhe expressão triste e embaixo dela os olhos pequenos, espertos, muito escuros. Tinha a boca apertada e o queixo obstinado". Pedro Nava, *Beira-mar. Memórias/4, op. cit.*, p. 217.

não hei de aceitar mais nenhum. Nem que me chamem do que quiserem. Vou bancar o neurastênico, o malcriado, o indiferente, pra ver se consigo ser um bocado mais eu.

Por hoje só duas coisas: lhe mandar o artigo do Antonio Candido que me deu uma alegria enorme[15]. Outro dia, aliás, saiu também outro artigo de amigo meu, o Cassiano Nunes[16], de Santos, ainda rapaz de vinte e poucos anos, sobre você. Não mandei. Disse a ele mesmo que mandasse, recebeu? Eu fico alegre muito desses amigos meus que admiram espontaneamente você. Insisto no "espontaneamente", pra que a sua delicadeza não imagine que entra o menor dedo de influência minha ou de pedido meu nisso. Está claro que você vive também nas nossas conversas de literatura, mas "também", como outros muitos. E é certo que eles sabem da admiração que tenho por você, embora não possam imaginar toda a amizade que me liga a você com tanta felicidade. Mas que a minha admiração não tem a menor importância no julgamento e apreço deles, é fácil provar pelas outras admirações minhas que eles recusam e das que têm e eu recuso.

O outro negócio é mais delicado. Se refere ao cartão que vai junto. Eu ia assistir ao casamento do Fernando Sabino com a Helena Valadares[17] aí, mas por diversas razões não posso ir nessa data pra Belo Horizonte[18]. Irei mais

15. Cf. nota 13.
16. Cassiano Nunes (1921-2007). Professor, crítico literário. Obras principais: *O Lusitanismo de Eça de Queiroz* (1945), *Retrato no Espelho* (1971), *Atualidade de Monteiro Lobato* (1983). Na época, era redator de *A Tribuna*, de Santos e publicou, em 26 mar. 1944, o ensaio "A Poesia de Henriqueta Lisboa", reproduzido no *Suplemento Literário de Minas Gerais* em 21 jul. 1984, na *Edição Especial* dedicada a HL. Nesse artigo, defende HL das críticas de Álvaro Lins, que compara sua poética à de Augusto Frederico Schmidt. Os críticos de Fidelino Figueiredo e Carlos Burlamaqui também a defenderam.
17. Fernando Sabino (1923-2004). Cronista, contista, romancista, dramaturgo, jornalista e adido cultural, casou-se em 1944 com Helena Valadares, filha do ex-governador de Minas Gerais, Benedito Valadares. Fundou, com Rubem Braga, a Editora do Autor e a Sabiá. Recebeu prêmios, como o Fernando Chinaglia (1960), Jabuti (1980), Machado de Assis – ABL (1999) pelo conjunto de sua obra. Entre seus livros mais importantes, destacam-se: *O Encontro Marcado* (1956), *O Homem Nu* (1960), *O Grande Mentecapto* (1979). Publicou, em 1981, as cartas recebidas de MA, relativamente ao período de 1942-1945. Fernando Sabino (org.), *Cartas a um Jovem Escritor. De Mário de Andrade a Fernando Sabino*, op. cit.
18. Fernando Sabino comentou o fato na introdução às cartas de MA. A recusa do escritor em comparecer à cerimônia de casamento como padrinho dos noivos foi motivada pelo fato de Getúlio Vargas ter sido, também, convidado para padrinho por parte da noiva de Sabino: "E de súbito me assustei, quando me vi ante a perspectiva, não do compromisso a que a paixão juvenil me precipitava, mas de ter, como padrinho da noiva que escolhera, nada menos que o próprio Presidente da República, cuja ditadura já aprendera a repudiar. Não haveria melhor desagravo, para o homem independente que eu pretendia ser, que em contrapartida

tarde. Eu queria que você me encomendasse aí uma grande cesta de flores matrimoniais, grande mesmo, pode até ser um pouco espalhafatosa, que isso terá sua significação em palácio. Como haverá por certo muitas encomendas, eu peço a você encomendar desde já, na casa de flores em que tiver mais confiança. E mande me dizer o preço pra eu lhe mandar imediato o pagamento. Não sei o preço de flores aí, mas até quinhentos mil réis pode encomendar. E pôr o cartão junto. Muito obrigado por esta chateação. E é só por hoje. Guardo a esperança de breve conversarmos longamente aí. Com o abraço deste seu

Mário

Carta assinada: "Mário"; datada: "S. Paulo, 27-V-44"; autógrafo a tinta preta; papel creme; 1 folha; 28,2 x 21,2 cm; carta com leve rasgo no centro.

91   (HL)

Belo Horizonte, 5 de julho de 1944.

Mário,

recebi o registrado. E espero que o Sabino já tenha feito referência ao presente. Aí vão, com os novos poemas, muitas lembranças de Henriqueta

Bilhete assinado: "Henriqueta"; datado: "Belo Horizonte, 5-7-44"; autógrafo a tinta azul; cartão, papel branco; 9,0 x 13,5 cm.

ter um dos maiores adversários do ditador como padrinho. O convite foi feito pessoalmente num encontro nosso no Rio só para esse fim. Ele aceitou, mas pouco depois alegava numa carta alguns motivos o seu tanto evasivos, para que eu o dispensasse de comparecer, sugerindo que alguém mais o representasse". Fernando Sabino (org.), *Cartas a um Jovem Escritor. De Mário de Andrade a Fernando Sabino, op. cit.*, p. 8. Murilo Rubião substituiu MA na cerimônia.

Correspondência

Reprodução de reportagem do casamento de Helena Valadares e Fernando Sabino. 1944. Belo Horizonte, Folha de Minas, 11 jun. 1944. Arquivo Murilo Rubião, AEM/CEL/UFMG.

92 (MA)

São Paulo, 3 de agosto de 1944.

Henriqueta.

Sua última carta, mas carta "carta" mesmo, que tenho aqui pra responder, data de 12 de abril! Parece incrível. Mas também agora vamos retomar mais unidamente a nossa conversa. Releio sua carta, como os assuntos estão tão longe... Um deles, o sobre a poesia social talvez esteja perto demais... Depois das nossas últimas ideias sobre isso, tive mais uma experiência, um verdadeiro delírio poético que me arrancou da vida semana e meia e de vez em quando retorna ainda por um instante fugaz, às vezes mais raras dá um poemazinho, outras uma ideia que vibra mas se recusa a tomar forma, e anoto pra um possível depois. As mais das vezes porém, o delírio volta delírio só, não fornece nada, nem ideia nem poema, chega, sinto a sublime trepidação do estado poético, fico assim, boca entreaberta, olhos perdidos até que a trepidação vai-se embora.

A maioria desses poemas talvez você já tenha lido. Mandei pelo Hélio[19] e pedi que passasse a você. Eu não hesito em qualificar esses poemas de "meus". Ia escrever "dos mais meus", mas logo me surpreendeu o absurdo da injustiça contra os outros. E aqui entra o assunto proximíssimo da poesia "social". Já lhe contei como os meus poemas se produzem, não têm novidade. Estes saíram do mesmo jeito. A Oneida Alvarenga me pediu as minhas notas e fichas sobre danças dramáticas aqui do sul, pra encher uns vazios de um livro sobre folclore musical brasileiro que ela está escrevendo pro México, fui remexer na minha papelada sobre isso e topei com uma nota num caderno antigo, nota de quase dez anos atrás, em que eu dizia ser possível aproveitar pra uns poemas de São Paulo os processos poéticos do trovadorismo ibérico. Principalmente os paralelísticos. Nada disto estava na nota que só dizia fazer uns versos *à-la-manière-de* o jogral Martim Codax[20], que

---

19. Hélio Pellegrino (1924-1988). Médico, poeta e escritor. Fazia parte do grupo de jovens mineiros muito estimado por MA: Otto Lara Resende (1922-1992), Paulo Mendes Campos (1928-1991), Fernando Sabino (1923-2004), João Etienne Filho (1918-1997). Fundou, em 1944, o jornal clandestino *Liberdade*, com Otto Lara Resende, Wilson Figueiredo, Simão da Cunha, entre outros. Colaborador de vários jornais, como o *Pasquim*, *Folha de S. Paulo* e *Jornal do Brasil*. Autor de *A Burrice do Demônio* (1988); *Minérios Domados* (1993, org. de Humberto Werneck) e *Lucidez Embriagada* (2004, org. de Antonia Pellegrino).
20. Martim Codax (*c.* 1230). Famoso trovador galego-português responsável por conhecidas cantigas de amigo, registradas em pautas rústicas que se tornaram acessíveis, difundidas e estudadas, principalmente, no Brasil.

nasceu em Vigo e cita a cidade natal em várias canções dele. E citava:"Ondas do mar de Vigo/ Se vistes meu amigo/ E ay Deus, se verrá cedo!"

Outra nota acrescentava reler uns poemas maoris citados por Paul Radin[21] no seu estudo sobre *Primitive Man as Philosopher*. Nunca pude fazer o que pretendia e nunca forcei, como é meu costume. Uma vez, me lembro, veio um rebate falso, saíram umas quadrinhas soltas que depois joguei fora. Pois desta vez bastou reler a nota. Os poemas vinham feitos, aos três, aos dois, e passei uns dez dias miraculosos de ventura criadora. Bom, nesse sentido é que eu digo que esses poemas são meus. Hei de publicar *A Lira Paulistana*[22] em livro. Mesmo os seus poemas mais violentos. Martim Codax sugeriu dois poemas, um dos cantos maoris quase que traduzi nos sete primeiros versos do poema que principia "Tua imagem se apaga em certos bairros", pelo menos, se não traduzi as frases, transpus a ideia; engraçado: sai a sátira a São Paulo bem *à-la-manière-de* Gregório de Matos[23], inesperadamente, sem a menor intenção preliminar de fazer isso; e desenvolvi o processo paralelístico de pensar, não só nas suas consequências folclóricas "Minha viola bonita – Bonita viola minha", como de outras maneiras que talvez sejam só minhas.

Agora veja, Henriqueta: Alguns desses poemas são de "reações pessoais", como você diz, outros são do que você chama e toda a gente "poesia social". <u>Mas todos são absolutamente individualistas</u>, isso não há dúvida. São "meus". Pra esclarecer, eu acho que não se deve chamar de poesia "social" a que tem preocupações com a coletividade. Porque toda poesia, toda obra-de-arte é "social", porque, mesmo se preocupando exclusivamente com as

---

21. Paul Radin (1883-1959). Antropólogo naturalizado americano que se especializou em etnologia da religião e da mitologia bem como na etnologia dos nativos americanos. Telê Ancona Lopez, no ensaio "Cântico: Um Manuscrito de Mário de Andrade", analisa o caderninho do escritor, com esboços e rascunhos de vários poemas, ao lado do manuscrito de *Lira Paulistana*, apoiando-se nas observações feitas por MA. No confronto entre poemas e matrizes estabelecido pelo próprio poeta, incluindo aí os jograis galegos de Martim Codax, citado nesta carta de MA a HL, a autora reconhece que "o caderninho gasto historia o primeiro passo na gênese dos poemas". No exame do processo de criação em MA, a pesquisadora conclui: "Por ora, cabe adiantar que, Paul Radin, livro na biblioteca do poeta, recolhe poemas maoris os quais, às páginas 110-3, 117-23, focalizam, primeiramente, a aceitação da morte e da destruição de tribos e, a seguir, o 'mal de amor', com o mesmo desamparo revelado pela canção do amigo do lirismo trovadoresco, incluindo a menção ao espaço físico". Telê Ancona Lopez, "Cântico: Um Manuscrito de Mário de Andrade", *O Estado de S. Paulo*, Suplemento Cultura, São Paulo, n° 532, 13 out. 1990, p. 3.
22. *Lira Paulistana* é publicada em 1945, após a morte de MA.
23. Gregório de Matos Guerra (1633-1696). Advogado e escritor, conhecido por levar uma vida boêmia e por suas produções satíricas. Graças a Afrânio Peixoto, sua obra foi publicada, em seis volumes, pela Academia Brasileira de Letras, entre 1923 e 1933, sob o título de *Obras*.

reações pessoais do artista, interessa à coletividade. Muito embora não cante, não se preocupe com a coletividade. O que em geral andamos por aí chamando de poesia social, é poema de circunstância, é arte de combate. Veja bem como esta simples mudança de nome esclarece as coisas e determina as posições. Há uma arte, há um gênero de arte, ponhamos gênero Casa Sucena[24], gênero marchinha de carnaval, que tem como caráter essencial o funcionamento imediato e transitório. Tão nobre, como gênero, como qualquer outro gênero. Este gênero "de circunstância" pode da mesma forma que qualquer outro provocar coisas eterníssimas e geniais. Afinal das contas, certas xingações e vinganças de Dante, no "Inferno" são tão sublimes como o "To be or not to be" que eu aliás não gosto muito, ou a Capela Sixtina. Eu que jamais publiquei em livro poesia minha que não fosse "fatalizada", desque concebida a transitoriedade na obra "de combate", publico sem a menor hesitação, numa revista ou jornal, um poema não fatalizado, escrito "de propósito". Não em livro porém. É o caso de "A Tal" por exemplo, que fez bastante barulho, mas que nunca tive intenção nem desejo de publicar nas futuras *Poesias Completas*[25]. Mas nestas virão *O Café* e *A Lira Paulistana*, não hesito nem há dúvida.

Se você quer minha opinião: não se preocupe com esse problema, ele não é de você. Continue fazendo sua poesia fatalizada, que ela é tão "social" como qualquer poema de Neruda[26] ou do Carlos[27]. Não imagino, não sinto, nem quero, você fazendo poesia de combate. Não é do seu temperamento, nem da sua personalidade. Não que eu queira reduzir você a uma feminilidade antiga de recato estigmatizado e feitura de bolos e crochês. Mas eu sinto que você ficaria diminuída de sua verdade e em mim, se publicasse ou mesmo apenas escrevesse uma "A Tal" e muitos dos poeminhas da *Lira Paulistana*. Estou relendo os últimos versos que você me mandou, estão perfeitos. Não tenho

---

24. Famosa casa de artigos religiosos, sediada no Rio de Janeiro.
25. O volume de *Poesias Completas* é publicado pela Martins em 1955, após a morte de MA.
26. Pablo Neruda (1904-1973). Poeta e diplomata chileno, muito admirado pela geração de Vinicius de Moraes, de quem foi amigo. Entre suas obras, cite-se *Canto Geral* (1945), considerado uma epopeia sul-americana, por evocar a gênese do continente. MA, em carta de 15 out. 1944 a Drummond, comenta a leitura crítica de Amado Alonso sobre Neruda e manifesta vontade de fazer uma poesia dentro dos parâmetros nerudianos, ou seja, de natureza social: "Depois veio o barbeiro e peguei no livro do Amado Alonso sobre Pablo Neruda e me bateu um bruto desejo de fazer uma poesia, uma espécie de 'Meditação sobre o Tietê' que ando premeditando pra *Lira* e que não tem nada que ver com uma ambiciosa 'Meditação sobre o Amazonas' que muito tempo andei desejando escrever, nunca saiu". Silviano Santiago & Lélia Coelho Frota (orgs.), *Carlos & Mário*, op. cit., p. 532.
27. Carlos Drummond de Andrade.

nada a dizer. E "A Face Lívida", "Calado", e "Terra Negra" são das coisas que mais me tocaram, mais eu precisava delas, da poesia de você.

É meia-noite e encurto a conversa, preciso dormir. Em setembro estarei aí se Deus não mandar o contrário, nem a estupidez humana. Uma semana ou talvez mesmo uns dez dias, ainda não sei. Não conte a ninguém. Vou, já sabe, a passeio, sem entrevistas nos jornais, sem conferência, vou matar saudade, conversar sério e conversar cômico. Você estará sempre em Belo Horizonte por todo o setembro? Me avise. Sinto uma alegria...[28] Um abraço do

Mário

<small>Carta assinada: "Mário"; datada: "S. Paulo, 3-VIII-44"; autógrafo a tinta preta; papel creme; 2 folhas; 28,4 x 21,3 cm.</small>

93 (HL)

Belo Horizonte, 16 de agosto de 1944.

Mário,

desta vez você demorou tanto a escrever-me que cheguei a ficar melancólica. Eu sabia vagamente que você estava bem, trabalhando muito. Encontrava-o toda quinta-feira, vivíssimo, no seu *Mundo musical*[29]. Sabia que você havia mandado para Belo Horizonte alguns poemas inéditos, que até hoje não tive a fortuna de ver[30]. Sabia também que o meu nome figurava na carta que trouxera os poemas. Julgando que o moço não me conhecesse – o que é comum e acho natural –, pedi a meu cunhado para falar com ele; de nada valeu. E agora não sei responder a um dos principais assuntos de sua carta.

28. MA visita Belo Horizonte entre os dias 4 e 17 de setembro.
29. Coluna semanal mantida por MA na *Folha da Manhã*, maio de 1943 a fevereiro de 1945. As crônicas deram também origem ao livro póstumo, *O Banquete*, editado por Jorge Coli & Luiz Carlos da Silva Dantas, São Paulo, Duas Cidades, 1977. Cf. a reunião dessas crônicas feita por Jorge Coli, *Música Final – Mário de Andrade e sua Coluna Jornalística "O Mundo Musical"*, Campinas, Unicamp, 1998.
30. Os versos são de *A Lira Paulistana*. Foram enviados por MA por intermédio de Hélio Pellegrino, mas a entrega foi complicada. A pessoa que serviu de intermediário entre HL e os jovens foi Sábato Magaldi, conforme carta de HL de 22 out. 1944. Sábato Magaldi (1927). Professor universitário, crítico teatral e membro da Academia Brasileira de Letras. Participou da geração posterior ao grupo de jovens escritores mineiros ligados a MA. Autor, entre várias obras, de *Nelson Rodrigues, Dramaturgia e Encenações* (1987) e *Panorama do Teatro Brasileiro* (2004).

Mas que coincidência: você me falou em Martim Codax e eu andava relendo a *Poesia gallega medieval* que tenho aqui e com a qual me delicio:

"Ben axa miña ventura
que perdeu escuridade
e me demostrou beldade
tan acabada e pura".

Que doce lição de candura e simplicidade para este nosso terrivelmente complicado mundo psicológico! Mas complicado necessariamente, como reação diante do maquinismo e das maquinações modernas, o que é mais triste.
Você tem razão: não me sinto chamada à poesia social. Penso mesmo que à mulher só é acessível o tom menor*[31]. Mas é possível que exista uma terceira modalidade poética, em que o tom menor aprisione motivos que interessem mais diretamente à coletividade.
Estou pensando no maravilhoso exemplo de García Lorca. O que procuro agora, sobretudo, é a libertação total do conceito que ainda, às vezes, me persegue. Medito, a propósito de minhas dúvidas, as suas graves palavras do "Encontro no Parque"[32] – página extraordinária. Porque a técnica se me tornou tão dócil que tenho medo de repetir-me. Quero superar-me sobretudo no terreno essencial, no sentido de Charitas[33].
E você não calcula como estou contente com a notícia de sua próxima vinda! Estarei aqui, sim, durante todo o mês de setembro que é ocasião excelente para nos encontrarmos, pois tenho pouco trabalho. Avise-me diretamente o dia da chegada e, se quiser que mais alguém saiba, eu me incumbirei da comunicação.
Quero que você ouça minha amiga Maria Amélia Bastos, argentina, senhora do cônsul uruguaio, possuidora de uma bela e cálida voz, com um notável repertório musical do folclore hispano-americano.

---

31. Nota da remetente: "*(Como diz o Antonio Candido)".
32. "Encontro no Parque" é o título da crônica de MA publicada em maio de 1944 na coluna "Mundo Musical", por ele mantida na *Folha da Manhã*. Trata-se do segundo texto da série "O Banquete", desenvolvida na coluna, série cuja edição em livro seria realizada em 1977 por Jorge Coli e Luís Dantas (São Paulo, Livraria Duas Cidades).
33. O que chama a atenção da poeta é o sentido de *charitas*, assim expresso por Pastor Fido e que representa uma das posturas mais assumidas por MA na arte e na vida: "Só existe uma virtude, com que a Fé se confunde, é Charitas, vermelha, incendiada de amor!". Mário de Andrade, *O Banquete, op. cit.*, p. 59.

Quero que você visite comigo o nosso Arquivo Público[34], rico e desconhecido.

Você há de querer ir – e iremos juntos, mais o pobre Afonsinho[35] – tão desarvorado! – ao túmulo de João Alphonsus[36].

Quero, principalmente, que conversemos muito, que você me conte uma porção de cousas lindas. E que almoce aqui em casa, está claro. Mas venha mesmo, querido Mário, parece um sonho!

Com o carinho de

Henriqueta

Carta assinada: "Henriqueta"; datada: "Belo Horizonte, 16-8-1944"; autógrafo a tinta preta; papel creme, bordas irregulares; 2 folhas; 19,5 x 16,0 cm. <u>Nota HL</u>: *asterisco e anotação na página "*(Como diz o Antonio Candido)".*

---

34. Arquivo Público – Criado em Ouro Preto, em 1895, é a instituição mais antiga de Minas Gerais.
35. Alphonsus de Guimaraens Filho.
36. Em 1944, MA pôde passar bons momentos com os amigos de Minas. O registro dessa viagem indica que visitou, como prometido, o túmulo de João Alphonsus; o Instituto de Belas Artes (Escola Guignard), onde deixa emocionado depoimento e recebe, de Haroldo de Matos, retrato seu, a lápis, como lembrança; almoça em casa de HL, que, na época, residia com os pais, à rua Bernardo Guimarães, nº 1327; almoça em casa de Alaíde Lisboa de Oliveira, irmã de HL, à rua Timbiras, 1622, onde foi servido cardápio à mineira: costelinhas de porco, tutu de feijão e couve. Presentes ao almoço: Hélène Antipoff e José Lourenço de Oliveira, marido de Alaíde; visita a sede de O *Diário*, a convite dos amigos que colaboravam no jornal; visita o então diretor do Museu de Ouro de Sabará, Antônio Joaquim de Almeida e sua esposa, Lúcia Machado de Almeida, que leva MA a conhecer Sabará. Nessa ocasião, HL ganha, de MA, *Remate de Males*, com dedicatória. Em 29 out. 1944, no *Diário de Notícias*, MA escreve suas impressões sobre a visita à Escola Guignard: "Entre os milagres do Brasil, havemos de colocar Belo Horizonte, e entre os milagres bons, ela mantém agora uma Escola Municipal de Pintura, dirigida por Veiga Guignard. Isso é preciso ver. Quando estive lá, em setembro passado, a Escola ainda funcionava em pleno Parque, menos Escola que atelier, onde o nosso tão forte pintor pontificava, digamos, pelo processo da monotipia, sem ditar leis gerais acadêmicas, mais imprimindo em cada aluno o que só este carecia do companheiro mais exercitado. Foi divertido e foi saudoso... De fato Guignard está feliz. Guignard está no seu mundo. O mundo da sua pintura como se fez vida. Aquela espécie admirável de ingenuidade que habita na pintura e na psicologia de Guignard, transbordou para a Escola que ele dirige. O artista se entregou imediatamente sem reservas aos alunos e com isto acontece que os mais hábeis já estão pintando assustadoramente bem demais...". Mário de Andrade, "Pintura em Minas", *Diário de Notícias*, Rio de Janeiro, 29 out. 1944. Notícia sobre a Escola Municipal.

94   (MA)

SIGO SÁBADO DOIS SETEMBRO AVIAO FAVOR TOMAR ANTECEDÊNCIA SE POSSÍVEL QUARTO COM BANHEIRO GRANDE HOTEL ABRAÇOS

MARIO DE ANDRADE

Telegrama assinado a máquina: "Mario de Andrade"; impresso "DEPARTAMENTO DOS CORREIOS E TELÉGRAFOS"; 17,3 x 21,8 cm; borda superior irregular. Postagem: São Paulo, 25 s.m. 1944; 17:40.

Guignard e seus alunos. Parque Municipal. Belo Horizonte, déc. 1940.

95 (MA)

DESASTRE AVIÃO CANCELOU PASSAGEM SIGO NOTURNO DAQUI DOMINGO TRÊS DESCULPE ABRAÇOS MÁRIO

Telegrama assinado a máquina: "Mario"; impresso "DEPARTAMENTO DOS CORREIOS E TELÉGRAFOS"; 17,3 x 21,8 cm; borda superior esquerda rasgada. Postagem: São Paulo, 1 s.m. 1944; 10: 17

96 (HL)

Belo Horizonte, 25 de setembro de 1944.

Querido Mário,

o telegrama consolou um bocado as saudades, que são imensas. Minha família ficou encantada com você. Que direi eu? Sua visita foi uma cousa maravilhosa. Agradeço a Deus que me permitiu a alegria de vê-lo em minha casa. Agora espero uma carta longa. E – se não for muita exigência – uma cópia de *Lira Paulistana*.

Abriu-se o novo Salão de Belas Artes; o grupo Guignard está lindo[37].

> 37. Alberto da Veiga Guignard. O Primeiro Salão de Arte Moderna de Belo Horizonte realizou-se em 1936, sob a iniciativa de Delpino Júnior, com a adesão de outros artistas, como Genesco Murta e Renato de Lima. Participaram do Salão os seguintes artistas: Érico de Paula, Monsã, Mlle. Milde, Fernando Pierucetti, Délio Delpino, Francisco Fernandes, Alceu Pena, Kaukal e Altavila. Segundo Ivone Luzia Vieira, "essa Exposição tornou-se um marco da conscientização política dos artistas sobre a necessidade da criação de um mercado de artes na capital, de uma escola não-acadêmica e da oficialização dos Salões da Prefeitura, a partir de 1937. [...] Em 1940, José Oswaldo de Araújo transfere a Juscelino Kubitschek de Oliveira o mandato de Prefeito de Belo Horizonte. Imediatamente, Juscelino dá início ao seu projeto de modernização da cidade. Os Salões são suspensos e só voltam a ser reabertos em 1943, sob a orientação política, ideológica e estética de um novo tempo para Minas". Ivone Luzia Vieira, "A Transformação do Tempo em História", em *O Modernismo em Minas. O Salão de 1936. Catálogo da Exposição*, Belo Horizonte, Museu de Arte de Belo Horizonte – Espaço Casa do Baile, 1986. Em 1944, teve lugar o V Salão de Arte Moderna de Belo Horizonte, com a participação dos alunos de Guignard, após a criação, por Juscelino Kubitschek, do Instituto de Belas Artes. Ainda nas palavras de Ivone Luzia Vieira, "outro fato que deve ser relacionado a essas análises foi a participação dos alunos de Guignard no V Salão de Belas Artes da Prefeitura, o primeiro a se realizar depois da instalação do Instituto na Capital. Não aconteceu de imediato a conquista dos primeiros prêmios, pelos alunos do Curso Livre de Desenho e Pintura. Mas classificaram-se,

Gostei bastante da estreia de Lauro Escorel na crítica literária da *Manhã*[38]. Vou mandar a ele os meus livros mas, como poesia é outra cousa, tenho pouca esperança de compreensão.

Procuro trabalhar pensando em você, Mário caríssimo.

Henriqueta

Bilhete assinado: "Henriqueta"; datado "Belo Horizonte, 25 de setembro de 1944"; autógrafo a tinta preta; cartão, papel branco; 8,0x13,0cm.

97   (MA)

São Paulo, 27 de setembro de 1944.

Henriqueta querida,

tenho pensado todos os dias em lhe escrever mas a vontade não ajuda o pensamento e mesmo hoje, se lhe escrevo estou me forçando um bocado pra mostrar que tenho boa-educação. Não tenho o que lhe dizer... Ou tenho, me deixar levar pelas recordações, mas nós já somos viventes de um fim de mundo conhecido, ou de um começo de mundo novo sabidíssimo, e a malícia excessiva dos corações emudece a gente lembrando que o que eu tenho ou teria pra dizer se confunde com as páginas literárias dos epistolários bonitos. É pau isso e a vontade esmorece. Mas eu sei que a sua gente gostou de mim e é impossível que você e os seus não saibam também como eu gosto de vocês. Na verdade eu entrei na sua casa assim um bocado triunfante, ou melhor que isso: triunfador, tomando conta de tudo, dos corações como dos móveis, e tudo me pertencia, até as apreensões com a sobrinhinha doente[39], até as saudades do José Carlos[40], e toda a calma duma família que tem a glória de conservar o amor. Nem procuro imaginar se fui bem-educado ou apenas natural:

        dentre outros: Ione Ferreira, Haroldo Matos, Amarílis Coelho, Maria Helena Sales Coelho, Jefferson Lodi, Heitor Seixas Coutinho". Ivone Luzia Vieira, *A Escola Guignard na Cultura Modernista de Minas – 1944-1962*, Pedro Leopoldo, Companhia Empreendimento Sabará, 1988, p. 66.

38. Lauro Escorel Moraes (1917-2002). Ensaísta e diplomata. Autor de *Introdução ao Pensamento de Maquiavel* (1958) e *A Pedra e o Rio: Uma Interpretação da Poesia de João Cabral de Melo Neto* (1973). Estreia seu rodapé "Crítica Literária" no jornal *A Manhã*, em 1944.
39. Maria Antonia Valadão Pires.
40. José Carlos Lisboa.

fui esquecido. Havia, estou pensando agora, havia dentro de mim uma sem-cerimônia velha, acostumada, como se tudo eu conhecesse e tudo me pertencesse. Eu fui feliz na sua casa, Henriqueta. Era bom me imergir na bondade de todos, sem a menor inquietação, credenciado pela amizade de você; e me deixar viver assim, bem egoísta, bem homem, sentindo o seu carinho atento me cercando, gostando de me sentir bem-vindo e preocupando você. Não lhe peço desculpa, seria infame. Nem agradeço, que seria igualmente infame. Vamos nos calar e retomar as nossas conversas de correspondência.

Sabe o que eu disse quando o trem partiu daí, me sentei na cabina e pude enfim pensar comigo? Eu disse, quase falei alto, numa decisão completamente decidida: Não volto mais a Belo Horizonte. Está claro, Henriqueta, que não tenho a menor intenção de praticar essa decisão, mas seria o mais razoável. Não voltar. Guardar comigo o que eu vivi e o sonho do que eu poderia reviver, sem me sujeitar mais aos azares duma desilusão. Porque desilusão haverá sempre. As felicidades não se refazem e pra um sujeito como eu, que despreza a possível virtude da conformidade, uma felicidade não compensa outra velha. É estranho, chega a ser, como eu vivi feliz essas duas semanas de Belo Horizonte... Mas o que eu entendo por felicidade, identificação da vida com o destino. Não deixei de ter desgostos, momentos difíceis, preocupações. Mas foram desgostos nobres, preocupações graves. Talvez mais, no domínio impassível das estatísticas, eu tenha tido mais preocupações que descansos. A bem dizer, só a sua casa era um descanso verdadeiro pra mim. No mais, até algumas chateações eu tive, mas se eu fosse me chatear de ter chateações em qualquer parte do mundo, eu não passava dum imbecil. Mas eu estava no meu elemento, peixe n'água. Conversas que mesmo na leviandade, eram graves porque tendiam pra alguma coisa; um esquecimento absoluto de intrigas que em Belo Horizonte também existirão mas não chegavam até mim; e sempre rodeado desse grupo quase inexplicável de moços admiráveis que me atordoavam de perguntas, de problemas e de amor. E a ante presença constante do perigo pra este aventureiro... E a ante presença do drama dessas mocidades deste tempo, me reponho a cada instante nas profundezas do amor... Na verdade eu sofri muito nesses dias, Henriqueta, só a você lhe digo sem resguardo. Mas o sofrimento não significa infelicidade, eu creio que você me compreenderá bem. Infelicidade é outra coisa, e mesmo quando exterior a desgraça só castiga quando nos rebaixa até a desistência. Ou a conformidade. Pelos menos pra mim.

Eu sofri muito e agora estou inquieto e só com o tempo hei de me acalmar. Se você pudesse me auxiliar, eu pediria, mas não pode e não quero. Nem convém. Mas é que cheguei aqui, me tomaram tamanhas preocupações com esses rapazes, que já estourei em duas cartas. As mais difíceis talvez. Está claro, Henriqueta, que no bando dos vinte ou pouco mais que eu conheci, logo escolhi alguns. Por certo os mais difíceis por mais valiosos, mais lidos, menos confundíveis com a precocidade do menino-prodígio. Os mais moços, quase meninos alguns, apenas auxiliei, respondi mil perguntas, foi fácil. Ainda estão por demais deslumbrados com o aprendizado da vida pra terem caráter. Graças a Deus que pude vivê-los sem atualidade. A memória deles não me persegue e é sempre apenas grata. Alguns outros ainda foi mais fácil pôr de lado: desisti deles, por perdidos ou recalcitrantes. Já estão viciados pela vida[41].

Ficou um grupo de cinco, esses me devastam. Não sei no que darão, serão promessas das mais promissoras, inteligências sensíveis e realmente extraordinárias. Mas eu jamais conto com o futuro, não sei o que darão; o que me escraviza é a atualidade, é o que eles são. Na primeira carta que mandei a eles, eu notei isso do bem-querer quando chega num certo ponto de intensidade, não ser mais a menos ou a mais, mas ser sempre diferente. Eu não seria capaz agora de escolher entre eles. É o caso de estarem os cinco se afogando e eu não salvar nenhum por poder salvar só um. Mas como amo cada um deles diferentemente, meu Deus! Mas se quatro deles me inquietam pelo seu destino e seu presente, um me horroriza. Ah, Henriqueta querida, pra um sujeito que nem eu que já experimentou tantas mocidades crescendo em meu confessionário, que coisa nefanda sentir um espírito puro ainda, ainda nobre, mas que você percebe que vai se safadizar e vai se perder. Mais: você faria tudo pra que ele não se perdesse, mas você sabe que é inútil qualquer sacrifício seu, qualquer luta, porque ele se perderá... É horrível. É inútil imaginar que sou nenhum fatalista, nem estou ignorando a Graça, já principiei a lutar! E hei de lutar até o fim. Mas ele vai se perder. Digo que vai se perder nesta vida, não estou me preocupando com almas. Há inteligências dotadas dum tal excesso de inteligência que não aguentam a dignidade moral do homem nem a luta pela vida. O excesso de inteligência perturba qualquer lucidez, e a modos que a dignidade é uma coisa simplória. É simplória sim e reside nisso a sua dificuldade maior.

Belo Horizonte com essas felicidades que me deu, me destroçou. Faz duas semanas que cheguei, e apesar da urgência das ocupações (estou errando muito nas letras, caindo de sono), não consigo me normalizar. Tudo me enfara, o espírito se recusa aos trabalhos do dia, as lembranças me enchem, as agradáveis e as sofridas, e fico banzando numa angústia fina. Me esforço, pego no trabalho, insisto. Tudo sai péssimo, fico exausto e desgostoso.

---

41. A relação de MA com os jovens de Minas (Hélio Pellegrino, Fernando Sabino, Otto Lara Resende, Paulo Mendes Campos, Murilo Rubião) é marcada por preocupações e dedicação extrema. Cf. Eneida Maria de Souza, "Autoficções de Mário", *A Pedra Mágica do Discurso*, Belo Horizonte, Editora UFMG, 1999, pp. 191-215.

Depois de ano e tanto sem uma falha, amanhã será a primeira vez que falho o *Mundo Musical*. Isso me entristece porque tirava certa vaidade de ter atravessado muitos meses de doença dura sem falhar. Sei que tudo há-de se normalizar, nem esta infecundidade súbita é de qualquer ordem aviltante, mas quando a saudade se mistura nas lembranças, como que estas se fragilizam e a vida principia doendo! Eu sei que vou guardar esse passeio de Belo Horizonte em mim feito uns trabalhos de Hércules, dias dos mais felizes, mais completos e humanos que eu já vivi.

Como vai passando a sobrinha? mande contar. E abrace por mim todos os seus, sua Mãe, seu Pai, sua Irmã[42], o Lourenço[43]. Seu do coração,

Mário

Carta assinada: "Mário"; datada: "S. Paulo, 27-IX-44"; autógrafo a tinta preta; papel creme; 2 folhas; 28,4 x 21,3 cm.

98 (HL)

Belo Horizonte, 22 de outubro de 1944.

Querido Mário,

só há poucos dias recebi *A Lira Paulistana*[44], que já li três vezes com intensa emoção. Não queria falar precipitadamente de assunto tão importante mas, sinto que tive mais um grande encontro com você, com a sua ternura humana, com a sua divinatória clarividência, com todas as razões da sua poesia, que desta vez veio simples e clara como as cousas que estão ao nosso alcance mas que não valorizamos enquanto não se realiza o milagre artístico. Desta vez um milagre sem ruído, à semelhança do ovo de Colombo. Um milagre, que em lugar de acender, apaga as luzes mais fortes para que se possa ver a lamparina do deserdado. O popular sobreposto ao culto, eis aí. O que

---

42. Alaíde Lisboa de Oliveira (1904-2006) é a irmã a que MA se refere. Professora, escritora e ensaísta, desempenhou função importante na Faculdade de Educação da UFMG, formando uma geração de alunos. Autora de livros infantis, destacando-se, entre eles, *Bonequinha Preta* (1938). Membro da Academia Mineira de Letras.
43. José Lourenço de Oliveira (1904-1984). Escritor, professor universitário, um dos fundadores da Faculdade de Filosofia, Ciências e Letras da UFMG; autor, entre várias obras, de *Xavier e o Caraça* (1987), *Ao Correr do Tempo – 1: Ensaios, Discursos e Palestras* (1990).
44. A cópia enviada por MA encontra-se no Arquivo HL, AEM/CEL/UFMG.

mais chama a atenção nesta sua poesia, em que a terra brasileira, não apenas a paulistana, está presente até na respiração dos versos, é o equilíbrio que nem sempre dominou na anterior. Não estou preferindo este equilíbrio ao deslumbrante desequilíbrio de outros poemas; verifico somente que a força de convicção é maior, em exata correspondência com as suas preocupações de ordem social. A sátira veio forte e rija – poderei dizer ruminada? – das profundezas do ser. Só convence aquele que tem a verdade em si mesmo. Só a arte realizada é verdadeiramente arte de combate. Como você é grande!

E pensar que esses versos andaram roubados antes de me serem entregues! Quero pedir-lhe um favor, Mário. Até hoje nos comunicamos diretamente com tanta felicidade, não me mande mais papéis por intermédio de outras pessoas. Houve tantas complicações! O Sábato[45] foi até muito gentil mas se viu atrapalhado por causa dos outros, um bocado selvagens. Prefiro tirar cópia e entregar a eles.

Fiquei impressionada de ver a que ponto você se preocupa com esses rapazes. Santo Deus! Se eu pudesse ajudá-lo em alguma cousa! A dificuldade maior é que eles não terão confiança em mim, nem sequer me conhecem. Imaginam que realizo arte com egoísmo, despreocupada dos mil problemas da vida de hoje – econômicos, sociais, espirituais, quando, em verdade, o problema que me preocupa é o mais lancinante de todos – o da consciência, não apenas o de uma consciência. Mas eles são ainda muito moços. O que me espanta é o excesso, o desordenado da leitura a que se entregam. Esse que veio à minha casa e tem dezessete anos já devorou todo ou quase todo o Gide! Lembrei-lhe a conveniência do convívio com os clássicos para contrabalançar os perigos da aventura. Se eles pudessem ter um desenvolvimento mais harmonioso, campo mais vasto, mais variado, para os exercícios da cultura, a beleza sob aspectos múltiplos! As nossas Faculdades de Filosofia são ainda muito vagas, aliás, a que oferece condições de normalidade é só de moças. E a música?

Poderíamos tentar aqui uma filial da Cultura Artística. Lance a ideia a eles caso não a ache de todo inútil. Evidentemente não será muito, cada qual tem seus problemas pessoais, talvez alguns ainda o das famílias – que sei eu? – Você tem razão: não é fácil conciliar a inteligência com a dignidade, pela qual sofremos tanto, às vezes dentro do maior mistério, sob o imperativo creio que de Deus. Mas é a mais bela herança de Deus aos homens. Nada me desperta a emoção pura como um gesto de dignidade. Quando me lembro que você recusou aqueles convidativos vencimentos para manter a sua independência espiritual! Orgulho-me tanto de você, Mário. É preciso que você me queira bem, sempre. Esse nosso carinho não deve acabar nunca, não pode.

45. Sábato Magaldi.

Espero que você tenha recebido o caderno manuscrito exatamente no dia 9 – data de ouro[46].

Não deixe de dar-me o endereço da pessoa a quem devo mandar os livros para as crianças de São Paulo. – Dê-me notícias de sua saúde, ando preocupada pois ouvi dizer que você não estava muito bem. Teria sido a viagem?

Minha família vai bem, a sobrinha otimamente, vencendo torneios de geografia no colégio. Todos nós falamos sempre em você – amigo querido. Com saudade do coração de

Henriqueta

Carta assinada: "Henriqueta"; datada: "Belo Horizonte, 22-10-1944"; autógrafo a tinta azul; papel creme, bordas irregulares; 2 folhas; 19,6x16,1cm.

---

99   (MA)

São Paulo, 25 de outubro de 1944.

Henriqueta.

É incrível, você pode me chamar de maluco, se quiser, são 13 e 30 desta quarta-feira e não consigo, não quero, não sinto trabalhar, nisso que se chama o quotidiano. Então se impôs lhe escrever, embora tenha recebido a sua carta, faz apenas duas horas quando cheguei das aulas do Conserva. Mas estou com uma bruta vontade de dar um pontapé no quotidiano, exercer a preguiça devagar, viver enfim, VIVER! Pra ser bem complicadinho mesmo como eu sou, essa liberdosidade tem vários motivos. O mais fácil e idiota de todos, é o psicológico, sem sabedoria nenhuma, que é os indivíduos que trabalham sistemático quando chegam lá pelo fim do ano já estarem fatigados de tantos meses de método, se bambearem com mais complacência e tomarem liberdades com

---

46. Para o aniversário, 9 de outubro, MA recebeu o conjunto de poemas que comporiam *A Face Lívida*, livro publicado no ano seguinte, após a morte do escritor. O livro é dedicado à memória dele. O manuscrito está divido em quatro partes, conforme descrição de Márcia Regina Jaschke Machado, na sua dissertação de Mestrado: "A Face Lívida", "Outros Poemas", "Poemas da Terra" e poema escrito em São Paulo, "Elegia". Márcia Regina Jaschke Machado, *Manuscritos de Outros Escritores no Arquivo Mário de Andrade: Perspectivas de Estudo*, Dissertação de mestrado em Literatura Brasileira, São Paulo, FFLCH-USP, 2005, p.178. No confronto entre o manuscrito e o livro, constatou-se a retirada de um poema, "Calado", e o acréscimo de dois, incluindo "Elegia": "Nasceu a Paz" e "Lareira".

Henriqueta Lisboa, A Face Lívida, *1945.*
"À memória de Mário de Andrade".
Arquivo HL, AEM/CEL/UFMG.

o trabalho e até a vida. Isso me sucede inalteravelmente todos os anos e este já deu como resultado, trasanteontem, no domingo, eu ter tomado um *p'tit vin*[47] chileno, mandando às urtigas duodeno e dietas. Por sinal que não fez mal nenhum – não arrepita, Mário – nem, não imagine! foi Belorizonte que me pôs adoentado. Foi coisa de nada aliás, uma feridinha arruinada no pé que me pôs de perna esticada, semana. Já sarou. Mas os motivos da sabedoria são mais perfeitos e honestos. Um foi que escrevendo outro dia a um rapaz que se propõe romancista, dei a ele esta norma de vida, maravilhosa: Ganhe a vida nas horas vagas e trabalhe os seus romances nas horas úteis. Puxa, como isso sou eu! Sou eu por inteiro nas épocas legítimas, nas fases honestas da minha existência, que, por sinal, não são raras. Mas não é o certo mesmo, a verdadeira sabedoria para a vida do artista, ou mesmo de qualquer um? Veja que consciência de profissionalismo, que instância de responsabilidade isso dá. E o resultado é que essa frase sábia anda me seguindo, e eu conferindo que não ando mais muito acertado na vida. E a consequente vontade de acertar. Você se admira, Henriqueta minha, das minhas preocupações até dramáticas, até difíceis de aguentar que eu tenho com esses rapazes daí. Eu precisava me abrir sobre isso, e com uma pessoa como você, que me aguenta assim como eu sou, pelo que me quer bem. Já não falo não do próprio sofrimento pessoal que me causa tanto drama alheio, tantos valores em perigo, tantas mocidades esperdiçadas, tanta promessa, tanto crime do mundo, tanta malícia e tanta perversidade. Isso é comigo, posso sofrer escondido, às vezes custa aguentar, dá ímpetos de mandar tudo naquela parte, mas enfim vou me aguentando sempre. E seria o cúmulo da pretensão, eu imaginar que só comigo isso se dá, só eu que sofro com essas coisas. Muitos sofrem. O doloroso, Henriqueta, é a mesquinhez dos outros, dos que não se amolam com essas coisas e esses dramas dos artistas ou dos moços. Ou que para os sofrer, precisam público. Só sofrem em público, nos seus artigos, nos seus discursos. E a mesquinhez tece a trama de caçoadas, de pequeninas perversidades, de apreciações depreciativas em torno de mim. Quando não é o insulto infamante e cachorro, como aquele do José César Borba[48], que não me conhece e não conheço, dizendo em artigo em que não

47. *Petit vin chileno:* vinhozinho chileno
48. José César Borba escreveu n'O *Jornal*, de 27 de junho, o artigo "Drácula, a Literatura e a Guerra". Segundo Marcos Antonio de Moraes, o articulista Borba, "jornalista pernambucano de 23 anos, aproveita o lançamento da tradução do romance de Bram Stocker no Brasil, *Drácula, o Homem da Noite*, para inculpar aqueles que se utilizavam da Guerra como forma de policiar as realizações artísticas, privilegiando a participação ativa nas discussões. [...] Borba não cita nomes, mas aponta Dráculas de todas as idades, nas ruas, jornais e rádios. O choque de Mário provém, certamente, do parágrafo sobre os 'Dráculas da vida literária': '[...] que outra classificação merecem esses escritores de cincoenta anos sempre projetados

teve nem sequer a dignidade de me chamar pelo nome, que eu era um Drácula, e me alimentava e à minha glória, do sangue dos moços. Esse rapaz, eu sei, é muito inteligente e tem valor, mas é por certo um caráter rúim, pra conseguir inventar uma coisa dessas. Mas é incrível como eu tenho aguentado toda uma vida, não infâmias assim, graças a Deus! mas a perversidade pequenininha, dos que se incomodam com os meus "discípulos", com os meus "filhotes", como era costume falarem nos tempos mais descabelados do Modernismo. Ou como até os de maior responsabilidade, sem necessidade nenhuma, em artigos, falando nas minhas preocupações professorais, a minha paciência e a dedicação com os novos. Parece uma infantilidade minha não ser "superior" a essas coisas, como se diz. Mas primeiro eu não consigo ser superior, ser indiferente a coisíssima nenhuma nesta vida, tudo me fere, me ofende ou me agrada igualmente. Depois, como é que eu posso bancar o superior diante de baixezas miúdas de que a gente sai, não morto em luta, não ferido e atacado, mas sujado! Isso é gente que suja e que sabe sujar. E há uma coisa que enfim se chama mesmo higiene mental, higiene moral, a que a noção da sujeira, e sujeira existe, é mais angustiosa, dolorosa e insuportável que a ferida leal do lutador ferido. Ferida ainda pode ser medalha, sujeira nunca. Eu não posso lhe dizer tudo, Henriqueta, iria ferir suas delicadezas mais íntimas, mas eu sei que você acredita: essa preocupação, essa dedicação, esse entusiasmo pelos que me procuram (jamais, jamais eu procurei ninguém) eu tenho mais que me analisado, pensado, perscrutado, dissecado bem o que me manda, feito as hipóteses mais abomináveis, mais repulsivas, mais baixas. Não é possível. Antes de mais nada é uma fatalidade. Uma carta não respondida me queima, me deixa impossível de viver, me persegue. Algumas não respondo, me exercito, ou condeno por inúteis. Me queimam, me perseguem tanto hoje como as deixadas sem resposta, vinte anos atrás. Afinal das contas uma pessoa não pratica um modo de viver trinta anos, sem que isso se encarne nele como um órgão. Não há dúvida: eu sei, que é um desejo de perfeição humana, uma aspiração à amizade mais pura e mais desinteressada que me leva a tudo isso. É uma fatalidade. Idiota como todas as fatalidades. Mas que se converteu num exercício constante de superação, de aperfeiçoamento pessoal e de desimpedida fraternidade humana. Desimpedida de tudo o que não seja pura e simples fraternidade. Está

sobre a veia literária dos novos, e que acabam cognominados de 'mestres'? Mestres Drácula! É para eles uma necessidade vital acompanhar os rapazes, nunca se desgarrar dos discípulos, tê-los sempre à altura da sua presença e do seu contacto, não de uma maneira esclarecedora e leal, mas como um meio de amparar a própria decadência'". Marcos Antonio de Moraes, "Esses Moços, Pobres Moços", *Mário e o Pirotécnico Aprendiz*, op. cit., p. XXX. Conferir ainda o artigo de Eneida Maria de Souza, "Autoficções de Mário", *A Pedra Mágica do Discurso*, op. cit.

claro, e isso prova decisivo, está claro que se alguém me procura isso me agrada, que dezenas de frases, na fala ou nas cartas, dizendo que eu acertei, que eu auxiliei, protestos de gratidão, elogios mesmo os bastante cegos às minhas obras: tudo isso agrada, tudo isso enche vaidade e eu não sou melhor que ninguém. Mas é insuspeitável como tudo isso vem, bate em mim, acaricia e cai. Dois minutos depois não ficou nada. E toca a me inquietar, a procurar, muitas vezes a adivinhar, na esquecida e única angústia de melhorar. E – meu Deus! eu sei que muitas das minhas cartas e gestos ficam, não posso mais não saber e isso é o que me dificulta mais escrever carta atualmente (e eu sinto, eu sei que isso é o que há de melhor, de mais instintivo em minha vida-existência!) – e esses que me sujam com suas reticências e malvadezinhas, levados pelos seus instintos lá deles, não poderão nunca saber o que houve de repúdios meus, de cartas gravíssimas, de conversas gravíssimas de dizer verdade, verdades que fizeram dezenas não voltar mais. Esses não saberão nunca decerto os livros que desaconselhei publicar, as pretensões que eu cortei em meio (e isso me persegue) e as gloríolas que eu deixei de ganhar com tudo isso. Tanto mais que uma coisa eu berro que eu conquisto: de todos quantos eu repudiei, de todos os que se afastaram de mim porque não podiam aguentar minhas verdades: eu conquistei o silêncio. Viraram o que quiseram, muitos estão por aí escrevendo, mas esses jamais viraram inimigos meus, jamais me atacaram em público, jamais esqueceram aquela esperança de aplauso, de condescendência, quem sabe se de conivência, de conivência sim, com que me procuraram um dia. Eu não agrado pra receber agradinhos. E se agradinhos eu recebo, e às centenas, eles agradam e caem. Eu sei escolher os agrados-verdades que perduram. Como o que você me diz agora da *Lira*[49], Henriqueta. Chegou na hora. Ontem ainda eu falava a um amigo, que depois da fase cega da criação, a *Lira* tinha entrado agora na fase do desgosto: essa segunda fase maldita em que a obra-de-arte ainda não se desligou completamente de você, está ainda cheia de você, e você confere desolado que ela não disse tudo o que estava em você, não é você, mas ainda não tem vida própria e independente. E tudo é fraco, é imperfeição, é insuficiência. É pau isso, mas você chegou na hora pra me repor em esperança, num pouco mais de confiança em mim mesmo. Guardo a sua carta por enquanto junto da *Lira*. E quando lá por janeiro for verificar o que fiz, hei de reler sua carta primeiro e depois. Nunca mais lhe mandarei coisas por outrem, pode ficar sossegada. De fato eu sempre teria mais certeza em você se fosse questão de necessidade. Mas a *Lira* ainda não está completada e eu não fazia questão que ela fosse lida por você, juízo que perdura pra mim. Eu precisava experimentar em gente mais... não sei como diga, não em

---

49. *Lira Paulistana*.

"anima nobile", mas em carne. Gente que reagisse não pelo espírito nem pelo sentimento, mas pela carne. Uma espécie de exercício da bofetada, ou do soco, pra ficar mais delicado. E por isso procurei de preferência gente mocinha, mais carne que equilíbrio. Que elogio vinha, está claro, eu sabia. Mas também é muito fácil a gente perceber através de um elogio de espírito, se a carne ficou batida ou não. E você quer ver como foi bom? Os mais refinados, os mais culturalizados estão duros de aceitar a *Lira*. Falo de moças e moços. Ficam desnorteados, porque a *Lira*, seja boa, seja rúim, obriga a abandonar uns tantos preconceitos contra formas tradicionais, metros, rimas, e reimpõe neles um determinado número de problemas artísticos, até de bom-gosto, que a gente decide numa frase, de leitura às mais das vezes, e depois não quer reverificar. Porque atrapalha uma porção de padrões grã-finos, que nos separam numa elite, e por isso nos são gratos mesmo sem a gente querer. Capitalismos... Só os mais "inocentes" aceitaram a *Lira*, gostaram dela, amaram aquilo tudo. Fiquei feliz. Puxa! são quinze e um quarto. E não disse o segundo motivo de sabedoria que está me fazendo trabalhar nas horas "úteis" de hoje deste jeito. Vou continuar aliás. Agora vou encontrar um pai cujo filho está na Itália combatendo e é poeta. Conheço uma cançãozinha dele estupenda. Mas o pai, tomado de ternura, ajuntou os versos do filho, quer saber o que valem, e se valem, publicar pra presentear o filho. Não posso: fui contar pra você, meus olhos se umedeceram. E eu tenho que dizer: publique ou não publique. Sei que vou buscar um inferno. Mas vou. Tenho que ir. Se não fosse, eu não era eu.

    Venho terminar a carta, é quase meia-noite. Pensava em lhe falar do seu livro de versos que foi o maior presente do dia 9, fiquei tão feliz... Mas não falo hoje, nem sei quando falarei. Você já sabe o que penso destes versos, e a leitura do conjunto assim, aumentou minha admiração. *A Face Lívida* é da poesia mais pura, enquanto poesia, que já se fez no Brasil. E os romances, da poesia mais linda[50]. Destes a gente gosta, se entusiasma e ama. *A Face Lívida* a gente admira, se entusiasma e adora. O amor é mais denso e menos familiar. Mas há maior integração. É o seu maior livro, Henriqueta.

    No "Poço" você copiou "Mas *a* frente a frente", é assim mesmo que você quer, ou devo cortar o *a* distraído? Em "Terra Negra" achei desagradável aquele "próximo futuro", me soou como cartas de negócios. "O convênio terá lugar no Rio de Janeiro, a 15 de novembro próximo futuro". Me distraiu um bocado a integração[51]. "Natureza" leio, releio, torno a ler. É esplêndido, uma perfeição. Mas quando chego no terceto final, quando acaba com

---

    50. MA se refere ao "Romance do Aleijadinho" e a outros poemas que constituiriam *Madrinha Lua* (editado em 1952).(plp)
    51. HL atendeu. Cf. *Poesia Geral*, pp.123-124 (integrando *A Face Lívida*). (plp)

aquele 3º verso, "Cristal de rocha", fico meio em estado de choque. Tenho uma sensação sempre de que falta mais um verso, ou sobra alguma coisa, não sei. Entendo muito bem a pureza, a síntese da dicção, mas perco, me perco, me desnorteio, a grande ventura poética em mim não continua integral. Tenho pensado, não consigo sugerir nada. Talvez o defeito seja meu só e não insisto[52]. E é só, não me lembro, não anotei nenhuma ranzinzice mais.

E chega que a carta já passou da conta. Os versos do rapaz estão aqui, lidos. Coisas ótimas e coisas péssimas. De rapaz. Não sei ainda o que faça, mas não estou inquieto. E o pai me pediu, já sabe, decidir por mim, e pediu prefácio. Estou meio escabriado de escrever prefácio, depois do que sucedeu com o livro do Otávio de Freitas Junior[53] que, teve aquela malvadeza (sempre a mesma mesquinharia baixa) de alguns críticos falarem que o prefácio era melhor que o livro, infames! A dignidade do Antonio Candido é rara, que ignorou o prefácio. Destes versos, tirando o péssimo que não é péssimo senão enquanto realidade poética, más influências e maus caminhos de moço que se apaixonou errado pelo Parnasianismo, porém mesmo nisso demonstrando que verseja admiravelmente, com naturalidade, técnica e até refinamento; mas tirando isso fica muito pouco. São ao todo quarenta poesias não longas e tirando o inútil ficariam realmente só vinte. Se o rapaz estivesse aqui, era fácil provar o inútil e ele que esperasse pra fazer livro mais nutrido. Mas está na guerra, matando nazista. E que lição ele dá, tomou papel saliente aqui nas recusas e revoltas dos estudantes contra o governo, foi duma coragem esplêndida, duma grande energia de caráter e ação, já integrado nas lutas políticas, já com batismo de sangue aqui e na Itália. E a poesia dele é lírica, lírica, desadoradamente lírica, amorosa, duma sensualidade moça tão livre e delicada. Já mandou poemas feitos em pleno fogo nazista, são canções! Até isso é lindo. Está claro que nem por sombra não me passa pela cabeça não escrever o prefácio, tanto mais que eu sei agora pelo pai, como antes sabia por amigos dele, que ele tem confiança em mim e estava preparando pra vir me procurar. Ainda não sei o que faça mas já sei o que não devo fazer. É meio caminho andado. E estou sadio, de cabeça levantada, capaz até de defender os versos fracos se for necessário. Há um poeta. E esse poeta está sujado por uma guerra. Por causa dos outros. É o que eu sei e só preciso saber.

52. HL conserva o verso da estrofe final: "Porém a alma, lúcida,/ lúcida e amarga/ como se fosse/ cristal de rocha.", última estrofe de "Natureza", em *A Face Lívida* (Cf. *Poesia Geral, op. cit.*, p. 139). (plp)
53. José Otávio de Freitas Júnior (1920-?). Médico e ensaísta. Colaborou com a revista *Clima*, defendendo valores cristãos e se posicionando abertamente contra o fascismo e pela democracia. O prefácio feito por MA ao livro *Ensaios de Nosso Tempo* (Rio de Janeiro, Casa do Estudante do Brasil, 1943) foi reproduzido na 2ª ed. de *Aspectos da Literatura Brasileira*, São Paulo, Martins, 1960, p. 118.

Me alegraram as notícias confortadoras da sua casa, a sobrinha sã, a paz voltada. Me lembre a todos afetuosamente, a sua irmã e o marido também. E guarde o abraço amigo deste

Mário

P.S. – Relendo a carta vejo que não disse o segundo motivo "da sabedoria" que me fez banzar ontem o dia inteiro, o convertendo em horas "úteis". É que de-manhã, numa das aulas do Conserva, por causa da temporada dos exames, maluca, em que já estamos e tem de ir até dezembro (que absurdo!) eu insistia em programas e processos mais livres de estudo, pra alunos de artes. E dizia que é impossível estudar piano ou pintura quando não se tem (momentaneamente) vontade de estudar. E evoquei meus bons tempos de sabedoria pessoal de maneira de vida, aqueles tempos em que eu "exercia a preguiça devagar"[54] e em pleno dia de semana, mandava tudo plantar batatas, alunos, trabalhos obrigatórios, e passava o dia todo passeando. O bem que isso fazia, vadiar uma quarta-feira! E por isso, vadiei a quarta-feira de ontem. Foi bom, lhe garanto.

M.

Carta assinada: "Mário; "M"; datada: "S. Paulo, 25-X-44"; autógrafo a tinta preta; papel creme; 4 folhas; 28,6 x 21,3 cm.

---

100 (HL)

Belo Horizonte, 10 de dezembro de 1944.

Mário,

até que enfim, encontro uma hora propícia para escrever-lhe! Tantas horas vazias, tantas frívolas, tantas outras trabalhosas, e a que eu queria para você custando a chegar! Realmente, este silêncio não foi causado apenas pela sobrecarga de deveres escolares nem de outros acontecimentos. Houve, principalmente, um longo desânimo de escrever, em contradição exata com a profusão de cousas que eu queria dizer. Seria tão bom se pudéssemos

---

54. MA glosa o 12º e último verso da parte IX de seu poema "Rito do Irmão Pequeno": "Vamos, irmão pequeno, entre palavras e deuses,/ Exercer a preguiça, com vagar" (*Livro Azul, Poesias Completas, op. cit.*, pp. 263-268). (plp)

conversar pessoalmente, de vez em quando, de tudo o que nos interessa e preocupa, sem determinação ou escolha, eu falando pouco e ouvindo muito... Agora, de repente, com a notícia da sinusite que o atacou, fiquei aflita por uma carta sua, veja se é possível mandar-me logo boas notícias.

Acho que vou mesmo a São Paulo – se também melhorar de saúde agora nas férias, como espero. Não sei se antes ou depois do Congresso de Escritores, para o qual não fui convidada[55]. Diga-me: quando estará você menos ocupado, de 10 a 20 de janeiro ou de 1 a 10 de fevereiro? Não será preferível fevereiro?

Estou ainda pensando no principal assunto de sua última carta: a sua amizade com os moços. Interessante é que os meus pensamentos coincidem – em princípio – com o que esse lúcido e ajuizado Antonio Candido escreveu num de seus últimos rodapés: "Gilberto Freyre, sim; Gilberto, não"[56]. Toda vez que ouço voz adolescente dizer – Mário – *tout court*, sinto que está faltando alguma cousa. Não é que haja para você "o perigo de ser maior". Não; estou certa de que você teria o mundo nas mãos com dignidade e graça. (Henriqueta boba, estará murmurando você aí, isto é imagem pra Menino Jesus...) E fico sem concluir. Porque o seu caso é todo especial, envolve muito mais doação do que recebimento. Se é uma fatalidade esse apego, eu diria um dom e dom genial – de que se beneficiam gerações e gerações, no que de melhor possuem – só posso pedir a Deus que o proteja da leviandade moça, do ciúme feminino, da inveja dos solitários, de todos os outros males. Vamos indo – e de mãos dadas.

Sabe que fizemos aqui uma Exposição Infantil de desenhos e livros? Convidei Cecília Meireles, em nome da comissão organizadora, para vir fazer-nos uma conferência e ela veio, cintilante[57]. Depois chegou Nicanor Miranda[58], falando bem de você. No estudinho que fiz sobre a criança e a poesia, andei

---

55. HL não foi convidada para o I Congresso Brasileiro de Escritores (22 a 27 de janeiro de 1945), realizado em São Paulo, pela Associação Brasileira de Escritores. A delegação mineira teve como chefe Murilo Rubião, e como participantes, Otto Lara Resende, Hélio Pellegrino, Paulo Mendes Campos, Carlos Drummond de Andrade, João Etienne Filho, entre outros. A ausência da poeta no Congresso não tem apenas a função de apontar a discriminação à mulher no meio de um encontro marcadamente masculino. Serve também de metáfora para a reflexão sobre o difícil lugar a ser conquistado pela mulher-intelectual num período em que a tarefa de construção de uma nacionalidade literária se fazia no interior de uma confraria de homens.
56. Antonio Candido escrevia na *Folha da Manhã* (SP).
57. Cecília Meireles vem a Belo Horizonte e profere palestra no dia 25 de novembro de 1944, a convite de HL.
58. Nicanor Miranda (1907-1992) foi chefe da Divisão de Educação e Recreio do Departamento de Cultura, dirigido por MA, no mandato do prefeito de São Paulo Fábio Prado, na década de 1930.

dizendo que também não acreditava numa poesia especificamente infantil. E acabei tomando a resolução de preparar – para algum editor aventureiro – uma antologia de poesia moderna para a infância, na convicção de que as crianças recebem a arte moderna mais depressa do que a antiga e mais compreensivamente do que os adultos. Isso em virtude da riqueza, da abundância de seiva infantil da arte dos nossos dias.

A casa agora vai ficar em silêncio – debandam quase todos para o sul – e eu preferi ficar com os meus livros, meditando Guyau[59] e sua contagiosa paixão – a arte do ponto de vista sociológico – mundo imenso a ser povoado.

Não deixe de enviar-me a prometida lista de livros sobre estética, preciso muito consolidar o meu terreno. Suponho, às vezes, que ainda posso realizar cousa nova, sinto-me, às vezes, sem mais coragem.

Queria ainda falar-lhe da carta de Vinicius de Moraes, na qual encontrei, entre alguns erros, algumas boas verdades, infelizmente mal expostas e mal interpretadas. Creio que só os mineiros que já viveram ou vivem longe de Minas (não fora do espírito mineiro) poderão ter uma visão exata a esse respeito. Mas insisto em que a carta tem erros – e graves[60].

59. Marie-Jean Guyau (1854-1888). Poeta, filósofo e sociólogo. Autor de *L'Art au Point de Vue Sociologique, Philosophie d'Épictète*. Segundo Jean Barrué, "a obra de Guyau tende a mostrar que a vida, intensa e extensiva, desenvolve o instinto social do indivíduo, o incita a praticar a solidariedade e a ajuda, e o conduz a adotar esta lei moral racional: ser útil à sociedade". Jean Barrué, "Une Introduction à l'Esquisse d'une Morale sans Obligation ni Sanction de M.J. Guyau", *Morale sous Obligation et Sanction et Morale Anarchiste* (Trad. Eneida Maria de Souza). Este livro encontra-se na biblioteca de HL.
60. Em novembro de 1944, Vinicius de Moraes publica, em O *Jornal*, artigo polêmico intitulado "Carta contra os Escritores Mineiros", com o subtítulo, "Por muito Amar". O biógrafo de Vinicius de Moraes, José Castello, descreve a polêmica criada em torno do texto: "O poeta se opõe, com veemência, ao 'olhar para dentro' que caracteriza, segundo ele, a escrita mineira. Discute a opção dos mineiros pela introspecção e faz uma defesa apaixonada da literatura mais engajada no real e mais extrovertida. Vinicius, na maturidade dos 31 anos, se politiza. Repreende, com dureza, seus colegas de Minas: 'Maior que vós mesmos é a humanidade que vos circunda; maior que vossa casa, é o mundo'. [...] Faz graves acusações de egocentrismo, vazio e evasão: 'Por que vos recusais a pensar, escritores de Minas, além do pensamento de vós mesmos, que vos ocupa todas as horas?' [...] A reação vem a galope. Chovem cartas e mais cartas na redação de O *Jornal*". José Castello, *Vinicius de Moraes. O Poeta da Paixão. Uma Biografia*, São Paulo, Companhia das Letras, 1994, pp. 138-139. Fernando Sabino em carta a Otto Lara Resende, esclarece a situação: "Tratava-se de uma conversa que Otto e eu tivemos, em minha casa no Rio, com Vinicius de Moraes. Foi a propósito do temperamento recatado e omisso do escritor mineiro em geral, face à conjuntura política de então. Ao fim, nos comprometemos os três a manifestar por escrito o nosso protesto contra semelhante comportamento. Ficou acertado que, de volta a Belo Horizonte, Otto faria uma série de matérias com os escritores mineiros, sobre o assunto. De sua parte, Vinicius publicou logo uma 'Carta contra os escritores mineiros – por muito amar', em que os provocava 'amorosamente' com perguntas desse gênero: 'Por que economizais tanto? Para comprar

Você a julgará, melhor que ninguém.
Até breve, Mário querido, até sempre.

Henriqueta

Carta assinada: "Henriqueta"; datada: "Belo Horizonte, 10-12-1944"; autógrafo a tinta azul; papel creme, bordas irregulares; 2 folhas; 19,5 x 16,2 cm.

101 (MA)

São Paulo, 18 de dezembro de 1944.

Henriqueta.

estou pra lhe escrever desde o momento em que recebi sua carta. Mas era e continua sendo, só pra tratar dos assuntos externos, não os nossos assuntos infelizmente. Não há tempo, mas não há tempo nenhum. Tanto que estou com sua carta, não no lugar das cartas, mas aqui em cima da, como é que se chama isto? me esqueci, enfim da pasta de couro sobre a qual a gente escreve. Aliás, esta súbita falta de tempo não foi a normal, exames no Conservatório e as tarefas do ano por acabar. Estão acabadas! Arre que acabei com o meu *Padre Jesuíno do Monte Carmelo*[61], o meu "Clóvis Graciano"[62], e artigos pro *Mundo Musical* até 14 de janeiro. Agora é passar a limpo, as

um túmulo?' 'Por que ocultais vossas mulheres?' A reação foi dramática: pipocaram protestos dos escritores nos jornais de Minas, do tipo 'Que está pretendendo Vinicius de Moraes? Dormir com as nossas mulheres?' Cumprindo o compromisso assumido com o poeta, publiquei no *O Jornal* do Rio uma enorme catilinária sob o título 'O escritor mineiro e a falsa noção de limites'. Otto, entretanto, esquivou-se de cumprir o seu – em outras palavras, deu uma de mineiro. O que mereceu de minha parte indignados protestos. Mas tudo acabou ficando por isso mesmo, em boa paz entre nós, como bons mineiros". Fernando Sabino, *Cartas na Mesa. Aos três Parceiros, meus Amigos para Sempre*, Rio de Janeiro, Record, 2002, p. 34.
61. *Padre Jesuíno do Monte Carmelo* foi escrito para o Serviço do Patrimônio Histórico e Artístico Nacional. As cartas de MA e os relatórios enviados ao seu diretor, Rodrigo Melo Franco de Andrade, estão em *Cartas de Trabalho* (1936-1945), introduzidos e anotados por Lélia Coelho Frota, *op. cit.* (plp)
62. MA deixou inédito seu "Ensaio sobre Clóvis Graciano", o qual foi publicado pelo crítico e historiador da arte Flávio Mota, na *Revista do Instituto de Estudos Brasileiros*, n.º 10 (São Paulo, 1971, pp. 157-175), trazendo o período da redação: "São Paulo, julho a dezembro de 1944". Segundo Carlos Drummond de Andrade, que focaliza o estudo em *A Lição do Amigo* (*op. cit.*, nota n.º 9, p. 230), em 15 de novembro de 1944, um resumo do texto saiu no *Correo Literário*, Buenos Aires. (plp)

partes do primeiro ainda não passadas e o segundo. E tenho, absolutamente tenho que fazer isso até 31. O ano que vem vai ser vida nova. Mas pois é, sábado e domingo, tive que interromper tudo. O Fernando Sabino veio do Rio me visitar e passamos os dois dias juntos. Era preciso. Esse menino já quase pai de filho estava se perdendo, inteiramente vendido à facilidade da vida. Venceu no amor, venceu no emprego, venceu na arte, venceu na mudança pra grande e tortuosa capital. Tudo isso, ajudado por uma série de mal-entendidos provocou da minha parte o retraimento, fiquei à espera. Afinal ele não aguentou mais, estourou. Sofri muito, Henriqueta, principalmente pra conseguir o esforço enorme de responder como ele precisava. Que coisa dolorosa ver assim um moço, inteiramente desarvorado, sem técnica de pensar, tendo que escolher entre o dever sacrificial e a felicidade externa da vida. A felicidade externa deslumbra tanto, a consciência é tão fácil de driblar com os argumentos da inteligência. Não sei, não consigo saber o que o Fernando escolhe. Mas foram dois dias fatigantíssimos pra mim. Sei que ele saiu daqui consciente do que deve fazer e garantido de que vai fazer o que deve. E agora é esperar.

Mas, puxa! vamos aos nossos assuntos. Da sinusite, sarar não sarei, mas não dói e está longínqua. Os exames interromperam o tratamento no médico e o tempo incerto, muita chuva, impede a cura completa. Mas não sofro e estou muito melhor.

Quanto à sua vinda, decida como quiser. Não venha pelo Congresso, vai ter muita gente, muita festa exterior (não irei a nenhuma) e muita banalidade. Ao Congresso acho que vou, tenho que ir. Fica muito ridículo mesmo bancar o besta, brilhar pela ausência. Prefiro a humilhação de ir numa coisa de que sou contra, neste regime de Dip e ditadura[63]. No começo de janeiro devo ir ao Rio, levar o padre Jesuíno pela mão. Mas creio que o Rodrigo[64] virá por esse tempo e talvez comigo. Se eu for e não esperá-lo aqui. E terei que pajear ele, nosso querido diretor. Aliás faço isso com felicidade, gosto muito dele. Talvez mesmo princípios de fevereiro seja o ideal e eu creio que você prefere também essa data, não? Haverá mais sossego. E conforme as condições de tempo,

---

63. Cf. *A Lição do Amigo*, pp. 245-247, com trechos das cartas de MA (sobre o Congresso, sua participação, seus encontros) dirigidas a Rodrigo Melo Franco de Andrade, Newton Freitas, Dantas Mota; também depoimentos de Lia Correia Dutra e João Etienne Filho. Cf. a última carta a HL (20 jan. 45). (plp)

64. Rodrigo Mello Franco de Andrade (1898-1967). Organizador e diretor do Serviço de Patrimônio Histórico e Artístico Nacional (SPHAN), de 1937 a 1967. Crítico literário de *O Jornal*, do Rio de Janeiro. Autor de *Velórios* (1936). Manteve, com MA, correspondência de 1936 a 1945. Lélia Coelho Frota (org.), *Cartas de Trabalho. Correspondência com Rodrigo Mello Franco de Andrade (1936-1945)*, op. cit.

levarei você no meu sítio de Santo Antônio[65], aqui perto, onde tem uma capelinha do séc. XVII e vou construir um estúdio. Venha quando quiser, mas decida logo e me avise pra eu ir desde já governando meus dias e trabalhos. Vai ser pena é de qualquer jeito você não encontrar Gilda e Antonio Candido[66] aqui. Vão agora com a filhinha pra fazenda e só voltam por abril.

Quanto à carta do Vinicius, não tenho tempo pra comentar. Minha opinião é quase a sua, mas talvez mais pejorativa pra ele. No momento em que a li, sei que pelo tom me causou uma irritação forte. Mas sei, por outros, que ele não pretendeu ofender ninguém. Em qualquer caso, não gostei. Mas também não gosto de comentar isso com mineiros. Por delicadeza.

Lembrança aos seus muito afetuosa e guardada. O Lourenço como vai, também voou pro Sul? O abraço deste sempre

Mário

Me esqueci de esclarecer: o sítio foi comprado agora, este mês. Será mais trabalho pra mim? Sempre é uma esperança de fuga e de paz. Fica a duas horas daqui.

M.

Carta assinada: "Mário"; "M."; datada: S. Paulo, 18-XII-44"; autógrafo a tinta preta; papel creme; 1 folha; 28,0 x 21,4 cm; carta com rasgo na parte inferior.

---

65. Em cartas a Paulo Duarte e a Rodrigo Mello Franco de Andrade, MA refere-se à compra do sítio de Santo Antônio e à sua futura doação ao SPHAN, gesto simbólico que reflete a posição do escritor enquanto homem público e intelectual: "Vou comprar o sítio de Santo Antônio, do bandeirante capitão Fernão Paes de Barros, com a capela e tudo. Segunda-feira vou lá para resolver detalhes da compra. Compro, doo uma parte com capela e casa grande ao Brasil, que entrará na posse da doação da minha morte. Em compensação o SPHAN me nomeia conservador de tudo (já tombado, você sabe), aliás já está restaurado e constrói em troca da doação, um pombal para mim. Pombal por ser só o absolutamente necessário, mas vai ser do modernismo, no alto fronteiro, e por enquanto week-endíssimo apenas". Paulo Duarte, *Mário de Andrade por Ele Mesmo*, São Paulo, Edart, 1971, p. 281. Lélia Coelho Frota (org.), *Cartas de Trabalho, Correspondência com Rodrigo Mello Franco de Andrade.(1936-1945)*, op. cit., pp. 184-185.
66. Gilda de Morais Rocha (1919-2006). Prima de segundo grau de MA, transfere-se de Araraquara para São Paulo em 1931, indo morar com a família do primo. Em 1943 casa-se com Antonio Candido de Mello e Souza. Professora de estética da USP, autora, entre vários títulos, de *O Tupi e o Alaúde* (1979); *Exercícios de Leitura* (1980); *O Espírito das Roupas: A Moda no Século XIX* (1987).

Arlindo Daibert. Uraricoera. 1981. Xerox, nanquim, papel.
36 x 40 cm. Cap. XV. O sítio Santo Antônio relido pelo artista.
Coleção Gilberto Chateaubriand. MAM, Rio de Janeiro.

102   (HL)

Belo Horizonte, 26 de dezembro de 1944.

Mário,

se eu for mesmo, será em fevereiro – primeira quinzena.
Seja feliz em 1945.
Um abraço afetuoso.

Henriqueta

Bilhete assinado: "Henriqueta", datado: "Belo Horizonte, 26-12-1944"; autógrafo
a tinta azul; cartão de visita, papel branco; 5,6 x 9,5 cm.

103 (HL)

Belo Horizonte, 19 s.m. 1944.

PREOCUPADA FALTA NOTÍCIAS PEÇO A DEUS TUDO ESTEJA BEM HENRIQUETA[67]

Telegrama assinado a máquina: "Henriqueta"; impresso "DEPARTAMENTO DOS CORREIOS E TELÉGRAFOS"; 17,0x21,9cm; borda superior irregular; carimbo. Postagem: Belo Horizonte, 19 s.m. 1944; 9:30h. Recebimento: São Paulo.

---

67. Este telegrama foi enviado duas vezes.

1945

104   (HL)

Belo Horizonte, 5 de janeiro de 1945.

Mário,

uma visita e um poema[1].

Henriqueta Lisboa

Bilhete assinado: "Henriqueta"; datado: "Belo Hte., 5-1-1945"; impresso, autógrafo a tinta azul; cartão de visita, papel branco; 5,6x9,4cm.

105   (MA)

São Paulo, 20 de janeiro de 1945.

Henriqueta querida.

São 8 horas da manhã, ainda não esquentou o dia, lhe escrevo sentindo a sua presença no ventinho abençoante, macio que anda aqui no estúdio. Esta minha rua tem pra mim alguma coisa de você, estou reparando. É bairro bom, bairro de gente do meio. Mas Deus fez um ricaço plantar umas árvores grandes bem na frente da minha casa, de maneira que a passarinhada enche as nossas manhãs e tardes, pondo uma lembrança de frutas furtadas no nariz da gente. Os bondes passam um quarteirão longe, não chega a atrapalhar. Mas lembra a cidade enorme e sua "forma humana corrupta da vida". Fica ácido, essa presença do pecado perto. Mas neste momento o meu coração está sem nenhum pecado, mas se preparando pra pecar muito demais. Aproveito a pureza pra escrever a você.

   1. Trata-se do poema "Elegia", de *A Face Lívida*, de 1945, livro dedicado à memória de MA.

De-noite chega a delegação mineira ao Congresso dos Escritores, vou esperar na estação, porque me fiz pertencer à guirlandística Comissão de Recepção, desse tal de Congresso. Estes paulistas são uns grosseirões. Quando nomearam essa comissão, puseram e está certo a romancista Maria José Dupré, que é gentil[2]. E encheram a comissão com um poeta Acioli goiano[3], o possível escritor James Amado[4], irmão do Jorge Amado[5], e o Nelson de Palma Travassos, gentilíssimo, muito simpático, editor que dirige as riquíssimas Empresas Gráficas da Revista dos Tribunais e tem um livro. Essa a comissão com que os paulistas iam receber os maninhos de Minas, Europa, França e Bahia. Achei que era hora de me convencer que sou célebre. Era incrível não haver na comissão afinal das contas alguém que fosse um "nome", uma grosseria. Então eu disse: Se os srs. quiserem, podem me incluir na Comissão de Recepção. E então eles perceberam e ficaram com vergonha. De maneira que estes dias vou andar de cá pra lá, Norte, aeroporto, Sorocabana, distribuindo abraços, sorrisos e um esquecido ar de familiaridade.

Meu Deus! como eu vos agradeço Henriqueta não vir agora! Não é que esteja desculpando os mineiros não: acho que eles praticaram uma grosseria

2. Maria José Dupré, pseudônimo Senhora Leandro Dupré (1905-1984), conhecida pelo romance *Éramos Seis* (1943), traduzido em várias línguas e adaptado pela televisão. Recebeu, em 1944, o Prêmio Raul Pompeia, da Academia Brasileira de Letras.
3. Em carta a Guilherme Figueiredo, de 16 fev. 1945, MA faz referência a Breno Accioly. Trata-se de um poeta alagoano, não goiano, como MA o denomina: "Eu creio que lhe contei, v.g. o caso igualmente assombroso do Breno Accioly, no entanto um rapaz de valor na batata, já autor de um *Condado de Green* que eu acho simplesmente admirável. Há sem dúvida sempre a possibilidade da gente recalcitrar. Mas não se esqueça que o menor escândalo num caso desses, a gente é que fica no ridículo e desprestigiado. Tratei muito secamente o Breno aqui, secamente com tristeza minha confesso, não o convidei sequer pra vir à minha casa (ele insistiu, e veio no fim); dei um bruto de estouro com ele num jantar que o Dantas Mota ofereceu aos proprietários de *Flama*, a que ele se agregou até agora ninguém sabe ao certo como; vai, no fim ele acabou me convidando pra padrinho de casamento! A gente ri nervoso e no fundo fica destroçado". Guilherme Figueiredo (org.), *A Lição do Guru, 1937-1945, op. cit.*, p. 159.
4. James Amado (1922). Autor de um romance, *Chamado do Mar* e um dos fundadores da revista *Paratodos*, (1956) com Jorge Amado, Oscar Niemeyer, Moacir Werneck de Castro, entre outros. Editor da *Obra Completa de Gregório de Matos Guerra* (1968). Membro da Academia Baiana de Letras.
5. Jorge Amado (1912-2001). Romancista, contista, dramaturgo e memorialista. Membro da Academia Brasileira de Letras; autor de obras consagradas da literatura brasileira, como *País do Carnaval* (1931), *Suor* (1934), *Gabriela, Cravo e Canela* (1958). Participou do Primeiro Congresso Brasileiro de Escritores em 1945, na condição de chefe da delegação baiana. MA estava preocupado com a presença de Jorge Amado no Congresso, pois havia boatos de que o Partido Comunista – que apoiava Getúlio Vargas na época – iria se pronunciar contra a denúncia da ditadura, a ser proposta pelos congressistas.

O Diário. *Belo Horizonte, 20 jan. 45. "Instala-se dia 22 o 1º Congresso Brasileiro de Escritores". Arquivo Murilo Rubião, AEM/CEL/UFMG.*

incrível, pior que a dos paulistas, não incluindo você. E arranjarei jeito de dizer isso a eles. Mas eu dou graças de você não estar aqui porque na verdade nunca estaríamos bem comodamente juntos e nós mesmos. Eu terei que viver espatifado em bilhões de sorrisos e ares de familiaridade. Afinal, eu digo isso meio escarninho, mas é de angústia e não desprezo por ninguém. Além dos amigos, vem muita gente que seria bom conhecer, conversar, homenagear se viesse sozinho, noutra ocasião. Mas são perto de 150! não é possível a gente ser si mesmo pros outros, não há epiderme que aguente. É dessas coisas em que a gente desvive, em vez de viver, eu pelo menos.

O seu poema é lindo, dos mais belos desta fase em que você está, uma perfeição. E denso, muito denso. Só tem um verso que eu, se fosse você, modificava pra evitar o excesso de pensamento lógico, de reflexão exclusivamente prosaica que existe nele, e que não tem razão nem motivo dentro de lirismo livre que todo o poema respira e transpira. Nem pra contraste serve, de tal maneira ele é mesquinhamente bem-pensante. É aquele "parte integrante do cotidiano". Você tem de arranjar um jeito de dizer isso mais... mais qualquer coisa que não seja tão pensadamente prosaico.

"A morte pertencia à vida,
Parte integrante do cotidiano"!

Você sente o homenzinho querendo explicar o que está dizendo: "A morte pertencia à vida, isto é, quero dizer, prestem bem atenção, era por assim dizer uma parte integrante do cotidiano, entenderam bem?" Arre! fica detestável. O 1º verso aí está ótimo, é fundamental mesmo no poema, correspondente ao

"De então a vida
Pertence à morte".

que termina a 2ª parte e abre o final em *allegro grazioso* pra três flautas e dois violões.

Não sei como fazer, se arranje, mas não deixe esse verso não. Talvez tirar duma vez e deixar só o 1º verso mas convertido em dístico pra fazer *pendant* com o que vem depois:

"Então a morte
Pertencia à vida.
De então a vida
Pertencia à morte".

Assim já ficava bem melhor. Mas carecia, nesse caso substituir o "então" que vem na estrofe que segue logo, no 1º verso: "Foi então que o raio". Enfim se arranje e mande me contar como que fica. Pra eu incluir no meu seu livro de poesias inéditas[6].

E agora vou parar. Tenho ainda 365 coisas pra fazer. Aliás vou ter dois hóspedes que chegam amanhã: o Guilherme de Figueiredo e um rapaz gaúcho, Paulo Armando[7]. Isso me agrada, mas estou um bocado inquieto com os 86 anos da minha velhinha. Também logo, em fevereiro, lhe mostrarei aqui um poema longo que andei fazendo e ainda falta alimpar, uma "Meditação sobre o Tietê"[8]. Sinto que é fundamental na minha poesia. Poema doloroso, amargo, em que se desenha toda a condição amarga da luta que existe e sempre existiu em mim entre o poeta-ariel e o caliban-burguês. Dois poemas longos refletem isso, os dois você não conhece. Um é horrível, grosseiro, grotesco, "O Carro da Miséria", escrito em duas noites de total desespero de mim, e desespero vital, era fatal, duas noites de bebedeira desenfreada, uma em 1930

6. Cf. HL optou pelas seguintes soluções: Nesse tempo a morte/ pertencia ao cotidiano. // Foi então que o raio/ [...]" e "De então a vida/ pertence à morte". "Elegia", *A Face Lívida. Poesia Geral*, p. 155. (plp)
7. Paulo (de Carvalho) Armando (1921-1988). Escritor, tradutor, artista plástico e professor de história da arte. Em 1941 publicou o volume de poesia e prosa intitulado *Bazar da Mocidade*. Publicou os artigos "Agora Ficamos Sós" e "Últimos Momentos de Mário de Andrade" na revista carioca *Leitura*. O primeiro, em março de 1945 (nº 27); o segundo, em março de 1960 (nº 33). Guilherme Figueiredo, em nota às cartas de MA, por ele recebidas e publicadas, comenta o fato de Paulo Armando ter-se hospedado na rua Lopes Chaves e apresenta outra versão: "Como Tesoureiro da Associação Brasileira de Escritores, consegui dois vagões da Central do Brasil que levariam os congressistas do Rio a São Paulo, no trem diurno. Como sobravam lugares, um jovem com quem Mário se correspondia sem conhecê-lo, pediu-me que o deixasse ir. Na estação do Norte, à nossa chegada, o jovem ouviu quando disse que não podia aceitar a hospitalidade que sua mãe oferecia, pois devia ficar, como tesoureiro, no mesmo local do nosso presidente, Aníbal Machado. Imediatamente, o jovem ofereceu-se para ocupar meu lugar em casa de Mário". Guilherme Figueiredo (org.), *A Lição do Guru, op. cit.*, pp. 151-152. Em carta ao mesmo Guilherme Figueiredo, de 7 fev. 1945, MA confessa seu descontentamento com Paulo Armando: "Meu estado de espírito anda catastrófico, aliás, e não contribuiu pouco pra isso este nosso prezado Paulo Armando. Esse rapaz que não tem sequer o direito de me chamar meu amigo, que só tinha comigo uma correspondência de interesses literários e que acabaram 'sociais', é realmente duma insensibilidade intelectual assombrosa. Se instalou aqui em casa (neste momento mesmo está aqui no meu estúdio me impregnando de alheio), e de tal maneira foi se deixando ficar que acabou me obrigando à conjuntura horrível de lhe perguntar, na segunda-feira, sob pretexto de lavadeira, até quando ficava... em São Paulo". Guilherme Figueiredo (org.), *A Lição do Guru, op. cit.*, p. 155.
8. "A Meditação sobre o Tietê" é um dos poemas que compõem *Lira Paulistana*. Escrito entre 30 nov. 1944 e 12 fev. 1945. A cópia datilografada endereçada por MA à poeta encontra-se no Arquivo Henriqueta Lisboa, AEM/CEL/UFMG.

e outra em 1932, ambas depois que as duas revoluções já não deixavam mais nenhuma possibilidade de ilusão. Mas os fatos históricos só servem de fato pra despertar minha desilusão interior. Aí eu me zurzo em minha burguesice com a maior impiedade de sarcasmo, me induzindo a me ultrapassar a mim mesmo. É poema feio, voluntária, não: necessariamente anti-estético, grosseiro, bárbaro, com palavrões até, em que de longe em longe brota um verso bonito. Não tenho coragem pra lhe mandar, você só o lerá quando sair nas *Poesias Completas*. Esta "Meditação sobre o Tietê" de agora, não. É um poema muito mais calmo, um reconhecimento dolorido da minha incapacidade pra me ultrapassar e fazer alguma coisa de proveitoso à humanidade. E se esforça pra ser belo, mas um belo de pedra, de granito bem duro, antes de bronze, porque é de um material que dá som. Não é em versos-livres, como o outro, embora não haja propriamente metrificação. São versos muito cadenciados, usando mesmo às vezes algumas constantes rítmicas. Mas é também cadência mais interior, não apenas verbal, mas buscando espelhar pelo ritmo o sentimento das frases. Mas é difícil de ler, penoso. Não tem nada dessa sensualidade lírica que pega a gente e agrada logo. E são mais de trezentos versos!

Chega. Dentro de dez horas vou ter um pedaço de Minas nos meus braços. A minha Minas... Ando meio chateado com essa Minas do "espírito mineiro" louvaminheiro e pueril das "altas qualidades" mineiras que andam fazendo por aí. Minas é mortal, e é bom amar Minas mortal, com as qualidades e os defeitos que tem. Francamente. Mas sem besteira de esperança muita. A esperança está em todos os homens. Eu quero bem Minas porque quero, porque coincidiu comigo. Eu vou lá pensar em pôr esperança nas "minhas" altas qualidades! E Minas vai se converter pros mineiros numa superstição. Com o mais saudoso abraço do

Mário

Carta assinada: "Mário"; datada: "S. Paulo, 20-I-45"; autógrafo a tinta preta; papel creme; 2 folhas; 28,4x21,3cm; carta com rasgos na parte inferior das duas folhas.

Mário de Andrade & Henriqueta Lisboa

> MA-C-CP,4304
>
> Belo Horizonte, 31-1-1945 Terça à-noite
>
> Mário,
>
> Venci uma porção de dificuldades. E agora estou numa grande emoção — porque vou mesmo conhecer São Paulo. Ver você no meio da sua gente. Já estou com os bilhetes da Central para seguir dia 5 pelo noturno. Os parentes que iam comigo, uma cunhada e um irmão que costumam ir aí, não puderam combinar com a minha data. E eu logo serei deveras. Pedi a Aurélia para ficar comigo num bom hotel do centro, não sei qual escolher. E ainda não agradeci os livros que você me mandou! E essa carta que foi um doce enlevo! — O romance está magnífico, parece que mais condensado e vivo. O Vidigal tem lindos momentos, Deus o guarde. E você não sabe o bem que me fez com essa preciosidade, essa dádiva de "Há uma gota de sangue em cada poema." Um desses últimos exemplares me havia causado um ciúme... Porém me guardara de falar nisso. — Até breve.
>
> Com o carinho fiel de Henriqueta

Bilhete de HL para MA. Belo Horizonte, 31 jan. 1945.
Arquivo MA, IEB-USP.

106   (HL)

Belo Horizonte, 31 de janeiro de 1945.

Mário,

venci uma porção de dificuldades. E agora estou numa grande emoção – porque vou mesmo conhecer São Paulo. Ver você no meio da sua gente. Já estou com os bilhetes da Central para seguir dia 5, pelo noturno. Os parentes que iam comigo, uma cunhada e um irmão que costumam ir aí, não puderam combinar com a minha data. E eu logo terei deveres. Pedi a Aurélia[9] para ficar comigo num bom hotel de centro, não sei qual escolheu. E ainda não agradeci os livros que você me mandou! E essa carta que foi um doce enlevo! – O romance está magnífico, parece que mais condensado e vivo. O Vidigal tem lindos momentos; Deus o guarde. E você não sabe o bem que me fez com essa preciosidade, essa dádiva de *Há uma Gota de Sangue em cada Poema*[10]. Um desses últimos exemplares me havia causado um ciúme... Porém me guardara de falar nisso. – Até breve. Com o carinho fiel de

Henriqueta

Bilhete assinado: "Henriqueta"; datado: "Belo Horizonte, 31-1-1945"; impresso, autógrafo a tinta azul; cartão de visita, papel branco; 8,0x13,0cm. <u>Nota MA</u>: *"Terça-de-noite".*

107   (MA)

[São Paulo, fevereiro de 1945]

Henriqueta:

encrencou tudo. Estive esperando você até 14,25 mas não posso esperar mais. Tenho que ir telefonar urgente pro Rio, procurar distribuidor e o diabo, por causa dum escândalo editorial que amanhã lhe conto. – Oneida Alvarenga está doente e bastante doente mesmo. E de noite precisou de dois médicos.

   9. Aurélia Rubião.
  10. Título do primeiro livro de poemas de MA, publicado em 1917 com o pseudônimo Mário Sobral; pago com suas economias à Gráfica da Editora Pocai & Cia.

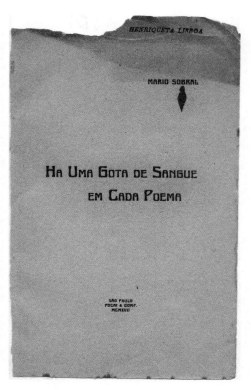
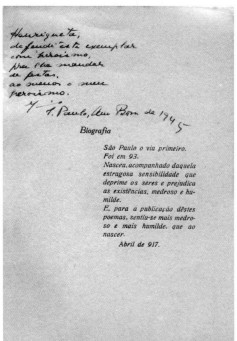

Mário de Andrade, Há uma Gota de Sangue em cada Poema, *São Paulo, Pocai, 1917:* "Henriqueta,/ defendi este exemplar/ com heroísmo,/ pra lhe mandar/ de festas,/ ao menos o meu/ heroísmo./ Mário/ S. Paulo, Ano Bom de 1945." Arquivo HL, AEM/CEL/UFMG.

Telefonei a d. Lenira Fracaroli, diretora da Biblioteca Infantil, que está esperando a sua visita, agora, em substituição da visita à Discoteca, que ficará pra depois do Carnaval. Amanhã estaria na rua Roma às 14 horas. Ciao.

Mário

Bilhete assinado: "Mário"; s.d. [fevereiro 1945]"; impresso, autógrafo em tinta preta; papel timbrado da Prefeitura do Município de São Paulo (memorandum).
Nota de terceiros: a indicação "rua Major Sertório, 706/ Lenira Fracaroli" precede o bilhete de Mário de Andrade.

108   (MA)

Henriqueta.

Me esqueci de lhe dizer a única objeção forte que me surgiu logo destes versos. É a referência a Madalena Tagliaferro. Acho que em versos como esses, de tamanha "inconstância" ideal, em que a fluidez sugestiva da palavra é conservada com tamanha perfeição; qualquer acidente histórico rouba inteiramente o estado de poesia em que a gente está. Tomei com um golpe tão duro que me doeu na respiração. Palavra que me senti desrespeitado. E olhe que eu adoro pessoalmente Madalena. Imagina só que eu não gostasse dela ou não a conhecesse. O poema assim acho que não pode entrar no livro. Matute mais no problema. Ciao.

M.

Bilhete assinado: "M."; s.d.; impresso, autógrafo a tinta preta.

Portinari, Mulher de Braços Erguidos, *com dedicatória. Gravura em metal sobre papel. 25,1 x 19,6 cm. Arquivo HL, AEM/CEL/UFMG.*

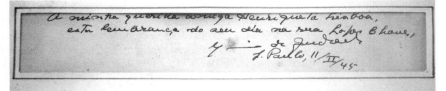

Dedicatória de MA à gravura de Portinari: *"À minha querida Henriqueta Lisboa,/ Esta lembrança do seu dia na rua Lopes Chaves./ Mário de Andrade/ S. Paulo, II/II/45."* Arquivo HL, AEM/CEL/UFMG.

109   (HL)

Belo Horizonte, 23 de fevereiro de 1945.

VOLTEI ESTOU BEM VISITO VOCÊ AGUARDO PROMETIDA CARTA[11]

HENRIQUETA

Telegrama assinado a máquina: "Henriqueta"; impresso "DEPARTAMENTO DOS CORREIOS E TELÉGRAFOS"; 18,7x22,2 cm; rasgamentos nas bordas superior e esquerda; marcas de grampo; carimbo. Postagem: Belo Horizonte, 23 de fevereiro de 1945; 20:30 h. Recebimento: São Paulo.

11. HL permanece em São Paulo de 5 a 22 de fevereiro, tendo a oportunidade de se encontrar várias vezes com MA. Os últimos contatos com o escritor ocorreram após a realização do Primeiro Congresso Brasileiro de Escritores e poucos dias antes da morte dele, no dia 25 do mesmo mês. De uma das visitas, em 11 fev., realizada em companhia de Aurélia Rubião, HL recebeu como presente uma gravura de Portinari, intitulada "Mulher de Braços Erguidos", com dedicatória de MA: "À minha querida amiga Henriqueta Lisboa, esta lembrança do seu dia na rua Lopes Chaves. São Paulo, 11/02/45"; em 23 fev., a foto autografada do poeta com o crucifixo. Em junho de 1945, HL envia ao pintor um poema em sua homenagem, intitulado "Visão de Portinari", publicado no livro *Miradouro e Outros Poemas*, Rio de Janeiro/Brasília, Nova Aguilar/INL, 1976. MA morreu de infarto do miocárdio a 25 de fevereiro de 1945, com 51 anos. A pedido de HL, Oneida Alvarenga narra, em carta a ela dirigida em 19 de março de 1945, a morte de MA. Essa carta, pertencente ao Arquivo Henriqueta Lisboa, foi publicada em Oneida Alvarenga, *Mário de Andrade, um Pouco*, Rio de Janeiro/São Paulo, José Olympio/Secretaria de Cultura, Esportes e Turismo, 1974. Cf. Dossiê deste livro.

Desenho de Arlindo Daibert. Mário, 1981. Lápis, papel. 36x40cm. Epílogo. Coleção Gilberto Chateaubriand. MAM, Rio de Janeiro.

Dossiê

Dividido em três partes, o Dossiê apresenta:

I. Quatro cartas do irmão de HL, José Carlos Lisboa, endereçadas a MA, no período de 19 de abril de 1938 a 11 de dezembro de 1939; um cartão de visita, s/d., e uma carta de MA a JCL, de 19 de novembro de 1939.

II. Textos referentes à morte de MA, contendo carta de Oneida Alvarenga a HL, ensaio e poema de HL.

III. Poemas de HL trazendo comentários de MA.

I. Cartas de José Carlos Lisboa e Mário de Andrade

1   (JCL)

Belo Horizonte, 19 de abril de 1938.

Ilmo. Sr.
Dr. Mário de Andrade
D.D. Diretor do Departamento de Cultura
S. Paulo

Meu prezado Mário.

Com um cordial abraço, levando a admiração de sempre, venho pedir-lhe o favor de uma devolução "oficial".

Nos últimos dias que aí estive, no ano passado, fiz uma peça especialmente para o Concurso do Departamento. Nada tendo conseguido com ela, rogo-lhe mandar remeter as três vias que aí estão para o meu endereço em Belo Horizonte. A peça é *A província* com um prólogo e dois atos, pseudônimo de "Carlos Severo" e no envelope – que pode ser aberto – figura meu endereço no Rio (Rua Xavier da Silveira, nº 114, ap. 2), além de meu nome.

Se Você dispusesse de quarenta minutos, eu lhe pediria que a lesse, por favor, e me mandasse dizer alguma cousa sobre ela. *O Rei do Câmbio* foi meu primeiro trabalho para teatro e *A província* foi o segundo. Hesito em fazer a terceira tentativa.

Seu julgamento me animará de qualquer forma. Posso esperá-lo?
Desde já o meu agradecimento.
Sempre seu
Admirador e amigo

J. Carlos

Carta assinada: "J. Carlos"; "J. Carlos Lisboa" (datilografado); datada: "Belo Horizonte, 19 de abril de 1938"; datiloscrito original, fita azul; autógrafo a tinta preta; papel branco, timbrado: "ADVOCACIA EM GERAL – PROCURATÓRIOS"; 1 folha; 32,6×21,9 cm. <u>Nota MA</u>, a lápis: "providenciar".

ADVOCACIA EM GERAL-PROCURATÓRIOS
DR. J. LOURENÇO DE OLIVEIRA
DR. J. CARLOS LISBÔA
AV. AFONSO PENA-952
EDIFICIO GUIMARÃES
SALA- 327
FONE—4869
BELO HORIZONTE

Belo Horizonte, 19 de abril de 1938.

Ilmo. Srn.
Dr. Mário de Andrade
D.D. Diretor do Departamento de Cultura
S. PAULO

    Meu prezado Mário
    Com um cordial abraço, levando a admiração de sempre, venho pedir-lhe o favor de uma devolução "oficial".
    Nos últimos dias que aí estive, no ano passado, fiz uma peça especialmente para o Concurso do Departamento. Nada tendo conseguido com ela, rogo-lhe mandar remeter as tres vias que aí estão para o meu endereço em Belo Horizonte. A peça é "A Provincia" com um prólogo e dois atos, pseudônimo de "Carlos Severo" e no envelope – que póde ser aberto – figura meu endereço no Rio (Rua Xavier da Silveira, nº 114, ap. 2), além de meu nome.
    Si Você dispusesse de 40 minutos, eu lhe pediria que a lesse, por favor, e me mandasse dizer alguma cousa sobre ela. "O Rei do Câmbio" foi meu primeiro trabalho para teatro e "A Provincia" foi o segundo. Hesito em fazer a terceira tentativa.
    Seu julgamento me animará de qualquer fórma. Posso esperá-lo?
    Desde já o meu agradecimento.
    Sempre seu
        Admirador e amigo

            (J. Carlos Lisbôa)

Carta de José Carlos Lisboa a MA. Belo Horizonte, 19 abr. 1938. Arquivo MA, IEB-USP.

2   (JCL)

Belo Horizonte, 13 de novembro de 1939.

Mário,

há treze anos atrás, <u>eu também</u> fazia versos.

Hoje, crocodilizado, não sou capaz de fazer outra coisa senão reeditá-los...

Aí – duas amostras desses distantes pecados[1], com mais fotografias desta cidade que te quer tanto bem[2].

O melhor abraço do

José Carlos

Carta assinada: "José Carlos"; datada: Belo Horizonte, 13 de novembro de 1939"; autógrafo a tinta preta; papel amarelo, pautado, timbrado; "Prefeitura de Belo Horizonte"; 1 folha, 19,8 x 13,2 cm; borda superior irregular. <u>Nota MA</u>, *a lápis: abaixo do prenome do remetente: "Lisboa".*

1. Não foram encontrados os poemas enviados por JCL no Arquivo Mário de Andrade, IEB-USP.
2. As fotos de Belo Horizonte foram utilizadas por MA no artigo dele "Belo Horizonte", publicado no Suplemento em Rotogravura, n°. 149 de O *Estado de S. Paulo*, em dezembro de 1939. O texto foi reproduzido no volume de cartas de MA para Octávio Dias Leite, organizado por Marcos Antonio de Moraes. Reproduzo um trecho do artigo: "Belo Horizonte já não tem mais aquele ar de coisa inaugurada, o tempo já patinou a cidade, o aspecto de feira internacional já desapareceu. Apesar de sua suntuosidade natural, daquela grave nobreza que lhe vem das suas árvores incomparáveis e de suas avenidas, Belo Horizonte é hoje uma cidade intensamente humana, sem ar exclusivo de festa, onde a vida se processa sem preparos artificiais; tristezas e alegrias, dores e aventuras se misturam, nessa fraternidade esquecida com que cada qual disputa o seu destino. [...] Ares incomparáveis de montanha, vistas largas em que a cidade inteira está perpetuamente junto de nós. De repente bate um perfume de rosas ou de magnólias pesadas, que turbilhona, nos envolve, nos afaga, e lá se vai, levado pelas fugas do vento que avança desordeiro para os lados do Acaba-Mundo, ou desliza salutar para os vales da Ponte do Navio e da Baleia. É divertido esse 'complexo' marítimo da toponímia mineira... Baleia, Ponte do Navio, Calafate, Mar de Espanha, Fragata... Minas deseja... mar...". Mário de Andrade, "Belo Horizonte", em Marcos Antonio de Moraes (org.), *Mário, Otávio. Cartas de Mário de Andrade a Otávio Dias Leite. (1936-1944)*, São Paulo, Imprensa Oficial/IEB-USP/Oficina do Livro Rubens Borba de Moraes, 2006, pp. 121-122.

3   (MA)

Rio de Janeiro, 19 de novembro de 1939.

Meu caro José Carlos Lisboa.

Estou escrevendo aos amigos, agradecendo mais uma vez o carinho com que me receberam em Belo Horizonte. Está claro que você vem na primeira turma dos recordados, pelo que você particularmente é pra mim e pelo que você está fazendo pelas artes da sua cidade. Fiquei seriamente contente de ver você compreendido na sua empreitada pelo seu Prefeito, que também aprendi a admirar. Não esqueça de transmitir ao José Oswaldo de Araújo, a melhor expressão do meu entusiasmo pelo que ele está fazendo. Já escrevi uma crônica sobre Belo Horizonte pro suplemento de rotogravura do *Estado de S. Paulo*. Evidentemente não é artigo de propaganda, que não sei fazer, mas uma simples crônica evocativa. Mandei junto, todas as fotografias que você me deu. É certo que não poderão publicar todas, mas espero que façam pelo menos uma página dupla com crônica e fotos. É verdade que a guerra está tomando um espaço imenso nas rotogravuras nacionais, agora, mas enfim veremos o que eles farão. Provavelmente a coisa sairá lá pela primeira quinzena de dezembro, pois que as colaborações têm de ser enviadas com um mês de antecedência. Quando sair lhe mandarei.

Bem, amigo, mais uma vez muito obrigado por tudo, e quando quiser alguma coisa daqui ou de mim, mande dizer. Me recomende muito a todos os seus, a seu pai simpaticíssimo, irmã, cunhado e mais a nossa adorabilíssima Henriqueta Lisboa, que fiquei adorando na sua graça delicada. Aliás escreverei a ela qualquer dia deste. Um grande abraço do

Mário de Andrade

Querida Henriqueta – Cartas de Mário de Andrade a Henriqueta Lisboa, *p. 183.*

José Oswaldo de Araújo. Prefeito de Belo Horizonte (1938-1940). s/d. Coleções Especiais. José Oswaldo de Araújo. AEM/CEL/UFMG.

4   (JCL)

Belo Horizonte, 29 de novembro de 1939.

Ilmo Sr.
Dr. Mário de Andrade
Edifício Minas Gerais
Rio de Janeiro

Meu querido Mário,

vaidosíssimo de ser lembrado na primeira turma, como Você confessa na sua carta a que agora respondo, verifico que o seu coração continua o mesmo de sempre.

Toda a família Lisboa está cativa de Você e hoje, mais do que nunca, justifica o meu entusiasmo que eles conhecem há tanto tempo.

Sinto que Você não tenha tido vagar para tomar conta total também do meu cunhado J. Lourenço de Oliveira e de minha irmã Alaíde[3], casada com ele. Intimei os dois para entrega de trabalhos, que mandarei a Você. O Lourenço, velho fã do tempo de sua passagem por São João d'el Rei[4], professor, latinista, helenista, formação Caraça, apenas trocou com Você algumas palavras. Alaíde parece que fez o mesmo. Você terá de um e outro cousas de literatura infantil, historietas de crianças e estudos sobre bimilenários latinos...

Transmiti ao José Oswaldo[5], nosso Prefeito, a sua saudade. Aguardamos, ele e eu, a alegria de ver o suplemento de O *Estado* com as cousas que Você mandou para São Paulo.

Volte sempre a Belo Horizonte, e, nos intervalos, dê notícias a nós todos, que tanto bem lhe queremos.

3. Alaíde Lisboa de Oliveira.
4. J. Lourenço estava em São João d'el Rei por ocasião da visita dos modernistas à cidade. Transcreveu, do registro do hotel onde eles se hospedaram, a página correspondente ao dia 16 de abril de 1924: "D. Olívia Guedes Penteado, solteira, photographer, anglaise, London. D. Tarsila do Amaral, solteira, dentista, americana, Chicago. Dr. René Thiollier, casado, pianista, russo, Rio. Blaise Cendrars, solteiro, violinista, allemand, Berlin. Mário de Andrade, solteiro, fazendeiro, negro, Bahia. Oswald de Andrade Filho, solteiro, escrittore, suíço, Berne. Oswald de Andrade, viúvo, escolar, holandês, Rotterdam". José Lourenço de Oliveira, *Ao Correr do Tempo, 1. Ensaios, Discursos e Palestras*, Belo Horizonte, O Lutador, 1990, pp. 17-23. Depoimento sobre Mário de Andrade.
5. José Oswaldo de Araújo.

Com a velha admiração afetuosa do

José Carlos

Carta assinada: "José Carlos"; "J. Carlos Lisboa" (datilografado); datada: "Belo Horizonte, 29 de novembro de 1939"; datiloscrito original, fita preta; autógrafo a tinta preta, papel branco timbrado: "Prefeitura Municipal de Belo Horizonte"; filigrana; 1 folha, 32,7x22,1 cm.

5   (JCL)

Belo Horizonte, 11 de dezembro de 1939.

Ilmo Sr.
Dr. Mário de Andrade
Rua Santo Amaro
Rio de Janeiro

Meu querido Mário,

 aí vai Aurélia Rubião. Você já a conhece. Ela deseja um contato com a Arte nova e o seu padrinho melhor tem que ser Você, pela sua generosidade e pela admiração que nós todos de Minas temos pela sua obra.
 Cuide dela com o carinho que Você endereçou sempre aos moços que precisam de vencer pelo seu valor próprio.
 O abraço de hoje vale pelo maior reconhecimento por tudo que a sua fidalguia fizer pela Aurélia.
 Com toda a admiração do

José Carlos

Carta assinada: "José Carlos"; "J. Carlos Lisboa" (datilografado); datada: "Belo Horizonte, 11 de dezembro de 1939"; autógrafo a tinta preta, papel branco timbrado: "Prefeitura Municipal de Belo Horizonte"; filigrana; 1 folha, 32,7x22,1 cm.

6   (JCL)

Com os cordiais cumprimentos do

J. Carlos Lisboa
Oficial de Gabinete do Prefeito

*Bilhete com assinatura impressa: "J. Carlos Lisbôa"; s.d.; impresso; **autógrafo a tinta preta**; cartão de visita; papel branco; 10x13,4cm.*

II. Textos e Poema relativos à Morte de Mário de Andrade

1. Carta de Oneida Alvarenga a Henriqueta Lisboa

São Paulo, 19 de março de 1945.

Henriqueta,

me desculpe não ter respondido logo sua carta. Tem me faltado coragem para lhe contar as coisas que você me pergunta, para escrever o que foi a angústia daquele dia horrível. Na antevéspera, sexta-feira, 23, Mário tinha estado aqui na Discoteca, saudável e alegre. Discutimos alguns pontos do meu livro [*Música Popular Brasileira*] e ficou assentado que no domingo Silvio e eu almoçaríamos com ele, para que depois nós procurássemos um assunto para um ensaio sobre poética popular que eu me comprometera com ele a escrever este ano. No domingo chegamos à casa dele um pouco antes de uma hora da tarde. D. Celeste [cunhada de Mário] nos recebeu e nos contou que às 10 horas da manhã Mário tinha tido um acesso de angina de peito, que pedira para nos avisar que não fôssemos, mas que ela não o não pudera fazer. Para não perturbar o repouso que ele devia ter, disse a ela que não o avisasse da nossa presença. Fiquei tão atordoada, que não ousei me oferecer para ficar lá, ajudando no que fosse necessário, temendo que nossa presença constrangesse a família. Voltamos para casa e soube, mais tarde, pelo telefone, que embora o acesso não se tivesse repetido, ele continuava com dores. Tornei a telefonar às 7 horas da noite: ia tudo na mesma. Nos oferecemos para passar a noite lá. D. Celeste nos pediu então que passássemos a noite de segunda-feira, porque naquela ela já teria a companhia de Luís Saia e de Clélia, namorada deste. Saia também tinha sido convidado a ir lá durante o dia, e assim soubera da doença. Não podendo mesmo ficar longe, angustiada, resolvi não atender D. Celeste e fui com Silvio, assim mesmo. Tudo continuava na mesma e nós não subimos para vê-lo. Mais ou menos às 10 horas apareceu o farmacêutico para aplicar uma injeção endovenosa, um tônico cardíaco recomendado pelo médico. Depois da injeção, Mário se sentiu muito bem, as dores passaram. Saia subiu então para falar com ele, disse-lhe que eu estava lá, perguntou-lhe se podia me chamar e

Mário achou melhor não porque estava de pijama. Conversaram um pouco sobre coisas de trabalho, Mário disse que no dia seguinte iria ao Conservatório, continuar os exames. D. Celeste subiu com um chazinho caseiro, enquanto eu e Silvio nos mantivemos na salinha ao pé da escada. Pouco depois de D. Celeste ter subido, ouvi uma agitação estranha lá em cima e corri para a escada. Silvio me gritou que não subisse, estaquei uns momentos nos primeiros degraus. D. Celeste gritou para subirmos, que Mário estava muito mal[6]. Chegamos ao quarto, ele estava largado na cama, o corpo deitado, os pés apoiados no chão. Dr. Carlos embebeu um lenço em nitrito, Mário respirou fundo umas vezes, tivemos esperança, Henriqueta, mas era a agonia em que não queríamos acreditar. Acabou-se tudo em minutos, nenhum dos médicos chamados pôde chegar em tempo. Suas últimas palavras foram para o Saia, com quem conversava tomando o chá. "Segure a xícara, que eu não estou me sentindo bem." Falou e caiu para a frente. Não sei se ele teve suspeitas de que corria riscos de morte, pelo menos não falou nada a ninguém. Talvez sim, porque desde um mês antes vinha sentindo dores no peito e D. Celeste o advertira de que tomasse cuidado: o pai e o tio tinham morrido de angina. Entretanto, creio que ele não teve o que desejava: tempo de encarar a morte de face. Não queria morrer após uma doença longa, mas achava indigno da condição humana morrer sem pensar na morte, sem saber que se deixa a vida. Para compensar isso que ele queria e não teve, Deus lhe deu uma morte talvez sem muito sofrimento, pois que parece que não foi angina a causa dela. Osíris Magalhães de Almeida, médico meu amigo que tratou de Mário algum tempo e o curou daquela tremenda dor de cabeça que o atormentara, me disse que foi um infarto cardíaco o que Mário teve. Se fosse angina, as dores permaneceriam o dia todo, teriam desaparecido após o acesso.

Nem sei como posso estar lhe contando essas coisas agora, dando-lhes a rigidez desta máquina. É horrível.

Antonio Candido, Luís Saia e eu tivemos a ideia de homenagear a memória e manter exemplo de dignidade intelectual e humana que foi a vida do Mestre, com a fundação da Casa de Mário de Andrade[7]. Como você deve saber, Mário destinava a instituições de cultura as coisas que guardou.

6. Lourdes não presenciou a morte do irmão. Casada, com três filhos pequenos, ficara obrigatoriamente na casa da Vila Pompeia, onde morava então. A cunhada, D. Celeste, e seu marido Dr. Carlos de Morais Andrade eram vizinhos de parede-meia com a casa materna, onde tomavam as refeições e estavam sempre.
7. Realmente, a ideia nasceu de Antonio Candido. Nós concordamos imediata e calorosamente.

Nesse sentido ele deixou uma carta dirigida ao irmão, datada de 22 de março de 1944, distribuindo tudo. O nosso pensamento é o seguinte: mantidos onde estão, os livros, os quadros e tudo o mais serão de maior utilidade que dispersos por aí. Estarão sempre ao alcance do público, que era o que ele desejava garantir com as doações, e terão um valor moral e pedagógico que perderão se afastados do conjunto. Não iremos contra a vontade dele, pois o seu desejo era que o material fosse plenamente útil, e assim o será mais que de qualquer outra maneira. Imagine você, por exemplo: colocados às tontas na nossa Pinacoteca, os quadros perderiam todo o valor de representantes de uma orientação dele, o critério seletivo que ele aplicava às coisas de arte que o cercavam; além do mais, amontoados entre os quadros ruins ou sem importância, não teriam o realce suficiente, perderiam por isso o valor pedagógico. E correriam ainda o risco de estragos, porque sabe Deus como as coisas serão conservadas na Pinacoteca.

Sabemos todos, Henriqueta, que haverá muitas dificuldades a vencer, antes da realização desse projeto. É preciso que se comece desde já um movimento em favor da ideia. Entretanto, a iniciativa pública não pode evidentemente partir dos amigos, por razões que sei que você compreende. Para isso precisamos da sua ajuda, Henriqueta. Se você tem aí em Belo Horizonte gente em quem confie, que admirasse o Mário mas não estivesse próxima dele como nós, arranje artigos de jornal sugerindo a fundação da Casa de Mário de Andrade. Essa campanha jornalística não deverá mencionar o caso das doações, que ainda não foi trazido a público. Vamos procurar conseguir o mesmo aqui, no Rio, e em outras cidades grandes. Isso, o silêncio sobre as doações, nos ajudará a conseguir depois da ideia publicamente firmada, a desistência das instituições à parte que lhes cabe. Contamos com o apoio de Rodrigo Melo Franco de Andrade, que combinou com o Saia a organização de um pedido endereçado por intelectuais brasileiros ao Sphan, no sentido de que esse Serviço tome a iniciativa da fundação. Em todo o caso, como não combinei com o Saia este caso do Rodrigo, guarde a informação por enquanto para você. Escreva logo, dizendo se pode fazer alguma coisa pelo nosso projeto, que agora já é também seu, estou certa. Dr. Carlos aprovou a ideia, mas acha-a de realização difícil, principalmente porque se apega muito à letra, não ao espírito da carta de Mário. Evidentemente ele, modesto como era, jamais imaginaria isso que estamos querendo. Mas estamos todos certos de que a Casa de Mário de Andrade é o melhor modo de realizar o pensamento dele, que você conhece tão bem como nós: dar a maior eficiência possível ao enorme acervo cultural que ele juntou, segundo palavras da carta, não para ele, mas para outros.

Achei uma delícia o seu livro, Henriqueta, mas também a mim não é possível agora comentar poesia. Deixemos para mais tarde, para tempos em que a nossa amizade possa ser mais tranquila, o que tivemos a nos dizer sobre nós. Silvio e eu lhe mandamos um afetuoso abraço.

Oneida

Oneida Alvarenga, Mário de Andrade, um Pouco, *Rio de Janeiro, José Olympio, Secretaria de Cultura, Esportes e Turismo de São Paulo, 1974, pp. 24-27.*

2. Lembrança de Mário[8]

Henriqueta Lisboa

Quantas vezes me sentei a esta escrivaninha para deixar minhas impressões sobre Mário de Andrade. E quantas vezes me acovardei diante do papel em branco, tomada de emoção, inábil para reter um só dos mil pensamentos que a meu lado choviam. Propunha-me, indecisa, tratar apenas do poeta. Ou do ensaísta, separadamente. Falar da forma de inteligência que o distinguia, do ser humano que encarnou, do amigo, do irmão que foi para a quase totalidade dos intelectuais do tempo. Desejaria observá-lo, ora como fruto da terra brasileira, ora como expressão de poder cultural. O bárbaro, que nele habitava com uma força de Hércules, equivalia ao civilizado repleto de sutilezas que policiava suas atitudes. Mas se ele foi assim completo em todas as manifestações vitais, e revelou-se integralmente no homem como no cidadão, no poeta como no ensaísta, não será plenamente compreendido senão à luz de uma visão de conjunto. A ele genialmente livre, uma faceta poderia limitar; um ângulo, deformar. É certo que o mural em bloco valoriza e esclarece seus próprios pormenores. Em Mário de Andrade, o poeta se explica pela originalidade do homem, ou pela fatalidade da raça, tanto quanto pela consciência artística. O pensador está presente na obra lírica, seguindo passo a passo a evolução de uma sensibilidade cada dia acentuada. O ritmo assegura a extensão da ideia. Os mesmos descaminhos anunciam um sentido de

[8]. Em: *Convívio Poético*, Belo Horizonte, Secretaria da Educação de Minas Gerais, 1955, pp. 167-172, Coleção Cultural, 4.

verticalidade mística. Porque verdade e beleza foram as duas alavancas que o moveram, os polos entre os quais se dividiu, a Esfinge que esteve prestes a decifrar. Esfinge que apenas decifrada teria outros mistérios a mais, por ele próprio criados para dramatizar a vida.

Apesar da simplicidade que foi o seu grande amor e de que se fez exemplo vivo, Mário de Andrade continuará insolúvel enquanto não for estudado em todos os seus multiformes aspectos. O que possuía de singelo parece complexo pelo patético de suas confissões: o que possuía de estranho faz-se acessível pela infantilidade que era nele maravilhosa dádiva dos céus.

Algumas vezes julguei encontrar no poeta uma ilustração cabal de sua personalidade. De fato, sua poesia é uma clareira. Ainda não tivemos em nossas letras uma expressão mais genuína de brasilidade, uma espontaneidade tão vasta, uma abundância tão numerosa de tudo o que marca a feição de nossa gente, os acidentes de nossa terra. E não é apenas no conteúdo que se revela esse estigma de nacionalidade. Na própria forma de mão-aberta, ao deusdará, no ritmo desigual, como que indolente e incerto, no baralhado dos assuntos – superposição de planos, ofuscar de visões, alternância de vozes –, nessa técnica magistralmente desgovernada, anulada pela realidade artística, assoma o brasileiro do Brasil por acaso e, sem antítese, o brasileiro exato a quem a cultura não conseguiu domesticar e que guarda, por isso, toda a sua pujança primitiva. Nenhuma coação se infiltra no seu mundo poético. Ele o criou como se nenhum poeta houvesse preexistido.

Certa rusticidade ingênua de superfície (o elemento moderno) e uma profusão de raízes arraigadas ao solo (o romântico) fazem extremamente contraditória essa poesia, que aos poucos se foi tornando clássica – no sentido do equilíbrio entre essência e forma. Vale-se o poeta de símbolos que vai encontrando à sua passagem, curumins, baobás e aratacas, e que o ajudam a desbravar a substância poética, nesse emaranhado agreste, nessa fuga por selvas e rios, atabalhoadamente, como quem quer livrar-se da própria sombra: erudição, virtuosidade, sonho, até mesmo experiência da vida. Contraposições de ordem pessoal corroboram o seu estilo de grandes dissonâncias: o gosto de viver até à amargura – "a própria dor é uma felicidade", verso repetido – a desconcertante ironia à hora da lágrima, sarcasmo disfarçando enternecimento, blandícia valorizando rudeza, pranto de amor.

Na participação integral do universo encontrou sua sensibilidade um clima finalmente propício: e espraiou-se por todos os lados como um Deus bonachão. Não é mais, a essa altura, o nativo com suas peculiaridades e sim o ser humano integrado no cosmos, com o desejo de tudo compreender – para de tudo participar. Recorda, de quando em quando, como no Rito do Irmão Pequeno, um vagaroso Noé, com um convite de salvação e paz, com o pressentimento de existência desconhecida, talvez a intuição do reino vegetal, seivoso e bom, ou o da bem-aventurança prometida ao simples. Transcende, então, a qualquer contingência, eterniza a circunstância, atinge o grandioso pela humildade; pelo cotidiano, o sublime.

Estas e outras considerações se sucediam no meu espírito, a respeito de Mário de Andrade, sem que eu me desse por satisfeita. Mas não é justo silenciar, quando se trata do Mestre. A contribuição de sua correspondência, no sentido de explicá-lo, seria de inestimável alcance. A cada um de nós se dirigia de modo diverso, de acordo com a sensibilidade e os interesses do parceiro, múltiplo na sua extensa personalidade. Essas cartas, entretanto, devemos resguardá-las até 1995, em cumprimento de sua vontade mesma, não manifestada em termos expressos, o que discordaria de seu feitio generoso e confiante, porém claramente subentendida através do seu desejo de proteger as confidências dos amigos no decurso de cinquenta anos após sua morte. Entendo que esse respeito exige reciprocidade. As numerosas cartas que possuo, da ininterrupta correspondência que mantivemos durante os seis últimos anos de sua vida, revelarão a evolução, em ascendência, de seu ser moral, seus pensamentos talvez mais graves, sua religiosidade inata, suas largas intuições sobre os motivos eternos: a beleza, a verdade, Deus, sua adoração pela poesia viva. Desses assuntos tratava ao correr da pena, movido por efêmeras causas, em improvisos cuja perenidade está segura.

Algum dia virão a lume essas cartas, publicadas e estudadas – quem sabe? – pelo menino poeta das montanhas ou dos planaltos, quando estivermos, os que hoje contamos mais de trinta anos, mergulhados no além. Meu depoimento não é senão promessa, auspício. Mas sinto-me na obrigação de prestá-lo, ainda que apenas como auspício e promessa – para as gerações mais novas, para o futuro.

Querida Henriqueta – Cartas de Mário de Andrade a Henriqueta Lisboa,
pp. 187-208.

3. Mário

Henriqueta Lisboa

Digo: Mário. Não responde.
Grito: Mário! Não responde.
Mário! Mas que angústia, Mário!
Não responde, não responde.

Mário não responde mais.
Nem a suspiros nem gritos.
Talvez nunca mais responda.
Nunca, nunca, nunca mais.

Mário respondia sempre.
Sempre. E como respondia!
Mas agora não responde.
Não responde, não responde.

Mário! Todos se erguem. Mário!
Gritam do sul e do norte.
De Minas e de São Paulo.
Com mais força gritam: Mário!

Soluça o Brasil. Impreca.
Mário! No abraço dos ventos.
Mário! no bater dos bronzes.
No pranto das ondas: Mário!

Mário! da montanha. E acesos
fachos ardem na montanha.
Pode ser que a noite espessa
guarde o destino de Mário.

Que mistério nas florestas!
E em poucos instantes entram
verdes brenhas – Mário! Mário! –
moços, anciãos e donzelas.

Mário! em notas várias clamam
vozes límpidas e roucas.
Pássaros e feras pasmam
consultando os astros: Mário?

Passam luas, nascem flores,
secam-se rios e séculos.
As gerações por seu turno
repetindo: Mário. Mário.

Nos escampados, em coro,
levantam bandeiras: Mário!
Na densidão dos nevoeiros
– Mário... gemem como crianças.

Querida Henriqueta – Cartas de Mário de Andrade a Henriqueta Lisboa, *p. LXVII*.

III. Poemas Enviados por Henriqueta Lisboa a Mário de Andrade

A reprodução, em *fac-símile*, de alguns dos poemas de Henriqueta Lisboa comentados por Mário de Andrade tem o objetivo de presentificar o diálogo poético criado entre os dois poetas. A pesquisa dos manuscritos foi realizada nos dois arquivos (HL e MA), mas a presente seleção consta dos poemas alocados no Arquivo Henriqueta Lisboa, pela qualidade dos comentários e a importância dos documentos. Estão arquivados na Série "Produção Intelectual do Titular. Poemas Comentados".

Três desses poemas ("Romanceiro do Aleijadinho", "História de Chico Rei" e "Poesia de Ouro Preto") foram incluídos em *Madrinha Lua* (Rio de Janeiro, Hipocampo, 1952). "Desdém" foi publicado em 1958, no livro *Azul Profundo*, em Belo Horizonte, pela ed. Ariel. Os demais 31 poemas fariam parte do livro *A Face Lívida*, publicado em 1945 e dedicado à memória de Mário. O título de um deles, "Consciência", foi mudado para "Claro-escuro". Outros 23 poemas foram acrescentados à edição do livro, que contém 54 poemas.

Correspondência

```
              AS CRIANÇAS
                  HENRIQUETA LISBOA
     As crianças cantam.
     Quero silêncio
     perfeito.
     Nem folha ao vento
     nem fontes murmuras
     entre arbustos.
     Para bem longe
     pássaros, risos.
     Ninguem me fale
     ninguem me beije.
     Quero silêncio
     de antes do gênesis.
     Quero silêncio
     profundo e amplo
     para o canto
     que se inaugura.

     Dormem as crianças.
     Quero sombra,
     sombra de joelhos.
     Quero sombra
     azul e verde,
     nuvens tênues
     velando o tênue
     lume das águas.
     Nem mesmo a lua
     das ilhas.
     Nem olhos úmidos
     na carícia.
     Quero sombra
     sem matéria,
     quero sombra
     sombra de Deus
     para êste sono
(1)  primeiro.
```

"As Crianças" – HL
<u>Nota MA</u>: *"Perfeito"; "(1) Caturrice: prefiro 'primevo' a 'primeiro'. Primevo/ realiza, integra milhor a ideia, a completa/ porque se trata dum primeiro que é primordial/ e de todos os tempos, e do tempo antes, primitivo/. Tudo isso 'primevo' diz, que 'primeiro' não/ diz – Além disso tem a sugestão, tanto verbal/ como sonora. 'Primevo' choca, risca um brilho/ e estranha, criando milhor a ambiência lírico/-mistica. O que é apagado pelo <u>é</u> aberto da palavra que brilha um segundo e se apaga".*
Arquivo HL. AEM/CEL/UFMG.

O ANJO DA PAZ
H. LISBOA

Por vereda obscura
se foi para sempre.
Levava no rosto
o estigma da injúria.
Das alvas sandálias
sacudia o impuro.

Vida quotidiana
partilhou conosco
sem que o conhecêssemos.
Sentava-se à mesa
como qualquer outro,
repartia o pão.

Ninguém perguntava
qual a sua origem.
Nem mistério havia
no seu todo cândido.
Nada mais que um anjo
nos evocaria.

Sob a sua sombra
—talvez fossem asas—
mar de sofrimento
se tornava manso
como acariciado
por gestos amantes.

Na sua presença
cada qual podia
guardar o silêncio
sem fel ou desprezo:
que eram luz de espelhos
os olhos nos olhos.

Hoje que se foi
por mundos ignotos,
deixando-nos trevas
e ranger de dentes,
só hoje que as águas
do rio se abriram
repudiando, odientas,
o corpo de Abel,
só hoje sabemos
quem foi e quem é.

Maravilha

"O Anjo da Paz" – HL
<u>Nota MA</u>: *"Maravilha"*.
Arquivo HL. AEM/CEL/UFMG.

Correspondência

PALMEIRA DA PRAIA

HENRIQUETA LISBOA

Palmeira da Praia
sacudindo as folhas
com gestos graciosos,
nervosa Palmeira,
nervosa, graciosa,
escondendo o rosto
com verdes rubores
ao vento que passa.

Palmeira da Praia
-talhe esbelto e esgalgo-
procurando longe
com olhos agudos,
mostrando recortes
de céu entre os dedos,
abanando lenços
em brancos adeuses.

Palmeira entre núvens
que nunca resolves
êsse ar delicado
de espera e renúncia.

Conheço-te muito,
Palmeira da Praia,
teu bom gôsto e instinto
de amorosa e casta.

"Palmeira da Praia" – HL
<u>Nota MA</u>: "*Perfeito. Uma nobreza/ cristal de dicção e/ estilo. Que sim-/ plicidade. Que força recôndita,/ amorosa e/ casta...*".
Arquivo HL. AEM/CEL/UFMG.

INOCÊNCIA

H. LISBOA

Eu hoje vi a Inocência
nos olhos do velho bêbedo.

Talvez ninguém acredite.

Os olhos do velho bêbedo
sorriam na complacência
de uma luz que se despede
como se a luz fosse eterna.

Talvez nem houvesse luz,
fosse apenas ilusão,
sombra de aurora, crepúsculo.
Essa ilusão que persiste
e que a si própria se basta,
sem matéria, sem futuro.

Talvez ninguém acredite:
havia um mundo perfeito
de renúncias instintivas
nos olhos do velho bêbedo.

Uma transfusão gratúita,
mãos dadas, nenhum contacto,
nenhum pedido mas dádiva,
dádiva de quem não tem.

Eu hoje vi a Inocência.

Não foi nos dentes de leite
de nenhuma criança loura.
Nem na flor de laranjeira
sôbre os cabelos da noiva.
Foi exatamente dentro
dos olhos do velho bêbedo.

Azul de céu, limpidez
de lírios amanhecentes,
é preciso com perícia
ocultar tôda malícia
aos olhos do velho bêbedo!

não sinto

"Inocência" – HL
Nota MA: *"Não sinto"*.
Arquivo HL. AEM/CEL/UFMG.

CHUVA

HENRIQUETA LISBOA

Chuva torrencial
carregada de frutos
como as árvores maternais.

Chuva exhausta
de longos braços pendendo.

Chuva nos campos da fatalidade
desarreando bandeiras.

Chuva, música opulenta
de rios que se despenham
das nuvens.

Chuva sonora e lenta
caindo por noites e noites.

Inutilmente
nivelando canteiros.

As creaturas estão à espera
protegidas pelas paredes
e a palavra -sol-
unge todos os lábios.

Só eu na minha imensidade sem teto
só eu te suporto o peso,
só eu te sorvo esse gosto
de morte.

Chuva, plenitude amarga
de derrota.

Sinto que és retôrno,
corpo cansado de espírito,
corpo vencido,
corpo
que se entrega
pesadamente
à terra.

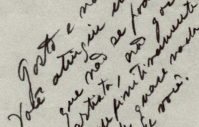

"Chuva" – HL
<u>Nota MA</u>: "Gosto e não gosto./ Você atingiu uma técnica/ que não se pode, sendo/ artista, não gostar/ 'definitivamente'/ de quase nada/ de você".
Arquivo HL. AEM/CEL/UFMG.

ORGULHO

    HENRIQUETA LISBOA

Pago caro o orgulho
de buscar na vida
aquilo que busco.

Desdenho a fumaça
que oscila no vento:
nas mãos, na conciência,
tenho cinza fria.

Às impuras águas
plasma qualquer fórma:
e agonizo lenta
com sêde nos lábios.

Pago caro o orgulho
de querer perfeita
minha vida efêmera.

Tipo conceituoso
Bem feito
Não gosto

"Orgulho" – HL
Nota MA: "Tipo conceituoso/ Bem feito/ Não gosto".
Arquivo HL. AEM/CEL/UFMG.

A FONTE AZUL
H. LISBOA

Ah! só quem viu a fonte azul,
a fonte azul jorrando lágrimas!
Seria apenas uma fonte
ou neblina de estrela dalva
debruços na madrugada?

Em tôrno dela havia uma aura
de deslumbramentos estranhos,
-tôda uma raça de tulipas
e orquídeas com perfumes brancos.
E também havia um segrêdo
de finas cordas intangidas,
-remanso de verdes quimeras
atufado pelas alfombras.

Ficava bem longe a estância:
depois de campos e florestas.
Tínhamos que vencer as ondas
de largos e largos mares,
de tempos muitos e muitos,
para essa visita à gruta
de que ressumbravam mistérios.

Mas não havia mistério
que fosse menos distante:
era uma gruta, era uma fonte
guardada por uma donzela.
No interior nublado de azul,
no azul ferrete das pedras
as bátegas saltavam vívidas
ressoando, depois tombando
numa exhalação de suspiros.

A água embora fosse a mais límpida
não realizava milagres.
Mas aquele que a bebia
ficava lúcido e pálido.
Quando de natureza tenra
aprendia a guardar silêncio.
Então- e não havia dúvida-
uma vez por outra voltava.

"A Fonte Azul" – HL
<u>Nota MA</u>: "Muito bom. Germânico/ na sensibilidade.../ (não confundir com/ nazista!)".
Arquivo HL. AEM/CEL/UFMG.

```
            TRIGO E JOIO
                H. LISBOA
        Campo de trigo com joio.
(1)     Alma e corpo. Estranha mescla.
        Neve surda, neve imácula
        inoculada de nódoa.

        Pingo de treva na luz
        em breve os olhos ofusca
        (os olhos fixos na nódoa).

        No princípio era semente
        e foi crescendo, crescendo,
        aranha de muitas pernas
        raia por todos os pontos,
        raízes pégam, são garras.

        No princípio do tamanho
        de um grão de mostarda, um grão:
        quem pensaria em tentáculos?

        Alma e corpo, joio e trigo,
        como no vento se abraçam!

        Íntimo trigo, que luta
        para conservar-se intacto!
```

"Trigo e Joio" – HL
<u>Nota MA</u>: *Trecho circundado pelo autor: "Estranha mescla"; "(1) Prefiro 'mescla estranha' neste verso. Repare como/ o ritmo ficou mais expressivo assim, mais estranho,/ mais difícil de dizer, acentuando a mescla simbólica/ pela sensação oral-sonora. E daí combina mais com/ os magistrais dois versos seguintes./ Ciclo Conceito mas/ sem conceito, sem 'moralidade'/ final, fabulística. Delícia".*
Arquivo HL. AEM/CEL/UFMG.

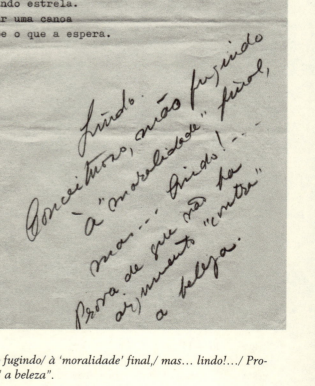

"Canoa" – HL
<u>Nota MA</u>: "Lindo./ Conceituoso, não fugindo/ à 'moralidade' final,/ mas... lindo!.../ Prova de que não há/ argumento 'contra' a beleza".
Arquivo HL. AEM/CEL/UFMG.

OURO INCENSO E MIRRA

HENRIQUETA LISBOA

Ouro incenso e mirra
para o meu crepúsculo.
Ouro incenso e mirra
no momento justo.

Momento completo
quando as águas chegam
às bordas do poço
e nenhuma brisa
respira à flor dágua.

Espêlho dormido
de profundidade.

Por quantos desertos
andastes vagando,
quantos dromedários
conheceram sede,
que verdes miragens
umas após outras
nas areias móveis,

para que chegásseis
no momento exato
quando brilha a estrêla
do último lampejo.

E quantas auroras
de sangue com lágrimas,
que ácidas recusas
de supérfluas dádivas,
que íntimo silêncio
por baixo das veias,

para que estas mãos
se tornassem diáfanas
diáfanas a ponto
de as reconhecerdes.

Ouro incenso e mirra
que me pertenceis.

Ótimo

"Ouro Incenso e Mirra" – HL
<u>Nota MA</u>: "Ótimo".
Arquivo HL. AEM/CEL/UFMG.

Correspondência

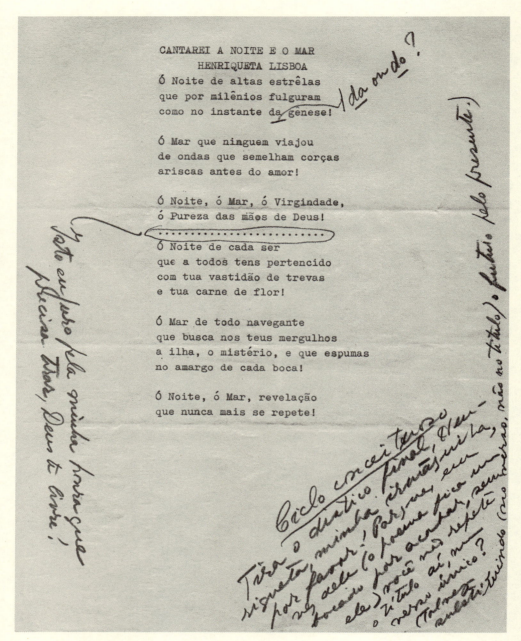

"Cantarei a Noite e o Mar" – HL
   Nota MA: "*da* ou *do*?"; "Isto eu juro pela minha honra/ que precisa tirar, Deus te livre!";
"*Ciclo conceituoso*/ Tira o dístico final, Hen-/riqueta, minha irmãzinha,/ por favor! Porque, em/ vez dele (o poema fica um/ bocado por acabar, sem/ ele) você não repete/ o título aí, num/ verso único?/ (Talvez/ substituindo (no verso, não no título) o futuro pelo presente.)".
Arquivo HL. AEM/CEL/UFMG.

ARTE

HENRIQUETA LISBOA

Entre falsidades
és a verdadeira.

Febre de mentiras
a boca te queima.

Renegas os peitos
que te alimentaram.

No fundo, perjura,
és a verdadeira.

Cavalgas o abismo
não sei com que freios.

Jardins devastados
são os teus conluios.

No fundo, no fundo,
és a verdadeira.

Confusão extrema
de êxtases, sarcasmos
e ranger de dentes.

Demônio triunfante,
demônio esmagado
sob os calcanhares?

Mistério, mistério.

Cessaram de súbito
risos e soluços.

Não há na cidade
pedra sôbre pedra.

Verdades se arrasam
por ti, VERDADEIRA!

Bom

"Arte" – HL
<u>Nota MA</u>: *O autor inclui a palavra "que" na quinta estrofe no segundo verso; "Bom".*
Arquivo HL. AEM/CEL/UFMG.

RESSONÂNCIA
H. LISBOA

Os ventos passam
estalam cordas.
Os astros cantam
as cordas gemem.
Dansam os mundos
a dor é música
nessa infinita
raiva inaudita
de revelação.

E veio um tempo
em que houve espectros
e espelhos na escuridão.
Nas noites de tempestade
os espectros oscilavam
(seriam mortos ou não?)
e os espelhos ofuscados
refletiam relâmpagos.

E as cordas tensas
mal se continham,
surdas uivavam
com o mar bravio
vendo os espectros
beirando abismos,
vendo os espelhos
que se partiam
de encontro às rochas
na escuridão.

Cordas revôltas
em ressonância
na ânsia profunda
de revelação.

E vieram lagos
de água estagnada
com limos verdes
escorregando.
Citaras longas
tangem melódicas
nas ilhas débeis
licor de rosas.

Que fôrça, ó cordas,
vos policiava,
delicadeza
de borboleta
ou covardia
de coração,
na ânsia tremenda
de revelação?

Tudo diríeis,
tudo direis
nessa infinita
raiva inaudita
de revelação.

"Ressonância" – HL
<u>Nota MA</u>: "Gosto e não gosto, gosto muito, acho lindo, mas acho,/ sei, que podia ser melhor. Aqui eu desisto de/ comentar, decerto escreveria doze páginas sobre, e/ o tempo não dá, a vida não chega mais. Tenho a/ sensação de que certos elementos podiam ser tirados, ou/ refeitos, ou mudados, não sei, é tudo sensação. Menti, pra/ efeito, dizendo no princípio que 'gosto e não gosto', gosto sempre,/ mas me fica sempre uma ponta de insatisfação 'estética', quer/ dizer, de imperfeito, de não muito/ trabalhado e per-fazido".
Arquivo HL. AEM/CEL/UFMG.

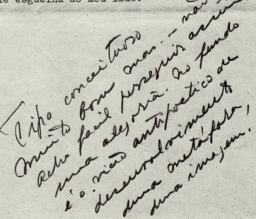

"Minha Morte" – HL
Nota MA: "Tipo conceituoso/ muito bom mas... não gosto./ Acho fácil perseguir assim/ uma alegoria. No fundo/ é o não antipoético de/ desenvolvimento duma metáfora,/ duma imagem".
Arquivo HL. AEM/CEL/UFMG.

> Correspondência

IMAGEM
H. LISBOA

Caminhei entre os homens
num silêncio conciente,
harmonioso e tenaz.

Palavras que eu sonhara,
na cidade do asfalto,
pareceriam esquivas
borboletas do campo.

Dêste baixar de pálpebras
anônimo e sutil
teci eu própria a minha
túnica de martírios.

À hora em que me aproximo
desse outeiro escalvado
em que já não há musgos
enredando sandálias,

bem me parece que ouço
um princípio de música.

Mas não é para mim.

Talvez seja o prenúncio
de que uma flor azul
nascerá dos meus passos.

{ Flor azul
de que sou apenas a Imagem.

Tire a pedido. Cem-por-cento lindo. O "conceito" final explode aqui com um ranço que engasga.

"Imagem" – HL
<u>Nota MA</u>: O autor utiliza o símbolo "chave" para destacar a última estrofe. "Tire a pedido. Cem-por-cento lindo./ O 'conceito' final explode aqui/ com um ranço que engasga".
Arquivo HL. AEM/CEL/UFMG.

CANÇÃO DO BERÇO VAZIO
HENRIQUETA LISBOA

Canção do berço vazio
nunca a ninguem acalenta,
nenhuma voz a cantou.

Canção de lábios cerrados
que estremeceu no silêncio
muito antes de ter princípio.

Canção de peito oprimido
que não encontra palavras
porque nem o berço existe.

Ah! quem sonhara acalantos,
fontes escorrendo leite
para inconcebidos anjos?

Num país irmão da noite,
canção da loucura mansa
para ouvidos que não ouvem.

Canção do berço vazio
entrecortada de prantos
e de risos escondidos.

Lá do outro lado do mundo,
canção sem nenhum sentido
pobre louca está cantando...

"Canção do Berço Vazio" – HL
<u>Nota MA</u>: *"Não sinto muito isto,/ mas não digo nada,/ não tenho opinião".*
Arquivo HL. AEM/CEL/UFMG.

CONSTÂNCIA
H. LISBOA

Roseira magra
em seiva ardendo
sem folhas
defende com espinhos
-áspera-
a pequenina flama
do coração exposto.

(Bandeira intacta,
flor entre escombros)

Como no peito
enxuto e côncavo
ai! essa máquina pontual e heróica
acima da tôdas as desistências
batendo, batendo,
latejando, batendo,
com tímidos golpes
de nodosos dedos
à porta que não se abrirá.

"Constância" – HL
<u>Nota MA</u>: "Ótimo"; "(1) Não sei, não gosto da imagem 'máquina' aqui. Pre-/feria coisa abstrata, 'esperança', 'ciúme', 'ânsia'/ não sei, 'raiva',/ não sinto os dois versos do parênte-se. Acho/ metáfora que não adianta".
Arquivo HL. AEM/CEL/UFMG.

MENINOS DE VIENA
HENRIQUETA LISBOA

Vozes de orvalho
gota a gota escorrem
pelos tecidos
da noite.

Urna ou pétala
a noite côncava
estremecendo
ao toque
das gotas dágua?

E as gotas se unem:
fios de prata,
flexíveis dedos
entrelaçados.

Aranha clara,
será que é lua
cantando?

Cavalgam potros
na alta montanha.

Foscas raízes
vão como gatos
abrir de súbito
oh! que clareiras
na mata!

É madrugada
raiando longe
nas ilhas verdes
de Taiti?

É um côro de anjos!
Anjos de carne
com faces tenras
de leite e nácar.

Limpas gargantas,
línguas voláteis
antes da amarga,
amarga esponja.

Crianças
de olhos vendados
adivinhando
mundos intactos.

Bi-delícia

"Meninos de Viena" – HL
Nota MA: "Bi-delícia".
Arquivo HL. AEM/CEL/UFMG.

NATUREZA

HENRIQUETA LISBOA

Flores em guirlanda
ao longo dos troncos.

Cheiro intenso de uva
no bojo das frondes.

Música de bárbaro
à sombra dos bosques.

Sentidos cercados
de todos os lados.

Porém a alma lúcida,
lúcida e amarga
como cristal de rocha.

"Natureza" – HL
Nota MA: "Muito bom. Eu pegava a/ assonância, 'lúcida' também, e/ evitava a quebra de ritmo/ do último verso escrevendo:/ 'Tal cristal de rocha'".
Arquivo HL. AEM/CEL/UFMG.

LONGAS CAMINHADAS
HENRIQUETA LISBOA

Longas caminhadas
pela terra em fogo.
Soalheira que estua,
ladeiras abrutas.
Rosto descomposto,
latejar de têmporas.

Longas caminhadas,
perdi-me no tempo.
Não sei por onde ando.
Por onde? pergunto.
Longas caminhadas,
resposta nenhuma.

Longas caminhadas,
solidão incômoda.
Quero vida em tôrno,
preciso de estímulo!
Cabeça de criança
para acariciar.
Passos arrastados
para conduzir.
Mocidade louca
sim! para invejar.

Longas caminhadas,
tenho os nervos gastos.
Ruas e mais ruas,
labirintos rudes
onde a cada instante
se esbarram esquinas.
Praias rumorosas
sem nenhum descanso,
vagas em revolta.
Árvores em marcha.
Fios telegráficos.
Estradas de ferro
levando sem trégua
para outras estâncias
a áspera certeza
de que nada existe,
senão a esperança
e a desesperança
de outras caminhadas...
senão a esperança
e a desesperança
de outras caminhadas...

de outras caminhadas...

de outras caminhadas
para o nunca mais...

"Longas Caminhadas" – HL
<u>Nota MA</u>: *"Muito bom"*.
Arquivo HL. AEM/CEL/UFMG.

CONCIÊNCIA
H. LISBOA

Excursões intemporais
para dentro da existência.
Percurso de corredores
onde urge um raio de sol:
um raio de sol ao menos
teceria claro-escuro.

Chão de tapetes e musgos
abafando passos tardos.
Altas paredes tecidas
de colgaduras com môfo.
Retratos mal enforcados
em cordas sempre mais tensas
pendem das traves do teto
como de árvore maldita.

Passeio mal assombrado!
Lá muito abaixo do solo
se ouviu soturno rumor
de vento soltando amarras,
de ondas raivando de espuma.

Foi o bravo prisioneiro
que com as suas próprias unhas
rompeu os diques de pedra
— e agora nega aos pulmões
a respiração do mar.

"Conciência" – HL
Nota MA: "Tipo conceituoso, em que/ a poesia toda, aqui, é o conceito,/ e dá o conceito-imagem/ do assunto que está/ exclusivamente no/ título!!! Tire/ o título,/ tire o título! Liberte a poesia da/ sua conceituosidade! deixe ela/ livre. Como está, ela está presa a/ um assunto, o título. Chame/ isto de 'Narciso' faz favor".
Arquivo HL. AEM/CEL/UFMG.

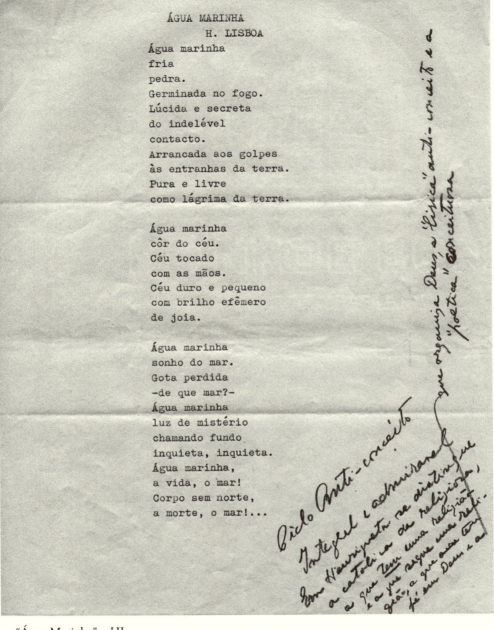

"Água Marinha" – HL
Nota MA: "Ciclo Anti-conceito./ Integral e admirável./ Em Henriqueta se distingue/ a católica da religiosa,/ a que <u>tem</u> uma religião/ e a que segue uma reli-/gião, a que tem/ fé em Deus e a/ que organiza Deus, a 'lírica' anti-conceito e a/ 'poética' conceituosa".
Arquivo HL. AEM/CEL/UFMG.

```
                AS VIRGENS
                   H. LISBOA
        As virgens loucas dormiam
        sonhando perfis de heróis.
        Velavam as virgens sábias
        com suas lâmpadas de óleo.

        -Como está longe a visita
        que nos prometeu o Espôso!-
        com o olhar amortecido
        diziam as virgens loucas.
        E as virgens sábias diziam
        atentas a todo ruído:
        -Talvez que chegue esta noite.

        Suspiravam de desejo
        as loucas: -Serão do Espôso,
        fôrça, espírito e nobreza,
        os mais formosos adornos.
        Calavam-se as da vigília
        juntando azeite à candeia.

        As sonhadoras sonhavam
        carinhos mais que perfeitos.
        Cuidavam-se as que eram sábias
        perfumando-se os cabelos.

        Quanto mais alto na tôrre
        se viam as loucas virgens,
        mais no sonho se embebiam.
        Sem se aperceber que as outras
        de há muito as levara o Espôso.
```

"As Virgens" – HL
<u>Nota MA</u>: "No gênero: uma perfeição./ Não sinto o gênero./ Me encanta a rea-/lização técnica".
Arquivo HL. AEM/CEL/UFMG.

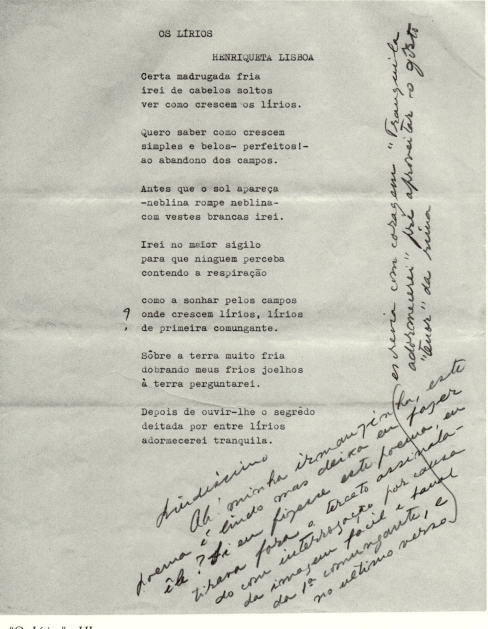

"Os Lírios" – HL
<u>Nota MA</u>: "?"; "Lindíssimo/ Ah! Minha irmanzinha, este/ poema é lindo mas deixa eu fazer/ ele? Se eu fizesse este poema, eu/ tirava fora o terceto assinala-/do com interrogação por causa/ da imagem fácil e banal da 1ª comungante, e/ no último verso/ escrevia com coragem 'Tranquila/ adormecerei' pra aproveitar o gosto/ 'tenor' da rima".
Arquivo HL. AEM/CEL/UFMG.

MELANCOLIA
H. LISBOA

Água negra
negros bordes
poço negro
com flor.

Água turva
denso visgo
turvo limo
com flor.

Noite espêssa
sem lanterna
espêsso poço
com flor.

Sombra, corpo
de serpente
na oferenda
da flor.

Risco de morte
violenta
árdua morte
de asfixia
veneno letal
fatal
quasi que puro
suicídio
com uma lenta
lenta flor.

Ótimo

"Melancolia" – HL
<u>Nota MA</u>: "Ótimo".
Arquivo HL. AEM/CEL/UFMG.

CÂNTARO

H. LISBOA

Cântaro,
um gole de água
para a minha garganta!

Água fria, bem fria,
respingo de chuva das árvores,
cristal lunar,
neblina da madrugada.

Cântaro,
a tua pureza
e a tua suavidade!

Como podes ser puro
e suave,
cântaro,
-corpo de barro?

Ciclo Conceituoso

"Cântaro" – HL
<u>Nota MA</u>: "Ciclo Conceituoso"; "Às vezes, Você cai um bocado um Tasso da Sil-/veira isso é um perigo: a mansidão por demais/ amansada, numa total ausência de pureza/ mística. Uma certa banalidade que parece/ não ser banal. De forma que a gente faz/ um esforço pra 'sentir isso', procurando des-/ cobrir uma profundeza que na realidade/ não existe".
Arquivo HL. AEM/CEL/UFMG.

ROMANCE DO ALEIJADINHO

A Mário de Andrade,
Henriqueta Lisboa

Antônio Francisco Lisboa
no catre de paralítico.
Antônio Francisco Lisboa
está nos últimos dias.

— Sôbre o meu corpo, ó Senhor,
põe teus divinos pés.
Ao penitente perdoa
ira, luxúria e soberba.

Os grossos lábios murmuram
secos, gretados, de terra.
Tateiam os olhos cegos
as moedas falsas da luz.
Estende os braços, estende-os,
não tem mãos para sentir
a carnadura de estrelas
de sua pedra vencida!
E anseia matérias plásticas
sob os dedos renascidos!

— Mais que volutas, rosáceas,
mais do que as flamas e as curvas
flexuosas dos meus delírios,
em segredo amei as virgens
de leves túnicas brancas,
formas essenciais do sonho
que fez do meu corpo uma alma!
E mais do que os rijos músculos
desses guerreiros que atroam
nuvens e ares com trombetas,
amei a graça e a doçura
dos anjos, dos ruflos de asas,
a delicadeza em flor
das crianças que não me amaram.

Queda um momento perplexo:
de um lado o mar infinito
de vagas que se desdobram
verdes, verdes, sempre verdes,
e os seus passos firmes de homem
caminhando, caminhando,
sôbre as ondas caminhando.

À esquerda a floresta, o abismo:
fulvas serpentes se enroscam
nos troncos dóceis dos cedros.
e as ramas se multiplicam
no esconderijo das sombras
atravancando a passagem.

"Romance do Aleijadinho" – HL
<u>Dedicatória de HL</u>:*"A Mário de Andrade,/ Henriqueta Lisboa".*
<u>Nota MA</u>: *"E' outra coisa esplêndida, gêmea/ do Chico Rei. Eu cá por mim/ tirava o dístico final. Praquê/ concluir!... Acabar vago, acabar/ continuando, 'move os lábios/ num sussurro' é uma maravi-/lha de sugestividade, não/ tem conceito, vale mais."*
Arquivo HL. AEM/CEL/UFMG.

E recorda as vezes tantas
em que seus pés se enredaram.

– Filtros, filtros de cardina,
filtros, prodigiosos filtros!

Do catre imundo e revôlto
Joana Lopes se aproxima:
– Que queres tu, Pai Antônio?

– Para onde foi teu marido,
filho ingrato que gerei?
– O mundo levou teu filho
mas uma filha te deu.

– Januário, onde está Januário,
é meu escravo ou não é?
– Januário de tantas maguas
descansa no cemitério.

– Ganhei dinheiro às carradas
e a minha arca está vazia!
– Eras amigo dos pobres,
são pobres os teus amigos.

A boca hedionda se torce
porque não sabe sorrir.

– Quero a Bíblia, a minha Bíblia!

Mãos compassivas depõem
no peito coberto de úlceras,
restos do sagrado livro.

– Sôbre o meu corpo, ó Senhor,
põe teus divinos pés.

O moribundo sem fôrça
move os lábios num sussurro.

E da distância dos séculos
anjos e virgens o escutam.

Belo Horizonte, 4 - 11 - 1941

HISTÓRIA DE CHICO REI
HENRIQUETA LISBOA

Nos tempos da escravidão,
Francisco rei africano
aprisionado e vendido
com sua família e tribu.

Na travessia do Atlântico,
forte como um rei, Francisco
perde a esposa, perde os filhos
quase todos, menos um.

Francisco rei africano
em Vila Rica é um escravo,
não um escravo comum:

mais do que todos, trabalha,
não tem lazer, não tem vícios,
faz aos vinténs um pecúlio.

Forra o filho, o filho ao pai,
forram ambos um patrício
e vão forrando outros mais.

Novo Estado constituem
os negros vindos da costa.
São talvez mais de mil súditos
com Francisco no seu posto.

Das minas da Encardideira
mãos negras arrancam ouro.
Santa Ifigênia padroeira
já tem igreja no morro.

A igreja de Santa Ifigênia
era pobre, pobre, pobre.

As pretas que escavam minas
põe ouro nas gaforinhas.

Gaforinhas, touças ásperas
transformadas em bateias,
todas as tardes se inclinam
sobre a pia de água benta.
E em troca do ouro que deixam
levam gotas diamantinas.

(Em campos de céu noturno
poeira de estrelas com chuva)

Santa Ifigênia do morro
ficou rica, rica, rica.

"História de Chico Rei" – HL
<u>Nota MA</u>: *O autor circula a última estrofe e escreve: "Ah! Conceito... O resto é uma coisa/ estupendíssima";/ "(1) Acho o verso malfeito dando pra 'real' uma/ sílaba só. Veja se muda o verbo de jeito que o ritmo se mova dando duas/ sílabas pra 're-al'".*
Arquivo HL. AEM/CEL/UFMG.

O rei tem nova consorte,
o filho deu-lhe uma nora.

No dia seis de Janeiro,

(Santa Ifigênia na igreja
aguarda a família real)

com sua espôsa e com os príncipes
seguidos de negro séquito,
nas ruas de Vila Rica,

Francisco rei africano

arrasta mantos de púrpura.

Francisco rei africano
tinha realeza no sangue.

Belo Horizonte, 7 - 11 - 41

Ah! conceito... O resto é uma coisa estupendíssima.

(1) Ritmo o verso malfeito dando pra "real" uma sílaba só. Veja si muda o verbo de jeito que o ritmo se mova dando duas sílabas pra "re-al".

POESIA DE OURO-PRETO
HENRIQUETA LISBOA

Ó cidade de Ouro-Preto
boa (para a) gente morar! — toda
Numa casa com mirantes
entre malvas e gerânios,
ter os olhos de Marília
para cismar e cismar!

Numa casa com mirantes
pintada de azul anil,
sôbre a rua de escadinhas
que é um leque em poeira, de sândalo,
passar na janela o dia
vendo a vida que não anda.

E de noite vendo a lua
como uma camélia, opaca,
flor sem perfume, de jaspe,
abrir o baú de folha
que é lembrança de família,
baú onde criam mofo
cartas velhas e retrato
de algum namorado ingrato.

Numa casa com mirantes
lá da alcova, atento o ouvido,
escutando as serenatas
de clarineta e violão,
evocar tempos perdidos
quando a Ponte dos Suspiros
—hoje povoada de sapos—
era a ponte dos encontros
dos noivos que não casaram.

Ou então ouvir, deshoras,
(risca fogo, bate cascos
nas calçadas, a galope,
sem destino, sem descanso)
aquele cavalo bravo
que deu martírio e deu morte
crua a Felipe dos Santos.

Depois, de manhã bem cedo,
ir à igreja das Mercês,
das Mercês e dos Perdões,
ficar ajoelhada no adro
na contemplação feliz
das volutas e dos frisos
e, embora sem ter rezado,
voltar para casa leve,
coração de passarinho
navegando com delícia
os rios de ar da montanha.

Com o lusco-fusco e o sereno
por agasalho de lã,
voltar o mesmo caminho
para assistir à novena.

"Poesia de Ouro Preto" – HL
Nota MA: O autor circula o trecho "para a" do segundo verso da primeira estrofe; "da".
Nota MA: "Muito bom, mas não guenta/ comparação com o Chico/ Rei".
Arquivo HL. AEM/CEL/UFMG.

Ver de novo hoje como ontem
a escura Casa dos Contos
onde mora a alma penada
de Cláudio Manuel, coitado!

Pisar com carinho as ruas
que o Aleijadinho pisou
marcando-as com a sua força
como se essas ruas fossem
lotes de pedra sabão...

E quando houver procissão,
chegar perto de São Jorge
para ver a carantona
do alferes que se presume.
E enquanto das casas nobres
vem almíscar de alfazema
por entre colchas de seda
e franjas pelas sacadas,
seguir de cabeça baixa,
na mão uma vela acesa.

Ô poesia de Ouro-Preto,
cofre forte com segrêdo!
Poder olhar de soslaio,
meio escondida no mato,
com verdes nódoas de musgo,
a casa em que se reuniam
em volta da mesa grande
os homens da capa preta.
(Numa parede- há quem diga-
existe uma cruz de sangue
com que jurou Tiradentes,
uma cruz que se ilumina
no dia vinte e um de Abril.)

Ô poesia de Ouro-Preto!
Em cada beco ver sombras
que já desapareceram.
Em cada sino ouvir sons,
badaladas de outros tempos.
Em cada arranco do solo,
batida de pedra e cal,
ver a eternidade em paz.

Ô cidade de Ouro-Preto
boa para a gente morar!...
E esperar a hora da morte
sem nenhum medo nem pena
- quando nada mais espera.

Belo Horizonte, 2 - 11 - 1941

DESDÉM
H. LISBOA
Última flor: desdém.

Tem certo encanto, certa graça
de breves lábios, finos dentes.

Flor ligeiramente pálida
com tênue rubor de aurora
desaparecida. Com quem?...

Quem foi que nesse jardim
tantas flores com tanto afã
mancheias colheu?... Ninguém.

Última flor: desdém.

(1) Flor que poderia ser fruto
de paladar bastante ácido
e sumo grosso. Porém...

(Os dedos dentro da luva
escondendo unhas e dardos)

Um gesto nada agressivo
corta a flor, atira-a no ar.

Essa flor deve ser de alguém.

"Desdém" – HL
<u>Nota MA</u>: *"Tudo está muito/ alegórico demais. A/ gente principia querendo/ descobrir as identidades/ de alegoria com a verda-/de alegorizada e adeus/ estado lírico". "(1) Verso ritmicamente defeituoso porque por causa da índole rít-/mica da língua (que afeiçoa a redondilha) ninguém não lerá/ nem dirá nem sentirá 'po-de-ri-a' dando oito sílabas/ ao verso, mas defeituosamente (como dicção, entenda-se) sen-/tirá 'po-de-ria', de duas sílabas fazendo uma só, e/ inda por cima breve. Fica feio como o diabo. Se você/ usasse brasileiramente 'podia' por 'poderia' evitava/ o defeito rítmico".*
Arquivo HL. AEM/CEL/UFMG.

O MILAGRE

HENRIQUETA LISBOA

Depois de cada noite amarga
sempre aguardamos o milagre
sem saber que milagre.

Sempre aguardamos o milagre
com essa angústia infinita
de quem sente que morre
sem ter logrado o que deseja.

Sempre aguardamos o milagre
com a infinita paciência
de quem viveu à espera
e sabe, à hora da morte, porque espera.

O relógio parou na madrugada.
Sopra um hálito frio no silêncio.
As mães, as pobres mães estão transidas
apertando no seio os filhos mortos.

O milagre virá. Não é possível
ai! que estas crianças estejam mortas!

"O Milagre" – HL
<u>Nota MA</u>: *Palavra sublinhada "aguardamos". "A não ser em poesia 'interes-/sada' acho impossível usar o plural 'nós' em poesia. Problema/ a pensar e desenvolver. Certos/ casos pronominais estão excluí-/dos da poesia legítima. Pelo/ menos o 'nós'./ Tipo conceituoso./ Qualquer coisa me deixa/ insatisfeito. Será o/ dístico final? De-/certo".*
Arquivo HL. AEM/CEL/UFMG.

DE H. LISBOA

CANÇÃO
Noite amarga
sem estrêla.

Sem estrêla
mas com lágrimas.

TRASFLOR
Borboleta vinda do alto
na palma da mão pousou.

Lavor de ouro sôbre esmalte.
Linda palavra: trasflor.

SOL E CHUVA
Riso com nó na garganta,
que malícia! Sol e chuva.

Que envergonhada ternura,
minha alegria com lágrimas!

Trasflor uma maravilha, Canção muito bom. Sol e Chu-/va me parece fácil.

"Canção/Trasflor/Sol e Chuva" – HL
<u>Nota MA</u>: *"Trasflor uma maravilha,/ Canção muito bom. Sol e Chu-/va me parece fácil"*.
Arquivo HL. AEM/CEL/UFMG.

BRISAS DO MAR E DA TERRA

HENRIQUETA LISBOA

Mensagens do mar- tão fundas!-
gritos de náufragos, lenços
boiando sôbre as espumas...

Vastas mensagens da terra
com perfume de florestas
e regougo de sertões...

Recado que o mar envia
como o sal e como a vida.

Resposta que a terra manda
para se perder nas ondas.

"Brisas do Mar e da Terra" – HL
<u>Nota MA</u>: "Tipo conceituoso./ Mas muito bom".
Arquivo HL. AEM/CEL/UFMG.

Correspondência

LUCIDÊS

HENRIQUETA LISBOA

Após o dia rumoroso
veio à noite uma grande paz
na quietação das cousas.

Lucidês de cristal
na sombra,
fundas âncoras
de conciência abismada.

Poder pensar que existes,
rochedo obscuro entre ondas,
inteireza de esfinge!

Trazer a grande paz ardente
no coração que sangra
e se esvai no silêncio!

"Lucidês" – HL
<u>Nota MA</u>: "E' tal a serenidade, a... sim,/ lucidez deste poema que as/ interjeições dos tercetos/ finais me incomodam. Prefiro/ de muito o ponto. Ou talvez/ as reticências. Mas prefiro o ponto".
Arquivo HL. AEM/CEL/UFMG.

PÉROLA

HENRIQUETA LISBOA

Delicadeza de caule
oculta na sombra a flor.

Um anjo que ninguem vê
caminha nos corredores
pé ante pé
como sôbre tapetes
para não despertar.

Malícia fina
dissolve entre os dentes
a palavra que palpitou
na língua
mas que ao silêncio volta
para não melindrar.

Paciência que não engana
aquecendo sem brilho
à espera
retarda uma vez mais
a carícia
para não assustar.

Pérola entre pérolas
no fundo do mar.

Delícia

"Pérola" – HL
<u>Nota MA</u>: *"Delícia"*.
Arquivo HL. AEM/CEL/UFMG.

Índice Onomástico

Correspondência Mário de Andrade
e Henriqueta Lisboa

Utilizamos as seguintes notações para distinguir a menção feita pelos missivistas de outras menções:

nº da página = menção no texto das cartas;

nº da página + i = menção nos textos introdutórios;

nº da página + n = menção nas notas;

nº da página + f = foto;

nº da página + d = dossiê.

Correspondência

ABREU, Casemiro de, 186, 186n
ACCIOLY, Breno, 318n
ADAMI, Pílade Francisco Hugo, 147, 147n
ALIGHIERI, Dante, 82n, 221n
ALMEIDA, Antônio Joaquim de, 294n
ALMEIDA, Décio de, 140n, 142n
ALMEIDA, Guilherme de, 92, 92n
ALMEIDA, Lúcia Machado de, 294n
ALMEIDA, Manuel Antônio de, 137n
ALMEIDA, Martins de, 285n
ALMEIDA, Osíris Magalhães de, 342
ALONSO, Amado, 291n
ALTAVILA, Nazareno, 296n
ALVARENGA, Oneida (Paoliello de), 22i, 40i, 62f, 94, 94f, 123n, 137n, 265n, 289, 324, 328n, 331d, 344d
ALVARENGA, Silvio, 341d, 342d, 344d
ALVES, Castro, 103, 105, 174, 177
AMADO, James, 318, 318n
AMADO, Jorge, 318, 318n
AMADO, Milton, 65f
AMARAL, Amadeu, 196n
AMARAL, Tarsila, 22i, 147, 147n, 151, 151n, 152f, 158n, 338n
AMOEDO, Rodolfo, 150n
ANDRADE Filho, Oswald de, 338n
ANDRADE, Carlos de Morais, 342, 342n, 343
ANDRADE, Carlos Drummond de, 15i, 23i, 27i, 28i, 60f, 90, 90n, 93n, 94, 104n, 113n, 116n, 117n, 128, 128n, 129, 129n, 144, 165n, 172, 182, 195n, 201n, 208n, 211n, 212n, 222n, 225n, 243, 260n, 266, 284, 285n, 291, 291n, 310n, 312n
ANDRADE, Carlos Eduardo de, 233n
ANDRADE, Lourdes, 242n
ANDRADE, Maria Luiza de Moraes, 200n
ANDRADE, Oswald de (José Oswald de Souza Andrade), 147n, 338n
ANDRADE, Rodrigo Melo Franco de 312n, 313, 313n, 343
ANJOS, Cyro dos, 61f, 66f, 207n
ANTIPOFF, Hélène, 253, 253n, 294n
ANTUNES, Oswald, 65f

ARANHA, Osvaldo Euclides de Sousa, 195, 195n
ARAÚJO, José Oswaldo de, 77n, 296n, 338d, 338n
ARAÚJO, Murilo, 243n
ARMANDO, Paulo de Carvalho, 321, 321n
ARRUDA, Rui de, 243n
ASSIS, Machado de, 166n, 265n
ATAÍDE, Tristão (ver Alceu Amoroso Lima)
BACH, Johann Sebastian, 167, 167n
BANDECCHI, Brasil, 208n
BANDEIRA FILHO, Manuel Carneiro de, 15i, 16i, 90, 90n, 93, 93n, 98, 99, 99n, 122, 122n, 123, 124, 124n, 139n, 146n, 158, 166, 172, 187n, 188, 188n, 201n, 216, 243, 260n, 266, 269, 269n, 277
BARBOSA, Domingos Caldas, 172, 172n
BARBOSA, Rui, 90
BARROS, Antônio Carlos Couto de, 196n, 277n
BARROS, Fernão Paes de, 314n
BASTIDE, Paul Arbousse, 139n
BASTIDE, Roger, 139n
BASTOS, Maria Amélia, 293
BATISTA, Marta Rossetti, 15i, 150n
BAUDELAIRE, Charles, 252, 252n
BEETHOVEN, Ludwig von, 99, 99n
BÉRANGER, Pierre Jean de, 172, 172n
BERNARDES, Manuel, 128, 128n
BERRIEN, William, 220n
BIANCO, Enrico, 139, 139n
BIEMEL, 187n
BILAC, Olavo (Brás Martins dos Guimarães), 166, 166n
BOCAGE, Manuel Maria Bárbara du, 174, 174n
BOPP, Raul, 147n
BORBA, José César, 304, 304n
BORGHERT, Oscar, 159, 159n
BRAUDEL, Fernand, 139n
BROCOS, Modesto, 150n
BRUEGHEL, Pieter 118, 118n

CAMARGO, *Carlos Eduardo de Andrade*, 14i
CAMÕES, *Luiz Vaz de*, 174, 174n
CAMPOS, *Francisco (Luís da Silva)*, 195, 195n
CAMPOS, *Paulo Mendes*, 245n, 289n, 299n, 310n
CANDIDO, *Antonio*, 13i, 15i, 34i, 137n, 140n, 233n, 277, 277n, 282, 282n, 286, 309, 310, 310n, 314, 314n, 342, 342n
CAPANEMA, *Gustavo*, 21i, 63f, 129n, 139n, 195, 195n
CARENA, *Felice*, 147n
CARVALHO, *Abigail de Oliveira*, 40i
CARVALHO, *Flávio Rezende de*, 154, 154n
CARVALHO, *Ronald de*, 187, 187n
CARVALHO, *Vicente Augusto de*, 165, 166, 166n
CASASSANTA, *Mário*, 207n
CASTELLO, *José Aderaldo*, 13i
CASTRO, *Moacy Werneck de*, 318n
CATÁ, *Alfonso Hernandez*, 130, 130n
CENDRARS, *Blaise*, 338n
CÉSAR, *Guilhermino*, 66f
CHAMBERLAIN, *Houston Stewart*, 81, 81n
CHATEAUBRIAND, *Assis*, 261n
CHIAFARELLI, *Leiddy*, 228n
CHOPIN, *Fédéric*, 247
CODAS, *Martim*, 289, 289n, 290, 290n, 293
COELHO *Neto*, 167n
COELHO, *Amarílis*, 296n
COELHO, *Maria Helena Sales*, 296n, 297n
COELHO, *Rui*, 142n
CORREA, *Pio Lourenço*, 246n
COSTA, *Alcy*, 65f
COSTA, *Lúcio*, 158n
COUTINHO, *Heitor Seixas*, 297n
CROCE, *Benedetto*, 124, 124n, 125
CUNHA, *Simão da*, 289n
CUPOLO, *Eugênio*, 96n
DANTAS, *Pedro*, 166n
DE FIORI, *Ernesto*, 139, 139n
DEBUSSY, *Claude Achille*, 222
DEL PICCHIA, *Paulo Menotti*, 128, 128n

DELPINO JÚNIOR, *Alberto*, 158n, 296n
DELPINO, *Délio*, 296n
DI CAVALTANTI, *(Emiliano Augusto Cavalcanti de Albuquerque Mello)*, 147, 147n, 150n
DIAS, *Cícero*, 158, 158n
DONIZETTI, 15i
DOSTOIÉVSKI, *Fiodor Mikhailovitch*, 221, 221n
DOURADO, *Autran*, 245n
DRUMONT, *Alexandre*, 65f
DUARTE, *Constância Lima*, 129n
DUARTE, *Paulo*, 135n, 196n, 208n, 313n
DUFY, *Raoul*, 122, 122n
DUPRÉ, *Leandro (ver Maria José Dupré)*
DUPRÉ, *Maria José*, 318, 318n
DURER, *Albrecht*, 246, 246n
DUTRA, *Eurico Gaspar*, 216n
DUTRA, *Leia Correia*, 313n
EL GRECO, 221n
ELIAS *(profeta)*, 99, 99n, 261
EMERSON, *Ralph Waldo*, 230, 230n
EPICURO *(filósofo)*, 256, 256n
ESCOREL, *Lauro Moraes*, 297, 297n
ETIENNE FILHO, *João*, 65f, 66f, 263n, 289n, 310n, 313n
FARIAS, *Maria Eneida*, 105n
FÉNELON, 172n
FERNANDES, *Francisco*, 296n
FERRAZ, *José Bento Faria*, 262, 262n, 272, 272n
FERREIRA, *Adalgisa Maria Feliciana Noel Cancela (ver Adalgisa Néri)*
FERREIRA, *Ione*, 296n
FÍDIAS, 167, 167n, 221
FIDO, *Pastor*, 293n
FIGUEIREDO, *Fidelino de*, 270, 270n, 286n
FIGUEIREDO, *Guilherme de*, 114n, 278, 278n, 282, 318n, 321, 321n
FIGUEIREDO, *Jackson*, 243n
FIGUEIREDO, *Wilson*, 245, 245n, 298n
FILHO, *Adonias*, 243n
FONTES, *Armando*, 233n
FRACAROLI, *Lenira*, 326

391

FRANK, Roberto, 65f
FREITAS JÚNIOR, José Otávio de, 247n, 257n, 308, 308n
FREYRE, Gilberto, 310
FULGÊNCIO, Áureo, 66f
GANDHI, Mahatma, 250, 250n
GIDE, André, 109, 109n, 301
GODOY MENDONZA, Juan Miguel, 262n
GODOY Y ALCAYAGA, Lucila, 105n
GÓES, Fernando, 281, 281n
GOETHE, Johan Wolfgang von, 126, 126n, 187, 187n, 222
GOMES, Carlos, 15i
GOMES, Paulo Emílio Salles, 139n
GÓNGORA Y ARGOTE, Luis de, 174, 174n, 243n
GONZAGA, Luiz de [São Luís Gonzaga], 236, 236n
GOURMONT, 151
GOYA Y LUCIENTES, Francisco de, 221, 221n
GRASSET, Bernard, 187n
GUERRA, Gregório de Matos, 290, 290n
GUILLÉN, Jorge, 105n
GUIMARAENS FILHO, Alphonsus de, 31i, 65f, 102, 102n, 103f, 243, 276n, 294, 294n
GUIMARAENS, João Alphonsus de, 59f, 66f, 285, 285n, 294, 294n,
GUIMARÃES, Bernardo Joaquim da Silva, 101
GUIGNARD, Alberto da Veiga, 122, 122n, 158n, 294n, 295f, 296, 296n
GUYAU, Marie-Jean, 311, 311n
HEINE, Heinrich, 187, 187n
HITLER, Adolf, 81, 86n
HOLANDA, Sérgio Buarque de, 139n, 166n
HOMERO, 90
HORÁCIO, 172n
HUGO, Victor, 189, 189n
JACOB, Max, 264, 264n
JACQUES II DE CHABANNES, 116n
JAMES, William, 92, 92n
JÚNIOR, Marey, 196n
KAUKAL, Julius, 296n
KNOFF, Blanche, 228

KOPKE, Carlos Burlamarqui, 251, 251n, 252, 286n
LA FONTAINE, Jean de, 91, 91n, 174
LACERDA, Carlos, 247n
LAMEGO, Valéria, 139n
LEBÉIS, Madalena, 252, 252n
LEITE, Octávio Dias, 335n
LÉVI-STRAUSS, Claude, 139n
LIMA, Alceu Amoroso, 191, 191n, 201, 268
LIMA, Jorge Mateus de, 31i, 93, 93n, 222, 248n
LIMA, Renato de, 296n
LIMA, Souza, 15i
LIMA, Yêdda Dias, 15i
LINS, Álvaro de Barros, 98n, 201, 201n, 213, 213n, 214n, 270, 270n 271, 271n, 277, 280, 282, 286n
LISBOA JÚNIOR, João, 104n
LISBOA, Abigail, 250n, 270
LISBOA, João de Almeida, 104n, 250n
LISBOA, José Carlos, 23i, 40i, 58f, 66f, 77n, 117n, 207n, 250n, 261, 261n, 297, 297n, 331d, 333d-336d, 338d, 339
LISBOA, Maria Rita Vilhena, 250n
LISBOA, Oswaldo, 250n
LISBOA, Pedro, 250n
LISBOA, Waldy, 250n
LOBATO, Monteiro, 150n
LODI, Jefferson, 297n
LOPEZ, Telê Porto Ancona, 14i, 15i
LORCA, Federico García, 253, 253n, 293
LOWELL, Amy Lawrence, 186, 186n
MACHADO FILHO, Aires da Mata, 164, 164n, 165, 166, 169, 169n, 226n, 238, 238n
MACHADO, Aníbal, 321n
MACHADO, Edgar da Mata, 65f
MACHADO, Lourival Gomes, 142n
MACHADO, Rui Afonso, 208n
MAGALDI, Sábato, 292n, 301, 301n
MAGALHÃES, Valentim, 167, 167n
MAGNO, Paschoal Carlos, 75n
MALFATTI, Anita, 22i, 150, 150n, 154, 156f, 158n

MARQUES, Reinaldo, 105n, 225n
MATISSE, Henri, 122, 122n
MATOS, Haroldo de, 294n, 296n
MAURIAC, François, 212n, 216
MEIRELES, Cecília, 116, 116n, 139n, 144, 172, 243, 243n, 269, 269n, 310, 310n
MELO, Emiliano Augusto Cavalcanti de Albuquerque (ver Di Cavalcanti)
MENDES, Marlene Gomes, 15i
MENDES, Oscar, 65f, 263, 263n
MENDONÇA, José, 65f
METASTÁSIO, 172n
MEYER, Augusto (Augusto Meyer Júnior), 90, 90n
MIGNONE, Francisco, 15i, 138, 138n, 228, 228n
MILDE (Mlle.), Jeanne, 296n
MILLIET, Sérgio da Costa e Silva, 15i, 196n, 277, 277n
MIRANDA, Murilo, 66f
MIRANDA, Nicanor, 310, 310n
MIRANDA, Yedda Braga, 66f
MISTRAL, Gabriela, 105, 105n, 143n, 144, 180n, 215, 215n, 216, 217, 218, 218n, 225, 225n, 229, 231, 262, 262n
MONSÃ, Domingos, 130, 130n, 296n
MONTE CARMELO, Padre Jesuíno do, 313
MONTEIRO, Pedro Aurélio do Góes, 195, 195n
MORAES NETO, Prudente de, 166, 166n
MORAES, Ana Francisca de Almeida Leite, 200n
MORAES, Marcos Antonio de, 15i
MORAES, Rubens Borba de, 137n, 220n
MORAES, Vinicius de, 206n, 291n, 311, 311n, 314
MORAIS, Israel Dias, 208n
MORAIS, Rodolfo Vilhena, 260n, 313n
MORTE, Bento Antônio da Boa, 199
MOTA, Dantas, 313n, 318n
MOURA, Emílio, 23i, 285n
MURICY, Andrade, 243n
MURTA, Genesco, 246n

MUSSET, Alfred de, 189, 198n
NASCIMENTO, Rozani C. do, 40i
NÉRI, Adalgisa (Maria Feliciana Noel Cancela Ferreira), 93, 93n
NÉRI, Ismael, 93n, 158n, 249
NIEMEYER, Oscar, 70f, 71f, 216n, 318n
NIETZSCHE, Friedrich, Wilhelm, 187n
NOGUEIRA FILHO, Paulo, 196n
OLIVEIRA, Alaíde Lisboa de, 250n, 294n, 300, 300n, 338d, 338n
OLIVEIRA, José Lourenço de, 207n, 314, 338d, 338n
OLIVEIRA, José Oswaldo de, 336d, 337f
OLIVEIRA, Juscelino Kubitschek de, 70f, 231n, 254n, 296n,
PALÚ, Lauro, 40i, 42i
PAULA, Érico de, 130n, 296n
PEIXOTO, Afrânio, 212, 212n, 290n
PELLEGRINO, Hélio, 23i, 65f, 66f, 245n, 263n, 289, 289n, 292n, 299n, 310n
PENA, Alceu, 296n
PENTEADO, Olívia Guedes, 151, 151n, 338n
PIERUCCI, Fernando, 296n
PINTO, Álvaro, 243n
PIRES, Maria Antônia Valadão, 269, 269n, 297, 297n
POE, Edgard Allan, 91, 91n
PORTINARI, Candido, 71f, 121n, 138, 138n, 144, 144n, 145, 146, 146n, 147, 147n, 149f, 155, 158, 158n, 159, 160, 172, 216, 260, 260n, 261n, 266, 341
PRADO, Fábio, 310n
PRADO, Paulo da Slva, 151, 151n
PRESTES, José Antonio Ferreira, 201n, 300, 300n
RACINE, Jean-Baptiste, 174, 174n
RADIN, Paul, 290, 290n
RAMOS, Péricles Eugênio da Silva, 208n
RAVEL, Maurice Joseph, 191, 191n
REINACH, Salomon, 127, 127n
RENAULT, Abgar, 206n
RESENDE, Otto Lara, 23i, 65f, 66f, 245n, 263n, 289n, 299n, 310n, 311n

RICARDO, Cassiano, 128, 128n
RILKE, Reiner Maria, 95, 95n, 96n, 187n
RIMBAUD, Arthur, 252n
ROCHA, Gilda, 142n
RODÓ, José Enrique, 119, 119n
ROLLAND ROMAIN, 134, 134n
ROSETTI, Dante Gabriel, 251, 251n
ROUSSEAU, Jean-Jacques, 99n
RUBIÃO, Aurélia, 40i, 64f, 117, 117n, 118, 121, 121n, 126, 175, 175n, 204, 324, 324n, 328n, 339
RUBIÃO, Murilo, 23i, 64f-66f, 287n, 299n, 310n
SABINO, Fernando, 23i, 66f, 92n, 211n, 213n, 221n, 245n, 257n, 264, 265n, 286, 286n, 288, 298n, 299n, 311n, 313, 341-343
SALGADO, Clóvis, 231n
SALGADO, Plínio, 188n
SALOMÃO (rei), 279
SANTA ROSA FILHO, Tomás, 120, 120n, 220, 220n, 225, 225n, 229
SANTA TERESA do Menino Jesus e da Sagrada Face, Santa Teresa de Lisieux ou Santa Teresinha, 236, 236n
SANTIAGO, Silviano, 117n
SANTO AGOSTINHO, 96, 96n, 98n, 236
SÃO FRANCISCO DE ASSIS, 199
SÃO JOÃO BATISTA, 199
SÃO JOÃO DA CRUZ, 250, 250n
SÃO JOÃO EVANGELISTA, 199
SÃO LUÍS GONZAGA, 236, 236n
SÃO PAULO DE TARSO, 236, 236n
SCHILLER, Johann Christoph Friedrich von, 254, 254n, 280
SCHMIDT, Augusto Frederico, 31i, 93, 93n, 102, 222, 243, 271n, 276n, 286n
SCHUMANN, Robert Alexander, 185, 185n, 186
SEGALL, Lasar, 146, 146n, 147, 147n, 148f, 151n, 155, 158n, 159, 160, 209
SENHOR DOS PASSOS, 199
SENHOR MORTO, 199
SENHORA DAS DORES, (Nossa), 199

SEURAT, Georges, 119, 119n
SHAKESPEARE, William, 162n
SIGNAC, Paul, 119n
SILVEIRA, Álvaro Ferdinando Sousa da, 166, 166n
SILVEIRA, Tasso Azevedo da, 243, 243n
SOBRAL, Mário, 324n
SOUZA, Antonio Candido de Mello e (ver Antonio Candido)
SOUZA, Gilda de Mello e, 15i, 233n, 314n
SOUZA, Otávio Tarquínio de, 114n
STENDHAL, (Henri Marie Beyle), 28
STOCKER, Bram, 304n
TAGLIAFERRO, Magdalena, 99, 99n, 100f, 326n
TERÁN, Tomás Gutiérrez de, 106, 106n
THÉO, Ary, 75n
THIOLLIER, René, 147n, 338n
TOLSTÓI, Leon, 282
TORRE, Guillermo de, 260n
TORRES, João Camilo de Oliveira, 66f
TRAVASSOS, Nelson de Palma, 318d
TURNER, Lorenzo D., 123, 123n
UNAMUNO, Miguel de, 225, 225n
VALADARES, Benedito, 286n
VALADARES, Helena, 286, 286n, 288
VARGAS, Getúlio, 21i, 22i, 35i, 129, 195, 195n, 197, 286n, 318n
VELÁZQUES, 221n
VELLOSO, Arthur Versiani, 207n
VERLAINE, Paul, 89n
VIANNA, Baeta, 66f
VIEIRA, Ivone Luzia, 296n
VILLA-LOBOS, Heitor, 151n
VIRGÍLIO, 174, 174n
VOLTAIRE, 172n
WHITMAN, Walt, 90, 187n
WILDE, Oscar (Fingal O'Flahertie Wills), 92, 92n
ZWEIG, Stefan, 194, 194n, 199

A Coleção Correspondência Mário de Andrade

Estrutura dos volumes

1. Apresentação da coleção, assinada pela Coordenação Editorial.
2. Introdução do preparador para historiar a correspondência em questão, situá-la no tempo e no espaço; compreendê-la no campo intelectual, destacando-lhe a interdisciplinaridade quando for o caso. A Introdução deve oferecer o critério da edição (a utilização das normas em cada livro) e a bibliografia utilizada.
3. O conjunto de textos – cartas, bilhetes e telegramas – que compõem cada edição, seja ela de correspondência recíproca ou correspondência passiva (no caso do desaparecimento das missivas de Mário de Andrade). Os textos são fixados pelos preparadores das edições, tomando por base manuscritos e versões publicadas; incluem notas desenvolvidas para trazer informações, aclarar pontos obscuros, traçar ligações com a obra dos correspondentes, com acontecimentos artísticos ou históricos, reconhecer gírias, anedotas de época, relações familiares e apelidos ou corrigir enganos dos missivistas.
4. Após o texto, cada documento deverá contar com um bloco descrevendo seu manuscrito e acusando publicações anteriores, se houver.
5. Os volumes incluirão anexos: textos inéditos e imagens vinculados à correspondência em questão: documentos de arquivos, de bibliotecas e de coleções de arte – fac-símiles de manuscritos literários, de cartas e partituras; dedicatórias, certidões, fotografias; notas marginais de leitura, capas de livros, reproduções de pintura, desenho, faturas de compra e venda de obras de arte etc.
6. Índice onomástico do volume.
7. Dados a respeito da Coleção.

Normas para o estabelecimento do texto

1. Normatização da ortografia conforme a regra vigente.
No caso das cartas escritas por Mário de Andrade, não serão acatadas, portanto, as formas "si", "quasi", "sinão", "siquer", "milhor", "conciência" etc, que apresentam flutuação nos próprios textos do missivista e não foram aceitas pela norma culta. A exposição do critério editorial, na Introdução, deverá se referir a elas e àquelas que representaram correção feita pelo preparador do volume, como "por que" (separado), usado pelo escritor em respostas.
2. Respeito à pontuação original dos missivistas, salvo em caso de erro. Recomendação: não destruir anacolutos. No caso de letra maiúscula após o emprego de dois pontos, aplicar a regra atual, adotando a letra minúscula.
3. Como cartas são textos escritos, na maioria dos casos, diretamente, em um só fluxo e sem revisão, podem mostrar erros de concordância que devem ser sanados. Entretanto, abreviações e abreviaturas, decorrentes prática da escrita informal, devem ser mantidas. Formas como v. (você), ex. (exemplo), mto. (muito) testemunham mais que a pressa, a intimidade nas relações.
4. Compreensão dos vulgarismos e mesmo barbarismos, no contexto da linguagem do cotidiano adotada pelos modernistas, mormente por Mário de Andrade que os considera "brasileirismos" em

seu projeto linguístico. Conservar e explicar na Introdução. Ex.: "bêbedo", "meia doente", "fomos em cinco", "verduleiro", "fazem dez anos" etc. Respeito às locuções nominais, verbais e adverbiais criadas por Mário, bem como à formação ou destruição de nomes compostos por ele operada, ex.: "desque", "diz-que", "bom-dia", "arranhacéu" etc. por se tratar do ritmo da frase. Perceber quando um barbarismo parodia a expressão de terceiros.

5. Nomes próprios: respeito à grafia de Mário de Andrade e de outros quando atualizam, pioneiras, formas com "y", "ph", "ll" etc. ou abrasileiram nomes estrangeiros; ex.: "Elísio" (Elysio de Carvalho), "Osvaldo" (Oswald de Andrade) ou "Lourenço" (Lorenzo Fernandez). Pautar a acentuação pela norma vigente. Corrigir, quando for o caso, grafias erradas, como: "Manoel" (Manuel Bandeira). Destacar esse ponto na Introdução e esclarecer cada caso no rodapé.

6. Colocar na norma vigente títulos de livros, de manuscritos, quadros, esculturas, filmes, peças de teatro ou composições musicais. Esses títulos serão apresentados em itálico, assim como os de periódicos (jornais, boletins e revistas). Os títulos de periódicos devem guardar a própria ortografia original; ex.: *Jornal do Commercio.*

7. Nas palavras onomatopaicas obedecer a grafia atual; evidenciar os estrangeirismos segundo a norma em vigor.

8. Nas notas, integralizar, logo à primeira menção, os nomes citados pelos correspondentes, na forma pela qual se fizeram conhecidos escritores, músicos, artistas plásticos, jornalistas, políticos etc. (nome artístico ou cognomes), para, em seguida, entre parênteses, dar o nome completo com as respectivas datas de nascimento e morte. Reconhecer os apelidos. Completar a informação de forma sucinta: quem foram, o que fizeram, *ligando sempre a personalidade citada ao contexto das cartas.* Evitar repetir dicionários: o importante é que um nome citado várias vezes ao longo dos diversos livros da Coleção possa mostrar facetas diferentes. Ex.: ao localizar para o leitor Sérgio Buarque de Hollanda em carta de Bandeira, dos anos 1920, vale mais frisar seu papel de elo entre o modernismo paulista e o carioca, do que oferecer pormenores sobre a obra do historiador insigne. Ao citar obras, adotar o nome do autor conforme as capas de seus livros.

9. No corte de trechos, colocar reticências entre colchetes: [...]. Os colchetes representam a marca do organizador da edição, pois os parênteses são eventualmente usados pelos autores.

10. No caso de impossibilidade de leitura de palavras ou trechos, por dificuldade de decifrar a letra do remetente, o organizador assinalará simplesmente o problema, sem aventar hipóteses, pois a fixação dos textos feita por ele será confrontada com os manuscritos, por um revisor especializado.

12. Normatizar a apresentação dos locais e datas, conforme a sequência: cidade (traduzidos os nomes estrangeiros e atualizada a grafia no caso do Brasil), dia, mês, ano; ex.: Roma, 18 de setembro de 1929. Os dados atestados aparecerão sempre entre colchetes. Os nomes de cidade tomam sempre a versão oficial, por inteiro, salvo em caso de formas como "Lutécia", "Cidade Maravilhosa" ou "Paraíba" (anterior à mudança para João Pessoa, acusada em nota) ou apelidos irônicos.

13. Os nomes de navios serão postos em itálico ex.: *Almanzora.*

14. Manter as soluções gráficas que refletem o humor ou a ênfase, nos textos dos correspondentes.

15. Quando, no texto da carta, aparecer um trecho sublinhado, a digitação deverá repetir o grifo (traço), deixando o uso do itálico para os títulos de livros, de periódicos etc.

16. No intuito de marcar, para o leitor, que a correspondência é fruto de um trabalho, que se liga à escrita, à materialidade do suporte, ao sistema de comunicação oficial ou a portadores a Coleção exibe, ao final de cada texto transcrito, um bloco de análise documental. Ali, cabe resgatar a forma original do documento para data e local, isto é, algarismos romanos, abreviação de topônimos etc. E distinguir: <u>Nota da edição</u>, <u>Nota MA</u>, <u>Nota do remetente</u>, <u>PS</u> e <u>Nota de terceiros</u> (de pessoas que leram ou encaminharam determinada carta a MA ou a outrem), observando bem os manuscritos para proceder a classificação. Os trechos grifados ou com traço à margem provenientes de <u>Nota MA</u> ou <u>Nota de terceiros</u>, isto é, que resultam de leitura da carta lida, serão sinalizados através da palavra inicial e da última.

A Coordenação Editorial

Coordenação Editorial

Prof. Dr. José Aderaldo Castello
Prof. Dr. Marcos Antonio de Moraes
Profa. Dra. Telê Ancona Lopez

Comissão Editorial

Prof. Dr. Antonio Candido de Mello e Souza
Eng. Carlos Augusto de Andrade Camargo, representante da Família Mário de Andrade
Profa. Dra. Ana Lúcia Duarte Lanna
Prof. Plinio Martins Filho, Diretor-presidente da Edusp
Prof. Dr. José Aderaldo Castello
Profa. Dra. Flávia Camargo Toni
Prof. Dr. Marcos Antonio de Moraes
Profa. Dra. Telê Ancona Lopez

Projeto IEB-USP/ Edusp

Títulos no prelo

Mário de Andrade e Prudente de Moraes, neto – ed. de Marlene Gomes Mendes
Mário de Andrade e Ribeiro Couto – ed. de Elvia Bezerra

Títulos previstos

Mário de Andrade e Newton Freitas – ed. de Raúl Antelo
Mário de Andrade e Escritores/Artistas Argentinos – ed. bilíngue de Patrícia Artundo
Mário de Andrade e Sérgio Milliet – ed. de Regina Salgado Campos
Mário de Andrade e Pedro Nava – ed. de Fernando da Rocha Peres
Mário de Andrade e Sérgio Buarque de Holanda – ed. de Pedro Meira Monteiro
Mário de Andrade e José Bento Faria Ferraz – ed. de Marcos Antonio de Moraes
Mário de Andrade e Luiz Heitor Correa de Azevedo – ed. de Renato Figueiredo
Mário de Andrade e Fernando Mendes de Almeida – ed. de Tatiana Longo dos Santos
Mário de Andrade e Renato Almeida – ed. de Maria Guadalupe Nogueira
Mário de Andrade e Murilo Mendes – ed. de Júlio Castañon Guimarães
Mário de Andrade e Heitor Villa-Lobos – ed. de Flávia Camargo Toni
Mário de Andrade e Anita Malfatti – ed. de Marta Rossetti Batista
Mário de Andrade e os norte-americanos – ed. de Marcos Antonio de Moraes

Título	Correspondência Mário de Andrade & Henriqueta Lisboa
Organização e Introdução	Eneida Maria de Souza
Notas	Eneida Maria de Souza; Pe. Lauro Palú
Estabelecimento de Texto da Correspondência	Maria Sílvia Ianni Barsalini (Equipe Mário de Andrade)
Produção	Renata Farhat Borges, Carla Arbex, Cássia S. Buitoni
Projeto Gráfico da Coleção	Bibas Naruto & Naruto
Capa	Maria Argentina Bibas Naruto
	Minoru Naruto
Diagramação Eletrônica	Cássia S. Buitoni
Revisão de Texto e de Provas	Luiz Gustavo Jono Arantes
	Marcos Antonio de Moraes
	Marilena Vizentim
Execução do Índice Onomástico	Marilena Vizentim
Formato	18 x 25 cm
Papel	Cartão Supremo 300 g/m^2 (capa)
	Pólen soft 80 g/m^2 (miolo)
Número de Páginas	400
Tiragem	2.260
Impressão e Acabamento	Cromosete gráfica e editora